INTERNATIONAL TRA

–Theory, Policy and Practice

国际贸易

——理论、政策与运作

■ 冯正强　王国顺　主编

武汉大学出版社

WUHAN UNIVERSITY PRESS

图书在版编目(CIP)数据

国际贸易:理论、政策与运作/冯正强,王国顺主编.—武汉:武汉大学出版社,2005.10

ISBN 978-7-307-04672-6

Ⅰ.国… Ⅱ.①冯… ②王… Ⅲ.国际贸易 Ⅳ.F74

中国版本图书馆 CIP 数据核字(2005)第 110757 号

责任编辑:顾素萍 解云琳　　责任校对:刘　欣　　版式设计:支　笛

出版发行:**武汉大学出版社**　(430072　武昌　珞珈山)

(电子邮件:cbs22@ whu. edu. cn　网址:www. wdp. com. cn)

印刷:通山金地印务有限公司

开本:787×980　1/16　印张:26.875　字数:482 千字

版次:2005 年 10 月第 1 版　　2012 年 9 月第 3 次印刷

ISBN 978-7-307-04672-6/F·944　　定价:30.00 元

Foreword 前 言

　　改革开放给中国的社会、政治、经济带来了翻天覆地的变化，国际贸易发展所取得的成就尤其引人注目。1978 年，我国进出口贸易总额为 206.4 亿美元，到 2004 年，达到了 11 547.4 亿美元，26 年中增长了 54.95 倍，年均增长达到 16.74%；1983 年，我国实际使用外商直接投资金额 9.2 亿美元，到 2004 年，达到了 606.3 亿美元，21 年中增长了 64.90 倍，年均增长 22.07%，进出口贸易和外商直接投资实际使用金额增长都远远超出了同时期国民生产总值的增长速度，国民经济对对外贸易依存度迅速提高。今天，谁也不会怀疑和漠视国际市场和跨国界资源流动对于我国国民经济发展所发挥的重要作用。

　　伴随着我国对外开放程度的不断提高，国际贸易人才教育得到了迅速发展，国际贸易类专业成为目前我国高校中开设最为普遍的专业之一；从历年就业情况看，也是最受社会欢迎的专业之一。除为数不少的高校培养国际贸易学硕士甚至博士研究生外，据统计，目前我国共有 365 所高校开办了国际经济与贸易本科专业。除此之外，经济管理类专业都把国际贸易作为核心或必修课程。并且，随着经济、教育国际化程度不断提高，我国近 10 多年来专业学位如 MBA 教育发展迅速，这些专业也都把国际经济与贸易的教学内容纳入到了其核心的教学体系之中。社会和国家建设对国际贸易人才的需求旺盛，这对从事本学科教学和研究的高校教师而言，既是一种强大的动力，同时也是更多的责任。

　　考虑非国际贸易专业研究生（包括 MBA 等专业学位）和本科生教学需要，同时作为国际经济与贸易专业学生和对国际贸易感兴趣的读者的参考书，经过长时间的酝酿和准备，我们组织编写了《国际贸易——理论、政策与运作》一书。教材建设无疑是一项保证人才培养质量的基础性工作，编写一本好的教材需要付出巨大的劳动；但从学术角度而言，编写教材往往被忽视而不太被认可。这反映了目前教材建设中的一种困境。纵然如此，高质量国际贸易教材的编写出版仍是一项值得为之付出的神圣工作。只有不断努

1

力,才能真正实现我国包括教材编写出版在内的高等教育与国际接轨,以及在此基础上的本土化,从而最终赶上和超过先进国家的水平。

本书力求体现以下特点:第一,为适应不同层次和不同专业背景的要求,并充分反映当代国际贸易发展的特点,内容力求系统、完整。本书既对货物贸易从理论和实务两方面进行了详尽的介绍,也将现代国际贸易理论及其发展、跨国公司贸易、国际服务贸易、技术贸易以及知识产权贸易、国际贸易中的电子商务等在相关章节作了较系统、全面的介绍。同时注意充分反映国际贸易中最新产生的规则和惯例,以及国际贸易理论和实践中的最新发展动态。第二,在写作框架设计上有所突破。本书分为四篇十九章,整合了国际贸易原理、国际贸易实务、国际技术贸易和国际经济组织等内容,使读者更完整、透彻地理解国际贸易的内容体系,以提高分析和解决问题的能力。第三,以基本理论、基本知识和基本技能的培养为主线,注重理论和实务的有机结合,强调教材的实务性和适用性。在介绍国际贸易相关概念的同时,强调国际贸易的现实分析以及具体运用;在介绍外贸实务操作程序的同时,强调操作原理和对国际市场的分析,以使读者具有驾御这些实际运作知识所需的高屋建瓴的视野和缜密可行的思路。

本书由中南大学商学院经济与贸易系担任国际贸易课程教学任务的相关教师集体编撰完成,编撰者均具有 10 年以上的相关课程教学经历。本书由冯正强、王国顺任主编,负责写作大纲的拟订、文稿的修改和总纂定稿工作。参加编撰的有:冯正强(第一、三、五、六、十一、十四、十七章,第八章第三节,第十六章第二、三节)、王国顺(第一、二章)、郑传均(第十、十二、十三章)、尹华(第七章,第八章第一、二、四节,第十九章)、廖蔚雯(第十六章第一节、第十八章)、张灿(第十五章、第十六章第四节)、张学军(第四、九章)。

在本书的编撰过程中,作者参考了国内外相关书籍和文章,在此特向这些作者表示感谢。

限于作者学识水平和能力,书中肯定有不妥之处,恳请读者批评指正。

编　者

2005 年 7 月

Contents 目 录

第三篇 国际贸易合同条款篇

第四篇 国际贸易实际运作篇

第一章
绪　论

　　国际贸易是以国际分工为基础的国与国之间商品的交换。国际贸易是一个历史范畴，它是人类社会生产力发展到一定阶段的产物，并随着社会生产力的发展和社会分工的扩大不断扩展和深化。国际贸易已成为具有特定内涵的经济活动。随着生产的发展和科学技术的进步，国际贸易的含义、交易方式和国际分工的基础等都发生了很大的变化。

第一节　国际贸易的基本概念

一、国际贸易与对外贸易

　　现代意义上的国际贸易是指世界各国或地区之间的货物和服务交换的活动，是各国之间在国际分工的基础上，通过世界市场实现商品、服务、资本、劳动、科技等生产要素的合理配置，达到国际收支平衡的行为和方式。

　　国际贸易（International Trade）与对外贸易（Foreign Trade）是两个相互联系又有区别的概念。对外贸易是指一个国家或地区同别的国家和地区进行的商品和劳务的交换；国际贸易是世界各国和各地区对外贸易的总和。两者都是指跨国界的商品交换活动，但国际贸易是就国际范围而言的，而对外贸易是就一国而言的，因此两者是一般和个别的关系。一些国家和地区，如日本、英国等也称国际贸易为海外贸易。

二、出口贸易与进口贸易

　　出口贸易和进口贸易是按对外贸易中商品的流向来划分的：出口贸易（Export Trade）是指本国的商品输往外国销售。不属于外销的货物则不算。例如，运出国境供驻外使领馆使用的货物、旅客个人使用而带出国境的货物均不列入出口贸易。进口贸易（Import Trade）是指外国的商品输入本国销售。同样，不属于内销的货物则不算。例如，外国使领馆运进供自用的货物均不列入进口贸易。

在对外贸易中，有时出口货物出口后遭到退货，未售出的寄售货物需要退回，等等。这种输入本国的外国货物未经加工或稍做加工但不发生实质性改变再输出的贸易活动，称为复出口（Re-export Trade）。而输出国外的本国货物未经加工或稍做加工但不发生实质性改变再进口的贸易活动，称为复进口（Re-import Trade）。

三、总贸易与专门贸易

不同的国家对进出口贸易的划分标准可能不同。一些国家如美国、英国、加拿大、澳大利亚、日本等，以国境作为划分进出口的标准，凡进入国境的商品一律列为进口，凡离开国境的商品列为出口，以国境为标准对进出口额进行的统计就称为总贸易（General Trade）。一些国家如德国、意大利、瑞士等，以关境作为划分进出口的标准，外国商品进入国境后，如果存放在保税仓库或其他经济特区内而未进入关境，不被列为进口，进口是指从外国进入本国关境的商品或从保税仓库提出进入关境的商品；从本国运出关境的商品以及进口后未经加工又运出关境的商品列为出口，专门贸易（Special Trade）就是以关境为标准对进出口额所做的统计。由于各国统计上的差别，联合国在公布各国贸易额时一般都注明是总贸易额还是专门贸易额。我国采用的是总贸易体系。

四、货物贸易、服务贸易与技术贸易

货物贸易、服务贸易与技术贸易是按商品的存在形态来划分国际贸易的。

货物贸易（Goods Trade）是指具有实物形态的商品的进出口。对于种类繁多的有形商品，一般分为初级产品和工业制成品两大类。初级产品指没有经过加工或加工很少的农、林、牧、副、渔和矿产品；工业制成品主要指经过工业加工的产品。为了便于对国际贸易的统计，《联合国国际贸易商品标准分类》（1974年修订本）把国际贸易商品分为10大类、63章、233组、786个分组、1 924个基本项目。10大类商品为：食品及主要供食用的活动物（0类）；饮料及烟类（1类）；燃料以外的非食用粗原料（2类）；矿物燃料、润滑油及有关原料（3类）；动植物油脂及油脂（4类）；化学品及有关产品（5类）；主要按原材料分类的制成品（6类）；机械及运输设备（7

类);杂项制品(8类);没有分类的其他商品(9类)。其中,0~4类为初级产品,5~8类为工业制成品。我国从1981年开始实行的新的商品分类标准,就是以上述分类为基础,结合我国进出口货物的实际编制而成的。有形商品的进出口要经过海关办理有关手续,其进出口金额反映到海关统计中,是一国国际收支的重要组成部分。

服务贸易(Service Trade)是指非实物形态的商品的进出口。根据世界贸易组织《服务贸易总协定》,国际服务贸易是指:"从一参加国境内向任何其他参加方境内的消费者提供服务;在一参加方境内向任何其他参加方的消费者提供服务;一参加方在其他参加方境内通过提供服务实体的介入而提供服务;一参加方的自然人在其他参加方境内提供服务。"服务贸易目前没有像有形商品那样的国际分类标准,主要包括运输、装卸、金融、保险、邮政通信、船舶修理、国际旅游、工程服务、销售代理、教育、卫生等。服务贸易多为无形、不可储存的,服务提供和消费同时进行。服务贸易不经过海关手续,一般不反映在海关贸易统计中,但同样是一国国际收支的组成部分。

国际服务贸易统计复杂,并且国内服务贸易与国际服务贸易统计尚未完全区分开。在国际服务贸易统计上,现在联合国机构采用的是国际货币基金组织国际收支手册分类统计数据,即在统计时主要包括三项内容:

(1)运输。包括海洋运输、航空运输和其他运输服务。

(2)旅游。包括为个人游客和商务游客所提供的货物和服务,如住宿、食品和饮料、娱乐和交通、礼品和纪念品等。

(3)其他商业服务。包括通信服务、建筑服务、保险服务、金融服务、计算机和信息服务、专利和许可服务、其他职业服务、个人的文化与消遣服务。

国际技术贸易是指技术供应方通过签订技术合同,将技术有偿转让给技术接受方使用。

五、直接贸易与间接贸易

直接贸易(Direct Trade)是指商品生产国与商品消费国之间直接进行的商品买卖行为,对生产国而言是直接出口,对消费国而言是直接进口。如果商品的买卖不是由生产国与进口国直接进出,而是通过第三国转手进行的,就称之为间接贸易(Indirect Trade),对生产国而言是间接出口,对消费国而言是间接进口,对第三国而言是转口贸易。间接贸易的发生是因为政治、地理等方面的原因,使商品消费国不能直接从生产国购买,而只能从第三国购买；而从事转口贸易的国家或地区大多地理位置优越、运输便利、贸易限制较少。

六、过境贸易与转口贸易

过境贸易（Transit Trade）是指从 A 国经过 C 国国境向 B 国运送货物，而货物所有权不属于 C 国居民，对 C 国而言就是过境贸易。有些内陆国家与非邻国的贸易，其货物必须通过第三国国境。转口贸易（Entrepot Trade）是指货物生产国与消费国之间，或货物供给国与需求国之间，经由第三国贸易商分别签订进口合同和出口合同所进行的贸易。转口贸易与过境贸易是两个不同的概念。转口贸易与过境贸易的不同在于：转口贸易中的第三国直接参与了商品的买卖过程，商品有一个正常的商业加价；过境贸易中的第三国不直接参与商品的交易过程，对过境商品只收取少量的手续费或不收手续费。

第二节　国际贸易与国内贸易的比较

一、国际贸易与国内贸易的共同点

（一）两者在社会再生产过程中的地位相同

无论是国际贸易还是国内贸易，都属于流通领域的范畴，都是把生产和消费联结起来的中间环节，通过这一环节，生产者和消费者各自的目标才能得以实现。因此，两者在社会再生产过程中都处于中介地位。

（二）两者的运动过程相同

作为商品流通，两者都遵循"货币—商品—货币"这一循环过程。在这一过程中，两者的出发点和归宿点均是货币，商品成为这一过程的中介，商业企业购买商品所支付的货币只是暂时的垫付，通过商品的出卖，货币重新回到企业，并实现价值的增值。

（三）两者与生产的关系相同

从理论上讲，在生产与交换的关系上，生产决定交换，交换也对生产的发展起着促进作用。从实际情况来看，不论是国内贸易还是国际贸易，其交换的规模均受该国国内生产力发展水平和生产规模的制约；不同的是国内贸易的规模由该国的国内生产力水平和规模所决定，国际贸易的规模由参加贸易的各个国家的生产力水平和规模所决定。另外，国内贸易的发展对本国的生产有积极的促进作用，国际贸易的发展对参加国家的生产也起着积极的促进作用。

（四）二者遵循的市场经济规律相同

从由于两者过程、内容等方面的一致性，它们所要遵循的市场经济规律是相同的，如价值规律、供求规律、竞争规律等，这些规律从根本上决定着作为商品交换的国际贸易和国内贸易的成败。

二、国际贸易与国内贸易的不同点

（一）两者所处的环境条件不同

国际贸易是涉及不同国家、地区之间的交易活动。国际贸易的这种跨国、跨地区性，决定了它的经营环境具有跨体制特性。首先，国际贸易是在不同的政治经济体制下进行的。不同政治经济体制的国家往往采取各种不同类型的对外贸易政策，即使都是实行市场经济制度的国家，其经济体制往往一国一种模式，市场机制发挥的充分和完善程度互异。这表现在各国的税收、物价管理、国内市场营销特点、外贸管理体制和政策、外汇和汇率管制及政策、国内金融市场的"自由化"程度及其市场发达程度等方面的差异。其次，国际贸易是在跨法律体系下进行的。各国法律体系不同，有关规定千差万别；而国内贸易则是在同一法律体系下进行的，不存在由法律体系不同而带来的交易上的矛盾与纠纷。再次，国际贸易是在跨文化体系下进行的。不同国家和地区的人们，在语言、生活方式、价值观念、行为标准、道德规范、生活水平等方面各不相同。这种不同的文化体系往往对人们的交易行为产生深刻的影响。最后，国际贸易是在不同地理、气候环境下进行的，这决定了国际贸易中的运输问题、商品仓储问题、交货的时间问题都要比国内贸易复杂得多。

（二）两者所使用的货币不同

世界上使用的货币有上百种，在国际贸易中常用的货币有十多种。由于各国的币制不同，各国所采取的汇率制度、外汇管理制度也不一样，特别是外汇汇率分类很多，计算国际汇兑方法相当复杂。因此，在国际贸易中，就存在选择哪种货币作为计价结算工具以及两国货币如何兑换的问题。

（三）两者的具体业务过程不同

国际贸易的交易双方是跨越国界的，有关磋商的方式、程序、内容，合同的成立、签订、履行以及进出口的手续等，远比国内贸易复杂；商品的运输、保险，交货的时间、地点以及商品的品质、数量、价格，支付和贸易纠纷的解决等，都要参照国际贸易惯例做出明确的规定；在交易过程中，要涉及海关、银行、商品检验局、运输公司、保险公司等众多机构。这些都与国内贸易有区别。

（四）两者所承担的风险不同

国际贸易所承担的风险主要有以下几种：

（1）资信风险。由于国际贸易的买卖双方大多属于不同的国家或地区，因此在交易开始前，双方很难对对方的资信进行详尽的了解，这就难免遇上与资信不高的对方达成交易，从而危及契约的履行。

（2）商业风险。这是指在国际贸易中，进口商以各种理由拒收货物、出口商不如期交货或以次充好而导致的风险。

（3）价格风险。即国际市场价格不断波动，给买卖双方带来风险。

（4）汇率风险。即在汇率不断变动的情况下，买卖双方由于预测不准、掌握不好而承担损失的风险。

（5）运输风险。这是指由于国际贸易中的发货地与收货地相距遥远，因遭遇天灾人祸而承担的风险；

（6）政治风险。即由于各国贸易的政策与措施受国内政治经济状况的影响而变更，往往使国际贸易中的买卖双方遭受损失。

（五）两者对经营者的要求不同

由于国际贸易在贸易的环境条件、业务过程、承担的风险等方面的不同，对国际贸易经营者的业务素质和能力有不同的要求，主要反映在以下方面：

（1）应通晓外语。通晓外语可使贸易双方的贸易洽谈更为容易、更为便利；

（2）要通晓本国对外贸易规章，货运、报关、检验等手续，贸易对方国相应的手续及国际上通行的规则和贸易惯例。

（3）要掌握国际汇兑方面的知识，包括贸易对象国货币汇率、外汇银行的功能以及国际金融组织的规章等。

（4）要掌握国际保险方面的知识以及运输、存储方面的知识等。

第三节　国际贸易的分析

在进出口贸易中，要了解某个国家在国际贸易中的地位、技术水平、生产能力、国家的市场分布情况、对外贸易政策等，以便在国际贸易中正确做出决策，就必须进行国际贸易分析。

一、对外贸易总额与对外贸易量

对外贸易总额是指以金额表示的一国对外货物贸易额（Value of Foreign Merchandise Trade）与服务贸易额（Value of Trade in Commercial Service）之和。

衡量进出口贸易规模的指标是进口总额和出口总额。进口总额是指一国或地区一定时期内进口贸易所支出的全部金额；出口总额是指一国或地区一定时期内出口贸易所收入的全部金额。一国或地区在一定时期（如一年、一季度）内出口贸易额和进口贸易额之和称为货物进出口贸易额，它是反映一国对外货物贸易规模的重要指标之一。它一般用国际货币，如美元来表示。

国际贸易额是指世界各国对外贸易额的总和。由于一国或地区的出口正好是另一国或地区的进口，并且各国在统计进口货物贸易额时，一般按 CIF 价（即成本加运费和保险费）计算，而统计出口货物贸易额时，一般都按 FOB 价（即装运港船上交货价）计算，因此，国际贸易额通常指用美元表示的世界各国出口贸易额之和。

服务贸易额通常以各国国际收支的经常项目中的商业服务额表示。经常项目包括货物、服务收入和经常转移。整个服务减去政府服务为商业服务。商业服务包括运输、旅游和其他服务。商业服务的提供为出口，商业服务的消费为进口。

对外货物贸易量是用某时期的不变价格表示的对外货物贸易额。由于各国商品价格不断波动，对外贸易额并不能准确地反映对外贸易的规模；而国际贸易商品的种类繁多，其实物计量单位各不相同，不能直接相加，因此有采用不变价格反映对外货物贸易真实规模的必要。对外货物贸易量的计算方法并不复杂，以一定时期为基期，用出口价格指数除特定时期的对外货物贸易额，即得出该时期的对外货物贸易量。

二、对外贸易差额

一般而言，一国或地区的出口（货物和服务）贸易总额与进口（货物和服务）贸易总额是不平衡的，两者之间的差额就称为总贸易差额（Balance of International Trade）。如果出口贸易总额大于进口贸易总额，就称为贸易顺差或出超（Favourable Balance of Trade）；如果进口贸易总额大于出口贸易总额，就称为贸易逆差或入超（Unfavourable Balance of Trade）。贸易差额可用来反映一国或地区一定时间内对外贸易的状况，但从长期看，一国或地区的进出口贸易应保持基本平衡。当然，可以用货物贸易差额和服务贸易差额来分别表明货物贸易和服务贸易各自进出口贸易额之间的关系。

贸易差额是衡量一国对外贸易状况的一个重要指标，表明一国对外贸易的收支状况，贸易差额状况对一国的国际收支产生重要影响。

一国在某种货物上，既有出口也有进口，如该种货物出口值大于其进口值，称为净出口（Net Export）；反之，该种货物进口值大于其出口值，称为净进口（Net Import）。某项商品出口值大于进口值的国家，称为该项商品贸易的净出口国，表明该国在该种货物整体贸易中居于优势；反之，某项商品进口值大于出口值的国家，称为该项商品贸易的净进口国，表明该国在该种货物整体贸易中居于劣势地位。

三、对外贸易或国际贸易结构

对外贸易或国际贸易结构分为广义和狭义两种。广义的对外贸易或国际贸易结构是指货物、服务在一国总进出口贸易或世界贸易中所占的比重。狭义的对外贸易或国际贸易结构是指货物贸易或服务贸易本身的结构比较，分为对外贸易商品结构与对外服务贸易结构。

国际贸易商品结构或分布（Composition of International Trade）指某类或某种商品国际贸易额在国际贸易总额中所占的比重，某类或某种商品进出口额在一国或地区进出口总额中所占的比重就称为对外贸易商品结构（Composition of Foreign Trade）。

对外服务贸易或国际服务贸易结构（Composition of Foreign/International Service Trade）是指一定时期内一国或世界进出口服务贸易中以百分比表示的各类项目的构成。

对外贸易或国际贸易商品结构综合反映了一国或世界经济发展的水平、产业结构状况和科技发展水平等，一国对外贸易结构则综合反映了该国经济发展水平、自然资源、对外贸易政策等。

四、对外贸易地理流向和国际贸易地区分布

国际贸易地理流向或分布（International Trade by Country or Region）指世界各地区、国家进口额或出口额或进出口额贸易总额在世界进口额或出口额或进出口总额中所占的比重，即一国的对外贸易地位。就一个国家而言，对外贸易地理流向或分布（Direction of Foreign Trade）指该国进口商品或出口商品的国家或地区分布，或与不同国家或地区进出口贸易额在本国进出口贸易总额中所占比重。国际贸易的地理流向或分布反映了世界各地区、各国家在国际贸易中所处的地位，一国对外贸易地理流向或分布反映了该国与世

界各国和地区的经济联系。世界各国和地区的国内生产总值的多寡、贸易的发展及其所处的地理位置等都将影响该国和该地区在国际贸易中的地位。而一国对外贸易地理流向通常受经济的互补性、国际分工的形式、需求偏好和贸易政策的影响。

五、对外贸易依存度

对外贸易依存度（Degree of Dependence upon Foreign Trade）反映的是一国对外贸易与国民经济之间的关系，有对外贸易总依存度、货物贸易依存度和服务贸易依存度三种表示形式。对外贸易总依存度是指一国在一定时期内的对外贸易额与国民生产总值或国内生产总值的比率。货物贸易依存度是指一国在一定时期内的货物贸易进出口额与国民生产总值或国内生产总值的比率。服务贸易依存度是指一国在一定时期内的服务贸易额与国民生产总值或国内生产总值的比率。它表明一国的对外贸易在国民经济中的地位或国民经济对于对外贸易的依赖程度。外贸依存度可分为出口依存度（又称平均出口倾向）和进口依存度（又称平均进口倾向），分别指一国的出口总额、进口总额与该国国民生产总值或国内生产总值的比率。

对外贸易依存度是经济开放度的参考指标之一。经济开放度是近年来一些欧美学者和国际经济组织专家提出的，是指一国经济参与国际分工和对外开放的程度。测度经济开放度的要素主要是市场准入，即关税和非关税壁垒、知识产权保护、投资环境等。对外贸易（或出口）依存度仅仅是一个并不占主导地位的参考要素指标。

影响一国对外贸易依存度的因素主要有国内市场的发展程度、加工贸易的层次、汇率的变化等。一般而言，国内市场发展程度高的国家的对外贸易依存度低于国内市场不甚发达的国家的对外贸易依存度；从事低层次加工贸易国家对外贸易依存度高于从事高层次加工贸易国家的对外贸易依存度。

六、贸易条件

一国宏观上对外贸易经济效益如何，可以从该国的贸易条件（Terms of Trade，TOT）来考察。贸易条件是指一定时期内一国出口 1 单位商品可以交换多少单位外国进口商品数量之间的比例，或交换比价，通常用该时期内出口价格指数（P_X）与进口价格指数（P_M）之比来表示。其计算公式为

$$TOT = \frac{出口价格指数}{进口价格指数} = \frac{P_X}{P_M}$$

其中，进出口商品价格指数是以一定时期价格作为基期价格，说明比较期价

格与基期价格的对比关系，可以用加权平均数来表示，其权数由各种商品在贸易中的地位决定。

$$进口商品价格指数(P_X) = \frac{比较期进口商品价格}{基期进口商品价格}$$

$$出口商品价格指数(P_M) = \frac{比较期出口商品价格}{基期出口商品价格}$$

TOT 值可以反映贸易利益在不同时期的变化，通常以不同时期贸易条件的比较来衡量一国的贸易利益。如果 TOT＞1，表明该国贸易条件比基期好转，该国出口越多，交换越有利；如果 TOT＜1，表明该国贸易条件比基期恶化，出口越多，从商品交换来看越不利，贸易条件甚至可以恶化到出口增加越多而收入反而减少的地步；如果 TOT＝1，则表明贸易条件不变。

在一定程度上，贸易条件能反映出该国的价格优势和竞争能力的变化趋势。

七、贸易竞争力指数、相对出口优势指数与显性比较优势指数

贸易竞争力指数（Trade Competitive Index，TCI）是指一个国家某类商品的贸易差额与该国该类商品的贸易总额之比。它表明一个国家是该类产品的主要输出国还是输入国，在一定程度上反映了一国该商品竞争力的强弱。其计算公式为

$$\text{TCI}_i = \frac{E_i - I_i}{E_i + I_i}$$

其中，I_i 为该国某类产品的进口总额，E_i 为该类产品的出口总额。贸易竞争力指数为正值时，表示该国该类产品的生产效率高于国际水平，具有较强的出口竞争力；反之，贸易竞争力指数为负值时，表明该国该类产品的生产效率低于国际水平，具有较弱的出口竞争力；当贸易竞争力指数等于零时，表明该国该类产品的生产效率与国际水平相当，其进出口纯属产品品种的交换。

相对出口优势指数（Comparative Export Advantage Index，CEA）是指一国某类商品出口额在本国总出口中的份额与该类商品的世界出口额在世界总出口中的份额之比。其计算公式为

$$\text{CEA}_i = \frac{E_i \big/ \sum E_i}{W_i \big/ \sum W_i}$$

其中，E_i，W_i 分别是 i 产品的一国出口总额和世界出口总额，$\sum E_i$，$\sum W_i$ 分别是一国的出口总额和世界商品出口总额。相对出口优势指数大于 1 时，

表明该国 i 类产品具有相对出口优势；反之，若相对出口优势指数小于 1，则表明该国 i 类产品处于相对出口劣势；若相对出口优势指数等于 1，则表明该国 i 类产品处于国际平均水平。

显性比较优势指数（Revealed Comparative Advantage Index，RCA）是指 j 国 i 行业出口量占 i 行业世界出口总量的比率与该国出口总量占世界出口总额的比率之商。分子代表一国某种产品的出口量占世界同种产品出口总量的比率；分母代表一国的总出口量占世界出口总额的比率。美国经济学家巴拉萨（Balassa）于 1965 年提出了衡量各部门的"显性比较优势指数"（RCA）的相对出口绩效指数的计算方法，其计算公式为

$$RCA_{ij} = \frac{x_{ij} \Big/ \sum_{j=1}^{n} x_{ij}}{\sum_{i=1}^{m} x_{ij} \Big/ \sum_{j=1}^{n} \sum_{i=1}^{m} x_{ij}}$$

其中，j 代表国家，i 代表行业，RCA_{ij} 为 j 国 i 行业的显性比较优势指数，x_{ij} 为 j 国的第 i 行业的出口量。一般认为，若 $RCA > 2.5$，则表明该类产品具有极强的出口比较优势；若 $2.5 > RCA > 1.25$，则表明该类产品具有较强的出口比较优势和出口竞争力；若 $1.25 > RCA > 0.8$，则表明该类产品具有中等程度的出口比较优势和出口竞争力；若 $0.8 > RCA$，则表明该类产品的出口比较优势和出口竞争力较弱。

第四节　对外贸易效益核算

任何一个企业在进行国际贸易时，尤其是在出口贸易中，一般情况下，只有在盈利的条件下才能成交。因此，在准备进行国际贸易时，首先要进行对外贸易效益核算，以控制亏损，增加盈利。

对外贸易效益，就是通过商品和劳务的对外交换所取得的社会劳动节约，即以尽量少的劳动耗费取得尽量多的经营成果，或者以同等的劳动耗费取得更多的经营成果。

核算指标主要有出口商品盈亏率、出口商品换汇成本及出口创汇率。

一、出口商品盈亏率

出口商品盈亏率是指其商品按人民币核算的出口盈亏额占出口总成本的比率。其计算公式为

$$出口商品盈亏率 = \frac{出口商品人民币净收入 - 出口总成本}{出口总成本} \times 100\%$$

出口销售人民币净收入为出口外汇净收入（即 FOB 价），按结汇当时外汇牌价的买入价换成的人民币的金额，即等于 FOB 价×外汇买入价。

出口总成本为该商品的生产或收购成本加上出口前的一切费用。按装运港交货术语成交时，为货物越过装运港船舷前的所有费用。由于我国目前实行出口退税政策，出口退税款可在考虑退税的时间因素后，从出口总成本中扣除。

若出口商品盈亏率大于零，则该笔出口有利可图，且盈亏率越高，说明经济效益越好；若出口商品盈亏率小于零，则该笔出口亏损，且负值越大，说明亏损额越大。

二、出口商品换汇成本

出口商品换汇成本又称出口商品换汇率，是指某商品的出口每换回 1 美元净收入所需支付的人民币成本。换汇成本的核算，就是将为出口商品所做的投入与通过出口该商品所创造的 FOB 外汇净收入，或与外汇净收入按银行外汇买入价所兑换的成本相比较。在企业进行每笔出口贸易中，应力求做到其出口商品的换汇成本不高于单位外汇收入的兑换率，即银行外汇买入价。

出口商品换汇成本的计算公式为

$$出口商品换汇成本 = \frac{出口总成本（人民币）}{FOB 出口外汇净收入（美元）}$$

若换汇成本高于国家外汇买入牌价，则出口方亏损。外贸业务中主要使用换汇成本进行核算，以换汇成本低于外汇牌价一定值作为判断出口是否有利的条件。例如美元牌价为 8.21 左右时，许多企业将换汇成本标准定为 7.80 元以下。

三、出口创汇率

出口创汇率是指加工后成品出口的外汇净收入与原料外汇成本的比率。也称外汇增值率。

出口创汇率主要用于国外原料进料加工复出口业务。其计算公式为

$$出口创汇率 = \frac{成本出口外汇净收入 - 原料外汇成本}{原料外汇成本} \times 100\%$$

其中，进口原料的外汇成本一般按该原料的 CIF 价计算。如果原料为国产品，其外汇成本可按该原料的 FOB 出口价计算；如果没有原料出口记录，

则可参照国际市场同种商品的价格计算。

通过出口外汇净收入和原料外汇成本的对比，可以看出成品出口的创汇情况，从而确定出口成品是否有利。特别是在进料加工的情况下，核算出口创汇率更有必要。

当前，由于我国目前的外汇储备已较高，此指标的核算作用逐渐降低。

第五节　现代国际贸易的发展

与世界经济发展相联系、相适应，现代国际贸易在快速发展的同时，呈现出一些新的特点。

一、国际贸易步入新一轮高速增长期，贸易对经济增长的拉动作用愈加明显

伴随着世界经济较快增长和经济全球化的纵深发展，当前国际贸易增长明显加速，已经进入新一轮高速增长期。2004 年，全球货物贸易名义增长21%，创下 25 年来的历史新高。在世界经济强劲增长、国际市场对能源原材料商品需求旺盛以及美元贬值因素的影响下，全球货物和服务贸易呈现出高速增长态势。全球贸易的高速增长既是科技进步、生产力提高、国际分工深化的共同结果，同时它又促进了世界生产。20 世纪 90 年代以来，国际贸易的增长率连续超过世界生产的增长率，导致世界各国的外贸依存度均有不同程度的上升。

二、以发达国家为中心的贸易格局保持不变，中国成为国际贸易增长的新生力量

美、欧、日三大经济体在国际贸易中居于主导地位。目前，发达国家已经占据世界货物出口 70% 以上的份额和服务贸易 90% 以上的份额，更为重要的是，发达国家通过开展区域贸易合作和控制多边贸易体制来主宰国际贸易秩序，并在国际交换中获得了大部分贸易利益。

中国是近年来国际贸易增长中引人注目的"亮点"，表现为中国不仅在全球贸易总量中的份额和排名不断攀升，而且对全球贸易增量的贡献也更为显著。2004 年，中国对外贸易额达到 11 548 亿美元，超过日本，成为仅次于美国、欧盟的第三大贸易国，占全球货物贸易总额和增量的比重分别达6.4% 和 20%。

三、多边贸易体制面临新的挑战，全球范围的区域经济合作势头高涨

2004 年 8 月 1 日，世贸组织 147 个成员就新一轮多边贸易谈判框架达成了协议，但协议的内容较为原则和笼统，各成员在农业、非农市场准入等问题上仍存在很大分歧。2005 年是多哈回合谈判的关键一年，发达成员和发展中成员将在今年 12 月香港部长会议上就主要议题的实质内容进行谈判。值得注意的是，由于各种区域贸易协定纷繁多样、成员交叉重叠，一些贸易协定已超出传统的降低贸易和投资壁垒的范围，这对多边贸易体系带来了一定程度的影响。

同时，以区域贸易安排为主要形式的区域经济合作加速发展，并呈现出不少新的趋势：一是区域贸易安排迅猛发展。二是主要贸易大国都在追求区域贸易安排的主导权。三是区域贸易安排成员间的贸易比重进一步上升。2004 年，区域内贸易总量占国际贸易总量的比重已超过 50％。四是国家之间的竞争正在向区域经济集团之间的竞争转变。区域贸易安排已经成为各国争取市场资源、扩大发展空间、提升国际地位的战略手段。

四、国际贸易结构走向高级化，服务贸易和技术贸易发展方兴未艾

国际贸易结构的高级化与产业结构的升级互为依托，其变化趋势有以下两个突出特点：一是伴随着各国产业结构的优化升级，全球服务贸易发展迅猛。近 20 多年来，国际服务贸易规模已经从 1980 年的 3 600 亿美元扩大到目前的 2.1 万亿美元，占全球贸易的 19％。在行业结构上，服务贸易日益向金融、保险、电信、信息、咨询等新兴服务业倾斜，传统的运输业、旅游业所占份额持续下降；在地区分布上，发展中国家服务贸易所占份额继续扩大，东亚地区的增长尤其显著。二是高技术产品在制成品贸易中的地位大大提高，尤以信息通信技术产品出口增长最快。同时，由于跨国公司纷纷把以信息技术为代表的高新技术产业向发展中国家转移，近年来发展中国家技术密集型产品出口占全球的比重快速上升。

五、贸易投资一体化趋势明显，跨国公司对全球贸易的主导作用日益增强

在经济全球化的推动下，生产要素特别是资本在全球范围内更加自由地流动，跨国公司通过在全球范围内建立生产和营销网络，推动了贸易投资日益一体化，并对国际经济贸易格局产生了深刻影响。一是跨国公司已成为全球范围内资源配置的核心力量。目前世界上的跨国公司已达 6.3 万家，它们

不仅掌握着全球 1/3 的生产和 70% 的技术转让，更掌握着全球 2/3 的国际贸易和 90% 的外国直接投资。二是国际贸易竞争从以比较优势为主，转变为以跨国公司数量和在国际范围内整合资源的能力为主。这就意味着，一个国家具备国际竞争优势的企业越多，就越可以在国际分工中更多地整合别国的资源。三是国际贸易格局由产业间贸易转向产业内贸易、公司内贸易为主，主要表现为中间产品、零部件贸易在国际贸易中的比重增加。四是跨国公司产业转移不断加快，加工贸易在整个国际贸易中的比重持续上升，已成为发展中国家对外贸易的增长点。

六、贸易自由化和保护主义的斗争愈演愈烈，各种贸易壁垒花样叠出

在经济全球化的推动下，世界各国经济交往愈加频繁，贸易自由化已是不可逆转的潮流。但是随着国际贸易规模不断扩大，贸易摩擦产生的可能性也就越大。当前，各国经济景气的不均衡性、区域贸易集团的排他性、贸易分配利益的两极化等都是造成贸易保护主义层出不穷的重要原因。

当前世界已进入贸易争端的高发期，并呈现出以下特点：一是基于战略利益考虑而引发的贸易摩擦增多。二是贸易保护的手段不断翻新。各种技术壁垒成为贸易保护的新式武器，知识产权纠纷成为国际贸易争端的重要方面。三是摩擦从单纯的贸易问题转向更为综合的领域。社会保障问题、汇率制度问题等已成为摩擦的新领域，资源摩擦与贸易摩擦交互作用的趋势越来越明显。四是中国已成为国际贸易保护的最大受害国。从 1995 年开始，中国已连续 10 年成为遭受反倾销最多的国家。

七、创新是当代国际贸易发展最显著的特征

当代国际贸易创新就是对 20 世纪 90 年代以来国际贸易各个领域、各个方面的全面的立体式的创新现象的集中概括。当代国际贸易创新表明国际贸易进入了一个全新的发展时代，这些创新主要体现在：

1. 观念创新。它具体包括：（1）把贸易开放看成是对外开放的起点和基本方面；（2）客观地估计对外贸易在一国经济发展中的实际作用，把经济发展与贸易发展的平衡、国际贸易与国内贸易的协调看成是发展对外贸易的基本原则；（3）把对外贸易看成是处理国家关系越来越重要的外交手段。

2. 格局创新。它具体包括：（1）以地缘经济为特征的贸易集团取代了以政治联盟为基础的贸易联盟，贸易集团化格局基本确立；（2）区域贸易集团具有强烈的对外扩展趋势，全球一体化步伐正在加快；（3）国际贸易重心已从单一的欧洲重心过渡到了多重重心并存的状态，并正在形成以亚太为重

心的新单一重心的格局。

3. 制度创新。它具体包括：（1）具有真正法人地位的、拥有更强约束性和更高运转效能的世界贸易组织取代关贸总协定；（2）区域性协调机制的迅速建立和不断加强；（3）国别的"管理贸易"制度的推广和普遍化。

4. 政策创新。它具体包括：（1）有限制的可调节的自由贸易政策逐步抬头，保护主义开始相对地进入低潮；（2）直接的贸易限制措施逐渐被间接的贸易限制措施所取代，新型的更灵活和更隐蔽的贸易限制措施正在不断地被创造出来；（3）贸易政策趋向于和其他经济政策甚至外交政策的更大程度上的融合；（4）区域内"共同贸易政策"开始形成。

5. 构成创新。它具体包括：（1）国际贸易的内容在比例结构上出现重大调整；服务贸易的比重相对于货物贸易正在快速上升；制成品中技术产品特别是高新尖技术产品的比重大幅度增加；原材料产品中具有特别意义的资源产品的贸易量增长迅速。（2）多边贸易的内容和范围大大扩展：乌拉圭回合协议把服务贸易、与贸易有关的知识产权和投资措施以及长期游离于关贸总协定体制以外的农产品和纺织品纳入到多边体制的管辖范围。

6. 工具创新。它具体包括：（1）投资和知识产权成为推动国际贸易的越来越重要的手段；（2）现代通信技术为国际贸易提供了新的信息工具；（3）国际贸易惯例、规则的革新更科学地规范了国际贸易的全过程；（4）运输方式的革命使国际贸易如虎添翼；（5）各国在促进和便利贸易发展方面产生了一系列新的政策举措。

事实上，当代国际贸易创新的实际内容还远不止上述这些方面。当代国际贸易创新已经深入到当代国际经济发展的各个领域，并通过和当代国际金融创新、国际投资创新的日益融合，产生新的更广泛的内容，从而推动整个国际经济的全面创新。

第 一 篇　国 ⋯⋯ 际 ⋯⋯ 贸 ⋯⋯ 易

国际贸易基本理论篇

国际贸易对参加国是有利的。国际贸易利益或者来源于包括资源、劳动、技术等在内的比较优势，或者来源于产品或服务的差异性优势，或者来源于产品的规模经济。最大限度地发挥这些比较优势和竞争优势，就能实现国际贸易的高效益。

第 二 章
传统国际贸易理论

　　随着国际分工不断发展和深化，国际贸易始终处于动态发展之中，国际贸易的理论成果也在不断丰富。国际贸易理论可追溯到 15 世纪末 16 世纪初的重商主义学说。自亚当·斯密在《国民财富的性质和原因的研究》一书中提出绝对成本说至今，国际贸易理论的发展也已经历了 200 多年的历史，先后经历了亚当·斯密和大卫·李嘉图的古典贸易理论阶段、赫克歇尔和俄林的新古典贸易理论阶段、20 世纪 70 年代末以来的新贸易理论阶段。

第一节　比较成本说

一、亚当·斯密的绝对成本说

　　亚当·斯密（Adam Smith，1723~1790）是英国著名的经济学家，古典经济学派的奠基者，同时也是自由贸易理论的创立者。亚当·斯密在其 1776 年出版的《国民财富的性质和原因的研究》一书中，抨击了重商主义有关财富及其来源的错误观点，提出了自由主义经济思想理论。绝对成本学说是亚当·斯密对国际贸易所做的理论阐释。

　　亚当·斯密十分强调分工的作用，他认为分工有利于劳动者技能的提高、劳动时间的节约和机械的使用。以针的制造为例，针的制造共有 18 道工序，在没有分工的情况下，一个工人每天最多只能制造 20 枚，有的甚至一枚也造不出来，如果分工生产，每人每天将能生产出 4 800 枚，由此可见，分工使劳动生产率大大提高。亚当·斯密还对如何分工进行了讨论。他认为，如果一件东西通过购买所花的代价比在家里花的代价小，就不会在家里生产。裁缝不会为自己做鞋子；鞋匠不会为自己做衣服；农场主既不打算为自己做鞋子，也不打算为自己做衣服。分工的原则应当是，人们各自集中生产具有优势的产品，然后与他人交换，这对交易双方都会有利。

亚当·斯密从国内分工进而扩展至国际分工，他认为适用于一国内部的分工原则同样适用于国家之间。一种商品，如果其他国家生产所需成本比本国低，那么本国就不生产，而应当通过输出本国最擅长生产的商品换取另一国的廉价商品，这对双方都有好处，这将使各国的土地、劳动等得到充分利用，增加全社会的财富。

亚当·斯密的理论可用表 2-1 的例子来说明。根据表 2-1 所列，英、法两国都有能力生产出小麦和生铁，但两国生产单位小麦和生铁所需的劳动投入不同。其中，英国在生铁生产上效率高，成本低；法国在小麦的生产上效率高，成本低。如果两国不进行国际分工，各自生产出 1 单位小麦和生铁，即社会总产品为 2 吨小麦和 2 吨生铁。但如果按各自生产其优势产品的原则进行国际分工来生产，那么所得的社会总产品将是 3 吨小麦和 3 吨生铁。若两国按实物产品 1:1 交换，英国比分工前多得了 1 吨生铁，而法国则多得了 1 吨小麦。可见，国际分工带来了社会财富的增加，也给两国带来了好处。由于亚当·斯密的理论是以绝对生产费用即劳动投入量为基础的，因此称之为绝对成本理论。

表 2-1 　　　　　　　　　　　按绝对成本优势进行国际分工

国别	单位产品劳动投入/（吨/天）		分工前的产品生产量/吨		分工后的产品生产量/吨	
	小麦	生铁	小麦	生铁	小麦	生铁
英国	200	100	$\frac{200}{200}=1$	$\frac{100}{100}=1$	—	$\frac{200+100}{100}=3$
法国	100	200	$\frac{100}{100}=1$	$\frac{200}{200}=1$	$\frac{100+200}{100}=3$	—
合计	—	—	2	2	3	3

二、大卫·李嘉图的比较成本说

大卫·李嘉图（David Ricardo，1723～1813）是英国产业革命深入发展时期的经济学家，古典经济学派的完成者。大卫·李嘉图在 1817 年出版的《政治经济学及赋税原理》一书中提出的"比较成本说"，被认为是自由贸易理论的支柱之一，在国际贸易理论体系中占有十分重要的地位。

亚当·斯密的绝对成本说只论述了在产品生产时各具绝对优势的国家完

全可能和有必要进行国际分工和开展国际贸易，没有涉及一个国家在所有产品的生产上比另一个国家都处于劣势时的分工和贸易问题。李嘉图在斯密理论的基础上做了进一步发展，在理论上大大扩展了国际分工和国际贸易的范围。根据表2-2，葡萄牙在毛呢和葡萄酒的生产上都占优势，但所占优势的程度不同，其中在葡萄酒生产上的优势更加明显；相应地，英国在两种产品的生产上都处于劣势，但在毛呢生产上的劣势相对较小。虽然英国在两种产品的生产上均不占优势，但两国生产的两种产品成本之间的差异程度不同，仍有可能导致两国间的国际分工和国际贸易，即由葡萄牙集中生产优势最大的产品（两优取重）——葡萄酒，英国集中生产劣势最小的产品（两劣取轻）——毛呢，这样社会总产品必然有所增加。如两国按实物产品1∶1交换，英国就比分工前多得了0.2单位的毛呢，葡萄牙则多得了0.125单位的葡萄酒，双方均从贸易中获得了好处。由于大卫·李嘉图的理论是以两国产品间成本差异的比较为基础的，因此称为比较成本理论。

表 2-2 　　　　　　　按比较成本优势进行国际分工

国别	单位产品劳动投入/(吨/天)		分工前的产品生产量/吨		分工后的产品生产量/吨	
	毛呢	葡萄酒	毛呢	葡萄酒	毛呢	葡萄酒
英国	100	120	$\dfrac{100}{100}=1$	$\dfrac{120}{120}=1$	$\dfrac{100+120}{100}=2.2$	—
葡萄牙	90	80	$\dfrac{90}{90}=1$	$\dfrac{80}{80}=1$	—	$\dfrac{90+80}{80}=2.125$
合计	—	—	2	2	2.2	2.125

三、国际交换理论

(一) 国际价值理论

亚当·斯密和大卫·李嘉图的成本学说建立在劳动价值学说的基础之上，解决了国际贸易形成的条件问题，但未解决好国际商品的交换条件问题。马克思运用劳动价值论考察世界市场，创立了国际价值理论。

马克思的劳动价值论包含以下几方面的重要论述：

(1) 商品的价值是抽象劳动的结晶；

(2) 商品价值量是由生产该商品的社会必要劳动时间决定的；

(3) 在一国国境内生产商品的国内社会必要劳动时间，决定商品的国内价值量，在国际范围内生产商品的国际社会必要劳动时间，决定商品的国际价值量；

（4）价格是商品价值的货币表现，同商品的国内价值和国际价值相对应的是商品的国内价格和世界价格。

商品的国际价值是在国别价值的基础上形成的，都是由抽象的人类社会劳动决定的，两者在本质上是完全相同的。而且，只有在国际分工和国际贸易条件下，劳动社会化才得到全面发展。社会劳动不再只是作为一国内部，而是作为全球参与国际分工与贸易的一切国家的共同劳动来表现的。但是，商品的国际价值量同国别价值量可能是不相等的。因此，一国国内某种商品的交换，是以国内价值为基础，由该国生产商品时所消耗的社会必要劳动时间决定的。由于各国经济发展程度不同，平均劳动熟练程度和劳动强度不同，生产商品所耗费的社会必要劳动时间也就不同。因此，在世界市场上，各国之间的商品交换不能按照各自的国内价值，而应以生产该商品的国际价值为基础。国际价值的计量单位是"世界劳动的平均单位"。所谓"世界劳动的平均单位"，就是在世界现有正常生产条件下，生产某种使用价值所需要的世界必要劳动时间。

商品的国际价格是商品国际价值的货币表现。在国际贸易中，按照价值规律的要求，国际商品要以国际价值为基础进行等价交换。但是，由于世界市场上供给与需求的不一致，并非任何一次商品买卖的价格与国际价值都是绝对相符的，实际上，经常表现为国际市场价格高于或低于国际价值。这种价格围绕价值的上下波动，不是对价值规律的否定，而是价值规律在世界市场上的一种表现形式。

（二）国际相互需求理论

大卫·李嘉图的比较成本理论在亚当·斯密的绝对成本理论的基础上进一步揭示了两国间国际分工和贸易发生的原因与互利性，但没有解决好两国间商品交换的比例问题。因为按实物量，一单位对一单位的交换只是一种假设，实际交换中并不是依此原则进行的。19世纪中叶，英国著名的经济学家约翰·穆勒（John Stuart Mill，1806～1873）最早提出了解决两国间商品交换比例的相互需求理论。现以表2-3来说明。

根据表2-3可以看出，英、德两国在毛呢生产上的效率相同，在麻布的生产上德国则占有优势，按照"两优取重，两劣取轻"的分工原则，英国应集中生产毛呢，德国则集中生产麻布，然后彼此进行交换。按等量劳动交换原则，分工前英国国内毛呢与麻布的交换比例为10:15，德国国内毛呢与麻布的交换比例为10:20。分工后，若英国用10码的毛呢所换取的德国生产的麻布的数量等于甚至低于分工前所能换取的国内生产的麻布数量，即 15 码，英国将退出分工；同理，若英国用 10 码的毛呢换取的麻布数量等于或高于 20 码，德国将退出分工。由此可知，英国用 10 码毛呢能换取的德国麻布的数量区间为 15～20 码，越靠近 15 码，对德国越有利；若靠近 20 码，则对英国有利。那么，具体的交换比例如何确定呢？穆勒认为，两国间商品交换的具体比例是由两国间相互需求决定的。

表 2-3 相互需求理论举例

国 别	投入既定劳动量后产品生产量	
	毛呢/码	麻布/码
英 国	10	15
德 国	10	20

假定英、德两国毛呢与麻布的交换比例为 10:17，此时英国对德国麻布的需求为 17 000 码，德国对英国毛呢的需求为 10 000 码，10 000:17 000 = 10:17，供求平衡，商品的价格为均衡价格，10:17 是稳定的交换比例，贸易得以持续。假如在 10:17 的交换比例下，英国对德国麻布的要求下降为 13 600 码，德国对英国毛呢的需求仍有 10 000 码，即 10 000:13 600≠10:17，供求不平衡，其中麻布供过于求，而毛呢供不应求，德国为了刺激英国对麻布的需求，并从英国获得更多的毛呢，将降低麻布的交换价值，即提高 10 码毛呢能换取的麻布的数量。假若新的交换比例为 10:18，此时英国对麻布的需求增加到 16 200 码，德国对毛呢的需求由于毛呢交换价值的提高而下降为 9 000 码，于是 9 000:16 200 = 10:18，10:18 即是稳定的交换比例。

综上所述，两国间商品交换比例的上下限由两国国内交换的比例决定，具体交换比例则由两国间相互需求决定。只有当两国商品交换比例等于双方相互需求对方产品的总量比例时，两国的贸易才能稳定维持。

英国经济学家阿费里德·马歇尔（Afred Marshall，1842～1924）在穆勒的理论框架基础上，运用几何的方法解释了两国商品交换比例的上下限及两国贸易实现均衡的问题（见图 2-1、图 2-2）。

图 2-1 中，OK 为英国国内的交换比例，OL 为德国国内的交换比例，OK 与 OL 之间才是两国互利的贸易范围。图 2-2 中，OB 表示德国的提供曲线（即德国提供一定数量的麻布要求换取的毛呢数量的函数关系），OG 表示英国的提供曲线（即英国提供一定数量的毛呢而要求换取的麻布数量的

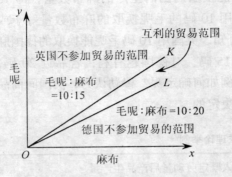
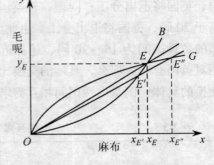

图 2-1 两国交换比例的上、下限   图 2-2 两国贸易均衡的实现

函数表示），两国开展贸易时，只有两国的提供曲线 OB，OG 相交的 E 点才是两国贸易的均衡点，OE 就是两国商品交换的具体比例。当贸易条件偏离 OE 直线时，必然不能长期维持稳定。例如，假设贸易条件由 OE 变为 OE'，出口麻布的德国的贸易条件恶化了，必然减少麻布的出口，出口供给量 x_E 变为 $x_{E'}$。而进口麻布的英国的贸易条件改善了，必然会增加对麻布产品的进口，进口需求量由 x_E 变为 $x_{E''}$。这样，麻布的进口需求 $x_{E''}$ 大于出口供给 $x_{E'}$，麻布的相对价格必然提高，一直提高到原来的 E 点，当出口供给等于进口需求时，两国贸易才会均衡。

第二节 资源禀赋理论及其扩展

一、赫克歇尔-俄林的资源禀赋理论

根据李嘉图的比较成本理论，两国间分工和贸易的发生是由于两国间产品存在相对成本差异，但没有进一步探讨产品间相对成本差异产生的原因，赫克歇尔-俄林的资源禀赋理论则深入地探讨了这种差异产生的原因。

赫克歇尔（Eli Filip Heckscher, 1879～1952）是瑞典经济学家，最先阐述了有关资源禀赋理论的思想，他的理论后经其学生、瑞典著名经济学家俄林（Bertil Cotthard Ohlin, 1899～1979）的发展，成为了较完整的有关国际贸易的学说，被认为是与李嘉图的比较成本理论并列的两大国际贸易理论之一。

根据赫克歇尔-俄林理论，国际贸易的产生需要两个重要条件：一是各国所拥有的各种生产要素的数量，即所谓资源禀赋不同；二是各国在产品生产过程中生产要素结合的比例不同。各国资源禀赋不同，生产要素的价格及由此决定的生产成本不同，最终导致了商品价格的不同，而商品价格的高低差异，正是引起国际贸易的直接原因。由此可见，资源禀赋差异是导致国际分工和国际贸易的重要条件之一。

同时，各国开展生产的物质条件不一样，从而决定了商品生产中生产要素的结合比例不一样。根据商品中所含的生产要素的密集程度，商品可大致分为以下类型：劳动密集型、土地密集型、资本密集型、资源密集型、技术密集型等。各国参与国际分工和国际贸易，必须生产和出口那些在本国生产要素较丰富，其价格较便宜的商品，进口那些本国生产要素较稀缺，其价格较昂贵的商品。如加拿大、澳大利亚等土地丰裕的国家应集中生产谷物等土地密集型产品，出口到土地稀缺的国家；日本、欧美则应集中生产机器设备等资本密集型和技术密集型产品，出口到资本缺乏、技术落后的国家。这样，各国都能从分工和贸易中得到好处。

资源禀赋理论可用表2-4加以说明。假定美国和英国使用土地与劳动两种要素生产小麦和纺织品两种产品，并设两国生产单位小麦、单位纺织品所需要素数量相同，即生产1单位小麦都需要5单位土地和1单位劳动，生产1单位纺织品都需要1单位土地和10单位劳动。由于两国资源禀赋不同，因此要素的价格也不同。设美国1单位土地的价格是1美元，1单位劳动的价格是2美元；而英国1单位土地的价格为4美元，1单位劳动的价格为1美元。据此可计算出两国产品的生产成本。

表2-4　　　　　　　　　生产要素价格和产品成本

国　别	单位产品价格/美元		单位产品成本/美元	
	土地	劳动	土地	劳动
美　国	1	2	7	21
英　国	4	1	21	14

由于生产1单位小麦需投入的土地与劳动的比率为5/1，大于生产单位纺织品需投入的土地与劳动的比率1/5，因此小麦是土地密集型产品，而纺织品是劳动密集型产品。根据表2-4可知，美国生产小麦和纺织品的成本比例为7:21＝1:3，英国为21:14＝3:2，由于1/3＜3/2，所以美国是土地相对丰富的国家，英国则是劳动相对丰富的国家。这样，美国应生产小麦获取

相对优势，占有比较利益；英国应生产纺织品获取相对优势，占有比较利益。即美国出口小麦，进口纺织品；而英国出口纺织品，进口小麦，这将使双方获益。两国贸易发生后，土地密集型产品从美国出口到英国，劳动密集型产品从英国出口到美国。随着贸易的开展，美国的土地被越来越多地用于生产出口产品，对土地需求的不断增加将使土地逐渐成为相对稀缺的资源，其价格上涨；同时，由于劳动密集型产品的进口，美国对劳动的需求得以缓和，其价格下降。对于英国而言，其国内情况与美国正好相反。因此认为，国际贸易将导致要素价格趋于相等。后来，美国经济学家保罗·萨缪尔森（P. A. Samuelson）论证了在特定条件下，国际要素价格均等不是一种趋势，而是必然。因此，资源禀赋理论又被称为赫克歇尔-俄林-萨缪尔森理论。

二、里昂惕夫反论及其解释

根据赫克歇尔-俄林的理论，一个国家应当出口密集使用本国丰裕资源生产的产品，进口密集使用本国稀缺资源生产的产品。美国是一个资本相当丰裕、劳动力相对稀缺的国家，因此应当出口资本密集型产品而进口劳动密集型产品，但验证结果却并非如此。

1953 年，出生于俄国的著名美国经济学家瓦西里·里昂惕夫（Wassily Liontief）运用投入-产出分析方法，根据 1947 年的统计资料，对美国进出口商品结构进行了计算，结果如表 2-5 所示。

表 2-5　　　　　　　　　　　　每百万美元产值所需要的投入量

	出口商品	进口替代商品	出口人年均资本 / 进口人年均资本
资本/美元	2 550 780	3 091 339	—
劳动/人年	182	170	—
资本 劳动 /（美元/人年）	14 015	18 184	0.771

表 2-5 表明，美国 1947 年出口商品资本密集度只相当于进口商品资本密集度的 77.1%，这意味着美国出口的是劳动密集型产品，与依据赫克歇尔-俄林理论得出的论证正好相反。之后，里昂惕夫本人及其他学者对美国、日本、加拿大等国进出口结构做了验证，其结论有的与里昂惕夫的结论相符，有的则与赫克歇尔-俄林的理论相符。

里昂惕夫反论或称"里昂惕夫之谜"在国际贸易理论界引起了很大的反响，人们对此分别提出了许多种解释。虽然在实际研究中里昂惕夫反论客观存在，并围绕反论的解释人们提出了种种理论，但只能认为是对赫克歇尔-俄林理论的补充和修正，并没有提出一种全新的国际贸易理论。综合人们对"里昂惕夫之谜"的探讨，有一定说服力的见解分述如下：

（一）里昂惕夫对反论的解释

里昂惕夫认为，美国对外贸易中出口劳动密集型、进口资本密集型产品的原因在于美国工人具有比其他国家工人更熟练的技术和更高的劳动生产率。由于美国工人的劳动生产率大约是其他具有相同机器设备国家工人的 3 倍，因此，如果按劳动生产率来衡量，美国自然是一个劳动相对丰裕而资本相对稀缺的国家，因此出口劳动密集型产品，进口资本密集型产品，是很自然的。这一解释提出了劳动力的非同质性，这一点与资源禀赋理论中关于劳动同一性的假定是矛盾的，是对资源禀赋理论的修正。

（二）自然资源说

美国学者瓦尼克（J. Vanek）认为，里昂惕夫的计算仅限于劳动和资本两种生产要素，没有考虑自然资源这一要素的影响。由于美国每年要进口相当数量的原油、粗铜等自然资源型的产品，而这些产品的生产在美国需要高资本投入，与其他国家相比是高度资本密集型产品，因此使得美国进口替代产品中的资本密集程度必然提高，从而导致了里昂惕夫反论所指的现象的出现。这一结论获得了里昂惕夫的承认和一些学者的计算验证。

（三）需求偏好论

该理论强调需求因素对贸易结构的影响，认为美国对外贸易中里昂惕夫反论的出现是因为美国市场上的消费者对于资本密集型产品的需求偏好导致了更多资本密集型产品的进口和劳动密集型产品的出口。例如大米的生产，用世界标准来衡量，美国并不是一个大米生产大国，但美国却是主要的大米出口国之一，这是因为美国人较少食用大米的缘故。该理论从需求方面解释了里昂惕夫反论。

（四）市场不完善论

美国经济学家鲍德温（R. E. Baldwin）提出用美国的关税结构解释里昂惕夫反论，认为"反证"产生的原因在于市场的不完善。里昂惕夫在计算中没有考虑和剔除美国关税的倾向和其他贸易限制措施的影响，而现实中美国的关税和非关税措施政策总是倾向于保护国内劳动密集型产业，阻止劳动密集型产品的进口，从而使得劳动密集型产品的进口比重下降，资本密集型产品的进口比重相应上升。与此同时，美国的贸易政策倾向于鼓励劳动密集型产品的出口，也使得劳动密集型产品在出口中的比重上升。

里昂惕夫反论的提出带动了第二次世界大战以后国际贸易理论的发展，但并没有从根本上否定资源禀赋理论。同时也说明把建立于严格假设基础上的资源禀赋理论用于解释现实中的国际贸易时应做相应的补充和修正，上述理论从不同角度对资源禀赋理论有所发展。目前，资源禀赋理论仍是国际贸易的重要理论支柱。

第三节　国际贸易条件的现代分析方法

一、机会成本不变条件下的国际贸易

美、英两国生产小麦和布两种产品，当维持机会成本不变时，两国的生产可能性曲线是直线（见图 2-3）。设美国每单位要素投入能生产出 20 单位的小麦或 10 单位的布或介于其间的两种产品的任何组合，英国每单位要素投入能生产出 10 单位的小麦或 30 单位的布或介于其间的两种产品的任何组合。那么，美国 1 单位小麦机会成本就是 0.5 单位的布，或 1 单位布的机会成本是 2 单位小麦；英国 1 单位小麦的机会成本就为 3 单位的布，或 1 单位布的机会成本为 1/3 单位的小麦。因此，美国的小麦相对便宜，英国的布则相对便宜。美国将出口小麦，进口布；英国将出口布，进口小麦。假定两国实现完全的国际分工，即美国全部的生产要素用于生产小麦，英国全部的生产要素用于生产布，交换比例为 1:1，两国都将获得因国际分工和国际贸易带来的利益。

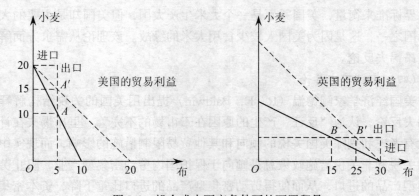

图 2-3　机会成本不变条件下的两国贸易

图 2-3 中，A,B 表示贸易发生前两国的生产及消费组合，A'，B' 表示贸易发生后两国的消费组合。A 表示的两种产品的生产组合为 10 单位的小麦和 5 单位的布，B 表示的两种产品的生产组合为 5 单位的小麦和 5 单位的布。分工发生后，美国生产出 20 单位的小麦，英国则生产出 30 单位的布，然后两国都拿出 5 单位的产品与对方交换。这样，较分工前，美国多得了 5 单位小麦，这就是美国获得的贸易利益；英国则多得了 10 单位的布，这就是英国获得的贸易利益。通过国际分工和国际贸易，美、英两国的消费都有了提高。

二、机会成本递增条件下的国际贸易

要维持机会成本不变，就必须假定生产要素在各种产品的生产中都有相同的效率，即劳动力在生产小麦和生产布这两种产品时的效率是相同的。这一假定是不符合实际情况的，因为擅长于生产小麦的劳动力用于生产布时，其生产率就很难达到擅长于生产布的劳动力。因此，机会成本一般是递增的，其生产可能性曲线不是一条直线，而是一条凹向原点的曲线（见图 2-4）。

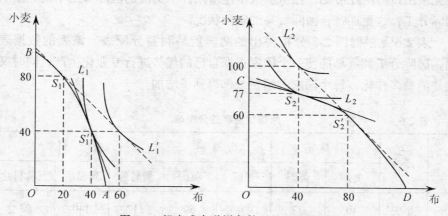

图 2-4　机会成本递增条件下的两国贸易

美国和英国的资源禀赋决定了各自的生产可能性曲线的形状。美国土地丰富，因此土地的价格便宜，在小麦的生产上具有优势；英国的资本较丰富，因此资本的价格便宜，在布的生产上具有优势。AB 和 CD 分别为美国和英国的生产可能性曲线。

贸易发生前，美国的生产可能性曲线 AB 与消费无差异曲线 L_1 相切于 S_1，此时 S_1 点的切线斜率为 2，表示 1 单位小麦的机会成本是 1/2 单位的布，或 1 单位布的机会成本是 2 单位的小麦。英国的生产可能性曲线 CD 与

消费无差异曲线 L_2 相切于 S_2，此时 S_2 点的切线斜率为 2/3，表示 1 单位小麦的机会成本是 3/2 单位的布，或 1 单位布的机会成本是 2/3 单位的小麦。

两国发生贸易后，美国将扩大小麦的生产，在生产要素充分利用的条件下将相应地减少布的生产；英国将扩大布的生产，在生产要素充分利用的条件下将相应地减少小麦的生产。美国的生产组合点会从 S_1 点向 B 点方向移动，但每移动一次，增加单位小麦的生产必须放弃的布的生产数量将增加。假定 S_1' 为美国最终的生产组合点，此时，1 单位小麦的机会成本为 1 单位的布。同理，英国的生产组合点将从 S_2 点向 D 点方向移动，每移动一次，增加单位布的生产必须放弃的小麦生产的数量将增加。假定 S_2' 为英国最终的生产组合点，此时 1 单位布的机会成本为 1 单位的小麦。

S_1' 点和 S_2' 点的切线斜率为 1:1，这就是小麦和布的国际交换比例，此时两国间的贸易达到均衡。美国的生产组合点不会再向 B 点方向移动，因为再移动将使小麦的相对价格（即机会成本）超过国际交换比率，而增产的小麦又无法出口；同理，英国的生产组合点也不会再向 D 点方向移动，因为再移动将使布的相对价格（即机会成本）超过国际交换比率，而增产的布将无法出口。由此可见，在机会成本递增条件下两国的国际分工不是完全的国际分工，这更加符合国际贸易的实际状况。

表 2-6 是根据图 2-2 分析得出的两国贸易利益分配表。该表的数据表明，国际分工和贸易能使一个国家根据自己的优势进行专业化生产，同时又能使消费多样化，每个国家的消费量都得到了增加。

表 2-6　　　　　　　　　　　两国贸易利益分配表

	产品	贸易前		贸易后		合　　计		
		美国	英国	美国	英国	贸易前	贸易后	贸易利益
生产	小麦	40	77	80	60	117	140	23
	布匹	40	40	20	80	80	100	20
消费	小麦	40	77	40	100	117	140	23
	布匹	40	40	60	40	80	100	20

第 三 章
现代国际贸易理论

20世纪60年代以来，国际经济和国际贸易进入了一个新的发展阶段，出现了一些传统国际贸易理论所没有也不可能说明的新现象和新问题，新的贸易实践需要新的贸易理论来指导。与此同时，里昂惕夫之谜之后的国际贸易理论发展也进入到一个整合时期。国际贸易新理论正是顺应了历史需要而逐渐产生和发展起来的。该理论体系所涉及的理论非常多，且结构庞杂。本章将介绍该体系中最具代表性、影响最大的国际贸易理论。

第一节　动态国际贸易理论

一、技术差距贸易理论

李嘉图的比较成本理论的基本模式假定进行贸易的两个国家生产商品的劳动要素生产效率存在差异，但从本质上而言，比较成本理论不是以技术进步为基础分析国际贸易问题的。俄林的要素禀赋论则干脆撇开各国技术水平的差别，以各国技术条件相同为前提分析国际贸易问题。然而，各国技术的差距不仅是客观存在的，而且在一定程度上通过影响一国的成本和价格水平、资源禀赋状况等途径影响该国的比较优势地位，从而决定和影响国际贸易各个环节和一国的对外贸易格局。

技术差距理论是由美国经济学家波斯纳（Posner）和赫夫鲍尔（Hufbauer）于20世纪60年代提出来的。这一理论将国际贸易发生的原因主要归因于不同国家之间技术差距的存在。他们认为，由于各国技术创新的进展不一致，已经完成技术创新的国家与尚未掌握该技术的国家之间就会形成国际间的技术差距，由此会使创新国享有生产和出口该技术产品的比较优势。随着该技术产品国际贸易的扩大，由于技术转让、直接投资和国际贸易产生的示范效应等原因，非创新国或技术引进，或进行研究与开发而最终掌握该技术，从而该新技术的国际差距不断缩小，技术引进国和技术创新国之间在该技术产品上的国际贸易下降，直至终止。

波斯纳在描述技术差距时，提出了需求时滞和模仿时滞的概念。所谓需求时滞，是指从技术创新国完成技术创新并开始生产该技术产品，到进口国认识到新产品价值并产生需求的时间间隔。需求时滞的长短主要取决于进口国居民的收入水平和市场容量。模仿时滞由反应时滞和掌握时滞构成。反应时滞指技术创新国生产该技术产品到其他国家模仿其技术并开始生产这种产品的时间间隔。掌握时滞指模仿国开始生产该技术产品到停止进口该技术产品的时间间隔。反应时滞的长短取决于创新国该项技术产品的规模效益、模仿国企业家的创新精神和风险意识以及关税、运输成本、居民收入水平、市场容量等因素。掌握时滞的长短主要取决于技术引进国消化、吸收和掌握该项创新技术的能力。

赫夫鲍尔提出了技术差距的贸易模式，如图 3-1 所示。图中假设甲国为技术创新国，乙国为技术模仿国。

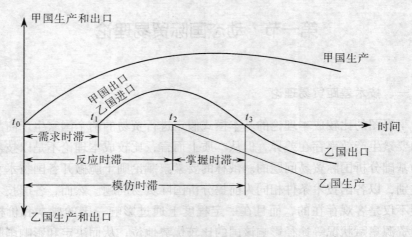

图 3-1　技术差距的贸易模式

二、产品生命周期理论

产品生命周期理论是由美国学者弗农（Vernon）和威尔斯（L. T. Wells）从科学技术迅速进步这一因素出发提出的贸易理论。这一理论将市场学中的产品生命周期与技术进步结合起来揭示国际贸易的形成和发展，使比较利益学说从静态发展为动态。

　　产品的生命周期经历产品创新、产品成熟和产品标准化三个时期。在不同的阶段，产品的技术特性、要素特性、成本特性、进出口特性、价格特性、生产地特性都表现出不同的特点。

　　产品创新阶段是指新产品开发与投产的最初阶段。新产品的价值功能刚刚被人们所认识，对新产品的需求仅仅局限于国内，生产该产品的技术还未定型，需要通过国内市场了解消费者对产品的要求，从而改进产品的设计。在这一阶段，生产过程中投入最多的是技术知识和熟练劳动，产品的技术密集度较高。在创新时期：从技术特性看，创新国发明并垄断着制造新产品的技术；从产品生产地特性看，新产品生产地确定在创新国；从产品要素特性看，这一时期需要投入大量的研发费用，需要掌握高技术熟练劳动的大量科研工作，产品表现为技术密集型；从产品的价格特性看，这一阶段，产品的生产者数目很少，并且没有相近的替代品，产品价格比较高；从进出口特性看，产品创新国垄断着世界市场，其出口量开始不断增加。

　　产品成熟阶段是指产品及其生产技术逐渐成熟的阶段。产品的价值功能已经被发展水平相当的国家和消费者所认识，国外对该产品的需求逐渐强劲，该产品的出口大量增加。同时，外国生产厂商开始模仿或引进先进技术从事该产品的生产。在成熟时期：从技术特性看，由于出口的示范效应以及技术扩散和模仿，创新国技术垄断优势开始丧失；从产品生产地特性看，创新国开始在东道国投资进行产品生产；从产品要素特性看，由于生产的大规模化，产品由技术密集型转变为资本密集型；从产品的价格特性看，由于产品进入增长期，在市场上存在大量的竞争者，消费需求价格弹性增大，创新国要通过降低产品价格来扩大自己的市场；从进出口特性看，创新国虽然对东道国的出口可能有所下降，但由于其规模经济效益，对其他市场的出口仍可继续增加，当然其出口增长率减慢。

　　产品标准化阶段是指产品及其生产技术的定型化阶段。生产技术体现为专门的生产设备、流水线和大批量生产使产品生产达到了标准化。这时，研究与开发费用占生产成本的比重降低，资本和非技术熟练劳动成为产品成本的主要部分。由于众多的生产厂家生产该类产品，成本、价格、产品质量成为市场竞争的主要手段，生产地点逐渐向低成本的国家或地区转移。在产品标准化时期：从技术特性看，产品已完全标准化，一些发展中国家也开始掌握该产品技术；从产品生产地看，已逐渐向其他发达国家，甚至发展中国家转移；从产品要素特性看，这一时期，知识技术投入更是微乎其微，资本要素投入虽然仍很重要，但非熟练劳动投入大幅度增加而且在生产中的作用迅速上升，产品要素密集性质也随之改变；从产品的进出口特性看，其他一些国家的产品开始在第三国市场上与创新国产品竞争，并逐步扩大市场份额，甚至在创新国市场上与之展开竞争，这时创新国的产品从出口转变成进口。

产品及其生产技术的发展周期，决定了产品生产地点的变动，从而决定了该产品出口国家与进口国家的位置变化。在不同的产品生命周期上，不同类型的国家具有各自不同的相对优势，因此产品的贸易表现为一种周期性运动（如图3-2所示）。

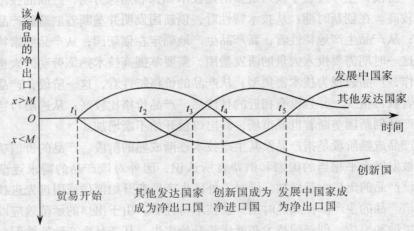

图3-2　产品贸易周期与各国贸易地位

第二节　产业内贸易理论

美国经济学家格鲁贝尔（Grubel）等人研究共同市场成员国之间贸易量的增长时，发现发达国家之间的贸易并不是按赫克歇尔-俄林理论进行的，即工业制成品和初级产品之间的贸易，而是产业内同类产品的相互交换，因此提出了解释产业内同类产品贸易成因的新理论。

从产品结构上看，当代国际贸易大致可以分为产业间贸易和产业内贸易两大类。前者是指建立在生产要素自然禀赋基础上的不同产业间的贸易。产业内贸易（Intra-industry Trade）是指同一产业内的同类产品在两国之间的进出口贸易活动。产业内贸易的商品必须具备两个条件：一是在消费上能相互替代；二是在生产中需要相近或相似的生产要素投入。

产业内贸易形成的原因和制约因素比较复杂。有关产业内贸易的理论一般涉及产品的差异性、规模经济、垄断竞争以及跨国公司的活动等，涉及范

围很广。综观西方经济学界对产业内贸易现象的种种理论解释,大体有以下主要观点:

第一,同类产品的异质性是产业内贸易的重要基础。同类产品的异质性可表现为产品的商标、牌号、款式、包装、规格等方面的差异,即使是实物形态相同的同一类产品,其信贷条件、交货时间、销售服务、广告宣传等方面的差异同样被视做异质产品。同一类产品的异质性意味着不同生产者的产品可以满足不同的消费心理、消费欲望和消费层次的消费需求,形成不同生产者在消费市场上的垄断地位,从而导致不同国家之间产业内贸易的产生。

第二,规模经济收益递增是产业内贸易的重要成因。他们认为,两个生产要素禀赋相同或相似的国家之间之所以能够进行有效的国际分工和获得贸易利益,其主要原因在于规模经济的差异。随着生产规模的扩大,规模收益的变动过程依次是递增—不变—递减。在规模经济收益递增阶段,一国生产商可以通过大规模专业化生产,形成规模经济收益递增,从而打破各生产商之间原有的比较优势均衡状态,使自己的产品处于相对的竞争优势。

第三,经济发展水平是产业内贸易的重要制约因素。经济发展水平影响着异质产品的供求市场。经济发展水平越高,产业部门内部分工就越发达,产业部门内异质产品的生产规模也就越大,从而形成异质产品的供给市场。从需求市场而言,经济越发达,人均国民收入水平越高,国民购买能力也就越强,较高人均收入层上的消费者的需求会变得多样化,呈现出对异质产品的强烈需求,从而形成异质产品的消费市场。当两国之间的人均收入水平趋于相等时,两国之间的需求结构也趋于接近,其产业内贸易发展倾向就越强。

影响不同国家之间产业内贸易比重的因素很多,如异质产品的生产能力、消费水平的层次和差距、贸易壁垒以及运输成本等。一般而言,两国之间同一产业异质产品的生产能力越强,产品的差异程度越大,则两国产业内贸易比重越大;两国的消费水平越高,消费结构越相近,相互需求异质产品的强度就越大,产业内贸易比重就越大。当然,产业内贸易是国际贸易的重要组成部分,凡是影响国际贸易发展的其他因素都在不同程度上影响产业内贸易的发展。如两国间贸易限制越少,产业内贸易比重越高;两国间经济距离越短,运输成本越低,产业内贸易比重越高。

影响产业或产品之间的产业内贸易比重的因素很多,如产品的差异程度、技术和工艺水平的高低及其差异性、对规模经济的依赖程度等。一般而言,产业内产品的差异程度越大,差异性所刺激的消费需求越旺盛,需求价格弹性越低,产业内贸易比重越高;工艺技术水平越高,而且所使用的工艺技术差异越大，生产异质产品的能力就越强，产业内贸易比重就越高；与其他产业相比，依赖规模经济发展的产业内贸易比重要高。

第三节　战略性贸易政策理论

第二次世界大战以后，产业内贸易、公司内贸易不断发展，国际资本的大量流动，"里昂惕夫之谜"的产生，导致了人们对传统贸易理论的反思。20 世纪 80 年代，以克鲁格曼（P. Krugman）、赫尔普曼（Helpman）等为代表的经济学家综合各种新的贸易理论，创立了所谓的"新贸易理论"（New-trade theory）。在新贸易理论的基础上，格罗斯曼（G. Grossman）、斯本瑟（B. Spencer）、布兰德（J. Brander）等人以规模经济和不完全竞争为前提，以产业组织理论和市场结构理论为研究工具，提出了战略性贸易政策理论。该理论认为，在规模经济和不完全竞争条件下，一国政府可以借助研发补贴、生产补贴、出口补贴、进口征税、保护国内市场等政策手段，扶植本国战略性产业的成长，增强其国际竞争能力，带动相关产业的发展，从而谋取规模经济之类的市场份额，转移其垄断利润。这一理论动摇了在规模经济和不完全竞争条件下自由贸易政策的最优性，证明了政府干预的合理性，提出了适当运用关税、补贴等战略性贸易政策措施，将有助于提高一国贸易福利的主张。

产品生产的规模经济有内部和外部之分，按照保罗·克鲁格曼的定义，"外部规模经济指的是单位产品成本取决于行业规模而非单个厂商的规模；内部规模经济则指的是单位产品成本取决于单个厂商的规模而不是其所在的行业规模"。无论是外部规模经济，还是内部规模经济，规模的扩大总是伴随着劳动生产力的提高或平均生产成本的降低，从而在资源禀赋相同的条件下，规模经济可以导致比较优势。战略性贸易政策理论主要由两大部分组成：其一是以内部规模经济为基础的"利润转移"理论；其二是以外部规模经济为基础的"外部经济"理论。

（一）利润转移理论

在不完全竞争和规模经济条件下，随着生产厂商边际收益的递增，大厂商往往比小厂商更有优势，一旦市场被几家大厂商控制（寡头垄断）或一家大厂商控制（独占垄断），这些垄断企业就可以凭借其垄断地位获得长期垄断利润，并对新企业进入设置障碍。但是，一国政府可以通过利润转移型战略政策，把垄断利润从国外厂商转移给本国厂商，以促进本国厂商的加速发展，迅速赢得国际竞争优势，打开国际市场。利润转移型战略措施主要有三种类型：

（1）利用关税抽取外国厂商垄断利润的利润转移。在本国已经存在一家寡头垄断企业独家提供某种产品，并面临国外寡头厂商潜在进入的情况下，政府通过高关税政策抽取外国厂商享有的垄断利润。高关税限制外国厂商的定价反应，使他们被迫吸收部分关税来决定"目标价格"，以阻止他们潜在进入。否则，国外企业的进入将不可避免。只要关税被部分吸收，价格上涨的幅度就会低于关税的幅度。特殊情况下，外国公司可能会将关税全部吸收，则本国既可以获得全部经济租金，又不会造成额外的扭曲。税收收入就是转移了外国厂商的垄断利润。

（2）以进口保护作为促进出口手段的利润转移。本国政府可以通过贸易保护或局部封闭本国市场，赋予本国有战略意义行业的企业在国内市场中的销售特权，受保护企业的生产与销售会迅速成长而达到规模经济要求，国外竞争对手由于市场份额的缩小而失去规模经济。同时，由于生产经验随着产量的增加而不断累积，在"干中学"的过程中生产成本不断下降，企业研发和技术创新改变企业的生产函数而降低边际成本，从而获得动态规模经济。因此，相对于外国企业，本国企业就拥有规模上的竞争优势，实现利润从外国厂商向本国厂商的转移。

（3）利用出口补贴的利润转移。在本国厂商与外国厂商在第三国市场上进行古诺双寡头博弈过程中，政府面向国内企业提供补贴，使国内厂商采取进攻性战略，迫使竞争对手做出让步，帮助国内厂商扩大国际市场份额，增加本国福利，实现利润转移。古诺博弈的特征是，均衡产量水平由两个厂商反应曲线的交叉点所决定。通过补贴降低国内厂商的边际成本，使厂商有更高的反应曲线，获得更大的国际市场份额，国内总体福利大幅度提高。由于获取的利润更高，国家总体福利减去补贴后有所增加，补贴本身只是一种转移支付。

（二）外部经济理论

众所周知，收益递增主要来自内部经济与外部经济两个方面。前者由企业内部原因引起，一般可以凭借企业自身努力，通过市场机制的作用而实现，不必政府保护；而后者由企业外部原因引起。某些产业或厂商能够产生巨大的外部经济，即产业的规模、环境或相关产业的投资和发展会促使企业的生产扩大，单位成本下降。由于外部规模经济利益一般为产业内各企业所共有（投资者无法独享），单个厂商或产业一般不愿意投资，通常需要政府的帮助和支持才能实现。外部经济的效应表现为技术效应和投资效应。产业的生产行为所带来的知识或技术诀窍可以使相关企业获益；同时，产业的投资行为所带来的低投入也使相关企业获益。这种外部经济的效应对一国该产业的竞争力产生重大影响，政府的支持可以促进企业外部经济的发展。

在寡头垄断市场和存在外部规模经济的条件下，出口鼓励型和进口限制型的战略贸易政策都可使受保护的企业在保护的条件下获取规模经济效应，不断降低生产成本，增强竞争能力，促进出口。因此，一国政府应从战略角度，选择一些能够增强国家竞争力的高科技和高附加值的产业，通过适度的扶持政策促进其发展。20世纪70年代的日本曾用此战略扶持半导体等产业的发展，成功地取代了美国在该产业中的垄断地位；90年代的印度同样用该战略成功地赢得了仅次于美国、雄踞世界第二的计算机软件产业强国地位，并带动了信息业等新经济产业的崛起。

战略性贸易政策理论提出了政府通过干预对外贸易，扶持战略性产业的发展，是一国在不完全竞争和规模经济条件下获得资源次优配置的最佳选择，对于一国产业发展具有积极作用。

第四节　竞争优势理论

美国哈佛大学商学院教授迈克尔·波特从20世纪80年代起陆续发表了其著名的三部曲，即《竞争战略》（1980年）、《竞争优势》（1985年）、《国家竞争优势》（1990年），按照国家竞争优势取决于产业竞争优势，而产业竞争优势又决定企业竞争优势这一逻辑线索，以产业经济为突破口，站在产业层次，从企业层面向上扩展到国家层面，从微观、中观、宏观三个层次系统地提出了竞争优势理论。波特认为，一个国家的竞争优势就是企业和行业的竞争优势，一国兴衰的根本在于是否能在国际市场竞争中取得优势地位，而国家竞争优势取得的关键在于能否使主导产业具有优势、企业具有合宜的创新机制和充分的创新能力。

波特的竞争优势理论是微观企业竞争优势、中观产业竞争优势和宏观国家竞争优势的有机整体。

1. 微观企业竞争机制。国家竞争优势的基础是其企业的竞争能力和内部活力。企业不思创新就无法提高生产效率，生产效率低下就无法建立优势产业，进而国家就难以建立整体竞争优势。企业活动的目标在于实现最终产品的价值增值，而增值要通过研究、开发、生产、营销、服务等诸多环节才能逐步实现。这种产品价值在各环节上首尾相贯的联系，就构成了产品的价值链，企业每一项经营管理活动就是这一价值链上的一个环节。因此，整个价值链的创新是企业获取竞争优势和长期赢利能力的关键。企业必须不断增进价值链的连续性和升级，强化企业价值链管理和创新。

2. 中观产业竞争机制。从产业上看，个别企业价值链的顺利增值，不仅取决于企业的内部要素，而且有赖于企业的前向、后向和旁侧关联产业的辅助和支持。从区域上看，各企业为寻求满意利润和长期发展，应当利用价值链的空间差构建一种最优的区域组合，把价值活动的每个环节都设在该环节的最佳地点，以降低整个价值链的成本和提高整个价值链的竞争力。

3. 宏观国家竞争机制。个别企业、产业的竞争优势并不必然导致国家竞争优势。波特认为，一国的国内经济环境对企业开发其自身的竞争能力有很大影响，其中影响最大、最直接的因素是生产要素状况（Factor Conditions）、需求状况（Demand Conditions）、相关和支撑产业（Related and Supporting Industries）以及公司战略、组织和竞争状态（Firm Strategy, Structure and Rivalry）四种基本要素。上述四种基本要素和包括机遇（Chance）、政府的作用（Government）在内的两种辅助要素共同构成所谓的"波特菱形"或完整的"钻石系统"（State Diamond）。如图 3-3 所示。国家竞争优势的获得，关键在于四种基本要素和两种辅助要素的整合作用。在一国的许多行业中，最有可能在国际竞争中取胜的是"钻石系统"中各要素环境特别有利的那些行业。

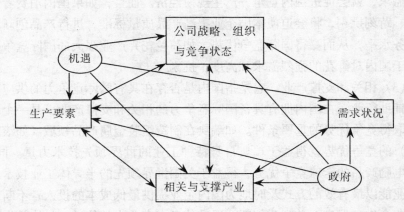

图 3-3 国家竞争优势的决定因素

（1）生产要素状况。波特把生产要素分为基本要素和高级要素两大类。基本要素是指一国先天拥有或不需太大代价便能得到的要素，如自然资源、气候、地理位置、人口统计特征；高级要素是指通过长期投资和培育才能创造出来的要素，如通信基础设施、高质量人力资源、高新技术等。比较而言，高级要素对竞争优势具有更重要的作用。如果一个国家基本要素不足，可以通过全球化战略接近那些基本生产要素，或通过投资提高人口的普遍技能和知识水平，通过刺激和鼓励高等教育与科研机构的高级研究，以技术来克服这些不足。而且一国基本要素处于劣势，这通常是动态竞争中的一项优势，可以形成一种向高级要素方面投资的压力，使企业更富于创新，使该国在高级要素上得以提高。日本便是这种现象最明显的例子。日本人经常挂在嘴边的一句话"我们是个缺乏天然资源的岛国"就充分显示，这些缺憾有助于激发日本人的竞争创新。像零库存生产就是节约运用昂贵空间下的产物。意大利在布雷西亚地区的钢铁生产，也面对了相似的劣势：高资金成本、高能源成本以及本地缺乏天然资源。这些位居北伦巴底的民间企业，面对着没有效率的国有运输系统以及遥远的南方港口，后勤运筹成本因此大增。这些劣势也导致它们率先推出只需要相对较低的资金、能源和可利用回收废铁的先进冶炼技术，生产商将工厂设在接近铁屑来源与最终使用者的地方，将不利的生产要素转化为竞争优势。

（2）本国的需求状况。需求条件指本国需求结构、规模成长率、高级购买者压力、需求的国际化等方面的性质。波特十分强调国内需求在刺激和提高国家竞争优势中的作用。国内需求的特点对塑造本国产品的特色，产生技术创新和提高质量的压力起着尤其重要的作用。如果一国对某产品有较大的国内需求，就会促进国内竞争，产生规模经济。而且，如果国内消费者品位较高、苛刻挑剔，将会迫使本国企业提高产品质量标准，进行产品创新，提高服务水平，从而赢得国际竞争优势。如荷兰花卉产业强大的国际竞争优势得益于国内对鲜花的强烈需求和高度"挑剔"。

（3）相关和支撑产业。它是指国内是否存在具有国际竞争力的供应商和相关辅助行业。在国内拥有具备国际竞争力的相关和支撑产业，是一个国家能够取得竞争优势的重要条件。如瑞典在制造组装金属产品领域（如滚珠轴承等）的竞争优势就得益于瑞典自身特种工业的世界领先技术力量。同样，美国电脑产品的全球竞争优势，得益于美国世界领先的半导体工业技术。支撑产业能以最有效的方式及时地为国内企业提供最低成本的投入；不断与下游产业合作，促进下游产业创新；促进信息在产业内的传递，加快整个产业的创新速度。相关产业因为共用某些技术、共享同样的营销渠道和服务而联系在一起，形成具有互补性的产业群。相关和支撑产业在高级要素方面投资的好处，将在产业之间相互扩溢，产生"溢出效应"。

（4）企业战略、组织与竞争。它包括企业建立、组织和管理的环境及国内竞争的环境。国家环境会对企业管理方式和竞争方式的选择产生影响。各国由于环境不同，需要采用的管理体系也就不同，适合一国环境的管理方式能够提高该国的国家竞争优势。一个国家内部市场的竞争结构也会对该国企业的国际竞争力产生重大影响。激烈的国内竞争会迫使企业不断更新产品，提高生产效率，是创造和保持竞争优势的最有力的刺激因素；同时会迫使企业走出国门，在国际市场上参与竞争。

除上述四种基本要素外，机遇和政府对国家竞争优势的形成具有重要影响。投入成本方面的突变、世界金融市场的显著变动、世界需求的剧烈波动、政府的政治决定以及战争等机遇事件对竞争优势的影响虽然不是决定性的，但常常会消除已有竞争者所建立的竞争优势，并为在新的条件下其他企业或公司获取新的竞争优势创造条件，给一国企业或公司提供排挤和取代另一国企业或公司的机会。政府对国家竞争优势的作用主要在于对四种基本要素的引导和促进上。政府通过政策选择，对四种基本要素施加积极或消极的影响，从而增强或削弱国家竞争优势。

波特认为，一国经济地位上升的过程就是其竞争优势加强的过程，国家竞争优势的发展过程可以分为四个阶段，即要素驱动阶段（Factor-driven）、投资驱动阶段（Investment-driven）、创新驱动阶段（Innovation-driven）和财富驱动阶段（Wealth-driven）。在要素驱动阶段，基本要素上的优势是竞争优势的主要源泉。产业竞争主要依赖于国内自然资源和劳动力资源的拥有状况，具有竞争优势的产业一般是那些资源密集型产业。在投资驱动阶段，竞争优势的获得主要来源于资本要素，持续的资本投入可以大量更新设备，提高技术水平，扩大生产规模。产业竞争主要依赖于国家和企业的发展愿望及投资能力。具有竞争优势的产业一般是资本密集型产业。在创新驱动阶段，竞争优势主要来源于创新。产业竞争主要依赖于国家和企业的创新愿望和创新能力、研究与开发能力和科技成果产业化能力。具有竞争优势的产业一般是技术密集型产业，如高新技术产业或被高新技术改造过的传统产业。在财富驱动阶段，国家主要靠已获得的财富来维持经济运行，产业的创新、竞争意识和竞争能力都在逐渐衰退。

波特的国家竞争优势理论是当代国际经济学理论的重大发展，是对国际经济贸易理论的富有特色的发展和完善。首先，国家竞争优势理论发展了传统贸易理论在要素基础上优势形成的静态观点，突破了传统贸易理论以简单因素或简单组合为出发点进行理论分析的不足。该理论认为，由于高级要素的作用，在要素基础上形成的竞争优势是动态变化的，要素上的劣势也能够产生国家竞争优势，要素创造比基础要素的禀赋对于一国竞争优势的形成更为重要。同时，大多数传统理论要么只涉及贸易方面，要么只涉及对外投资方面，而国家竞争优势理论将贸易和对外直接投资相结合，解释一国在一个特定产业中取得并维持竞争优势的关键所在。其次，国家竞争优势理论强调国内因素对于竞争优势的重要性，并在此基础上强调一国政府在竞争优势形成中重要的催化作用。国内需求的增长和结构等国内因素与竞争优势之间存在因果关系，并且国内因素对竞争优势的决定性作用往往是国外同类因素直接取代不了的。波特的理论借鉴了保护贸易理论的合理成分，摒弃了自由贸易理论完全排斥国家作用的局限性，更加贴近现实，更加全面系统，对于一国制定产业发展政策，构建和保持国家竞争优势，都具有积极的指导意义。

第二篇 国　际　贸　易

国 际 贸 易 调 节 篇

　　国际贸易政策影响着国际贸易规模、流向及其利益，国际贸易措施是国际贸易政策的具体体现。国际经济贸易组织协调各国国际经济贸易关系，促进全球贸易持续、快速、健康发展。跨国公司对国际贸易的发展产生重要影响。

第 四 章

国际贸易政策与管理

国际贸易政策是各国对外贸易政策的综合反映。对外贸易政策是从单个国家的角度研究在一定时期内所实行的进出口贸易政策。由于各国经济发展的阶段与特点不同，所面临的国际经济环境不同，不同国家的对外贸易管理体制、方式以及具体的管理方法各不相同；同一国家在不同历史时期所采取的对外贸易政策也不尽相同。发展中国家由于生产力落后以及工业基础薄弱，在工业化进程中应采取适合本国国情的对外贸易发展战略。

第一节　国际贸易政策的构成及其管理

一、对外贸易政策的概念与构成

一国对外贸易政策是指一定时期内该国对进出口贸易所实行的政策。对外贸易政策以一定的国际贸易理论为依据，以某个国家一定时期的对外贸易实况为前提，同时又是具体的对外贸易措施的实施依据。对外贸易政策由以下具体内容构成：

（1）对外贸易总政策。其中包括进口贸易总政策和出口贸易总政策。它是从整个国民经济出发，在一个较长的时期内实行的贸易政策。

（2）进出口商品政策。它是根据对外贸易总政策和经济结构、国际国内市场状况而分别针对不同的商品所制定的进口政策或出口政策。

（3）国别对外贸易政策。它是根据对外贸易总政策和对外政治、经济关系而分别针对不同的国家或地区所制定的贸易政策。

二、对外贸易政策的性质与目的

对外贸易政策是一国整个经济政策的一部分，是为该国经济基础服务的。一个国家可以为增加财政收入而对进出口商品征收关税、附加税、许可证费用等；为减少国际收支逆差、保护民族工业、促进国内就业而限制进口、鼓励出口；为保证国内某些紧缺原材料或产品的供应而限制其出口；为促进国民经济的发展而对急需的设备、技术、原材料鼓励进口。

对外贸易政策又是一个国家对外政策的组成部分，为政治、外交服务。对外贸易政策反映了该国在世界舞台上的地位与实力，也反映了该国与其他国家或地区的关系与矛盾。经济实力强大的国家在世界市场上有着较强的竞争能力，一般都主张实行自由贸易政策；而经济实力较弱的国家在世界市场上的竞争力较弱，偏向于实行保护贸易政策。各国从本国的利益出发，采取不同的国别贸易政策，这其中既有斗争，又有合作。就是对同一个国家，在不同的历史阶段与经济条件下所采取的贸易政策也各不相同，从而使得国家间的贸易关系变得更加复杂多样。

从根本上分析，各国制定对外贸易政策的目的在于：(1) 保护本国的市场。(2) 扩大本国产品的出口市场。(3) 促进本国产业结构的调整与改善。(4) 积累国民经济发展所需要的资本或资金。(5) 维护本国的对外关系，保证政治利益。

三、对外贸易政策的制定与执行

(一) 对外贸易政策的制定

对外贸易政策属于上层建筑，它既反映了经济基础与统治阶级的利益与要求，同时又维护和促进经济基础的进一步发展。对外贸易政策的制定与修改一般由国家的立法机构进行，最高立法机构制定一国较长时期内对外贸易政策的总方针和基本原则，同时又规定授予行政机构以特定的权力来制定具体的贸易政策与措施。

各国在制定对外贸易政策的过程中，要考虑以下因素：

(1) 本国的国民经济体系与结构，各种产品的生产与消费结构。

(2) 本国在世界范围内的比较优势，本国产品在国际市场上的竞争能力。

(3) 本国的贸易差额与国际收支状况。

(4) 本国国内物价、就业状况。

(5) 本国的生态平衡、文化遗产、技术发展、自然资源等情况。

(6) 本国与其他国家或地区在政治、经济、外交等方面的合作关系与矛盾冲突。

(7) 本国在世界政治与经济、贸易体制中的地位，所承担的责任与权利。

(8) 本国领导人的经济思想与贸易理论。

（9）本国经济发展的阶段、方向与方针。

（二）对外贸易政策的执行与管理

1．对外贸易管理模式

各国对外贸易管理模式大致可以分为三种类型：（1）美国模式。政府对外贸活动的干预相对较少，是一种分散自由的管理体制。（2）前苏联模式。政府对外贸活动实行全面管理，是一种集中垄断的管理体制。（3）日本模式。政府掌握外贸宏观政策，企业自三进行微观的外贸活动，是一种集中和分散相结合的管理体制。

2．对外贸易管理手段

对外贸易活动的管理，主要是通过法律手段、行政手段、经济手段与信息手段来实现的。为了管理对外贸易，各国都制定并公布了对外贸易管理的法律法规。例如日本的对外贸易管理沄规、法令非常完善，政府不断根据新的情况修改、补充或颁布新的法令，如《外汇及外贸管理法》、《关税法》、《进出口交易法》、《出口保险法》、《出口检验法》等。行政手段包括许可证和配额制度的实施等。经济手段包括税收制度、汇率制度以及信贷政策等。信息手段则是政府及其有关部门通过发布政治、经济、市场、金融等方面的信息，引导对外贸易企业的行为，从而促进对外贸易的良性发展。

对外贸易管理包括出口管理与进口管理两个方面。出口管理的目的是维护本国利益，建立正常的出口秩序，禁止和限制一些商品出口。进口管理的目的是确保国内市场稳定，保护国内某些行业。在具体的管理办法上，各国各不相同。例如日本，在进口方面，主要采取外汇管制和非关税壁垒；在出口方面，主要采取信贷和税收两种经济手段。从改善对外贸易环境来看，对外贸易管理的内容还包括履行各种国际义务，协调与各国的经贸关系，保证本国参与签订的各种贸易协定的顺利执行，监督国际贸易惯例的遵守，维护国际标准规范的权威性，参与国际间的对外贸易管理等。

3．对外贸易管理机构

各国对外贸易管理机构与职能各不相同，这里介绍几个发达国家的情况。

英国工业贸易部是负责对外贸易管理的重要机构，主要职责是协调政府工业部门之间的关系，制定对外贸易总政策，负责对所有进出口产品颁布许可证。英国海外贸易委员会是独立于工业贸易部的官方贸易机构，负责促进英国的出口和海外投资。

日本对外贸易实行归口管理的形式，由通产省实行一体化的管理，外贸管理权属于内阁。通产省下设8个通产局，负责管理各地区的外贸活动，通产局贯彻执行通产省制定的方针、政策和各项计划，同时执行各种关于外贸的法令、法规。各通产局不对企业进行直接的行政管理，只进行行政指导。贸易会议和进出口贸易审批会是日本对外贸易高级咨询机构。贸易会议主要讨论和研究长期的综合性贸易政策和计划，由内阁总理大臣主持。进出口贸易审批会专门审批重大进出口项目，由通产省主持。

美国涉及外贸活动的部门很多，但没有一统到底的主管部门。美国对外贸易的最高权力机构是国会，负责制定有关外贸的法律、法规和政策措施。国会授权总统在对外贸易活动方面拥有极大的权力。总统下设一些直属机构处理贸易问题以及协调国际经济关系。这类直属机构包括美国贸易代表办公室、经济顾问委员会等。贸易代表办公室是总统有关对外贸易问题的主要咨询机构，负责协调对外贸易政策并监督其实施，代表美国参加关贸总协定多边贸易谈判。此外，美国国际贸易委员会是一个重要的对外贸易机构，它是一个独立的准司法性行政机构，主要负责进口管理问题。它的主要职能是：对美国政府同外国政府签订的政府贸易协定可能产生的后果提出意见；根据美国贸易法案条款，裁决美国企业和工人利益是否受到进口企业的损害，如确实有损害，即向总统提出报告，建议增加关税和实行限额。

中国主管对外经济贸易的职能部门是商务部。商务部负责制定对外贸易的方针政策和规章制度；协同国家计划与发展委员会编制对外贸易长期发展规划和中期及年度进出口计划并监督执行；组织政府间的双边和多边贸易谈判，签订贸易协定与贸易文件并组织实施；对进出口商品实行配额与许可证管理；负责国际市场调研工作和国家间经济贸易信息交流。各省、自治区、直辖市的商务厅根据商务部的授权，对本省、自治区、直辖市的对外贸易进行管理和督察，贯彻执行国家的有关对外贸易政策与措施。

4．对外贸易经营主体管理

各国对外贸易经营主体管理主要表现为外贸经营权的归属以及政府与企业的关系及工贸关系。西方发达国家的外贸经营权主要掌握在私人垄断集团手中，外贸经营方式大体分为两类：一类是生产厂商直接经营进出口业务，自己设有进出口机构，办理进出口业务；另一类是通过专业外贸公司经营，生产厂家支付贸易商佣金或者将货物卖给贸易商。一般来说，大型成套设备、飞机、船舶等商品金额大、技术性强，通常采取厂家直接进出口的方式，而一般消费品、农产品和原料品进出口大多由专业贸易公司进行。例如，美国专业外贸公司的出口占整个美国出口的 20％，进口占整个美国进口的 30％～40％。农产品一般由大型的专业外贸公司（大粮商）经营，美国全年出口的粮食中，一半是由 6 家大粮食贸易商经营。制成品与原料进出口主要由大制造厂厂商自己设立的进出口机构经营。

第二节　国际贸易政策的类型及其演变

　　国际贸易政策按其进出口商品影响方向的不同可以分为两种基本类型，即自由贸易政策和保护贸易政策。自由贸易政策的主要特征是：政府对对外贸易活动不加干预，取消对进出口贸易的各种限制和优惠，保证商品进出口与市场竞争的自由，保持国际贸易充分自由化。保护贸易政策的主要特征是：政府对对外贸易活动积极干预，采取各种措施限制外国商品进口，鼓励本国商品出口，保护本国的市场与产业。

　　考察国际贸易发展的历史，从中可以发现，国际贸易政策的两种基本类型即自由贸易政策与保护贸易政策在不同的历史阶段、不同国家或地区有着不同的具体表现形式。自人类社会出现资本主义生产方式以来，国际贸易政策已几经演变。

一、重商主义的贸易保护政策

　　15～17 世纪，西欧国家正处于资本原始积累时期，各国普遍实行重商主义的保护贸易政策。由于商品经济的发展，社会对货币的需求急剧增长，而当时的货币主要是黄金、白银等金属货币，由于金银开采量有限，满足不了社会的巨大需求，大多数国家希望通过发展对外贸易，从国外换回金银货币。商业资本在当时的经济活动中占主导地位，自然也就成为发展对外贸易的主角。因此，重商主义对外贸易政策是代表商业资本利益的政策体系。

　　（一）重商主义的基本观点

　　重商主义分为早期和晚期两个阶段，其共同的基本观点如下：

　　（1）认为金银货币是社会财富的象征，甚至把货币看成是财富的惟一形式；

　　（2）以流通领域为研究对象，认为财富主要来源于流通领域，为此要发展国际贸易；

　　（3）认为财富总量是有限的，在国际贸易中一国所得必为他国所失；

　　（4）为了增加国家财富，主张国家干预经济活动，限制进口，扩大出口。

　　（二）早期重商主义

　　早期重商主义又称重金主义，以英国威廉·斯塔福（W. Stafford）为主要代表。其要旨是：反对进口，认为金银与商品是对立的，主张在对外贸易中应尽量少买甚至不买外国商品；鼓励出口，主张多向国外销售本国商品，以此积累货币；禁止货币出口，防止货币流失。总之，重金主义把增加国内货币积累、防止货币外流作为对外贸易政策的指导思想。

在重商主义学说的影响下，执行早期重商主义政策的国家禁止货币出口，由国家垄断货币贸易。当时西欧各国都规定了严禁金银输出的法令，有些国家甚至规定输出金银要处以死刑。各国在禁止金银输出的同时，又都希望输入外国金银。它们还规定外国人来本国进行交易，必须将出售货物所得金银全部用于购买该国商品，以免货币流出。

（三）晚期重商主义

晚期重商主义又称贸易差额论，最有代表性的人物是托马斯·孟（Thomas Mun），其著作《英国得自对外贸易的财富》（1644 年）被认为是重商主义的"圣经"。晚期重商主义开始把商品和金银联系起来，这时的人们已认识到流通中的资本可以不断增值，因而对货币的流动不应过分加以限制，主张允许适当的进口和输出货币；通过奖出限入，保证贸易顺差，以增加货币流入量，增加国家财富。

晚期重商主义执行的政策开始从管制金银的进出口转变为管制商品的进出口，其主要内容有：

（1）限制进口。通过征收高额进口税或直接禁止进口，限制外国商品的输入，特别是奢侈品的进口。如英国在 1692 年规定，从法国输入的商品一律征收 25％的从价税。

（2）鼓励出口。对本国制成品出口，政府减免出口关税，有的还给予出口津贴或出口退税。

（3）限制本国原料出口。对出口原料制定高额出口税，对重要原料禁止出口。同时，对从国外进口原料减免关税。

除了奖出限入政策外，各国还采取了相应的产业措施。在工业方面，法国采取了提供贷款、免税、鼓励外国技工流入等措施扶植工业发展；在农业方面，英国制定了谷物法限制谷物进口，对粮食进口征收重税，对来自非殖民地的食糖和热带作物同样征收重税；在航运方面，英国制定了航海法，规定一切运往英国的货物必须使用英国或原出口国的船只装运，规定对亚洲、非洲、北美洲的贸易必须使用英国或其殖民地的船只。此外，西欧各国还实行了垄断的殖民地政策，设立垄断经营的殖民地公司，如英国、法国、荷兰等国的东印度公司，在殖民地独占贸易与海运，使殖民地成为本国制成品的市场和本国原料供应地。

重商主义政策促进了资本原始积累，推动了资本主义生产方式的发展，在历史上曾起到过积极的作用。

二、自由贸易政策

18 世纪中叶，英国开始进入产业革命，工业迅速发展，在世界上处于绝对领先地位，"世界工厂"的地位通过战争得到了确立和巩固。英国的工业制成品价廉物美，具有极强的国际竞争力。英国工业资产阶级迫切要求进一步对外扩张，通过自由贸易和自由竞争，开拓并占领世界市场，同时使其他国家为自己提供原料和粮食。在这种情况下，英国原来执行的重商主义保护贸易政策日益成为英国对外贸易发展的束缚和对外经济扩张的障碍。英国新兴的工业资产阶级迫切要求废除重商主义时代的一些贸易政策和措施。另外，重商主义在理论上也受到越来越多的挑战，一些经济学家试图在理论上说明自由贸易对国民经济发展的好处，由此便产生了自由贸易理论。

自由贸易理论起始于法国的重农主义，完成于古典政治经济学。法国的重农主义（Physiocracy）提倡商业的自由竞争，反对重商主义的贸易差额论，并反对高额关税；英国的休莫（D. Humo）主张自由贸易，提出了"物价与现金流出入机能"的理论；古典政治经济学首先由亚当·斯密（A. Smith）提出了国际分工、实行自由贸易的理论，然后由大卫·李嘉图（D. Ricardo）继承并发展，后来又有穆勒、马歇尔、俄林等人对此理论做出了进一步的阐述与发展。

（一）自由贸易政策的理论依据

1. 自由贸易可以形成有利的国际分工

国际分工有利于提高各国各产业的特殊技能，使生产要素得到最优化的配置，劳动生产率得到提高，从而使整个世界的生产水平得以增长。而实现国际分工的前提是实行自由贸易，只有在自由贸易的条件下，各国才能根据自己的比较优势进行专业化生产。

2. 自由贸易可以增加国民收入，减少国民开支

自由贸易理论认为，在自由贸易条件下，各国可以发展自己具有比较优势的产品，同时进口别国廉价商品，减少国民开支，增加国民财富。

3. 自由贸易可以强化竞争，提高经济效益

自由贸易政策最根本的精神是自由竞争，通过自由竞争，可以削弱垄断，促使生产企业不断提高经济效益。而保护贸易则加强垄断，使受保护的企业不思进取，生产效率低下，丧失竞争能力。

4. 自由贸易有利于提高利润率，促进资本积累

由于实行自由贸易，促进对外贸易的扩张，或由于生产率的提高，劳动

者的食物和必需品的开支减少，工人的名义工资会下降，利润就会增加。

（二）自由贸易政策的措施

自由贸易理论为自由贸易政策制造了舆论，成为自由贸易政策的理论依据。19 世纪 20 年代，英国工业资产阶级开展了以废除谷物法为中心的自由贸易运动，经过不断斗争，最终取得了胜利。自 1846 年开始，英国开始全面实行自由贸易政策。英国的自由贸易政策主要有以下措施：

1. 废除谷物法

谷物法限制外国廉价谷物进入，造成国内粮食价格维持在比较高的水平，企业主为此必须支付工人较高的工资，这严重影响了英国工业资本主义的发展。因此，废除谷物法成为英国自由贸易运动的中心。经过斗争，最终促使英国国会于 1846 年通过废除谷物法的议案，并于 1849 年生效。

2. 逐步降低关税税率

重商主义时期，英国有关关税的法令达 1 000 件以上。1825 年，英国开始简化税法，废止旧税率，建立新税率，税率大大降低，所征收的关税全部为财政关税。另外，纳税商品的数目大幅度减少。1841 年，英国进口纳税的商品项目为 1 163 种，到 1882 年减至 20 种。

3. 废除航海法

航海法是英国用以限制外国航海业的竞争，垄断殖民地航运的法律。从 1824 年起航海法逐步被废除，到 1854 年，英国外贸运输和沿海贸易全部向外国开放。

4. 取消贸易经营特权

英国在 1813 年和 1814 年分别废止了东印度公司对印度和中国贸易的垄断权，并允许殖民地与其他国家自由贸易。

5. 签订贸易条约

1860 年，英、法两国签订了"科旧登"条约，这是以自由贸易精神签订的第一项贸易条约，自 1860 年起，英国本着自由贸易的原则同其他国家签订了一系列贸易条约。

自由贸易政策促进了英国经济和对外贸易的迅速发展。1870 年，英国对外贸易额在世界贸易总额中占到近 1/4，相当于法、德、美各国对外贸易额的总和。英国拥有的商船吨位居世界第一位，约为荷兰、美国、法国、德国、俄国各国商船吨位的总和。炼铁产量和棉花消费量占世界总量的一半左右。英国在世界工业生产中所占的比重为 32%，伦敦也成为了国际金融中心。

三、保护贸易政策

英国在 18 世纪中叶首先进入产业革命，开始推行自由贸易政策，逐步确立了世界经济霸主地位，而美国、德国、法国是在 19 世纪才开始进入工业革命时期，这些国家工业刚刚起步，缺乏竞争力，在英国商品的冲击下，纷纷采取保护贸易政策。

（一）保护贸易政策的实践

1791 年，美国独立后的第一任财政部长汉弥尔顿（A. Hamilton）向国会提交了《关于制造业的报告》。当时的美国工业落后，在与英国进行的贸易中长期充当原料供应地和工业品的销售市场，这种贸易格局使美国的制造业难以发展。汉弥尔顿代表本国工业资产阶级的利益，极力主张以较高的保护关税来保护美国的幼稚工业。汉弥尔顿的保护贸易主张对美国制造业的发展影响很大。1789 年，美国通过了第一个关税法案，此后美国不断提高关税，到 1825 年，关税由原先的 5% ～15% 提高到 45%。这种保护措施使美国工业在原先基础薄弱、技术落后的情况下得以顺利发展。到 1900 年，美国在世界贸易额中的地位仅次于英国，居世界第二位；到 1913 年，美国在工业总产值和对外贸易额方面全面超过了英国。

德国于 1867 年完成了统一，刚刚结束了封建割据状态，工业化程度非常低。为了赶超先进的工业国家，德国政府采纳了经济学家李斯特（F. List）保护幼稚工业理论的观点，实施保护贸易政策。1879 年，"铁血宰相"俾斯麦改革关税，对钢铁、纺织品、化学品、谷物等征收进口关税，并不断提高税率。1898 年又通过关税法，使德国成为欧洲实行高度保护贸易政策的国家之一。

（二）保护贸易政策的理论依据

保护贸易政策的理论依据是保护幼稚工业理论。这一理论最早由汉弥尔顿提出，后来由李斯特加以发展和完善。李斯特于 1841 年出版的《政治经济学的国民体系》是幼稚工业理论的代表作。

李斯特通过对自由贸易理论的批评和对保护贸易理论全面系统的研究，并依据生产力理论，提出了落后国家实现经济发展的贸易理论。李斯特保护贸易理论的主要内容是：

1. 一国的对外贸易政策应与其经济发展水平相适应

李斯特批评自由贸易理论忽略了经济发展的民族特点和历史特点。他认为，一国对外贸易政策的制定应考虑它的经济发展水平。李斯特根据国民经济发展程度把经济发展分为五个阶段，即原始未开化时期、畜牧时期、农业时期、农工业时期、农工商业时期。他认为处于农业阶段的国家应实行自由贸易政策，以促进农业的发展，培育工业化基础；农工业阶段的国家，由于本国工业尚未发展起来，如果让它与工业发达国家自由竞争，势必使该国工业得不到发展，因此应采取保护措施；而处于农工商业阶段的国家，由于国内工业已具备国际竞争力，应当实行自由贸易政策，享受自由贸易利益，刺激国内产业进一步发展。李斯特认为当时的英国处在农工商业时期，应当实行自由贸易政策，而德国处于农工业时期，应当实行保护贸易政策。

2. 生产力的发展比财富本身更重要

李斯特用"两个家长—两种投资"的例子来说明国家应以发展生产力为长远目标。他假设有两个家长，都是有五个儿子的地主。一个家长只是把自己的财产储蓄生息，而另一个家长则将财产用于培养儿子，使之具有获得财富的能力。第一位家长后来将财产分配给儿子们，最终只会使其家产越分越少，而另一位家长可供分配的财产可能没有前一位多，但他的儿子们获得财富的能力却比前者强。如此一代代传下去，前一个家族的财富只会越来越少，后一个家族的财富将会越来越多。李斯特主张重视培养创造财富的生产能力，他认为财富的生产能力不但可以使已有和新增的财富获得保障，还可以使已经消失的财富获得补偿，也就是说财富的生产能力比财富本身更为重要。因此他认为，国与国之间的贸易不能仅根据商人的看法及价值理论来衡量。从发展生产力的角度考虑，落后国家只有牺牲一些眼前的贸易利益，依靠保护贸易政策，把本国生产水平提高到先进国家的程度，才能使贸易在国家之间普遍自然地推行。

（三）保护贸易政策的实施

李斯特认为，保护贸易政策的目的是促进生产力的发展。他指出，农业不需要保护，没有强烈竞争的幼稚工业也不需要保护，保护对象是一国刚刚开始发展且受到国外强有力竞争的幼稚工业，并且指出保护最高期限为30年。

保护贸易是通过禁止输入和征收高关税的办法来实现的，至于保护程度，应随着不同的发展阶段及不同行业而变化。李斯特提出，对某些工业品可以实行禁止输入或规定高税率造成事实上的禁止；而在机器制造和专门技术方面落后的国家，应对一切复杂机器实行免税或征收低关税以鼓励进口。

李斯特认为贸易保护的对象是有前途的幼稚工业，同时主张以保护贸易为过渡，以自由贸易为目的。他的理论在德国工业化发展过程中产生过积极的作用，促进了德国资本主义的发展，同时对经济不发达的国家具有参考价值。

四、超保护贸易政策

超保护贸易政策在第一次世界大战和第二次世界大战之间盛行。在此期间，国际经济制度发生了巨大变化，垄断代替了自由竞争。特别是1929～1933年发生了历史上最严重的经济危机之后，世界经济出现了30%的负增长，各主要工业国家的失业率都在20%左右。在这种情况下，许多国家纷纷采取了超保护贸易政策。

20世纪初，英国在世界市场上的地位急剧恶化，英国商品纷纷被其他国家的商品所替代，英国国内市场也被外来商品抢占。面对激烈的市场竞争，英国在1929年彻底放弃了自由贸易政策，转而采取超保护贸易政策。

1930年，美国国会通过了"斯穆特、霍利关税法案"，1931年平均关税率高达53.2%，1932年又提高到59%，达到美国历史的最高水平。由于美国大量提高工业制成品的关税，1932年，有6个国家首先采取相应的报复手段，将本国进口关税大大提高。

这一时期国际贸易额急剧下降，美国1932年进口额仅为1929年的31%。世界贸易额1928年为601亿美元，而到1938年降到了246亿美元。

(一) 超保护贸易政策的特点

与第一次世界大战前的贸易保护政策相比，超保护贸易政策具有以下特点：

(1) 保护的对象扩大了。不但保护幼稚工业，而且以国内高度发展或出现衰落的垄断工业为主要保护对象。

(2) 保护的目的改变了。不再是培养自由竞争的能力，而是为了巩固和加强对国内外市场的垄断，以及扩大就业。

(3) 保护的方法转变了。保护政策由防御性的限制外国商品进口转向进攻性的对外扩张，争夺国外市场。

(4) 保护的措施增加了。保护措施不仅有关税措施，还有其他各种奖出限入的措施。此外，主要资本主义国家还组成排他性的国际货币集团，以划分国际市场范围。

(二) 超保护贸易政策的理论依据

凯恩斯 (John Maynard Keynes) 的保护就业理论是超保护贸易政策的依据。凯恩斯原是自由贸易论者，1929～1933年大危机之后，凯恩斯放弃了自由经济思想。他认为，在20世纪30年代的大危机后，由于大量失业的存在，自由贸易理论所依据的"充分就业"前提不复存在。因此，他建议英国放弃自由贸易政策，采取直接措施来奖出限入。凯恩斯还认为，自由贸易论以"国际收支自动调节说"来说明贸易顺差、逆差最终均衡，忽略了在调节过程中投资对一国国民收入和就业的影响。

为了说明投资对国民收入的影响，凯恩斯提出投资乘数理论，即当一国增加新投资时，会引起国民收入增长，其增长幅度是新投资的若干倍，见如下分析。

设 Y, C, I 分别代表国民收入、消费与投资，则

$$Y = C + I$$

其中，$C = C(Y)$，$I = I(r)$（r 代表利率）。两边求导，得

$$\frac{dY}{dI} = \frac{dC}{dY} \cdot \frac{dY}{dI} + 1$$

因此 $dY = \dfrac{dI}{1 - dC/dY}$，即

$$\Delta Y = \frac{\Delta I}{1 - \Delta C/\Delta Y}$$

令 $K = \dfrac{1}{1 - \Delta C/\Delta Y} = \dfrac{1}{S}$，$K$ 为投资乘数，S 为边际储蓄倾向，则

$$\Delta Y = K\Delta I$$

即当投资增加数量 ΔI 时，国民收入会增长到投资的 K 倍。

投资乘数理论的含义是指新增加的投资引起对生产资料的需求的增加，从而引起从事生产资料生产的人们的收入增加，他们收入的增加引起对消费品需求的增加，从而导致从事消费品生产的人们收入的增加。如此推演下去，由此增加的国民收入总量会等于原增加投资量的若干倍。增加的倍数取决于边际消费倾向。

凯恩斯的追随者马克卢普在凯恩斯投资乘数理论的基础上提出对外贸易乘数（Foreign Trade Multiplier）理论。他认为，一国的出口与国内投资一样，有增加国民收入的作用；一国的进口与国内储蓄一样，有减少国民收入的作用。当商品、劳务出口时，从国外得到货币收入，会使出口部门收入增加，消费也增加，它必然引起其他产业部门生产增加，就业增多，收入增加。如此反复下去，收入增加量将为出口增加量的若干倍。进口的效应正好是相反的。

用公式表示，一国对外开放，其国民收入除了消费投资以外，还应包括出口额（X）与进口额（M），即

$$Y = C(Y) + I(r) + X - M(Y)$$

这里，$Y = Y(I, X)$，$dY = \dfrac{\partial Y}{\partial I}dI + \dfrac{\partial Y}{\partial X}dX$。而

$$\frac{\partial Y}{\partial I} = \frac{1}{1 - \partial C/\partial Y + \partial M/\partial Y}$$

$$\frac{\partial Y}{\partial X} = \frac{1}{1 - \partial C/\partial Y + \partial M/\partial Y}$$

因此

$$dY = \frac{dI + dX}{1 - \partial C/\partial Y + \partial M/\partial Y}$$

即 $\Delta Y = \dfrac{\Delta I + \Delta X}{1 - \Delta C/\Delta Y + \Delta M/\Delta Y}$。令

$$K_f = \frac{1}{1 - \Delta C/\Delta Y + \Delta M/\Delta Y} = \frac{1}{S + M}$$

K_f 为对外贸易乘数，M 为边际进口倾向，表示收入增加引起的进口增加。从式中可以看出，增加出口 ΔX，可以使国民收入增加 $K_f \Delta X$。减少进口 ΔM，可以增加乘数效应。因此，一国越是扩大出口，减少进口，贸易顺差越大，对本国经济发展的作用越大。可见，对外贸易乘数理论为超保护贸易政策提供了理论依据。

五、贸易自由化政策

第二次世界大战以后，美国的经济实力跃居世界首位，为巩固其领导地位，美国积极倡导自由贸易，呼吁建立国际经济体系。与此同时，欧洲各国医治战争创伤，恢复经济，也希望有一个和平稳定的国际经济环境。在这种情况下，国际货币基金组织、世界银行以及关税与贸易总协定建立了，并成为世界经济体系的三大支柱。这一新型的世界经济体系为第二次世界大战之后贸易自由化的兴起和发展打下了良好的基础。

（一）贸易自由化的表现

从 20 世纪 60 年代到 70 年代出现的贸易自由化主要表现在以下几个方面：

1. 关贸总协定成员国的关税削减

关贸总协定自 1947 年成立以后，主持了多轮贸易谈判。多边谈判在关税方面的最大成绩就是各缔约国的平均关税由原来的 50％降至 5％左右。

2. 欧共体的关税削减

关税同盟是欧共体建立的重要基础。由于实行关税同盟，其成员国对内取消关税，对外通过谈判达成关税减让协议，导致关税大幅度下降。根据《罗马条约》的规定，关税同盟从 1949 年 1 月 1 日起，分三个阶段减税。原欧共体六国之间工业品和农产品的自由流通，分别提前于 1968 年 7 月和

1969 年 1 月完成。1973 年，英国、爱尔兰、丹麦加入共同体，到 1977 年 7 月 1 日，共同体九国之间工业品和农产品都实行了互免关税，扩大了共同体内部的贸易自由化。除了对内实行自由化外，对外也通过签订优惠贸易协定，不同程度地扩大了对外贸易的自由化。如从 1973 年开始，欧共体与欧洲自由联盟之间逐步降低工业品关税，到 1977 年 7 月 1 日实现了工业品的互免关税，从而建立起一个包括 17 国在内的占世界贸易总额 40% 的工业品自由贸易区。1975 年，欧共体与非洲、加勒比和太平洋地区的 46 个发展中国家签订了《洛美协定》，给予来自上述地区的国家特别优惠的关税。此外，欧共体还与地中海沿岸国家、阿拉伯国家和东南亚联盟各国缔结了优惠贸易协定。

3. 普惠制的关税优惠

1968 年，第二届联合国贸易与发展会议通过普惠制决议，之后，一些发达国家通过实施普惠制，对来自发展中国家和地区的制成品和半制成品的进口给予关税优惠。

4. 非关税进口壁垒的降低和撤销

第二次世界大战后的初期，发达国家一直实行严格的非关税措施限制进口。随着经济的恢复和发展，这些国家在不同程度上放宽了进口数量的限制，增加自由进口商品，扩大进口自由化。20 世纪 60 年代初，经济与合作发展组织成员国之间进口数量限制已取消了 90%。欧共体成员国之间也取消了工业品数量限制，农业品进口数量限制随着农业政策的执行也在逐步取消。与此同时，欧共体对外部的数量限制也有所放松。

5. 外汇管制的放松

自 20 世纪 30 年代大危机开始，外汇管制一直是世界各国限制进口的特殊手段。到 20 世纪 50 年代，西欧各国在经济恢复、国际收支状况有所改善之后，逐步放松了外汇管制，恢复了货币自由兑换，实行外汇自由化。

（二）贸易自由化的影响

1. 贸易自由化极大地推动了国际贸易的发展

1948～1973 年，世界出口贸易量年平均增长率为 7.8%，超过了同期工业生产增长的速度。1948～1973 年，世界工业生产的平均增长率为 6.1%。

2. 第二次世界大战后贸易自由化进一步促进了贸易发展的不平衡

（1）发达国家之间的贸易自由化程度超过了发达国家与发展中国家之间的贸易自由化程度。

（2）区域性贸易集团的贸易自由化超出了集团对外的贸易自由化。如欧共体对内取消关税及其他进口限制，实行完全的贸易自由化；对外则是在区域性贸易壁垒的基础上有选择和有限度地实行部分的贸易自由化。

（3）各类商品的贸易自由化程度也不一致。总的来说，工业制成品的贸易自由化超过农产品的贸易自由化，机器设备的贸易自由化超过工业消费品的贸易自由化。一些"敏感性"商品，如纺织品、鞋、皮革制品等劳动密集型产品的贸易自由化程度相对较低。

六、新贸易保护主义

第二次世界大战以后，贸易自由化发展到 20 世纪 70 年代中期出现转折。随着布雷顿森林体系的崩溃和石油危机冲击的影响，各国物价飞涨，通货膨胀加剧，失业问题日益严重，西方经济从高速增长走向滞胀。世界性的经济滞胀使贸易自由化倾向趋于停顿，各国纷纷采取保护贸易政策，出现新贸易保护主义。

（一）新贸易保护主义的特点

1. 受保护的商品不断增加

受保护的商品从纺织品扩展到服装、鞋类、钢铁、船舶、汽车、电子产品、数控机床等高级工业品，几乎占世界贸易商品的 40%。1977 年欧共体对钢铁进口实行限制，1978 年美国对进口钢铁采取启动价格制。进入 20 世纪 80 年代，美国对来自日本的汽车规定了 168 万辆的"自动"出口限额。加拿大和欧共体成员国也相继采取限制汽车进口的措施。

2. 贸易保护措施越来越多样化

由于关贸总协定的多轮贸易谈判已将工业国家之间的平均关税降至 5%，名义关税的保护作用几乎丧失，各国纷纷采取其他手段限制进口，如进口配额制、自动出口配额、进口许可证、外汇管制等。到 20 世纪 80 年代初，非关税壁垒发展到 1 000 多种，非关税壁垒可以比关税取得更有效的作用。此外，各国还普遍使用有效保护理论，设置"升级式"关税结构，提高有效保护程度。

3. 奖出限入措施的重点从限制进口转向鼓励出口

由于限制进口会造成国与国之间的贸易摩擦，遭到别国的反对与报复，许多国家把奖出限入的重点从限制进口转向鼓励出口，从经济、组织、精神等方面促进商品出口。

（二）新贸易保护主义的影响

贸易保护主义虽然在缓和国内经济危机、减少财政赤字、抑制通货膨胀等方面起到了一定作用，但也带来了极大的危害，主要表现在以下几个方面：

1. 导致物价上涨

征收进口附加税和数量限制会导致进口商品价格提高，实行自动限制出口，出口方也常常以提高出口价格来提高出口额，这样消费者就要支付更多的货币，利益受到损失。关贸总协定在 1993 年 8 月的一份报告中分析了贸易保护主义给消费者带来损失的实例。其中指出，日本由于对大米市场实行保护，使得日本的大米比美国贵 4～5 倍；欧共体的农产品补贴使每个消费者平均多支出 450 美元；由于日本对法国汽车出口实行自限，日本汽车价格在法国提高了 33%，西欧消费者仅汽车一项每年就多付出 70 亿美元的代价。

2. 农产品贸易保护使发达国家付出了巨大代价

发达国家的农产品保护日趋严重，各国都在采取限制进口、出口补贴等方式保护本国农业，保护的结果使本国的农业生产和消费失衡，政府负担沉重。如美国 1986 年对农产品的出口补贴达 540 亿美元，欧共体每年也要为农产品的价格支持付出约 200 亿美元。对农产品的保护导致 20 世纪 80 年代以来国际贸易摩擦的升级，1992 年末，美国和欧共体之间为农产品贸易几乎爆发一场贸易大战。

3. 新贸易保护主义伤害了发展中国家

发展中国家出口商品结构单一，大多是劳动密集型产品，而这些产品正是贸易保护的重点对象。发达国家贸易保护主义的加强，影响了发展中国家的出口。据统计，只要发达国家减少对肉类、糖、小麦和玉米等实行贸易壁垒，发展中国家可以增加出口 96 亿美元。由于出口减少，发展中国家国民生产总值下降，国家债务负担加重。

七、管理贸易政策

管理贸易是 20 世纪 70 年代中期出现的一种贸易政策，它是一种有组织的自由贸易，介于自由贸易和保护贸易之间，兼有两者某些特点的一种新型贸易政策和体制。管理贸易主张国家对内制定各种对外经济贸易法规和条例，加强对进出口贸易的管理；对外通过协商，签订各种贸易协定，以协调本国与他国的经济贸易关系。

(一) 管理贸易政策的特点

管理贸易政策与自由贸易、保护贸易政策都有区别，主要表现在以下几个方面：

(1) 自由贸易政策下国家对进出口不进行干预，凭借企业自身优势在国内外市场上与别国商品自由竞争；而管理贸易政策是在考虑双方贸易利益、通过协商达成协议的基础上，进行自由竞争。

（2）保护贸易政策下国家干预进出口贸易，以保护本国市场，维护本国利益；而管理贸易则维持整体经济利益平衡，兼顾贸易伙伴利益，以谋求本国利益的最大值。因此，管理贸易通过贸易各方的协商，允许贸易各国采取一定的保护措施，保护措施之外则仍向自由贸易原则靠拢。

（3）自由贸易政策和保护贸易政策制定的依据是本国企业竞争力的强弱；管理贸易政策是在各国谈判的基础上，在权利与义务的平衡原则下制定的，受到双边或多边贸易利益的约束。

（二）管理贸易政策的实施

管理贸易的核心是通过协商谈判来协调贸易关系，表现形式则是多种多样的，主要有：

（1）通过国际会议对贸易进行意向性的管理，如联合国贸易与发展会议、定期召开的西方七国首脑会议及亚太经济合作组织部长级会议等。这些国际会议对调节发达国家与发展中国家、地区之间经贸关系的作用不可低估。

（2）通过经贸集团对地区贸易进行管理，以协调成员国之间的贸易关系，如欧盟、北美自由贸易区。经贸集团主要通过签订条约、规定和建立超国家的管理机构来协调和统一成员国之间的贸易政策，规范成员国的贸易行为，促进内部的贸易自由化。

（3）通过多边贸易协定与组织对各成员国之间的贸易关系进行协调，如关贸总协定就为缔约方之间的贸易关系确立了共同准则、例外待遇、约束和争端解决程序等。可以说，关贸总协定是一个典型的管理贸易组织。尽管多边谈判达成的协议常常是各方讨价还价后的妥协产物，但它在一定程度上兼顾了各方利益，对于协调各方关系、避免极端形式的贸易冲突等起到了一定的作用。例如在关贸总协定主持下达成的《多种纤维协定》，一方面以配额形式为一些发展中国家开放纺织品出口，同时又限制了一些有竞争力的发展中国家纺织品出口，达到了保护发达国家纺织品工业的目的。

（4）通过双边政府贸易协定或协议来协调管理国家间的贸易，如美国与日本、西欧的贸易谈判。一些国家与别国达成的"自限协议"，要求贸易对方实行"有秩序的销售安排"，这些都具有管理贸易的性质。

（5）各国通过经贸法规与国际相关法接轨，并利用国内法约束他国的贸易行为。例如美国利用"超级301"条款，发起对贸易伙伴在"自由贸易"方面的调查和谈判，协调管理与别国的贸易关系；利用"特殊301"条款保护美国的知识产权，协调管理侵权行为。这些都是管理贸易政策的具体体现。

八、新贸易自由化趋势

进入 20 世纪 90 年代，随着冷战的结束，进一步发展经济成为全球新一轮的主题。以信息技术为中心的高科技的迅速发展，给各国的经济发展带来了新的机会，特别是关贸总协定乌拉圭回合谈判通过了有突破性的议题，随后世界贸易组织的成立，使国际贸易自由化成为新的趋势。

新时期的贸易自由化是在经济全球化、世界贸易组织与区域经济一体化的趋势中，各国通过多途径的努力，根据互利互惠的原则安排实现的。其主要原因与表现有以下几个方面：

（1）经济全球化决定了国际贸易的发展必须走贸易自由化的道路。随着科学技术的进步和国际分工的深化，跨国公司成为当今世界经济的重要主体，促进了生产、投资、金融与贸易的全球化，这在客观上要求建立更自由的国际贸易环境与国际贸易政策。

（2）关贸总协定与世界贸易组织促进了全球贸易自由化。全球贸易自由化伴随着关贸总协定的发展而发展，并在世界贸易组织建立后得到了进一步的推动。特别是关贸总协定乌拉圭回合谈判之后，贸易自由化的范围扩大到服务业、知识产权、投资、农产品和纺织品等领域。世界贸易组织的成员不断增加，平均关税在 2000 年已下降到 6.5%，非关税壁垒的使用也明显受到削弱和约束。

（3）区域经济一体化的发展大大推动了世界范围内的自由化贸易趋势。20 世纪 90 年代以来，区域经济一体化无论在数量、规模还是在内部运作上，都以前所未有的速度发展，在推动一体化组织内部自由贸易的同时，也在一定程度上推动了全球贸易自由化。欧盟早在 1993 年实现了内部的商品、资本、劳务和人员的自由流动；1994 年正式成立的北美自由贸易区规定在 15 年内取消进口关税和其他贸易壁垒，以实现商品和劳务的自由流通；东南亚国家联盟在谋求成员国之间自由化的同时也加强了与中、日、韩的对话；亚太经合组织在多次会议上就降低关税和其他贸易壁垒做出了承诺并规定了时间表。

（4）广大发展中国家的积极介入是贸易自由化的重要力量。许多发展中国家为了适应经济全球化的趋势，同时也为了自身经济的发展，纷纷采取了开放性的改革措施，放宽了贸易和投资的限制，逐步降低关税税率和非关税壁垒措施的使用，积极投入到推行贸易自由化的行列。

第三节　国际贸易可选择的调整战略

发展中国家数量众多，广泛分布在亚洲、非洲和拉丁美洲。大多数发展中国家的生产力落后，工业不发达，对外贸易发展也很不平衡。对于发展中国家来说，选择适合本国国情的对外贸易发展战略具有重要意义。在国际分工中占主导地位的发达国家大多是西方完成了工业化进程的国家，发展中国家要提高国民经济发展水平和在国际分工中的地位，必须走工业化道路。第二次世界大战以后，发展中国家在走工业化道路的探索中先后采用过初级产品出口鼓励、进口替代和出口替代三种对外贸易调整战略。

一、出口鼓励战略

初级产品出口鼓励是指通过扩大初级产品出口来促进经济的发展。第二次世界大战之后的初期，不少发展中国家都采用了这一贸易战略。由于历史上发达国家曾把大量资本投入到矿产资源丰富或种植经济作物的发展中国家，以获得矿物原料、农业原料和农产品，使得发展中国家成为发达国家的原料产地。殖民统治结束以后，这类发展中国家缺乏改革经济结构所需的物质技术基础，不得不采取初级产品出口鼓励战略。把新增加的资源投入到初级产品的生产上，扩大初级产品的出口，增加财政收入和外汇收入，以进口技术设备，同时使一些相关产业繁荣起来，推动国民经济的发展。马来西亚、泰国等都采取了这种战略。

初级产品出口战略存在许多不利影响。由于发展中国家完全依赖初级产品出口，假如这些初级产品生产部门没有与本国国民经济融为一体，不能带动其他部门取得实质性的发展，就会造成本国经济的畸形与单一。同时由于初级产品的出口收入受国际市场的需求与价格变动的影响大，国内消费又依赖于从发达国家进口，因此经济发展受制于世界市场，具有严重的对外依赖性。许多国家在发展初期选择这种战略，当经济发展到一定程度时，会因为贸易条件过度恶化、外汇收入减少、国际收支困难等原因，最后被迫放弃这种战略而采取进口替代战略。

二、进口替代战略

进口替代（Import Substitution）是指通过采取保护措施，建立和发展本国的制造业和其他工业，以国内生产的制成品代替进口制成品。进口替代的主要目的是限制工业制成品进口，扶植和保护本国有关工业的发展，以减少本国对国外供应的依赖，改善本国贸易条件，带动经济增长。

（一）实施进口替代战略的背景

20世纪50年代，随着殖民体系的瓦解，大批发展中国家摆脱了殖民地半殖民地的统治，取得了政治上的独立，走上发展民族经济和工业化的道路。发展中国家实行工业化，一般是从实施进口替代战略开始的，形成这种情况的历史原因是：第一，发展中国家认识到只有从根本上改变自身的畸形经济结构，改变以前出口初级产品、进口制成品的对外贸易状态，才能改变在国际经济关系中的不平等地位。第二，发展中国家在强大的国际垄断资本势力的包围下，必须利用国家政权的力量，才能对本国的工业进行有效的保护。第三，发展中国家建立民族工业具备了一定的条件，并可以在发展中不断创造与完善这些条件。

（二）进口替代战略的政策措施

从20世纪50年代起，许多发展中国家相继实行进口替代政策。进口替代分为两个阶段。第一个阶段是非耐用消费品的进口替代，如加工食品、纺织品、鞋类等。选择非耐用消费品作为进口替代第一阶段的原因是这类产品大多是劳动密集型，生产规模小，制造工艺简单，这类工业的发展受国内资金、技术和市场的限制较小。第二个阶段是通过制造耐用消费品和中间产品，最终实现对资本货物的替代。在具体措施上，主要采取了贸易保护和鼓励措施。

（1）执行贸易保护的基本政策。通过高额关税和进口附加税以及数量限制、许可证等非关税措施对制成品特别是消费品进行限制乃至禁止，对不同的商品实行有差异的保护。

（2）实行严格的外汇管理制度。具体的内容有：私人和企业不能持有外汇，取得的外汇要卖给指定的外汇银行；出口商只能接受作为国际清偿手段的外国货币；实行外汇配给，对资金外流进行管制；实行币值高估的汇率制度或复汇率制度等。

（3）实行优惠的投资政策。国家在财政、税收、价格和信贷等方面给予进口替代工业以特殊优惠，以促进它们的发展。

（三）进口替代战略对发展中国家经济的影响

进口替代战略在工业化的起步阶段会起到很好的效果。从历史上看，从20世纪50年代到60年代初，许多发展中国家由原来的初级产品出口鼓励战略转向进口替代战略，普遍取得了较好的效果。由于提供了一个受保护的、有利可图的国内市场，这些国家的工业尤其是制造业得到了快速的发展；同时也改变了单一、畸形的国民经济结构，促进了这些国家经济结构的调整。

进口替代战略同样有一些不利影响，主要包括以下几个方面：

（1）国内工业受到保护和扶植，会失去改进生产和管理、提高经济效益的动力。同时，由于进口替代工业主要面向国内市场，发展受到市场狭小的限制，生产规模难以扩大，无法获得经济效益。这样，就会造成工业部门生产率低下，生产成本高，在国际市场上缺乏竞争能力，难以扩大出口，从而妨碍了进口替代工业的进一步发展。

（2）随着进口替代工业的发展，进口替代工业所需的生产设备和某些原材料的进口相应增长，资本与技术含量也会相应提高，保护的代价因此越来越高，最终使这些国家难以接受。

（3）因为国家的资金和优惠政策偏向了进口替代部门，进口替代战略的实施使得非进口替代工业部门和农业部门处于发展缓慢和停滞状态，其结果是限制了这些部门国内市场的扩大，影响了这些产品的出口，减少了外汇收入，阻碍了整个工业化的进程。

进入20世纪六七十年代，进口替代战略的不利影响使这种战略的继续推行遇到了极大困难，许多发展中国家开始转向实行出口导向战略，以此来促进工业化和民族经济的发展。

三、出口导向战略

出口导向（Export Promotion）战略又称出口替代战略，是指一国采取各种措施推动出口工业的发展，用工业制成品的出口代替传统的初级产品出口。实施出口导向战略的目的是利用扩大出口来积累资金，带动工业和整个国民经济的增长。

（一）实施出口导向战略的背景

由于实施进口替代战略出现了新的问题，一些国家和地区开始寻求新的办法。新加坡、韩国、中国台湾和香港等国家和地区从20世纪60年代开始采用出口导向的对外贸易发展战略。同时，这一时期的国内外环境的变化也为这些国家实行该战略提供了条件。首先，由于进口替代战略的实施为这些国家或地区带来了较快的经济增长，形成了一定的物质和技术基础；其次，第二次世界大战之后的科学技术革命为全球范围内的经济发展提供了技术条件，贸易自由化的趋势为发展中国家的出口扩大提供了可能；再次，一系列新兴工业部门的出现和发达国家劳动力价格的上升，促使发达国家进行产业结构调整和部分产业的转移；最后，跨国公司的大量出现与大力发展使得国际分工的格局发生重大变化，发展中国家更多地参与到水平型的国际分工体系中来。出口替代战略对于新加坡、韩国、中国台湾和香港等国家和地区的工业化进程起到了极大的推动作用，经济高速发展，人民生活水平迅速提高，创造了经济发展中的奇迹，它们的经验受到了其他发展中国家的重视。20世纪60年代末到70年代初，许多原先选择进口替代战略的国家如巴西、阿根廷、墨西哥等国也开始转向推行出口导向战略。

（二）出口导向战略的政策措施

实行面向出口的贸易发展战略，关键是提高出口商品的国际竞争力，开拓和扩大国际市场。为此，实行这一贸易战略的国家采取了一系列相应的政策与措施。

（1）放松贸易保护，大力鼓励出口。采取的具体措施有：对出口制成品减免关税，实行出口退税，对产品出口给予补贴；为产品出口提供信贷和保险；对出口企业所需要的原材料与设备进口减免关税或减少进口限制；给出口商提供一定比例的进口限额和许可证等。

（2）实行灵活的外汇和汇率政策。如给出口企业优先提供外汇，实行外汇提成和出口奖金制度，制定有利于出口的汇率等。

（3）实施优惠的投资政策。通过优惠的措施鼓励外国投资；对面向出口的企业提供减免企业所得税、营业税等优惠措施；对出口企业优先提供原材料、土地、基础设施和其他服务等。

（三）出口导向战略的积极影响

出口导向战略对实施这一战略的国家或地区起到了较大的积极作用，具体体现在以下几个方面：

（1）符合"比较成本"原理。与进口替代相反，出口导向战略要求发挥本国资源的比较优势，这不仅使本国获得了比较利益的好处，还扩大了对外贸易量，增加了资本积累，推动了国际贸易的发展。

（2）国内产业面向国际市场，从而需要扩大生产规模，获得规模经济效益。同时，国内企业直接面临国际竞争，降低成本、提高效率的动力大大增强，从而带动经济效益的提高。

（3）出口导向战略推动出口特别是有较高需求弹性的制成品出口增长，这样可以直接增加外汇收入，改善国际收支状况。

（4）出口导向战略比进口替代战略更能扩大就业，增加国民收入，推动国内生产总值的相应增长。

（四）出口导向战略的局限性

（1）出口替代工业主要面向国外市场，对国外市场的依赖性较大，经济发展陷入被动。

（2）出口替代工业部门发展较快，而非出口的工业部门和农业部门发展缓慢，处于落后状态，经济发展不平衡。

（3）面临发达国家强有力的竞争，发展中国家很难在非传统出口产业中建立具有竞争能力的工业。

（4）由于跨国公司对出口工业的渗透和控制，本国资源和利润大量外流。

（5）由于新贸易保护主义盛行，发展中国家的出口遇到越来越多的障碍，发展中国家想通过出口导向实现工业化，困难重重。

第五章
进口保护政策手段：关税

国际贸易政策是通过影响商品进出口的具体措施来实施和体现的，这些措施包括关税措施、非关税壁垒措施、鼓励出口和限制出口的措施等。

关税是国际贸易中最古老的措施，至今仍然是各国对外贸易政策中不可缺少的内容，也是世界贸易组织允许采用的合法的保护手段。各国通过关税征收的种类、水平和方法来调节对外贸易关系，影响对外贸易活动。第二次世界大战之后，在关贸总协定和世界贸易组织的倡导和影响下，世界整体关税有了较大幅度的下降。但对于某些商品，关税仍然是限制进口的主要手段，同时由于关税结构的调整，关税的有效保护作用大大加强，所以关税仍然是各国实行贸易保护的主要措施之一。

第一节　关税的含义及种类

一、关税的含义

关税（Customs Duty；Tariff）是一个国家的海关对经过关境的进出口商品征用的一种税收。

关税是通过海关执行的。海关是国家行政管理机构，通常设置在边境、沿海口岸或境内的水陆空国际交往的通道。征收关税是海关的一项重要职责。

关境是海关征收关税的领域，一般来说，关境和国境是一致的。但今天许多国家都设有自由港、自由贸易区、保税仓库等，这些免税的自由港、区或保税仓库不属于关境范围之内，这时的关境概念小于国境。当若干个国家联合起来建立关税同盟时，参加关税同盟国家的领土边境即成为统一的关境，这时的关境概念大于各成员国自身的国境。

进口货物由海关办理征税手续放行后，应视做国内商品而与本国商品同等对待，并按照本国税法缴纳应征的国内税费。与进口关税一样，这些国内税费通常也在进口货物办理进口通关手续时由海关征收。一些国际公约或协定将进口关税和对进口货物征收的其他国内税费统称为进口税费（Import Duties and Taxes）。

关税是国家财政收入的一个重要组成部分。与其他税收一样，它具有强制性、预定性和无偿性。但关税又与一般的税收不同，关税是一种间接税，是由进出口商交纳的，而进出口商可以把关税额作为成本的一部分，分摊在商品的销售价格上，这样，关税负担最后转嫁给了买方或消费者。

关税作为一个重要的经济杠杆，对充分利用国内和国际两种资源、两个市场起着重要的调节作用。关税税率的高低影响着一国进出口贸易及其经济和对外贸易的发展。关税对一国对外经济贸易关系、对外经济贸易结构和方向、国际收支平衡、国内国际资源配置等都将产生影响和发挥作用。

二、关税的种类

关税的种类很多，按照不同的标准，可以分为以下几类：

（一）按征收目的分类

1. 财政关税

财政关税（Revenue Tariff）是以增加国家财政收入为目的而征收的关税。财政关税的税率一般都不高，因为税率过高会阻碍进出口，难以达到增加财政收入的目的。随着经济贸易的发展和国际经济全球化的推进，关税的财政功能逐渐削弱，而它的经济功能逐渐加强并得以进一步完善和强化，在相当多的国家，关税在国家财政收入中相对比重迅速下降。例如，美国联邦政府成立初期，关税收入占政府全部财政收入的90%以上，而现在则降到1%。关税在财政收入中所占的比重，发达国家较低，一般为3%，发展中国家一般为13%左右。目前，只有财政极为困难的发展中国家才把关税视为重要的财政收入。

2. 保护关税

保护关税（Protective Tariff）是以保护本国工农业生产和本国市场为目的而征收的关税。保护关税的税率一般都较高，以致影响商品的进口量。尤其是对国内竞争威胁较大的工业商品征收高关税，可以限制或禁止其进口，从而达到保护国内相关产业的目的。保护关税曾在很长一段时间内是保护贸易政策的主要手段。随着世界贸易组织贸易自由化的推进，各国的保护关税大幅度下降，保护关税对本国市场的保护作用明显降低，但它仍然是一些国家实施进口限制和贸易歧视的重要手段。

（二）按征收商品流向分类

1. 进口税

进口税（Import Duty）是一个国家的海关在外国商品输入时，对本国进口商征收的一种关税。它通常是在外国商品进入关境或国境时征收，或者外国商品由自由港、自由贸易区或保税仓库等提出运往进口国国内市场时由海关征收。进口税是关税中最重要的税种。一国可以通过征收高额进口税，提高进口商品的成本，从而削弱其竞争能力，起到保护本国国内生产和市场的作用。它还是在贸易谈判中迫使对方妥协让步的重要手段。所谓关税壁垒，就是指高额进口税。

进口税率的确定一般要考虑经济发展水平和有效保护程度等多方面因素，依据具体情况而定，不同商品进口税税率不同。为了保证原料来源和提高关税的实际保护程度，目前，世界上许多国家均采用"升级式"关税结构，即进口税率随着加工程度的提高而提高。对工业制成品征收的进口税率最高，半制成品的进口税率次之，原料的进口税率最低甚至于免税。如欧共体进口税率规定为：原料免税；棉纱为 70%；纺织品为 13.6%。这种税率的差别使进口国工业制成品受到保护的实际程度大大高于进口税率所显现的水平。

2. 出口税

出口税（Export Duty）是指一国海关在本国商品输出国外时对本国出口商征收的关税。征收出口税，提高了出口商品的成本和在国外市场上的销售价格，降低其竞争能力，不利于扩大出口，目前许多国家都不征收出口税，只有少数发展中国家出于增加财政收入的目的，或者为了保护本国资源，以保证本国生产需要和本国市场供应时，或者实施以质取胜的出口发展战略等，才适当征收出口税。出口税也常常是发展中国家为了防止跨国公司利用"转移定价"逃避或减少在所在国的纳税和跨国公司低价垄断收购出口等掠夺式经营而进行斗争的一种武器。

3. 过境税

过境税（Transit Duty）是对途经本国关境、最终目的地为他国的外国商品征收的关税。过境货物只是在地理上通过，而不进入过境国市场，对过境国的生产和消费都不产生直接影响。因此，征收过境税的主要目的是增加财政收入。第二次世界大战以后，为了鼓励外国商品过境，以增加有关行业的收入，如运费收入、加工费收入等，许多国家都不再征收过境税。有关废止过境税的国际公约有两个：一个是 1921 年在巴塞罗那签订的《自由过境公约》；另一个是从 1947 年在日内瓦签署的《关税与贸易总协定》发展而来的世界贸易组织下的《1994 年关税与贸易总协定》。

（三）按待遇等级分类

1．最惠国税

最惠国税（MFN Duty）适用于双方签订有最惠国待遇条款（Most-Favoured-Nation Treatment，MFNT）的贸易协定的国家和地区的进口商品。最惠国待遇条款是贸易条约和协定的一项重要条款。它的基本含义是指缔约国一方现在和将来所给予任何第三国的一切特权、优惠及豁免，也同样给予缔约对方。即缔约一方在另一方享有不低于任何第三国享有的待遇。世界上大多数国家或地区加入了签订有多边的无条件最惠国待遇条约的世界贸易组织，或者通过谈判签订了带有最惠国待遇的双边贸易条约和协定，因此最惠国税又被称为正常关税。最惠国税是一种非歧视性的关税待遇。

2．普通税

普通税（Common Duty）适用于双方没有签订带有最惠国待遇条款的贸易协定的国家和地区。从税率水平来看，普通税率最高，远远高于最惠国税税率，比一般优惠税率高 1～5 倍，少数商品甚至高达 10～20 倍。

3．特定优惠关税

特定优惠关税（Preferential Duty）简称特惠税，它是一国对来自特定国家或地区的全部或部分进口商品给予的排他性的特别优惠的低关税或免税待遇。其他国家和地区不得根据最惠国待遇原则要求享受这种优惠待遇。特惠税最早出现于宗主国与殖民地之间的贸易，目的在于保证宗主国在殖民地附属国市场占据优势。最具代表性的是英联邦特惠税。自 1973 年 1 月英国正式加入欧共体后，英联邦特惠税已逐步取消。目前最有影响的是欧共体向参加《洛美协定》的发展中国家单方面提供的特惠税。1975 年 2 月，欧共体与非洲、加勒比和太平洋地区的 46 个发展中国家签订了第一个《洛美协定》；1989 年 12 月，又与上述地区的 64 个发展中国家签订了第四个《洛美协定》，该协定截止日期为 2000 年。2000 年 6 月 23 日，欧盟 15 国与非洲、加勒比和太平洋地区 77 国签订了《科托努协定》，取代到期的《洛美协定》。根据新协定，在 8 年过渡期中，非洲、加勒比和太平洋地区的受惠国 97％的产品可免税进入欧盟市场。

4．普惠税

普惠税（GSP Duty）是发达国家给予从发展中国家或地区输入的商品（特别是制成品和半制成品）的优惠关税。普惠税源于普惠制（Generalized System of Preferences，GSP），是在 1958 年第二届联合国贸易和发展会议上通过建立普惠制决议之后取得的，这是发展中国家经过长期斗争的结果。

普惠制的主要原则是普遍的、非歧视的、非互惠的。所谓普遍的，是指发达国家应对发展中国家或地区出口的制成品和半制成品给予普遍的优惠待遇。所谓非歧视的，是指应使所有发展中国家或地区都不受歧视、无例外地享受普惠制的待遇。所谓非互惠的，是指发达国家应单方面给予发展中国家或地区关税优惠，而不要求发展中国家或地区提供反向优惠。实行普惠制的目的是扩大发展中国家对发达国家制成品和半制成品的出口，增加发展中国家或地区的外汇收入，加速发展中国家或地区的经济增长。目前，实施普惠制的国家有 28 个，享受普惠制的发展中国家或地区有 190 多个。各给惠国根据自己的具体情况制定的普惠制实施方案共有 14 个。自 1971 年以来，普惠制的实行对促进和扩大发展中国家或地区的出口起到了一定的积极作用。但实施普惠制的国家在提供普惠制待遇时，对受惠国家或地区、受惠商品、受惠商品减税幅度、原产地规则等都做了具体规定，同时对给惠国也有保护措施，如免责条款、预定限额、竞争需要标准、毕业条款等，以保护给惠国某些产品的生产和销售，使普惠制未能达到预期目的。

（四）按特定的实施情况分类

1. 进口附加税

对进口商品征收一般进口税以后，出于某种目的加征额外的进口关税，这种关税称为进口附加税（Import Surtaxes）。进口附加税通常是一种临时性措施。征收进口附加税的目的主要有：有效保护国内产业；应付国际收支危机，维持进出口平衡；抵制外国商品低价销售；对某个国家实行歧视或报复。进口附加税通常又称特别关税。进口附加税主要有以下两种：

（1）反倾销税

反倾销税（Anti Dumping Duty）是对实行商品倾销的进口商品所征收的一种进口附加税。反倾销是关贸总协定和世界贸易组织允许的一种保护公平贸易、反对不公平竞争的手段。从理论上讲，征收反倾销税通常不被看成限制进口的贸易壁垒。但事实上，由于传统的贸易保护手段越来越受到限制，用反倾销的名义实行保护的做法越来越普遍，它已成为对付外国竞争者的主要武器。1993 年，美国对从日本、韩国、德国、英国等 19 国进口的钢材征收"反倾销税"，这使得许多外国钢材从美国市场消失。中国的出口产品是墨西哥同类产品强有力的竞争对手，因此墨西哥对中国产品征收的反倾销税涉及范围广、税率高，其中对鞋类征收的税率高达 1 105%，其目的就是使中国鞋完全退出墨西哥市场。

世界贸易组织在原 GATT 的《反倾销守则》基础上，经过乌拉圭回合谈判达成了《反倾销协议》。其内容主要包括：

其一，倾销的概念与倾销幅度的确定。如果一个国家的商品出口到另一国的出口价格低于在出口国正常贸易中旨在用于消费的相同产品的可比价格，即低于该产品的正常价值（Normal Value）进入另一国家市场，那么这一产品将被认为是倾销。对于倾销产品，各国一般采取征收反倾销税的办法。

确定倾销成立的重要条件是出口产品的"正常价值"与"出口价格"，在此基础上计算倾销幅度。具体为：

① 如果该产品在出口国国内或无法进行比较时，则倾销幅度可以"通过与一个合适的第三国出口的相同产品可比价格（假定此价格具有代表性）进行比较而确定，或者与原产国的生产成本加上合理数额的管理、销售和一般费用以及利润"来确定。此中涉及的生产成本，通常应根据受调查的出口商存有的记录计算；管理、销售和一般费用以及利润应以与生产有关的实际数据以及受调查的出口国或生产商在正常贸易过程中相关产品的销售为依据。关于正常价值如何确定，许多国家对市场经济和非市场经济国家分别采取不同的方法。对市场经济国家，正常价值是指该产品在出口国国内售价或在正常价格下向第三国出口的价格。对于非市场经济国家，通常采取的方法有三种：第一，替代国价格。选择一个经济发展水平与出口国相当的市场经济国家，以其同类商品的国内市场价格或出口价作为正常价值。第二，结构价格。以替代国同类产品的生产成本加合理的费用和利润作为正常价值。第三，生产要素价格。以出口国生产该种产品的各种生产要素的消耗量，乘以替代国的价格，计算出生产成本，然后再加上合理的费用和利润作为正常价值。由于替代国的选择带有主观色彩，各国具体情况也各不相同，因此这种方法常常会引起出口国的异议。而究竟什么是市场经济，什么是非市场经济，世界贸易组织也没有标准。例如我国是社会主义市场经济国家，世界银行和国际货币基金组织对此均予以承认，一些发达国家也将我国从非市场经济国家名单中取消，或者将我国视为转型经济国家予以特别对待，但欧盟、美国仍将我国视为非市场经济国家而采取替代国方法确定正常价值，致使我国200多种商品被诉倾销，大量商品不得不退出美国和欧盟市场。

② 在不存在出口价格，或者由于出口商与进口商或第三方之间有联合或补偿安排而使出口价格不可靠时，则该国的出口价格应以进口产品首次转售给独立买主的推定价格，或者是在该产品不是在转售给独立买主的情况下，也不是以进口的条件转售，则当局可以在合理的基础上决定。

③ 倾销幅度确定的原则。首先是对出口价格和正常价值进行公平比

较。这两项应在同样的贸易水平上进行比较，即指在出厂价水平上，并尽可能接近在同一时间的销售。要根据具体状况，对影响价格比较的差异的各种因素如销售的状况和条件、捐税、贸易水平、数量等予以考虑。其次是货币折算依据的汇率。在进行价格比较需要进行货币折算时，应以销售日的汇率为准，销售日是指交易合同、购买订单、订单确认或发票的日期。再次是调查期间倾销幅度成立的基础。通常应在加权平均正常价格与全部出口交易的加权平均价格之间比较，或者在正常价值和每年交易价格之间比较。最后是通过中间国进口货物价格比较。如果产品不是从原产国直接进口的，而是通过一个中间国进口的，则出口国对进口成员方出售产品的价格，通常与出口国可比价格进行比较，但也可以与原产国的价格进行比较。

其二，损害的含义与确定。损害是指因倾销行为对一国国内产业的重大损害和对国内产业重大损害的威胁，或者对这种产业建立构成严重阻碍。"国内产业"是指进口国相同产品的全部生产商或者其产品的生产在国内生产中占主要部分的某些生产商。

损害确定的依据：倾销产品的数量和倾销的结果对国内市场相同产品价格构成的影响；这些产品的进口对相同产品生产商的后续冲击程度，如销售量、利润、产量、市场份额、生产率、投资收益、生产设备利用率、现金流动、库存、就业、工资等。

按照关贸总协定和世界贸易组织的规定，征收反倾销税有两个必要条件：第一，必须证实倾销的存在，即该产品被证实以低于正常价值的价格在进口国出售；第二，这种倾销行为已经给进口国产业造成了实质性的损害或重大威胁。因此在实施反倾销措施前，还应明确倾销与产业损害的因果关系，即证明进口方境内相同或类似产业的损害是由有关进口产品的倾销直接造成的。

其三，反倾销调查及其裁决。反倾销协议规定，一成员在采取反倾销措施之前必须先进行反倾销调查，查实是否存在倾销、产业损害及两者的直接因果关系。反倾销调查由进口国政府当局执行，但反倾销调查的发起须由进口方境内据称受损害的产业或其代表所提交的书面请求而开始。

如果没有占进口国产品生产总量50％以上的生产商出面反对调查，只要集体产量超过25％的生产商提出符合法律要求的反倾销指控，进口国主管当局就可立案调查。但在调查开始后，有关当局发现倾销或损害的证据不足，或发现倾销幅度低于2％，或从某一单独国家进口的倾销产品数量低于进口国进口的相似产品总量的3％，或几个这类国家的总量不足进口总量的7％时，则工业损害是可忽略不计的，进口国应立即终止调查。

进口国政府当局决定对某种进口商品发起反倾销调查后，应将调查内容及要求提供的信息资料通知所有利害关系的当事方。出口商或国外生产商在收到反倾销调查的调查表后，在 30 天之内要予以答复，必要时可再延长 30 天。在整个反倾销调查期间，所有当事方应有充分的机会为其利益进行辩护。调查当局有义务向各当事方及时提供阅读一切与案件有关的资料。在做出最终裁决之前，反倾销调查当局应将作为最终裁定基础的各项主要事实通知所有利害关系的当事方，并提供充分的时间，让他们为其利益而继续据理辩护。

在初步或最终裁定进口商品存在的倾销和损害之后，可采取临时反倾销措施或价格承诺，或征收反倾销税。一般情况下，反倾销调查应在其开始后的 1 年内结束，最长不能超过 18 个月。征收反倾销税的数量不得超过倾销幅度。对存在造成损害的倾销历史，或者倾销幅度特别大的某种产品，进口国可以溯及以往征收，即"追溯征税"。反倾销税自开征之日起的 5 年内一直有效，直到能消除倾销所造成的损害为止。但如果有利害关系的当事方以确实资料提出审查要求，或在反倾销税征收了一段合理期限后，进口成员方当局应审查继续征收反倾销税的必要性。

其四，代表第三国的反倾销诉讼。反倾销协议同意代表第三国的反倾销诉讼，接受间接倾销的指控。例如甲国和乙国共同向丙国出口一项同类产品，由于乙国的产品倾销，致使甲国的产品难以向丙国出口，使其生产该类产品的工业遭受损害，即使丙国生产该类产品的工业未遭受损害，甲国政府也可要求丙国政府开展对乙国产品的反倾销调查，进而征收反倾销税，限制其倾销产品的进口，从而使甲国对丙国该产品的出口得到恢复和扩大。

其五，反规避措施。乌拉圭回合反倾销协议吸收了欧美提出的有关反规避条款的建议，并以"防止规避最终反倾销税"为标题，作为一个独立的条款订入第 12 条，从而更加强化了反规避措施，使反倾销扩展到：在进口国组装或制成的被课征反倾销税的进口产品；在第三国组装或制成，然后向原进口国出口的被课征反倾销税的产品；对被课征反倾销税的产品经过轻微加工或改造，然后向原进口国出口的产品；在被征收反倾销税的产品基础上发展出来的后期产品。

（2）反补贴税

反补贴税（Anti-Subsidy Duty）又称抵消税或补偿税，它是对于直接或间接地接受任何补贴的进口商品所征收的一种进口附加税。关贸总协定乌拉圭回合通过的《关于补贴与反补贴措施协议》将补贴定义为政府或公共部门给企业提供的财政支持、税收减免、货物和劳务以及价格支持等。《关于补贴与反补贴措施协议》把补贴分为三类。第一类是禁止使用的补贴（Prohibited Subsidies），也称"红色"（Red Light）补贴。指在法律或事实上与出口履行相联系的补贴，即出口补贴；在法律或事实上仅向使用本国产品以替代进口产品所提供的补贴，即该项补贴只与使用国产货物相联系，而对进口货物不给予补贴，世界贸易组织农产品协议规定除外。第二类是可起诉补贴（Actionable Subsidies），也称"黄色"（Yellow Light）补贴。指在一定范围内允许实施，但如果在实施过程中对其他成员的经济贸易利益造成了严重损害，或产生了严重的歧视影响时，则受到损害和歧视影响的成员可对其补贴措施提出申诉。第三类是不可起诉补贴（Non-Actionable Subsidies），也称"绿色"（Green Light）补贴。指不具有专项性或符合特定要求的专项性补贴。具体来说，不可起诉的补贴包括：① 对企业所进行的，或在企业合同基础上对高等教育或研究机构进行研究活动的资助；② 对成员领土内落后地区，按地区发展的一般规划和适宜地区的非专项性资助；③ 对依法律和（或）规章，按新的环境要素促进现有设备改造，免使企业造成更大困难和财务负担给予的资助。这类补贴不可诉诸争端解决，但要提前、及时通知各成员。如果有异议，也需磋商解决。反补贴税的税额一般按奖金或补贴数额征收。

一般来说，对初级产品的补贴各国是认可的。那么，反补贴税的征收对象主要是工业制成品。征收反补贴税的目的在于抵消进口商品所享受的补贴金额，削弱其竞争力，使其不得在进口国的国内市场上进行低价竞争或倾销。由于对商品的反补贴调查可以在一段时期内有效地阻止其继续进入进口国市场，所以征收反补贴税是一些国家阻碍商品进口的一种强有力的措施。

2. 差价税

差价税（Variable Levy）是按照进口商品低于国内市场同种商品价格的差额来征收的一种关税。征收差价税的目的在于削弱进口商品进入本国市场后仍存在的价格竞争优势，保护国内生产和国内市场。例如欧盟对其从非成员国进口的农畜产品征收差价税。

3. 报复关税

报复关税（Retaliatory Duty）是指发现贸易对方出现歧视性待遇或违背贸易法规或拒绝接受世界贸易组织裁决后，该国予以报复所征收的高额关税。报复关税可临时制定，并且是一种临时性关税，当贸易对象国取消不公平待遇、歧视性待遇或接受裁决后，这种关税也将取消。有些国家将报复性关税称为特别关税。如中国 1999 年颁发的《中华人民共和国进出口关税条例》规定："任何国家或地区对其进口的原产于中华人民共和国的货物征收歧视性关税或者给予其他歧视性待遇的，海关对原产于该国家或地区的进口货物，可以征收特别关税。征收特别关税的品种、税率和起征、停征时间，由国务院关税税则委员会决定，并公布实施。"

第二节　关税的征收方法与海关税则

一、关税的征收方法

关税的征收方法可分为以下几种：

（一）从量税

从量税（Specific Tariff）是以货物的计量单位（如数量、重量、容量、面积等）作为标准计征的关税。例如中国对啤酒征收的从量税普通税率为每升 7.5 元人民币，优惠税率为每升 3.5 元人民币。

从量税额的计算公式是

$$从量税额 = 商品数量 \times 每单位从量税。$$

征收从量税方法简单，容易计算，无须审定商品价格。但其缺点是：第一，从量税单位税额是固定的，关税不能随价格的变动而变动。当商品价格上涨时，实际税率降低，保护作用减弱。第二，从量计税对同一种商品，无论质量好坏，价格高低，均按同样税率征收，不太合理。

在第二次世界大战以前，各国普遍采用单一从量税计征关税。第二次世界大战以后，由于物价上涨，从量税的缺点凸显出来，单纯使用从量税的国家已经很少，目前在工业国家中惟有瑞士采用单一从量税计征关税。

（二）从价税

从价税（Ad. Volarem Tariff）是以进口商品的价格为标准计征的一定比例的关税。例如到 2006 年，中国的汽车关税率为 25%，如果一辆进口汽车的价值为 2 万美元，关税额就是 5 000 美元。

从价税额的计算公式是

$$从价税额 = 完税价格 \times 从价税率。$$

从价税具有以下特点：第一，税额随商品价格的变动而变动，关税的保护作用不受影响。例如，从价税率为 10%，当进口商品价格为 200 美元时，关税为 20 美元；如果进口商品价格上涨为 300 美元，所征关税为 30 美元；如果价格下降为 100 美元，所征关税为 10 美元。因此，当市场需求旺盛，价格上涨时，从价税也随之上涨，而市场疲软、价格下跌时，从价税也随之下降，这样，从价税可以较好地保护市场。第二，税收负担合理，从价税额因商品价格不同而不同，这样可以区别同类商品的不同品种。例如，从价税率为10%，进口两种汽车，价格为10万美元的汽车征税1万美元，价格为8万美元的汽车，征税8000美元，这样征税符合公平原则。

目前世界各国普遍使用从价方法或以从价为主的方法计征关税，我国对进口税是按从价方法计征的。

从价税的缺点是完税价格的确定比较复杂。完税价格是经海关审定以作为计征关税的货物价格。但各国采用的完税价格标准很不一致，美国使用FOB估价法，即以装运船上交货价格为征税价格标准。大多数欧洲国家采用的是CIF估价法，即以成本加保险费和运费价格作为征税价格标准。由于国际上尚无统一标准，各国在完税价格确定的问题上常有争议。

为了多征收关税或保护本国市场，各国海关有意抬高海关估价，海关高估完税价格成为危害国际贸易发展的非关税措施。为了减少国际贸易障碍，使海关估价规范化，乌拉圭回合达成的《海关估价协议》，在明确规定了进口成员方海关应在最大限度内以进口货物的成交价格作为完税价格的基础上，确定了几种依次采用的海关估价的通用方法。主要包括：

（1）以进口货物的成交价格确定完税价格。即当出口成员方的货物到达进口成员方关境后，进口成员方海关根据成交情况对进口商实付或应付成交价格进行调整，以该调整后的价格作为完税价格。采用这种估价方法要符合一定的条件，如买卖双方不得存在特殊关系等。

（2）以相同货物的成交价格确定完税价格。即进口国海关采用与进口货物原产国或地区、原生产者生产的货物各方面完全相同的货物的成交价格确定完税价格。

（3）以类似货物的成交价格确定完税价格。即进口成员方海关采用在材料组成及特性上与进口货物原产国、原生产者生产的货物相似，具备同样功能且商业上可互换的货物的成交价格确定完税价格。

（4）以倒扣价格方法确定完税价格。即进口成员方海关根据进口货物或相同货物或类似货物在进口方的销售价格，扣减货物进口及销售时产生的诸如佣金、关税、国内税及销售费用、运费和保险费等特定费用，以此确定完税价格。

（5）以计算价格方法确定完税价格。进口成员方海关将进口货物的生产成本，加上从出口方向进口方销售同级别或同种类货物通常所获得的利润，以及为推销和销售货物直接和间接产生的一般费用等，以此确定完税价格。这种方法采用的前提是生产商愿意向进口国海关提供成本数据和必要的审核材料。

(6) 以"回顾"方法确定完税价格。即进口成员方海关可采用其他合理的方法来估价，包括对上述各种估价方法进行灵活处理，以其中最容易计算的方法确定完税价格。

（三）混合税

混合税（Mixed or Compound Tariff）又称复合税。混合税是把从量税和从价税结合起来使用，对进口商品既征收从量税又征收从价税的一种征税方式，混合税额的计算公式是

混合税额＝从量税额＋从价税额。

混合税可分为两种：一种是以从量税为主加征从价税，如美国对钨砂的进口税，普通税率为每磅60美分，加征50％的从价税。另一种是以从价税为主加征从量税，如日本确定价格在6 000日元以下的表的进口从价税为15％，每只加征150日元的从量税。中国1999年起对部分商品征收复合税。例如对于完税价格低于或等于2 000美元/台的录像机执行单一从价税，普通税率为130％，优惠税率从原来的45％降到2002年的36％；但对于完税价格高于2 000美元/台的录像机，每台征收复合税。普通税率为每台20 600元人民币的从量税，再加6％的从价税；优惠税率从原来的每台7 000元人民币降到2002年的5 480元人民币的从量税，再加3％的从价税。

混合税兼有从量税和从价税的优点，但手续复杂，征税费用较高，所以采用得并不多。如美国进口商品中只有1％的商品是按混合税计征的。

（四）选择税

选择税（Alternative Tariff）是对于进口商品同时订有从量税和从价税两种税率，由海关选择其中一种税率征收的方法。为保护本国生产和本国市场，征税时一般选择税额较高的一种征税。例如挪威税则规定：Shirt 20％. The duty not to be less than 20 kr/kg。即进口衬衣从价税20％，如果从价税额低于每千克20克朗的从量税额，则按从量税征收。

选择税的优点是具有很强的灵活性，可以根据不同时期的经济条件和进口产品的不同来源国进行适当的选择。如欧盟对一般商品采用从价税，但对烟草、某些水果、蔬菜、地毯、玻璃器皿、手表等采用选择税。

（五）滑动税

滑动税是根据商品价格的市场行情相应调整关税税率的一种方法。滑动税的目的是通过关税水平适时调节进出口商品价格水平。

（六）季节税

季节税是对那些具有明显季节性特征的商品制定两种或两种以上不同水

平的关税税率，在实际征税时根据季节特征选择其中一种税率征收。采用季节税，在进口价格下降时可以更好地保护国内产业免受低价进口商品的冲击。例如瑞典关税税目表中，几乎一半的食用蔬菜和水果类采用季节性关税。在一年中大多数时间这些新鲜蔬菜和水果大多免税或征收较低关税，而当国内产品上市时，这些产品的进口税率会高得多，最高和最低关税税率的差额大多在 10 个百分点以上。

二、海关税则

海关税则是一国对进出口商品征收关税的规章和对进出口商品系统分类的一览表，又称关税税则。海关税则通常由两部分组成：一是课征关税的规章条例；二是关税税率一览表。关税税率一览表主要包括商品分类目录和税率两大部分。一般设有税则号列（给每种商品一个分类号）、商品名称、征税标准、计税单位、税率几个栏目。

税率表中的商品分类目录是把不同的商品按其不同的特征加以综合，简化成数量有限的商品分类项目，便于分别规定不同的税率。由于各国的分类方法不同，海关统计资料缺乏可比性，也给贸易谈判带来困难。为了解决这一矛盾，一些国际经济组织试图制定国际通用的商品分类目录。迄今为止，这类分类目录共有三种。

（一）《海关合作理事会税则目录》

《海关合作理事会税则目录》（Customs Cooperation Council Nomemlature, CCCN）是 1952 年海关合作理事会在布鲁塞尔制定的，原称《布鲁塞尔税则目录》。这个目录的商品分类是以商品的自然属性为主，结合加工程度来划分的。它把商品共分为 21 类、99 章、1 015 项税目号。20 世纪 90 年代以前，这个目录在国际上应用比较广泛，约有一百多个国家或地区采用。

（二）《国际贸易标准分类》

《国际贸易标准分类》（Standard International Trade Classification，SITC）是联合国经社理事会出于贸易统计和研究的需要制定的。这个目录把国际贸易商品分为 10 类、63 章、233 组、786 个分组、1 924 个基本项目。

（三）《商品名称及编码协调制度》

《商品名称及编码协调制度》（The Harmonized Commodity Description and Conding System，HS）简称为《协调制度》，它是海关合作理事会（1994 年 1 月 1 日改名为世界海关组织，World Customs Organization，WCO）协调制度委员会主持制定的。协调制度分类是在前两个分类的基础上根据近年国际贸易商品结构的变化和在使用中发现前两个目录的缺点进行调整修改的。该目录于1983年制定，1988年1月1日正式实施。目前已被越来越多国家的海关所采用。我国从1992年1月1日正式采用。这标志着一个国际公认的统一的海关"语言"的产生。它有助于消除各国海关之间的分歧，使国际贸易统计数据更具有可比性，对世界贸易情况的分析和比较更加准确和科学。

《协调制度》的主要内容是品目和子目，即代表各种各样商品名称及其规格的列目。2002年版《协调制度》的四位数列目为1244个，六位数列目为5225个（1992年版为5019个，1996年版为5116个），分布于21类、97章（其中第77章是空章）中。为使各个品目和子目之间界限分明，不发生交叉归类的情况，在许多"类"、"章"下加有注释，有的注释是专门针对某个子目的，叫子目注释。从"类"来看，基本上是按生产部类分类的，将同一生产部类的产品归在同一类中。如农副业在第一、二类；化学工业在第六类；纺织工业在第十一类；冶金工业在第十五类；机电制造业在第十六类等。从"章"来看，基本上是按商品的属性或用途划分的。第一章至第八十三章（第六十四章至第六十六章除外）基本上是按商品的自然属性来分章的，每章的内容则是按照动物、植物、矿物性质的顺序排列。一般方法为原料先于产品，粗加工的产品先于深加工的产品，列名具体的产品先于列名一般的产品等。中国于2002年开始实行《协调制度》转换版。该转换版在保持与WCO编制的2002年版《协调制度》一致的基础上，针对中国经济发展和对外贸易情况做了适当转换。

协调制度商品编码是具有特定含义的顺序号，前6位数码为国际通用。在此基础上，各国从实际出发，考虑进出口业务和海关统计的需要，加增后位数码。《中华人民共和国海关进出口税则》采用8位数码，是在前6位数码全部采用《协调制度》的数码基础上，加增第7、8位数码。如：

0207.1200 $\begin{cases} .02 为《协调制度》第一类的第 2 章，即肉及食用杂碎 \\ .0207 即品目 02.07 所列家禽的鲜、冷、冻肉及食用杂碎 \\ .0207.1200 为一整只鸡，冻的 \end{cases}$

协调制度商品编码的前两位（一、二位）表示商品所在章次，三、四位表示该商品在章里的排列次序。如01为活动物；01.01为马、驴、骡，01.03为猪，01.05为家禽（即为鸡、鸭、鹅、火鸡及珍珠鸡）。通常将前四位数码叫做"项目号列"（也叫品名号列）。第五位数叫一级子目，表示它在所属项目（品目）中的顺序号；第六位数叫二级子目，它是一级子目所属中的顺序号。没有设一级或二级子目号的项目（品目），商品编码的第五位或第六位数码用0来表示。作为未列名商品的第五位或第六位数码用9表示，不代表它在该级子目的实际序位，其间的空序号是为在保留原有编码的情况下适用日后新增添的商品而设的。若数字 9 被未列名零件占用时，数字 8 表示未列名整机。

关税税率是海关税则中的另一项重要内容。根据各国对关税税率规定的不同，可将关税税则分为单一税则和复式税则两大类。单一税则是指税则中只设有一栏税率，即每一税目只列有一个税率，适用来自任何国家的同种商品。由于单一税则对不同国家的同种商品实行同一待遇，无法在必要时实行国别政策，因此在今天的国际贸易环境中采用单一税则的国家已为数不多。复式税则是指在同一个税目下定有两个以上的税率，对来自不同国家的进口商品使用不同的税率。复式税则的特点是对不同国家的同种商品实行不同待遇。由于复式税则可以体现对外贸易国别政策，充分发挥关税的综合性作用，世界上大多数国家相继实行复式税则。

复式税则包括二栏税率、三栏税率、四栏税率、五栏税率等具体形式。各国的做法各不相同。例如，美国税则有三栏：第一栏是普通税率，适用于那些不享受最惠国待遇的国家的产品；第二栏是优惠税率，适用于世界贸易组织成员国和与美国签有最惠国待遇贸易条约的国家的产品，税率水平一般为 4%～5%；第三栏是普惠制税率，主要是为那些与美国签有普惠制协议的发展中国家而规定的关税减免。日本税则有四栏：第一栏是基本税率，税率最高，适用于非关贸总协定成员国和未与日本签订了最惠国待遇条约的国家；第二栏是协定税率，税率低于基本税率大约 50%，适用于与日本签订了最惠国待遇条约的国家和关贸总协定成员国；第三栏是特惠税率，即普遍优惠制税率，税率最低，适用于享受普惠制待遇的发展中国家；第四栏是暂定税率，税率与协定税率相同，适用于虽未与日本签订最惠国待遇条约，但与日本友好的国家。欧共体税则有五栏：第一栏是特惠税率，适用于《洛美协定》成员国；第二栏是协定税率，适用于与欧共体签订了贸易优惠待遇条约的国家；第三栏是普惠制税率，适用于享受普惠制待遇的发展中国家；第四栏是最惠国税率，适用于与欧共体签订了最惠国待遇条约的国家和关贸总协定成员国；第五栏是普通税率，税率最高，适用于上述国家以外的国家。我国 2004 年 1 月 1 日施行的《中华人民共和国进出口关税条例》在税率设置、完税价格的确定等方面有更加具体和明确的规定。新条例明确了进口关税设最惠国税率、协定税率、特惠税率和普通税率四栏，对与我国订有关税互惠条约的国家，适用最低税率，除此之外的则按普通税率征税。

关税税则按其制定方式不同可分为自主税则和协定税则。自主税则又称固定税则，是指一国立法机构根据关税自主原则单独制定的不受对外签订的贸易条约或协定约束的一种税率。协定税则是指一国通过与其他国家或地区订立贸易条约或协定的方式确定的税率。

第三节　关税保护程度

关税的保护程度一般用来衡量或比较一个国家由于对进口产品征收关税而给予该国经济的保护所达到的水平。在实践中，关税保护程度很难用具体的数字准确衡量。在理论上，通常以征收关税后该国经济产生的变化量与征收关税前该国经济相比较的百分率来表示。由于影响经济变化的原因很多，并且经济变化量的范围广泛，难以进行比较，通常只能从容易掌握的关税税率及其对价格产生的影响进行比较。根据关税保护对象的不同，关税保护程度可以有两种表示方法：其一是关税对一国经济整体或某一经济部门的保护程度，一般以关税水平来衡量；另一种是关税对某一类商品的保护程度，通常以保护率衡量。

一、关税水平

关税水平（Tariff Level）是指一个国家进口税的平均水平。关税理论认为，对进口货物征收关税使该商品税后价格提高，进而降低该产品在进口国国内市场的竞争能力，保护了进口国国内同类产品的生产。关税税率一般代表了进口产品的税前价格（即国际市场价格）和税后价格（即国内市场价格）之间差额与税前价格的百分比。平均关税税率则代表了进口货物征收关税后的国内市场价格比征收关税前的国际市场价格的平均提高程度。所以，一国的关税水平可以反映该国征收关税对该国各种商品的价格水平的平均影响程度，是衡量一国进口关税对本国经济保护程度的重要指标。关税水平的计算方法主要有简单平均法和加权平均法。简单平均法现在已很少使用，因为简单平均法是按税则的税目数求税率平均值，而实际上很多高税率商品的进口量很小，并且不同商品在贸易中的重要程度不同，这样，简单平均就很不合理。现在较多使用的是加权平均法，即用进口商品的数量和金额为权数进行平均，其计算方法有以下几种：

（1）按进口税总额占进口总额的百分比计算，即

$$关税水平 = \frac{进口税总额}{进口总额} \times 100\%$$

这种方法把各种商品的进口值在进口总额中的比重作为权数，进口值高

的商品在计算中予以较多的份额，有效地克服了简单算术平均法的弊端，能比较真实地反映一国的关税水平。然而，采用该方法计算的关税水平数值与一国税则中税率为零的税目多少负相关，而在各国税则中，零税率的商品一般都是该国无须保护的商品，因此这种方法无法如实地反映一国关税对国内经济的保护程度。

（2）按进口税总额占有税商品进口总额的百分比计算，即

$$关税水平 = \frac{进口税总额}{有税商品进口总额} \times 100\%$$

这种方法从进口总额中减去了免税商品的进口额，反映有税商品税率的高低，所以比第一种方法更为合理。

（3）选择若干有代表性的商品，用这些有代表性商品的进口税总额与这些有代表性商品进口总额的百分比来计算，即

$$关税水平 = \frac{\sum_{i=1}^{n} V_i R_i}{\sum_{i=1}^{n} V_i} \times 100\%$$

其中：V_i 为各种商品进口值；R_i 为各种商品的税率；$\sum_{i=1}^{n} V_i$ 表示 n 种商品进口值之和；$\sum_{i=1}^{n} V_i R_i$ 表示 n 种商品的税额之和。

这种方法选择各国相同的若干种具有代表性商品计算，这样，各国关税水平就具有了可比性。联合国贸易发展会议就是采用这种方法选取了 504 项有代表性的商品来比较各国的关税水平；关贸总协定的多边贸易谈判中也采用这种方法。

关税水平可以大体反映关税对一国整体经济的保护程度，但对于某一种商品保护程度的衡量还需实行名义保护率和有效保护率。

二、名义保护率和有效保护率

（一）名义保护率

世界银行对名义保护率（Nominal Rate of Protection，NRP）下的定义是：一种商品的名义保护率是由于实行保护而引起的国内市场价格超出国际市场价格的部分与国际市场价格的百分比。用公式表示为

$$某种商品的名义保护率 = \frac{国内市场价格 - 国际市场价格}{国际市场价格} \times 100\%$$

在现实经济中，影响进口商品国内外价格差的因素很多，关税和非关税

措施、进出口价格补贴和生产补贴、外汇汇率以及国内外消费者的消费结构、消费心理的差异等都可能使同一商品在国内外市场形成不同的价格。因此，名义保护率是这些保护措施或影响因素共同形成的对国内生产的保护率。但由于关税以外的贸易壁垒难以估算，在理论分析时忽略其他因素，国内价格与国际价格的差值与国际价格之比可以看做关税税率，即可以把名义保护率看成各国税则中的从价税税率。所以，名义保护率通常又被称为名义关税。

由于名义保护率没有考虑对制成品的原材料和半制成品免税或征税造成的影响，因此不能准确地反映关税对某种制成品的有效保护程度。

(二) 有效保护率

有效保护率（Effective Rate of Protection，ERP）又称有效关税，是指一国实行保护而引起的国内增值的提高部分与自由贸易条件下的增值部分相比的百分比。用公式可表示为

$$T_e = \frac{V' - V}{V} \times 100\%$$

其中：T_e 为有效保护率；V 为自由贸易条件下的增值量，等于制成品国际价格减去投入品费用；V' 为征税后的增值，等于制成品国内价格减去投入品费用。

假设进口 80 美元棉布用来生产一套衣服，在自由贸易条件下，这套衣服的价格为 100 美元，则生产这套衣服的加工增值为 20 美元，如果该国对每一套衣服征收 10% 的名义关税，棉布免税，则对成衣的有效保护率 T_e 为 50%。可见，有效保护率提供了比名义保护率更大程度的保护。

有效保护率还可以用如下公式计算：

$$T_e = \frac{T - \sum a_i t_i}{1 - \sum a_i}$$

其中：T 为某产业产品的名义关税；a_i 为在自由贸易条件下某种投入原料的价值占制成品价值的比重；t_i 为该种原料的名义关税。

公式推导如下：

因为

$$V = P - \sum P_i \quad (自由贸易条件下的加工增值)$$

所以

$$V' = P(1 + T) - \sum P_i(1 + t_i) \quad (征税后的加工增值)$$

其中：P, P_i 分别为自由贸易条件下制成品和原料的价格。代入公式 $T_e = \frac{V' - V}{V} \times 100\%$，得

$$T_e = \frac{T - \sum \frac{P_i}{P}t_i}{1 - \sum \frac{P_i}{P}} = \frac{T - \sum a_i t_i}{1 - \sum a_i}$$

由这个公式，我们还可以推导出几种规律性的结论：

(1) 当制成品的名义关税等于原料的名义关税时，该产业的有效保护率等于名义保护率。

当 $T = t_i$ 时，有

$$T_e = \frac{T - \sum a_i T}{1 - \sum a_i} = T$$

(2) 当制成品的名义关税高于原料的平均名义关税时，该产业的有效保护率高于名义保护率。

当 $T > \dfrac{\sum a_i t_i}{\sum a_i}$ 时，有

$$T \sum a_i > \sum a_i t_i$$

又因为

$$1 - \sum a_i > 0, \quad T_e = \frac{T - \sum a_i t_i}{1 - \sum a_i}$$

所以

$$T_e > \frac{T - T \sum a_i}{1 - \sum a_i} = T$$

(3) 当制成品的名义关税低于原料的平均名义关税时，该产品的有效保护率低于名义保护率。证明方法同上。

当制成品的名义关税非常低且小于 $\sum a_i t_i$ 时，有效保护率还会出现负数，即整个关税结构对该产业起到损害作用，出现负保护现象。一些经济学家认为 20 世纪 60 年代前的一些发展中国家的关税负保护现象相当普遍。

我们用前面提到的衣服例子来进一步解释以上这几种情况，其中

$$a_1 = \frac{80 \text{ 美元}}{100 \text{ 美元}} = 0.8$$

① 如果对棉布征收 5% 的名义关税，则

$$T_e = \frac{0.1 - 0.8 \times 0.05}{1 - 0.8} = 30\% > 10\%$$

可见此时成衣的有效保护率大于名义关税。

② 如果对棉布征收 10% 的名义关税，则

$$T_e = \frac{0.1 - 0.8 \times 0.1}{1 - 0.8} = 10\%$$

此时成衣的有效保护率等于名义关税。

③ 如果对棉布征收 11% 的名义关税，则

$$T_e = \frac{0.1 - 0.8 \times 0.11}{1 - 0.8} = 6\%$$

此时成衣的有效保护率低于名义关税。

④ 如果对棉布征收 20% 的名义关税，则

$$T_e = \frac{0.1 - 0.8 \times 0.2}{1 - 0.8} = 30\%$$

此时对成衣出现了负保护现象。

目前，世界上许多国家普遍采用"升级式"关税结构，即从初级产品、半制成品到制成品，随产品加工程度的提高税率不断提高。使用这种关税结构，使得关税的有效保护作用大大加强。

第四节　关税的效应分析

一、关税的经济效应

关税的经济效应是指一国征收关税所带来的经济影响，即关税给予不同利益集团带来的利益变化。这里我们分析局部均衡条件下的关税效应。所谓局部均衡分析，是在分析某个商品的价格与供求关系变化时，假定其他条件不变，这种商品的价格只取决于其本身的供求情况，不受其他商品影响。

(一) 关税对贸易小国的影响

所谓贸易小国，是指一国某种商品的进口量很小，在世界市场上所占份额很小，因此它进口量的变化对国际市场价格没有影响。如图 5-1 所示，D_d 是 A 国某种商品的国内需求曲线，S_d 是其国内供给曲线。在没有贸易的情况下，国内供需在 E 点达到均衡。在自由贸易的条件下，A 国按照国际价格 P_1 进口该商品。这时国内供给量为 Q_1，国内需求量为 Q_2，$Q_2 - Q_1$ 数量的商品从国外进口。现在假设 A 国对该商品征收进口关税 W，则将产生以下的反应和后果。

1. 价格效应

由于贸易小国的进口不能影响国际市场价格，A 国征收关税 W 后，国

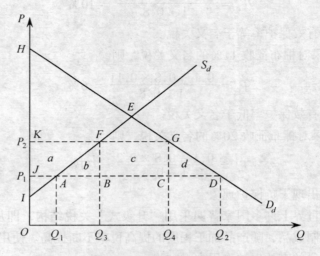

图 5-1　局部均衡条件下的贸易小国关税效应图

际市场价格不变，这样 A 国国内价格会上升到 P_2（即 $P_1 + W$），这里为简化分析，假设国内价格上涨幅度正好等于所征收的关税额。

2. 消费效应

征收关税后，国内价格上涨，需求减少，消费者利益受到损害。消费者利益损失可以用消费者剩余表示。消费者剩余为价格线以上与需求曲线以下构成的区域。如图 5-1 所示，国内消费者剩余从 JDH 减少到 KGH，即征税后国内消费者蒙受的经济损失为 $a + b + c + d$ 的面积。

3. 生产效应

征收关税后，国内市场价格提高到 P_2，国内生产会扩大，使得供给量由 Q_1 增加到 Q_3。国内生产者利益的增加可以用生产者剩余表示。生产者剩余为价格线以下与供给曲线以上构成的部分。可见消费者剩余由 JAI 增加到 KFI，生产者利益增加 a 的面积。

4. 税收效应

关税为财政收入，对进口商品征税会使政府财政收入增加，这项收入为单位商品的税额乘以全部进口商品的数量，政府的经济效益增加为 c 的面积。

5. 保护效应

在自由贸易条件下，国内的生产厂商都是生产效率较高的。征收关税对本国工业的保护，使得生产效率较低的厂商也有利可图，国内生产量增加为 $Q_3 - Q_1$，为此付出的代价为 b 的面积，这是由于低效率生产、资源浪费造成的损失。

6. 转移效应

征收关税以后，国内各利益集团的收入发生了转移，政府收入与生产者获得的利益实际上是消费者收入向生产者以及政府发生了转移。

从以上分析可以看到，消费者损失中的 a 和 c 的面积分别为国内生产者和政府的收益，这是利益在国内不同集团间的转移，而 b 和 d 的面积是整个社会的净损失。

（二）关税对贸易大国的影响

贸易大国是指一国某商品进口量很大，它的进口量的变化足以影响国际市场价格。

如图 5-2 所示，假设 A，B 两国分别为某种商品的进口国和出口国。D_1，S_1 分别为 A 国国内供应与需求曲线，D_2，S_2 分别为 B 国国内供应与需求曲线。在没有国际贸易的情况下，A 国国内在 E_1 点达到均衡，B 国国内在 E_2 点达到均衡。在自由贸易条件下，由于 A 国价格高于 B 国，商品会从 B 国流向 A 国，直到两个市场中商品的价格相等。P_1 为自由贸易后的均衡价格，此时 A 国的进口量 CF 正好等于 B 国出口量 GJ。

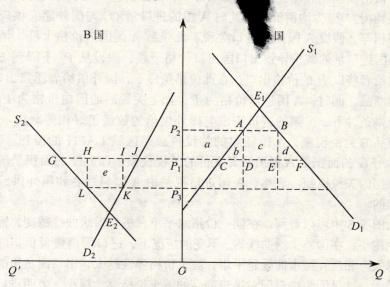

图 5-2 局部均衡条件下的贸易大国关税效应图

假设 A 国征收进口关税为 T，A 国国内价格会因此而上升，进口需求减少。由于 A 国是进口大国，A 国进口量的减少必然导致 B 国出口价格下降。如图 5-2 所示，假设 B 国出口价格下降到 P_3，则 A 国国内价格上升到 P_2（即 $P_3 + T$），此时 B 国出口量 LK 正好等于 A 国的进口量 AB，达到供求平衡。

那么，A 国的经济效应怎样呢？由于征收关税，价格上涨，消费者损失 $a+b+c+d$ 的面积，国内生产者获得面积为 a 的收益。政府的关税收入为 c 和 e 的面积，其中，面积 c 的税收为本国消费者负担，面积 e 的税收为外国出口商负担。A 国征收关税的净经济效应为

$$c + e + a - (a + b + c + d) = e - (b + d)$$

如果 $e > b + d$，则征收关税使 A 国获得净收益；如果 $e < b + d$，则征收关税使 A 国获得净损失。

二、关税负担分析

由前面的分析可知，一国对进口商品征收关税，如果是贸易小国，关税完全由本国消费者负担；而对于贸易大国，关税是由本国消费者和国外供给者共同负担的，那么两者负担的比例是怎样的呢？

如图 5-3 所示，D_m 为 A 国某种商品的需求曲线，S_m 为 A 国面临的国外供给曲线。假设在自由贸易条件下，A 国的进口需求与国外供给在 E 点达到均衡。P_0 为均衡价格，此时 A 国的进口量 Q_0 与国外愿意供应的数量正好相等。假设 A 国征收进口关税，征税后 A 国国内价格上涨，消费减少。A 国进口量的减少导致出口国出口价格下跌，假设从 P_0 下降到 P，即国外供给者将以 P 的价格出口，在此价格条件下，国外供给者愿意出口 Q_1 数量的商品。同时，A 国进口价格为 P，加上关税后的国内价格为 P_1，在这个价格条件下，A 国的进口需求与国外供给的数量正好相等。$P_1 - P$ 为单位商品的关税税额，A 国征收的关税税额是区域 $CAFH$ 的面积。其中：区域 $BAFG$ 的面积是 A 国消费者支付的关税税额；$CBGH$ 的面积是国外供给者负担的关税税额。显然，A 国进口税是由 A 国消费者和国外供给者共同负担的。

从图 5-3 中可以看到，在同一价格水平下，进口需求曲线越陡，需求价格弹性越小，在国外供给曲线 S_m 不变的情况下，进口国消费者负担的关税比重越大。相反，需求曲线越平坦，需求价格弹性越大，出口国负担的关税比重越大。这是因为进口国对进口商品的需求价格弹性越小，表明进口国消费者对进口商品的需求越迫切，进口需求量受价格上涨的影响程度越小。也就是说，征收关税后进口数量减少不多，对国际市场影响也不大，则关税大部分由本国消费者负担。反之，如果进口需求弹性较大，征收关税后消费者对进口商品的需求锐减，进口量会较大幅度减少，国际市场价格也陡然下

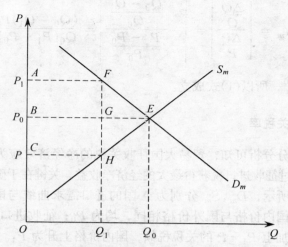

图 5-3　局部均衡条件下贸易双方关税效应图

跌，此时关税的主要部分将由出口国承担。

　　同样，国外供给价格弹性也会影响进出口双方负担关税的比重。如果供给弹性较小，在进口国征收关税，国际市场价格下降的时候，出口国不能有效地调整产量，减少出口，这样出口国将承担比较大的损失，它所负担的关税的比重就比较大。而如果供给弹性较大，在进口国征收关税后，出口国能迅速减少出口，则出口国担负的进口关税比重则比较小。在这里，如果国外供给弹性无限大，则 S_m 曲线为一条水平线，那么进口关税完全由本国消费者负担，这实际上就是贸易小国的情况，贸易小国在国外市场上面临的就是完全弹性的供给曲线。还有一种特殊的情况就是国外供给弹性无限小，则 S_m 曲线为一条垂直线，这种情况下进口关税完全由国外供给者负担。

　　出口国生产者和进口国消费者负担关税额的比例取决于商品的进口需求价格弹性 d_m 与国外供给价格弹性 s_m，见以下公式：

$$\frac{进口国消费者负担的关税额}{出口国生产者负担的关税额} = \frac{s_m}{d_m} \tag{1}$$

证明如下：

如图 5-3 所示，

$$\frac{进口国消费者负担的关税额}{出口国生产者负担的关税额} = \frac{P_1 - P_0}{P_0 - P} \tag{2}$$

$$s_m = \frac{\frac{\Delta Q}{Q}}{\frac{\Delta P}{P}} = \frac{\frac{Q_0 - Q_1}{Q_0}}{\frac{P_0 - P}{P_0}} = \frac{(Q_0 - Q_1)P_0}{Q_0(P_0 - P)}$$

$$d_m = \left| \frac{\frac{\Delta Q}{Q}}{\frac{\Delta P}{P}} \right| = \left| -\frac{\frac{Q_0 - Q_1}{Q_0}}{\frac{P_1 - P_0}{P_0}} \right| = \frac{(Q_0 - Q_1)P_0}{Q_0(P_1 - P_0)}$$

故 $\dfrac{s_m}{d_m} = \dfrac{P_1 - P_0}{P_0 - P}$，所以（1）式成立。

三、最佳关税率

由第一部分分析可知，贸易大国征收关税的净经济效应为 $e-(b+d)$。如果一国想通过征收进口税获得最大的经济净收益，关键在于确定关税税率。

如图 5-4 所示，D_m，S_m 分别为 A 国的进口需求曲线与国外供给曲线。征收关税前，国内价格与国外价格相同，均为 P_0；征收进口税后，国外价格降低为 P，加上 $P_1 - P$ 的关税税额，国内价格上升为 P_1。A 国的收益为矩形 $CBKH$ 的面积，用 G 表示，这是 A 国从国外出口商（或生产者）获得的利益。A 国的损失为三角形 KFE 的面积，用 L 表示，这是消费者损失除去一部分转移给政府所得以外所剩下的。则 A 国征税的净经济效应为 $N = G - L$。

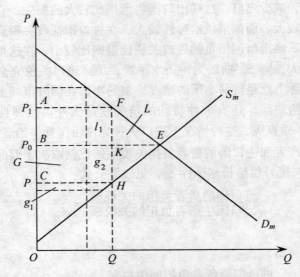

图 5-4　局部均衡条件下的最佳关税率

由于利益与损失都是随着关税的变动而变动的，因此征税的净经济效应可表示为关税税率 t 的函数，即

$$N(t) = G(t) - L(t)$$

这里我们用高等数学求极值的方法，求使净效应 $N(t)$ 最大的关税率。当关税税率有一个微小增量 dt 时，进口数量会有微小的减少，即 $dQ<0$，而国外出口价格也会随之有微小降低，即 $dP<0$。如图 5-4 所示，矩形 G 的下边会向下移动，从而增加主值部分为矩形 g_1 的面积，而矩形 G 的左边向左移动，从而减少主值部分为矩形 g_2 的面积；同时三角形 KFE 的面积 L 将增加主值部分为矩形 l_1 的面积。

因为

$$g_1 = Q(-dP)$$
$$g_2 = (P_0 - P)(-dQ)$$
$$l_1 = (P + tP - P_0)(-dQ)$$

又

$$dN = dG - dL = g_1 - g_2 - l_1 = 0,$$

将 g_1, g_2, l_1 的表达式代入并整理，得

$$t = \frac{dP/P}{dQ/Q} = \frac{1}{s_m}$$

由此可见，一国某种商品进口关税的最佳关税率与该商品的国外供给弹性有关。对于贸易小国来说，贸易小国在国外市场面临的是一条完全弹性的供给曲线，即 $s_m = \infty$，则最佳关税率为零，即贸易小国征收关税不会获得净收益，这与我们前面分析所得的结论是一致的。

第六章

进口保护政策手段：非关税壁垒措施

非关税壁垒在资本主义发展初期就已出现，但广泛盛行是在20世纪30年代世界性经济危机期间。为限制外国商品，当时各资本主义国家除采用关税措施外还普遍采取进口配额、进口许可证和外汇管制等非关税壁垒措施。第二次世界大战以后，许多国家参与签订关税与贸易总协定，经过多次谈判，各国的关税水平都有较大幅度降低，关税的保护作用减弱。20世纪70年代以后，贸易保护主义重新抬头，由于关税措施的使用受到关贸总协定的限制，关税保护作用逐步减弱，各国纷纷转向非关税壁垒的加强。目前，某些非关税壁垒措施已成为国家干预对外贸易的主要工具和手段。

第一节　非关税壁垒措施概述

非关税壁垒措施是指除关税以外的一切限制进口的各种措施，包括各种法律和行政规定及对贸易进行调节、管理和控制的一切行为的总和。

非关税壁垒与关贸总协定和世界贸易组织促进贸易自由化的宗旨是相违背的。关贸总协定较早就意识到了这个问题，并在第七轮谈判"东京回合"中第一次把谈判矛盾指向了非关税壁垒，提出减少和消除非关税壁垒及其对贸易的限制和不良影响，制定了将此类壁垒置于更有效的国际控制之下的有关条款。但这些条款和协定往往是有保留的，并且非关税壁垒花样繁多、层出不穷，不可能对每一种非关税壁垒都用具体条款做出明确规定。因此，非关税壁垒越来越趋向采用处于世界贸易组织法律原则和规定的边缘或之外的歧视性贸易措施，从而成为"灰色区域措施"（Gray Area Measures），以绕开世界贸易组织的直接约束。目前越来越多的发达国家使用灰色区域措施，这在一定程度上构成了对世界贸易多边贸易体系的威胁和障碍。

非关税壁垒措施名目繁多，不胜枚举，根据不同角度和标准有着不同的分类。按照联合国贸易与发展会议（UNCTAD）的"贸易控制措施编码系统"，主要非关税壁垒措施可分为下列七类：

（1）与进口有关的非关税税费。如关税附加费、额外收费、对进口产品征收的国内税收等。

（2）价格控制措施。如管理定价、最低限价、海关估价制、反倾销、反补贴等。

（3）财政金融措施。如进口押金制、提前支付要求、多重汇率、外汇管制等。

（4）自动许可措施。如自动许可证、提前进口监管等。

（5）数量控制措施。如非自动许可证、配额、禁令、出口限制安排、企业特别具体限制等。

（6）垄断性措施。如专营、强迫性国家服务、歧视性政府采购等。

（7）技术性措施。如技术规定、装船前检验、特别海关程序、包装标签要求、绿色壁垒、动植物检验检疫措施等。

从对进口限制的作用上，非关税壁垒可分为直接的非关税壁垒措施和间接的非关税壁垒措施两大类。直接的非关税壁垒措施是指进口国直接对进口商品的数量或金额加以限制。如进口配额制、进口许可证制、"自动"出口限制等；间接的非关税壁垒措施是指进口国不直接规定进口商品的数量或金额，而是制定严格的条例间接影响和限制商品的进口。例如，进口押金制、最低限价制、海关估价制、繁杂的技术标准、苛刻的卫生检疫标准和包装标签规定等。

与关税措施相比，非关税壁垒措施具有以下特点：

1．隐蔽性

一般来说，关税税率确定后，要以法律形式公布于众，依法执行。如果提高关税，会遭到别国的反对与报复。非关税壁垒措施则不同，它可以隐蔽在政府对贸易的管理中，或以政府有关行政规定的法令条例的名义出现，或以正常的海关检验要求出现，还可以隐蔽在具体执行过程中而无须做出公开规定，这样，外国厂商难以证实或无法指责其保护的性质。

2．灵活性

关税政策一经制定则相对稳定，难以充分适应复杂多变的国际贸易环境。而非关税壁垒措施则具有较大的应变能力，通过调节具体的实施程度以适应不同的环境条件、不同的进出口国和不同的商品。此外，关税税率的调整和更改必须通过法律程序，而非关税壁垒措施的制定和实施通常只需通过行政程序，这样制定程序比较简便、快速，能随时针对某国的某种商品采取或更换相应的限制进口措施，在限制进口方面表现出更大的灵活性和时效性，使对方国家难以应付和适应。

3. 有效性

关税壁垒是通过征收高额税，提高进口商品成本，间接影响商品的进口，它不能直接限制或禁止某种商品的进口。当国际贸易中越来越普遍地使用商品倾销和出口补贴等鼓励出口措施时，关税就会显得作用乏力。同时，外国商品凭借生产成本的降低（如节省原材料、提高生产效率等），也能冲破关税的障碍而进入他国市场。而非关税壁垒措施主要依靠行政机制来限制进口，如进口配额制，预先规定进口的数量和数额，超过限额就直接禁止进口，这种限制进口能更直接、更有效地保护本国的生产和市场。

4. 歧视性

一国只有一部关税税则，对所有国家或地区而言，关税壁垒像堤坝一样同等程度地限制了所有国家的进出口。相对于关税壁垒，非关税壁垒更具有歧视性。一些非关税壁垒措施往往是针对某些国家而采取的，大大加强了非关税壁垒的差别性和歧视性。如英国生产的糖果在法国市场上曾经长期有很好的销路，后来法国在食品卫生法中规定禁止进口含有红霉素的糖果，而英国糖果正是普遍使用红霉素染色的，这样，英国糖果失去了其在法国的市场。

第二节　传统非关税壁垒措施

关税壁垒和非关税壁垒是西方国家进行贸易保护惯用的两大手段。在世界贸易组织的约束和倡导下，关税壁垒限制进口的作用被大大削弱，非关税壁垒也在大量减少，许多常用的传统非关税壁垒已被纳入世界贸易组织所规范的框架内，各国不得不另谋新招。因此，非关税壁垒措施出现了前所未有的新变化，即传统的非关税壁垒措施逐渐弱化并逐步取消，而一些披着合理外衣的有选择的新非关税壁垒措施日趋增多。传统非关税壁垒措施的种类很多，这里仅介绍几种重要的措施：

一、进口配额制

进口配额又称进口限额，是一国政府在一定时期内（如一个季度、半年或一年）对某些商品的进口数量或金额加以限制。在规定的限额内允许进口，超过配额则不准进口，或者在征收较高的关税或罚金后才能进口。进口配额制（Import Quotas System）是实行进口数量限制的重要手段。由于进口限额可以直接限制进口，因此常使用在一些"敏感性"商品上，如国际纺织品贸易多使用进口配额。

进口配额主要有两种，即绝对配额和关税配额。

（一）绝对配额

绝对配额（Absolute Quota）是在一定时间内，一国政府对某种商品的进口数量和金额规定最高额度，在这个数额以内允许进口，超过这个数额，便不准进口。在具体做法上分为两种：

1. 全球配额

全球配额（Global Quota；Unallocated Quota）是指进口国只规定一定时期内某种商品的进口配额，不作为国别或地区的分配。主管当局根据进口商申请的先后或过去某一时期实际进口额批给一定的额度，直到总配额发放完毕，超过总配额则不准进口。例如加拿大 1982 年规定各种鞋类进口 3 560 万双，之后 2 年内每年进口配额递增 3%，这就是一种全球配额。澳大利亚也是实行全球配额，配额持有人可以从世界上任何国家或地区进口。

由于全球配额不限定进口国别或地区，因此进口商取得配额后可从任何国家或地区进口。这样，邻近国家或地区因地理位置接近、交通便利、到货迅速而处于有利地位。这种情况使进口国在限额的分配和利用上难以贯彻国别政策，因此一些国家转而采用国别配额。

2. 国别配额

国别配额（Country Quota）是指进口国在总配额内按国别或地区进行分配。进口国从该国或地区进口商品达到分配的最高额度后，便不准再进口。为区分来自不同国家或地区的商品，在进口商品时进口商必须提交原产地证明书。实行国别配额可以贯彻国别政策，进口国根据与某个国家的政治经济关系决定是否分配给该国配额以及配额的多少。

一般来说，国别配额可分为自主配额和协议配额。

（1）自主配额（Autonomous Quota；Unilateral Quota）。自主配额是由进口国家单方面施行的强制规定。如 1986 年，美国单方面规定从 8 月份起的未来一年中，由中国进口麻棉衫最高限额为 99 万打。由于自主配额由进口国家自行制定，往往带有不公正性和歧视性，分配额度的差异容易引起某些出口国家或地区的不满或报复。因此更多的国家趋于采用协议配额，以缓和彼此之间的矛盾。

（2）协议配额（Agreement Quota；Bilateral Quota）。协议配额是进出口国政府或民间团体之间协商确定的配额。如 1987 年末，经中美两国政府协商达成协议，在 1988 年由中国进口麻棉衫最高限额为 210 万打。如果协议配额是进出口国政府签订确立的，一般需在进口商或出口商中进行分配；如果配额是双边的民间团体达成的，应获得政府许可，方可执行。由于协议配额是由双方协商确定的，可取得出口国的谅解与配合，较易执行。

3. 进口商配额

进口商配额（Importer Quota）是对某些商品进口实行进口商分配的配额。实际上，它是自主配额的一种特殊表现形式。进口国为了加强垄断资本在对外贸易中的垄断地位和进一步控制某些商品的进口，将某些商品的进口配额在少数进口厂商之间进行分配。如日本食用肉的进口配额就是在 29 个大商社间分配的。

（二）关税配额

关税配额（Tariff Quota）是对商品进口的绝对数额不加限制，而是对配额以内的进口商品给予低税、减税或免税待遇；对超过配额的进口商品征收较高的关税或征收附加税或罚款。例如新西兰对酒类采取关税配额控制，配额内每千克征收 2 新西兰元的从量税，配额以外的进口酒类课征较高的关税。

与绝对配额一样，关税配额也分为全球性关税配额和国别关税配额。一些发达国家在给予发展中国家普遍优惠制待遇时，为限制其受惠商品进口数量，通常采用优惠性关税配额，即在关税配额以内进口的商品，给予较大幅度的关税减让甚至免税，而超过配额的进口商品则征收原来的最惠国税率。如欧盟从享受普惠制的发展中国家进口纺织品，配额以内的免税，超过配额的征收 6.8% 的从价税。

关税配额与绝对配额的主要区别在于：绝对配额在超过配额后是不准进口的，而关税配额在超过配额后仍然可以进口，但要征收较高关税与附加税或罚款。可见，关税配额是一种将征收关税同进口配额结合在一起的限制进口的措施。

进口配额最初是作为防御性手段而被采用的，但现在在国际贸易谈判中，配额常常用来作为向对方施加压力，迫使对方让步的武器。进口配额既可以当做一种进攻性的贸易保护措施，也可以成为调整对外政治经济关系的一种手段。一直以来，进口配额作为数量限制的一种运用形式，受到了自关贸总协定到世界贸易组织旗帜鲜明的反对。关贸总协定和世界贸易组织都规定禁止数量限制条款，几乎把它放到与关税减让同等重要的地位。因此，很多国家尤其是世界贸易组织成员对进口商品的进口配额正在逐步取消或不断放宽。

二、"自动"出口限制

"自动"出口限制（Voluntary Export Restraints，VERs）又称"自动"出口配额（Voluntary Export Quota），是指出口国在进口国的要求或压力下，"自动"规定某一时期内对该进口国出口某种商品的最高限额，在限额内出口国自行控制出口，超过配额即禁止出口。20世纪80年代初，进入美国市场的日本汽车对美国汽车产业造成了严重的冲击，福特汽车公司和美国汽车工人联合工会向美国国际贸易委员会申请使用"201条款"的保护，实施进口配额限制。日本政府在知道这一消息后主动宣布它从1982年开始"自动"限制在美国市场上的汽车"有秩序"销售。直到1994年3月，美国对日本汽车的"自动"出口限制才取消。

"自动"出口限制最早出现在20世纪50年代美日纺织品贸易中。1956年，美国认为日本的纺织品破坏了美国国内市场，便向日本要求其"自动"限制对美出口的纺织品数量。此后，美国采取同样方式与加拿大等国达成类似协议。20世纪70年代，"自动"出口限制成为许多发达国家限制发展中国家商品出口的手段。20世纪80年代以来，"自动"出口限制受到普遍重视。1986年12月，美国依据《1962年贸易扩大法》第232节关于国家安全的规定，对从日本、中国台湾进口的机床、汽车等实行由出口方实施的"自动"出口限制。随后又对从德国进口的相关产品实行"最大市场份额水平"的限制。韩国在汽车市场开放后，也以日本汽车、美国汽车超过其认为的合理数量为由，一度采取了限制日本汽车和美国汽车的进口措施。美国、日本、芬兰、挪威等国要求中国对这些国家的纺织品出口实行"自动"出口限制，欧盟也要求中国对它们的农产品出口实行"自动"出口限制的政策。由于"自动"出口限制可以避免进出口贸易纠纷和矛盾激化，也可以避免国际经济组织的监督，有些西方国家甚至认为它是调节各国贸易关系的最有效的手段，因此许多重要商品的贸易都实行了"自动"出口限制。世界纺织品和服装贸易中约有50％的贸易量是受"自动"出口限制协议控制的，受限制的主要是发展中国家。钢铁贸易"自动"出口限制的占30％以上，受保护的主要是美国、日本和欧共体。国际小汽车贸易也有十多个自限协定，受保护的主要是美国、欧共体和其他工业国，受限制的是日本和韩国。

"自动"出口限制之所以成为较流行的贸易保护措施，究其原因，与关贸总协定的有关条款和运行机制有直接关系。首先，由于关贸总协定缔约方的多边谈判已大大降低了关税，而传统的非关税壁垒措施（如进口数量限制、海关估价制度、进出口许可证等）也在多边谈判的基础上达成协议，它们的使用必然受到国际社会的监督。因此，要更有力地限制进口，必须转而寻求其他措施。其次，"自动"出口限制协议一般由两国政府部门采取不公开或半公开的方式私下达成，透明度很低。由于这种出口限制是"自愿"的，其法律地位不明确，处在不合法和合法之间的模糊区域，是"灰色区域措施"。最后，由于国际贸易中不断出现反倾销、反补贴指控，作为出口国来说，采用"自动"出口限制措施来解决争端比其他方法在经济上来得有利，并且不伤和气，可以继续发展两国间的经贸关系。从进口国的角度看，选择"自动"出口限制比提高关税和规定配额能更好地避开世界贸易组织规则，依自己的意愿针对某个国家采取限制措施，而不涉及出口同类产品的其他国家，不必担心受到这些国家的报复而使本国的出口遭受损害。

"自动"出口限制与进口配额对于进口国来说，都是限制进口的手段；对于出口国来说，两者都是扩大出口的障碍。虽然在形式上，"自动"出口限制表现为由出口国"自愿"规定，但实际上，"自动"出口限制同样有明显的强制性。进口国往往以出口国某种商品大量进口使进口国国内工业受到严重损害，造成"市场混乱"为由要求出口国实行"有秩序地增长"，"自动"限制商品出口，否则就将采取更强硬的贸易保护措施。

"自动"出口限制可以分为非协定式的"自动"出口限制或协定式"自动"出口限制。

非协定式的"自动"出口限制是由出口国单方面规定某种商品一定时期内的出口数量，以避免进口国的报复性惩罚。这种方式的采用常常是出口国受到进口国的警告或压力时才自己做出的。

协定式的"自动"出口限制是出口国与进口国经过谈判签订《自限协定》（Self-Restriction Agreement）和《有秩序销售协定》（Orderly Marketing Agreement），在协定中规定限额，由出口国自行安排出口。这种协定一般包括以下内容：

1. 配额水平

协定中规定有效期内第一年度的出口限额及以后各年度的增长率。例如1969年，美国与日本、欧共体达成钢铁出口数量"自动"限制协议，规定日本和欧共体将美国的钢铁出口总数"自动"限制在575万吨，年增长率为5%。出口限额通常以协定缔结前一年的实际出口量或以原协定最后一年的配额为基础进行协商确定。

2. 自限商品的分类

自限商品是指受协定限制的"自动"出口的商品。发达国家对自限商品的分类一般都比较细，例如美日纺织品协定中将日本输往美国的棉、化纤、毛三大类纺织品分为 243 项，然后把这些项目划分为棉服装、棉布、棉杂品（包括棉制成品）、化纤服装、其他化纤纺织品、毛织品六大组，每组各有固定的出口配额。这样区别同一类的不同品种，可以实行不同的限制，更好地起到限制作用。1969 年，美国与日本第一个钢铁"自限协定"，由于对钢铁的限制规定过于笼统，日本乘机将价格较高的特种钢材输往美国，结果日本对美国出口钢铁的总数虽然受到限制，但出口总额却大大增加。于是，第二个美日钢铁"自限协定"中，美国对日本输往美国的各种钢材做出严格分类。这一事件也使发达国家后来对发展中国家的自限协议要求更加严格，要求发展中国家对同类商品的不同品种做出详细分类，按照不同种类规定不同的出口数量和年增长率，以便对发展中国家的出口商品进行较严格的控制。

3. 留用额、预用额和调用额的规定

留用额是当年未用完的出口限额拨入下一年度使用的额度。如多种纤维协定（MFA）规定：留用额一般不超过 11%。预用额是当年配额不足预先使用下一年度的额度。MFA 规定：预用额一般不超过 7%。调用额是同一年度内一种商品配额用于另一种商品。MFA 规定：调用额一般不超过 6%。

4. 保护条款的规定

保护条款是指进口一方有权通过一定程序，限制或停止某种造成"市场混乱"或使进口国生产者蒙受损害的商品。

5. 出口管理规定

"自动"出口配额主要是通过出口方实行严格的出口管理来控制出口，要求出口商通过出口许可证输出，以保证出口不超过限额水平和实行按季节均衡出口。出口国应定期公布"初步配额"（即暂定配额）和"最后配额"（即全年度的实际配额）。

三、进口许可证制度

进口许可证制度（Import License System，ILS）是指某些商品的进口必须由进口商向政府主管部门提出申请，经过审查发给许可证后，才能办理进口手续。没有许可证一律不准进口。一国政府可以通过是否发给进口许可证及发给数量多少、早发或晚发许可证来控制商品的进口或控制商品的国别与地区来源，这是一种直接限制进口的措施。同时，进口国可以通过故意制定复杂繁琐的申领程序和手续拖延或限制进口。

实行进口许可证制度的国家一般在每年年底公布须领取进口许可证的商品目录。进口许可证一般都规定有效期，过期不能进口。

从进口许可证与进口配额的关系来看，进口许可证可分为定额许可证和无定额许可证两种。

1. 定额许可证

定额许可证是把配额和许可证结合起来使用的一种方法。即进口国有关机构按照预先规定的配额，根据进口国的申请对每笔交易发给一定数量或金额的许可证。这种情况下的进口许可证实际上是发给进口配额的证明。如欧共体（现欧盟）对中国向其出口的纺织品就是实行进口配额加进口许可证双重管理。

2. 无定额许可证

无定额许可证是指进口国不公布进口配额，是否发给进口许可证是个别考虑和决定的。这种进口许可证没有公开标准，便于实行贸易歧视，是一种隐蔽性很强的贸易限制措施，对进口限制的作用很大。如1989年末，意大利公布了1990年对从中国进口的面粉、酒等40余种商品实行无定额许可证，这些商品的进口数量不做具体限定，但进口的每项合同须经意大利外经贸部逐项审批。

进口许可证按许可程度不同可分为公开一般许可证、特种许可证两种。

1. 公开一般许可证

公开一般许可证（Open General License，OGL）又称公开许可证或一般许可证。它对进口国或地区没有限制，凡列明属于公开或一般许可证商品，进口商品只要填写一般许可证后即可获得进口。因此，这一类商品实际上是"自由进口"的商品。填写许可证的目的不在于限制商品进口，而在于对进口进行管理，如海关凭许可证可直接对进口商品进行分类统计和监督。

2. 特种许可证

特种许可证（Special License，SL）多数指定进口国或地区的进口商必须向政府有关部门提出申请，经政府审查批准后才能进口，审批手续比较严格。这种许可证通常是针对严控商品，包括烟、酒、奢侈品、麻醉药等的进口而颁发的。在中国，实行特种许可证管理的商品还包括某些机电产品，某些敏感商品如监控化学品、易制毒化学品，某些保护知识产权需要的商品如光盘生产设备，某些环境保护方面需要控制的商品如消耗臭氧层物质等。

在国际贸易中，采用许可证便于进行某些商品的统计，便于在进口配额制下分配或控制某种商品的进口总量，便于确定商品的原产地和区别对待进口商品等。目前，完全取消进口许可证是不现实的。但为了防止进口许可证被滥用而妨碍国际贸易的正常发展，关贸总协定从"肯尼迪回合"开始对这一问题进行多边谈判，在"东京回合"达成的《进口许可证手续协议》基础上，通过"乌拉圭回合"对其进一步修改和完善，达成了世界贸易组织新的

《进口许可程序协议》，规定成员必须承担简化许可证程序的义务，确保进口许可证本身不会构成对产品进口的障碍和限制，保证进口许可证的实施具有透明性、公正性和平等性。

第二次世界大战以前，进口许可证曾在西欧国家广泛使用。目前，发达国家进口许可证使用的范围较小，只对竞争激烈的敏感性商品使用。发展中国家则比较普遍实行进口许可证，以限制某些工业品和高档消费品的进口，从而保护民族经济的发展。中国加入 WTO 在这方面作出了承诺，严格执行WTO《进口许可程序协议》的规定，制定了在一定时期内取消进口许可证的时间表，并已经逐步取消了部分商品的进口许可证限制。

四、最低限价和禁止进口

（进口）最低限价（Minimum Price）是指进口国政府规定某种商品进口时的最低价格，凡进口商品价格低于最低限价则征收进口附加税或禁止进口。

规定最低限价是为抵消进口商品与本国商品竞争的价格优势。如果进口商用低于最低限价的价格进口，被征收进口附加税后，就会因无利可图而放弃经营，这样就间接限制了外国商品的进口。

进口最低限价的规定，有的是以进口国国内同类商品的最高市场价格作为最低限价。如欧共体对农畜产品进口规定入门价格，低于此价格即征收差价税。有的是根据商品的生产成本加运费和利润，并按当时的汇率计算出最低限价。如 1977 年，美国为限制西欧和日本钢铁低价进入美国市场而实行"启动价格制"（Trigger Price Mechanism），就是按上述方法计算并公布启动价格，以此作为最低限价，低于此价格即被认为是倾销而征收反倾销税。

禁止进口（Prohibitive Import）是一国政府规定禁止进口某种商品或禁止从某个国家或地区进口某种商品的做法。禁止进口是限制进口的极端措施，这一措施往往用在发生经济危机或国际收支危机时，或贸易摩擦加剧，单靠最低限价无法摆脱困境时。如 1976 年，墨西哥由于偿还外债，国际收支困难，于当年 2 月 6 日，对几百种商品宣布禁止进口。禁止进口还可能是由于国际关系中的政治原因。例如 1990 年伊拉克入侵科威特后，美国对伊拉克的商品禁止进口。另外，某些国家根据本国有关健康和安全的法律，对武器、毒品等实行禁止进口。

五、歧视性政府采购政策

歧视性政府采购政策（Discriminatory Government Procurement Policy）

是指国家通过法令或虽无明文规定，但实际上存在的政府机构优先购买本国产品和服务的做法。这种歧视性采购可以压缩外国商品在本国的销售规模，达到限制外国商品进口的目的。如韩国长期规定政府官员不得使用进口汽车，直接减少了政府的汽车进口，也对民间购买国产汽车起到了一定的示范作用，这是限制汽车进口的一种有效的手段。歧视性政府采购做法包括：

1. 优先购买本国产品和服务

不少国家通过制定法令，规定政府机构要优先购买本国产品。如美国1933年开始实行《购买美国货法案》。该法案规定，凡是美国联邦政府购买的商品，必须是美国货或美国原料制造的，除非该商品的价格超过国际市场价格的6%～12%，有的军用物资超过国际市场价格的50%；对于美国生产数量不够的商品，或价格太高，或为了维护美国利益，必须购买外国货时才能购买外国产品。美国政府还要求一些涉及国家和州政府的大型市政建设项目必须按上述法案去落实。同时规定，联邦运输部对不采用美国材料的交通建设项目将不给予贷款。

2. 强调产品和服务中的国产化程度

对于一些政府不得不使用的外国产品和服务，有时会有一些其他的要求，如零部件国产化程度、当地产品含量或本国提供服务的比例等。例如，印度尼西亚曾经规定，根据国产化率对汽车中使用的进口汽车部件减税或免除进口关税；对设备、商标及技术方面达到国产化规定标准的公司，可视为国产汽车，免除奢侈品税和进口零部件的关税。另外还规定，如果外国生产的汽车中使用的印度尼西亚生产的零部件价格达到汽车价格的25%以上，可以视为满足了20%国产化率的要求。印度尼西亚的汽车国产化政策遭到了许多国家的反对，最后不得不在1999年做了修改。中国加入WTO前，在汽车、建筑设备、科学仪器、IT产品等方面都曾有国产化要求，加入WTO后都逐步取消了。

3. 偏向国内企业的招标和直接授标

日本、西欧各主要国家虽然没有购买本国货的成文法，但实际上仍有歧视性的差别对待，缺乏竞争程度的透明度。如在政府采购中通过采取不公开招标或有选择地招标，或使用有利于国内供应者的产品标准等方法，使本国供应者处于有利地位，而使外国企业实际上不可能中标。有的政府工程不通过招标而直接将标授予一家特定企业（一般都是本国企业）。

关贸总协定第八轮多边谈判（乌拉圭回合）修改和补充了东京回合达成的《政府采购守则》，达成了《政府采购协议》。这项协议在督促各国保证政府采购按无歧视公平竞争原则进行、扩大政府采购的国际竞争上起到了一定作用。如该协议规定，各国中央政府采购的商品和非工程服务，其合同价格在 13 万及 13 万以上特别提款权的，政府购买的工程服务，其合同价格在 15 万及 15 万以上特别提款权的，都要通过公开招标。东京回合之后，作为缔约国之一的日本 1981 年为此修订了有关法规，改进了政府采购程序。这一改进使政府单独投标率由 1984 年的 34％下降为 1991 年的 16％；为便于外国供应商投标，投标期限还由原来的 30 天以下延长到 40 天以上。此外，对在政府采购中存在不公平做法的国家，其他国家可向关贸总协定争端解决机构投诉。例如 1991 年，挪威政府不允许其特隆海姆市购买美国的电子收费系统，由于挪威也是政府采购协议的签约国，为此，美国在 1991 年 6 月根据《政府采购协议》，向关贸总协定争端解决机构投诉，如果在 1 年内得不到解决，美国将采取报复性措施。这一争端最终由挪威让步而告结束。目前，由于《政府采购协议》属于"诸边"贸易协议，该协议的规定只限于签约国遵守，而签署这项协议的国家数量有限，因此歧视性政府采购作为一种贸易保护政策仍被广泛使用。

六、进口押金制

进口押金制（Advanced Deposit；Import Deposit）又称进口存款制。进口商在进口商品时，必须按进口金额的一定比率和规定的时间，在指定的银行无息存放一笔押金。进口押金制的目的是增加进口商的资金负担，从而限制其进口。

法国、意大利、芬兰、巴西和新西兰等国都曾采用过这种方法。如 1981 年，意大利政府规定：除石油以外的一切商品在进口时，进口商必须将进口金额的 30％现金无息存入中央银行 3 个月。目前，进口押金制常见于发展中国家，西方国家大多废除了这种制度。

进口押金制所造成的利息损失，相当于在进口商品的价格上加了一种进口附加税。一些国家的出口商或出口方银行向进口商提供商业信用或银行信用，或者进口商以押款收据作为担保，在货币市场上获得优惠利率贷款，常常可以削弱进口押金制对进口的限制作用。

七、进口和出口的国家垄断

进口和出口的国家垄断（State Monopoly）也称国营贸易（State Trade），是指在对外贸易中，规定某些或全部商品的进出口由国家机关直接经营，或者把进出口垄断权给予某些垄断组织。经营这些受国家专控或垄断的商品的企业，称为"国营贸易企业"（State Trading Enterprise）。国营贸易企业一般为政府所有，但也有政府委托私人企业代办的。

实行国家垄断主要集中在三类商品上，第一类是烟酒。国家可以在对烟酒的进出口垄断中获得巨大的财政收入。第二类是农产品。一些国家把对农产品的对外贸易垄断作为国内农业政策的一部分，这在欧美国家最为突出。如美国农产品信贷公司是世界上最大的农产品贸易垄断企业，对美国农产品国内市场价格保持较高水平起着重要的作用，它高价收购国内"剩余"农产品，以维持国内价格水平，然后以低价向国外市场大量倾销，或者"援助"缺粮国家。第三类是武器。各国的武器贸易多由国家垄断。第四类是石油。它是一国的经济命脉，不仅出口国，而且主要的石油进口国都设立国有石油公司，对石油贸易进行垄断经营。

世界贸易组织《1994年关税与贸易总协定》中设有国营贸易条款，允许成员建立或维持国营贸易企业，但应遵守非歧视原则，并履行通知义务。该条款规定，国营贸易企业应非歧视性地从事经营活动，只能以价格、质量、适销性、运输和其他购销条件等商业因素作为经营活动的依据，并为其他成员的企业参与上述经营活动提供充分的竞争机会；成员方应保证国营贸易企业的透明度，将从事国营贸易的企业名录通知世界贸易组织，并定期向世界贸易组织报告国营贸易企业的经营方式以及进出口的产品与其他相关资料。该条款的目的在于防止国营贸易企业利用其特殊的法律地位，妨碍自由贸易政策的实施。中国作为WTO成员，保留了对粮食、棉花、植物油、食糖、原油、成品油、化肥和烟草8类大宗商品的进口实行国营贸易管理的权利。

八、国内税

一些国家在进口商品进入关境以后对其征收高于国内商品的各种国内税（Discriminatory Internal Taxes）来限制进口。这是一种比关税更为灵活、更易于伪装的贸易政策。国内税如养路税、零售税、消费税、营业税、增值税等是由一国政府制定和执行的，其他国家很难通过贸易协定对其进行谈判。

关贸总协定第三条对国内税的国民待遇做了原则的规定，要求缔约国不应对其他缔约国的产品征收高于本国产品的国内税，这对于利用国内税进行进口歧视起到了一定的限制作用。但有些国家从表面上看是实行国民待遇原则，但制定高税率的商品往往是本国不能生产的外国商品，如法国曾对5匹马力引擎的汽车每年征收养路税12～15美元，对16匹马力引擎的汽车征收养路税30美元，而法国当时生产的最大型的是12匹马力，这样就间接抵制了大马力的进口汽车。

九、外汇管制

外汇管制（Foreign Exchange Control）是指一国政府通过法令对国家结算和外汇买卖实行限制，以平衡国际收支和维持本国货币汇价的一种制度。一般而言，实行外汇管制的国家，大多规定出口商必须将其出口的所得外汇收入按官方汇率售给外汇管理机构（一般为政府授权的中央银行或另设的专门机构），而进口商也必须向外汇管理机构申请进口用汇。此外，本国货币的携出入境也受到严格限制，禁止自由买卖外汇。这样降低和限制了本国消费者购买进口商品的能力，减少了进口。

外汇管制可分为数量性外汇管制和成本性外汇管制。数量性外汇管制是国家外汇管理机构对外汇买卖的数量直接进行限制和分配，其目的在于集中外汇收入，控制外汇支出，实行外汇分配，以达到限制进口商品品种、数量和国别的目的。实行数量性外汇管制实际上是一种直接限制进口的措施。成本性外汇管制就是国家外汇管理机构对外汇买卖实行复汇率制度，利用外汇买卖成本的差异间接影响不同商品的进出口，达到限制某些商品进口的目的。复汇率制是指一国货币的对外汇率不止一种，而是有两种以上的汇率。

世界贸易组织也涉及外汇管制问题。它规定，一国实施外汇管制应遵循适度、透明和公正的原则。成员方实行外汇管制，不得通过控制外汇使用来限制商品的进口数量、种类和国别，从而妨碍自由贸易。各成员方应加强与国际货币基金组织合作，协调处理有关国际收支、货币储备及外汇安排等问题。

目前实行外汇管制的大多是发展中国家。

十、海关壁垒

海关壁垒（Customs Barrier）是指进口国利用进出口商办理海关手续的机会，通过各种手段增加进口商品的成本和风险，从而达到限制进口的目的。海关程序原本是正常的进口货物通关程序，但通过滥用却可以起到歧视和限制进口的作用，从而成为一种有效的、隐蔽的非关税壁垒措施。

1. 海关对申报表格和单证做出严格要求

有些国家海关对报关的文件和单据要求非常繁杂，要求进口商出示商业发票、原产地证书、托运人报关清单等，缺少任何一种单证，或者任何一种单证不合规范，都会使进口货物不能顺利通关。更为严厉的是，有些国家或地区故意在表格、单证上做文章，提高填写要求，增加进口难度。如法国强行规定所提交的单证必须是法文，故意给进口商造成不必要的麻烦，以阻碍进口。中国台湾地区在商品进关时，除了要求出示普通要求的文件外，还要求提供一些附加文件。这些附加文件的要求常常是含糊不清的，而海关官员对这些文件的审查又表现出极大的"热情"，仔细搜索文件中细小的矛盾和漏洞。

2. 通过商品归类提高税率

一国税则下不同税号的税率一般是不同的，如美国对一般的打火机不征关税，而对玩具打火机征收 35% 的进口税。海关武断地把进口商品分类在税率高的税则下，增加进口商品的关税负担，限制进口。如美国海关在对日本产卡车的驾驶室和底盘进行分类时，把它从"部件"类归到"装备车辆"类，其进口税率就相应从 4% 提高到 25%。

3. 通过专断的海关估价限制进口

海关估价是海关为了确定进口商品的完税价格而实行的一种海关程序。海关估价的原则、标准、方法和程序等都影响完税价格的确定。有些国家海关蓄意对进口商品采取不符合商业实际的高估价格的方法征收从价税，提高进口商品的关税负担，达到限制进口的目的。在各国专断的海关估价制度中，最为典型的是美国不得已在 1981 年废止的"美国售价制"。

鉴于各国海关估价制度的巨大差异，为了减少和消除海关估价作为非关税壁垒措施的消极作用，乌拉圭回合达成了《海关估价协议》（全称为《关于实施关税与贸易总协定第七条的协议》）。该协议规定了主要以商品的成交价格为海关完税价格的新估价制度。其目的在于通过规范成员方对进口产品的估价方法，防止成员方使用任意或虚构的价格作为完税价格，确保海关估价制度的公正、统一和中性，不对国际贸易构成障碍。

4. 实施繁琐的海关手续，从进口商品查验上限制进口

一些国家虽然名义上没有什么进口限制，但把进口的海关查验手续弄得非常繁琐复杂，即使不用审批，也要层层填表、盖章。有些国家甚至改变进口关道，拖延进口报关时间。例如 1982 年 10 月，法国为限制日本产品进口，突然宣布所有日本录像机进口必须经过远离法国北部港口的一个偏僻小镇普瓦蒂埃（Poitiers）的海关，并规定了特别繁杂的海关手续，通过增加日本货物转运和检验的时间，提高在途成本，使日本录像机进口量由原来每月 6 万多台锐减到不足 1 万台。还有些国家故意降低清关的工作效率，拖延进口。

第三节 新兴非关税壁垒措施

新兴非关税壁垒也称为新贸易壁垒，是相对于传统非关税贸易壁垒而言的，指的是以技术壁垒为核心的所有阻碍国际商品自由流动的一种新的非关税贸易壁垒。目前，新贸易壁垒主要包括技术壁垒、环境壁垒、社会壁垒、道德壁垒。新贸易壁垒具有介于合理和不合理之间的双重性，同时非常隐蔽和复杂，不同国家和地区间达成一致的标准难度非常大，容易引起争议，并且不容易进行协调。因此，它正成为国际贸易争端的主要内容，预计新兴非关税贸易壁垒将成为贸易保护的主要方式。正如国际标准化组织出版的《标准化的目的和原则》一书中指出的那样，贸易的技术壁垒已成为国际贸易保护的最好庇护所。

一、技术性贸易壁垒

技术性贸易壁垒（Technical Barrier to Trade, TBT）是进口国对各类进口商品颁布过严的技术标准、卫生检验检疫规定、商品包装和商品标签规定，造成进口障碍，以限制商品进口。自 20 世纪 70 年代初，在国际贸易的非关税壁垒中有 10%～30% 是技术性贸易壁垒；进入 20 世纪 90 年代之后，这一比例不断上升；当前，这一比例提高到了 80%。据统计，WTO 总部《技术性贸易壁垒协议》每年得到的有关通报有 600～700 件，是各协议中最多的。一些发达国家除在商品贸易领域中大量使用 TBT 外，还把 TBT 用到服务贸易和投资领域。

进口国为维护国内消费者安全和健康，对进口商品规定技术、卫生和包装标准应该说是必要的，但如果标准过于严格，检验程序过于复杂，特别是针对某些国家专门制定的标准和要求则起到了贸易壁垒的作用。形成贸易障碍的技术壁垒扭曲了技术规则的本来面目，使原本有利于国际贸易发展的有利手段变成了阻碍国际贸易正常进行的有效手段。特别是在贸易保护主义盛行的时候，技术性贸易壁垒的实施具有极端的隐蔽性，并且效果明显，因而越来越多地受到各国的重视。

1. 技术标准与法规

技术标准（Technical Standard）是指经公认机构批准、非强制执行、供通用或重复使用的产品或相关工艺和生产方法的规则、指南或特性的文件。有关专门术语、符号、包装、标志或标签也是标准的组成部分。技术法规指必须强制执行的有关产品特性或相关工艺和生产方法。许多强制标准也是技术法规的组成部分。在国际贸易中，一些国家通过实施要求严格且复杂多变的技术标准，使出口国、出口商难以达到规定要求，尤其是发展中国家更难适应，从而达到限制进口的目的。目前存在着大量的技术标准，对于工业品的检验，国际标准化组织（ISO）已经规定了通行标准，但是许多国家仍有自己的标准。如日本的工业标准（JIS）、英国标准（BS）、德国工业标准（DIN）、美国材料试验协会标准（ASTM）等，这些标准常使出口商疲于应付。特别是各国有许多特殊的标准与规定，对某些国家商品进口有直接的限制作用。2002 年 4 月，欧洲标准化委员会通过法案，规定出口欧盟的 2 欧元以下的打火机必须加装安全锁，这个与价格联系在一起的技术法规限制了中国打火机向欧盟的出口，意味着国际市场份额占 70％的中国温州打火机将被挤出欧洲市场。目前，发达国家制定的技术标准越来越多，而且要求越来越高。其中，欧盟国家在汽车、电机、机械和制药产业方面的标准显得更为突出。仅就德国而言，目前应用的工业标准就达 1.58 万种，这些标准大多等同于国际标准。而日本所制定的大部分技术法规与国际标准不一样，而且对同一商品可能有若干标准同时适用，这样使进口产品无所适从，甚至可能遭受歧视待遇，从而达到限制进口产品的目的。

2. 合格评定程序和认证制度

合格评定程序是指任何直接或间接用于确定产品是否满足技术法规或标准有关要求的程序，特别包括抽样、检验和检查，评估、验证和合格保证，注册、认可和批准以及各项的组合。它一般由认证、认可和相互承认组成，影响较大的是第三方认证。认证是由授权机构出具的证明，一般由第三方对某一事物、行为或活动的本质或特性，经当事人提出的文件或实物审核后给予的证明，通常称为"第三方认证"。认证分为产品认证和体系认证。产品认证主要指产品符合技术规定或标准的规定。其中产品的安全认证是一种强制认证。目前主要有欧洲、北美和日本三大安全认证体系。体系认证是指确认生产或管理体系符合相应的规定。目前最为流行的国际认证体系有 ISO 9000 质量管理体系认证和 ISO 14000 环境管理体系认证。国际贸易对产品及管理体系的认证十分重视，有些国家限制没有经过认证的产品进入本国市场，有认证的产品则可以享受免检的待遇。对产品和体系的认证必然增加企业的成本，降低其竞争力。合格评定程序和认证制度（Evaluating Procedures and Authenticating System）已成为近年来影响国际贸易的一个重要问题。如欧盟部长理事会通过一项决议，要求对输入欧盟的产品加强安全检查，不管从哪个成员国的口岸进来，都需要根据统一标准接受安全和卫生检查，任何一个海关，只要在检查时发现进口的产品不符合欧洲的标准，可能会危及消费者的健康和安全，不仅有权中止报关手续，还会立即通知其他海关口岸。欧盟对进口玩具、食品、药品的卫生和安全检查尤为重视。

3. 产品卫生检验检疫标准（Health and Sanitary Regulation）

随着国际市场竞争的加剧，各国要求卫生检疫的商品越来越多，卫生检疫规定越来越严。受此影响最大的是食品和药品。例如，2000 年 7 月欧盟对进口茶叶执行新的农药最高允许残留量标准，限制、禁止使用的农药从原来的 29 种增至 62 种，部分农药的残留标准比原有标准提高 100 倍以上。2002 年 1 月到 5 月，我国动物源性食品和水海产品因为氯霉素超过欧盟规定的 0.1～0.3 PPB 而遭到欧盟的禁止进口。从 2002 年 3 月起，日本依据新鲜菠菜的标准对从中国进口的冷冻菠菜进行抽检，而后出口受阻产品延伸到蔬菜、茶叶、蜂蜜以及整个畜产品和水海产品。美国对其进口食品、药品要求必须通过 FDA（食品和药品管理局）的检验，每月被 FDA 扣留的进口商品高达 3 500 批左右。有些产品检验检疫制度不仅有产品加工工艺、加工设备方面的规定，而且涉及产品加工周围环境条件方面的规定，进口产品难以达到其要求。如美国要求在食品加工中引入"危害分析和关键控制点"（HACCP）管理体系，以加强对出口厂商的监督。国际食品法典委员会、欧盟、加拿大、日本、澳大利亚和韩国等都采用 HACCP 体系。

4. 商品包装和标签的规定（Packing and Labeling Regulation）

包装标签壁垒主要是通过对包装和标签进行强制性的规定，进口商品必须符合这些规定，以此来达到限制或禁止进口的措施。利用对进口商品的包装材料、包装形式、包装规格及标签的规定不断变更，可以使出口商措手不及，为了符合这些规定而重新包装，增加商品成本，削弱商品竞争能力，影响商品进口。如 1989 年，美国突然规定酒瓶的标签上必须注明："禁止酒后开车"、"孕妇不宜"等字样，使国外出口商一时改变不及，耽误了许多订单的交货期，造成巨大损失。进口美国市场的电器产品必须获得"UL"标志；法国规定，所有进口商品的说明书、广告传单、使用手册、保修单及其他有关资料，都要强制性地使用法文。近几年，西方国家不断颁布有关商品包装与标签的新规定，使外国商品进口遇到不少麻烦。如 1998 年 9 月中旬，美国农业部签署一项新法令，要求对所有来自中国的木质包装都必须经过高温处理或防腐剂处理，增加包装成本的 20%。从同年 12 月 17 日起禁止中国木质包装的产品进入美国市场。而后英国、欧盟、加拿大等也宣布对从中国离境产品的木质包装采取紧急措施，实施新的检疫标准。

5. 信息技术壁垒

信息技术壁垒（Information Technical Barrier）是指进口国利用在信息技术上的优势，对国际贸易的信息传递手段提出要求，从而造成贸易上的障碍。近几年来电子商务发展迅速，有关电子商务的标准也正日益成为贸易技术壁垒。随着 EDI 和电子商务在发达国家的应用日趋广泛和成熟，一些国家开始强行要求以 EDI 方式进行贸易。发展中国家由于信息技术发展相对落后，电子商务技术及所需的法律法规都不健全，还不能全面开展完全的 EDI 交易，实现电子商务，从而限制了贸易的开展。如 1996 年，美国纺织品协议执行委员会向美国政府提出建议，将彻底执行针对柬埔寨、马来西亚以及中国的电子签证系统，实际上已成为美国对发展中国家设置贸易障碍的借口。

针对技术性贸易壁垒日益盛行的情况，为了发展国际贸易，确保世界贸易组织各成员方的技术标准和法规等不会对国际贸易造成不必要的障碍，关贸总协定"乌拉圭回合"对"东京回合"达成的《技术性贸易壁垒协议》做了很大的修改、提高和拓展，形成了现行的《技术性贸易壁垒协议》。《技术性贸易壁垒协议》已成为当今国际贸易的重要行为规范。它规定 WTO 成员方在实施 TBT 时应遵循贸易限制最小原则、科学上证明合理原则、国民待遇和非歧视原则、透明度原则和发展中成员方的差别待遇原则，以便更能排除贸易扭曲现象，更能实现 GATT/WTO 的目标。

二、环保贸易壁垒

环保贸易壁垒（Environmental Barriers to Trade）又称"绿色壁垒"（Green Trade Barriers），是指一些国家借口环境保护，通过制定高标准的国内环境法规，实施贸易保护和贸易歧视。它产生于 20 世纪 80 年代后期，90 年代开始兴起。随着经济全球化的发展和各国对环境保护的日益重视，绿色壁垒逐渐流行。它是一种新兴的技术贸易壁垒形式，并披着合理合法的外衣，具有隐蔽性强、技术要求高、灵活多变的特点。因此，其保护内容十分广泛，不仅涉及资源环境与人类健康有关商品的生产、销售方面的规定和限制，而且对那些需要达到一定安全、卫生、防污等标准的工业制成品产生巨大压力。绿色贸易壁垒已逐步渗透到从产品的设计、原材料供应、产品的生产制造、包装销售到消费处理等各个环节，对发展中国家的对外贸易与经济发展具有极大的挑战性。据调查，仅 1996 年一年，欧盟禁止进口的"非绿色产品"价值就达 220 亿美元，其中由发展中国家提供的产品占 90%，涉及纺织品、成衣、化妆品和日用化学制品等。

环境保护贸易壁垒在种类上层出不穷，形式上花样翻新。常见的种类主要有：

(1) 绿色关税。这种形式是绿色壁垒的初期表现形式。西方发达国家借保护环境之名，对发展中国家的出口产品频频提取环境补贴和进行倾销调查；对一些影响地球生态平衡、污染环境的进口商品征收进口附加税，或者限制、禁止其进口，甚至实行贸易制裁等。

(2) 市场准入。这是指进口国以污染环境、危害人类健康以及违反有关国际环境公约或国内环境法律法规而采取的限制外国产品进入的措施。每个国家都可以根据自己的选择制定本国的环境标准。任何一个国家都没有权利去规定其贸易伙伴的国内环境标准，不可以将本国的环保价值观强加于另一国。但是，在某些情况下，进口国可以对出口国的生产设备、生产过程进行检查，从而保证其进口产品能满足本国的环保标准。这种检查无疑会增加出口产品的成本，甚至使一些小型生产厂商无力或无法满足买方对环保标准的生产设备和生产过程的要求。1993 年 7 月，德国颁布了第一个禁止在纺织品中使用 20 种偶氮染料等致癌化学品的法律，从 1998 年 4 月起在德国境内禁止销售在生产过程中使用含违禁物质染料的纺织品。美国、欧盟、日本等也出台了禁止纺织品、服装中含有害物质的规定。这就意味着那些使用偶氮等染料的纺织品、服装与皮革制品等在这些市场上被禁止销售。

(3) 绿色技术标准。绿色技术标准是各国根据本国经济技术发展的水平制定的标准。发达国家经济发达、技术水平高，因此常常在保护环境的名义下，通过国内立法或其控制的国际性、区域性组织立法，制定严格的强制性环保技术标准，限制国外产品和服务的进入。如 ISO 14000 系列环境管理标准是由发达国家控制的国际标准化组织制定的，许多发展中国家经济发展水平和环保现状较难达到。虽然这套标准是一种自愿性的标准，但在国际贸易实务中，不符合这套标准的产品很难进入发达国家市场。1994 年美国国家环保署为 9 大城市出售的汽油制定了新的环保标准，规定汽油中有害物质的含量必须低于一定水平，美国生产的汽油可逐步达到有关标准，而进口汽油必须在 1995 年 1 月 1 日该规定生效时达标，否则禁止进口。委内瑞拉和巴西认为这种做法带有明显的歧视性，于是向 WTO 争端解决机构起诉美国，经 WTO 裁定，这是典型的贸易保护主义措施。

(4) 绿色环境标志。它是依据有关环境法律，政府管理部门或指定的认证机构按照严格的程序和环境标准，颁发给厂商附印于产品和包装上的一种标志，以向消费者表明该产品从研制、开发到生产、使用直至回收利用的整个过程都符合生态和环境保护要求。它是国际贸易中的"绿色通行证"。进口产品只有在经申请而取得进口国颁发的绿色环境标志的情况下，才能进入该国市场。1992 年 5 月欧共体正式实施所谓"生态标签"制度,并于 1993 年 7 月推出欧洲环保标志(Ecolabel)。凡有此标志者,即可在欧盟成员国自由通行,各国可自由申请。1999 年 3 月,欧盟做出决定,要求贴有环境标志的商品再增加两种,即纤维、服装和鞋类,从而使 1993 年欧盟所规定需贴有环保标志的商品由 12 种增加到 14 种。目前世界上已有 50 多个国家实施了环境标志制度,有 20 多个发达国家实施"环境标志"(Environmental Symbol),对于没有环境标志的进口商品实行数量和价格的限制。由于绿色环境标志是各国国内环境政策的产物,各国环境标志认证标准各不相同,客观上阻碍了外国商品的进口,形成了对本国市场的保护,构成了国际贸易中潜在的贸易歧视。

(5) 绿色包装。绿色包装是指能节约资源,减少废弃物,用后易于回收或再生、易于自然分解,不污染环境的包装。在发达国家,为推行绿色包装,各国纷纷制定相应的法律规章,赋予绿色包装以强制约束力。例如,日本颁布并强制推行《回收条例》、《废弃物清除条件修正案》;德国颁布了《德国包装废弃物处理的法令》;英国包装材料重新使用的法令要求 2000 年前使包装废弃物的 50%～75%重新使用;美国规定了包装废弃物处理的减量、重新使用、再生、焚化、填埋 5 项优先顺序指标;丹麦要求所有进口的啤酒、矿泉水、软性饮料一律使用可再装的容器。

(6) 绿色卫生检疫。GATT 乌拉圭回合通过了《卫生与动植物卫生措施协议》,该协议规定了一整套有关卫生与动植物卫生检验检疫的国际标准。规定成员方人畜食物为免遭污染物、霉素、微生物、添加剂等的影响,确保人类健康免遭进口动植物携带疾病的伤害,有权采用相应的管制措施。但该协议同时要求各成员方政府做到提高透明度、非歧视、遵循科学原则,保证对贸易的限制不超过环保目标所需程度,明确规定各国在制定本国卫生与动植物卫生检验检疫标准时应以国际标准为基础。在实际操作中,许多国家特别是发达国家制定严格的卫生检疫指标,将它作为控制外国产品进入的重要工具。2002 年以来,日本对中国出口的农产品、水产品的检验检疫措施不断强化,检验检疫范围已涉及所有对日出口的农产品、水产品品种,增加检测农药残留量的品目达 43 种,这大大增加了检测费用,使之占到货值的 44%,使中国出口产品失去竞争力。例如,日本对中国出口鳗鱼实行机场 48 小时的吊水检验,造成鳗鱼大量死亡,迫使鳗鱼停止对日出口。日本对中国出口的蔬菜实行批批检验,造成蔬菜品质下降,同时抽样数量增加导致检验费用从原来每批次 5 万日元提高到 80 万日元,使中国的出口订单大量减少。

（7）绿色补贴。发达国家为了保护本国的环境和资源，实施了将环境和资源费用计算在成本之内的绿色会计制度，使环境和资源成本内在化。而发展中国家在财政上补贴出口企业，或在出口产品成本中没有包含环境和资源消耗成本，或在国际贸易中实行较低的环境标准，从而使产品价格明显低于进口国同类产品价格和第三国产品出口价格。为此，进口国采取反补贴措施，实现限制产品进口的目的。2001 年初，美国就对来自巴西的人造橡胶鞋和来自加拿大的速冻猪肉提出了反补贴起诉。

据统计，近年来各国制定的技术、卫生标准一半以上与环境问题有关。为保护环境而制定和采取相应的政策与措施是必要的，但目前许多发达国家制定的某些环保标准和法规过分苛刻，借环保之名实行贸易保护。如 1990 年 10 月，美国将哺乳动物法扩展到禁止从墨西哥进口金枪鱼，其理由是在墨西哥的海域，海豚生活在金枪鱼下面，捕捞金枪鱼会危及海豚的生存。此举遭到其他国家的反对。此外，许多国家制定的环保标准限制较多的是初级产品、粗加工品和劳动密集型产品，而这些均是发展中国家的主要出口产品，因此受环保贸易壁垒影响较大的是发展中国家的对外贸易。

三、社会壁垒

社会壁垒是指以劳动者劳动环境和生存权利为借口而采取的贸易保护措施。国际上对于有关社会保障、劳动者待遇、劳工权利、劳动标准等问题的关注由来已久。发达国家近年来一直在寻找各种借口，企图将贸易与劳工标准挂钩。20 世纪 80 年代以来，随着发展中国家尤其是新兴工业化国家或地区经济的持续增长，出口贸易迅速发展，由于劳动力成本的低廉所导致的传统贸易产品的国际竞争力显著提高，从而对西方国家的同类产品及它们在国际贸易中的地位造成压力和影响。发达国家一方面要求发展中国家大幅度开放市场，另一方面又想对发展中国家的劳动密集型产品拒之门外。因此，它们以保护劳动者权益为由，要求各贸易国达到所制定的全球统一的最低劳工标准，对不符合该标准的国家实施贸易制裁，拒绝该国产品出口。从表面上看，强调劳工标准是为了维护发展中国家工人的利益，使劳动者享有起码的生活水平和社会保障水平，但实质上是利用发展中国家现存的较低的劳工标准，以贸易制裁为手段，降低发展中国家在世界贸易中的比较优势，削弱发展中国家的竞争力。

国际社会对劳工标准问题的重视由来已久，并设有专门的国际劳工组织。在乌拉圭回合的最后阶段，在美国和法国的坚持下，劳工标准问题就被引入，但在发展中国家的一致反对下未能如愿。在 1994 年召开的首届东盟-欧盟会议上，西欧国家就提出了所谓的"劳工权利"问题。在1996年世界贸易组织首届部长会议上，"劳工标准"问题成为发达国家与发展中国家争论的最大问题。经过发达国家与发展中国家的激烈争论，此届部长会议通过的《新加坡部长会议宣言》对劳工标准问题采取了折中的处理办法，即确认了劳工标准，但没有与贸易直接挂钩。1999年11月，世界贸易组织在西雅图举行的千年回合谈判失败的重要原因之一就是发达国家坚持将劳工标准与贸易制裁挂钩。

目前，在社会壁垒方面颇为引人注目的是SA 8000标准，它是国际标准化组织经济优先认可委员会（CEPAA）1997年10月出台的社会责任标准，是继ISO 9000、ISO 14000之后发布的又一个涉及体系的认证标准。此标准以ISO 9000为基础，对企业（组织）内部的生产环境条件，包括童工、强制性劳动、健康与安全、组织工会的自由与集体谈判的权利、歧视性、劳动纪律、工作时间、工资、管理体系等要素提出最低要求。全球大的采购集团非常青睐有SA 8000标准认证的企业的产品，这迫使很多企业投入巨大的人力、物力和财力去申请与维护这一认证体系，从而大大削弱了发展中国家在劳动力成本方面的比较优势。

四、道德壁垒

动物福利和与之相关的道德壁垒与国际农产品贸易的关系最为直接和密切。道德壁垒主要是指一些国家通过制定动物福利法，利用已有的动物福利优势，提高进口动物的动物福利标准，以限制进口的贸易保护措施。动物福利（Animal Welfare）是指为了使动物能够康乐而采取的一系列行为和给动物提供的相应的外部条件。动物福利强调保证动物康乐的外部条件，其目的是人类在兼顾利用动物的同时，改善动物的生存状况。道德壁垒具有较强的隐蔽性以及成本低、操作容易的特点，实用价值很大。一个典型的例子是乌克兰向法国出口活猪受阻。2002年，几位乌克兰农场主根据合同向法国出口活猪，经过60多个小时的长距离运输后，他们却被法国有关部门拒之门外，受阻的原因是乌克兰农场主在长途运输中没有考虑活猪的福利问题，即这批活猪没有按照法国有关动物福利法在途中得到充分休息，因违反动物福利法而被拒绝入境。2003年1月，欧盟理事会明确提出，欧盟成员在进口第三国动物产品之前，应将动物福利作为考虑的一个因素。

很多国家为保护和改善动物福利制定了一系列的法律和法规，要求给动物提供良好的动物福利条件，满足动物的需求。主要包括：（1）享有不受饥饿的自由。保证提供充足的清洁水、保持良好健康和精力所需要的食物，主要满足动物的生命需要。（2）享有生活舒适的自由。提供适当的房舍或栖息场所，动物能够舒适地休息和睡眠。（3）享有不受痛苦、伤害和疾病的自由。保证动物不受额外的疼痛，并预防疾病和对患病动物及时治疗。（4）享有生活不恐惧和悲伤的自由。保证避免动物遭受精神痛苦的各种条件和处置。（5）享有表达天性的自由。提供足够的空间、适当的设施以及与同类伙伴在一起。2002年，针对麦当劳等快餐公司进货的畜禽产品不符合动物福利条件，部分养殖场的鸡笼拥挤、鸡舍狭小、污秽不堪以及屠宰方式野蛮残忍，美国一家很有影响的动物保护组织发动了一场声势浩大的全球性抗议运动。麦当劳等公司面对强大的压力，承诺改进所有动物的养殖条件，不能采取强迫进食等虐待动物措施。我国麦当劳连锁经营店也按照麦当劳总部的规定，要求供货的养鸡场执行包括动物的食物和饮水、生存空间、光线和温度及空气质量、放牧、屠宰、运输等方面的有关标准，并规定了相关的核查制度。

近几年来，一些欧洲国家和欧洲动物保护协会督促欧盟设法使WTO考虑有关动物福利问题，这些国家不仅要求扩大动物福利的影响，而且力图使其理念和立法得到国际社会的认可。2003年2月，WTO农业委员会提出的《农业谈判关于未来承诺模式的草案》第一稿及其修改稿，吸收了某些国家的意见，并将"动物福利支付"列入"绿箱政策"之中。可以预想，未来新一轮WTO谈判结束时，各成员方市场将进一步开放，出口补贴和国内支持等将进一步削减，技术壁垒也将得到进一步规范。当国内保护和技术壁垒作用降低时，一些发达国家会寻找新的贸易壁垒，减小市场开放程度，规避WTO新规则对其的约束，保护本国利益。它们可能会大量地利用各国在实施动物福利方面存在的客观差距，作为新的贸易壁垒，阻碍和限制产品的进出口。

第四节　非关税壁垒措施的经济效应

非关税壁垒措施对国际贸易的发展起着一定的阻碍作用，在本质上与关税壁垒措施是一致的。但由于非关税壁垒措施种类繁多，涉及的范围非常广，常常涉及各国国内经济政策、对外政策，所以分析非关税壁垒措施对有关国家的影响要比关税措施更为复杂。

一、对出口国的影响

由于进口国加强非关税壁垒措施，特别是实行直接的进口数量限制，规定了进口数量，将使出口国的商品出口数量和价格受到严重影响，造成出口商品增长率下降或出口数量的减少和出口价格的下跌。

由于各输出国的经济结构和出口商品结构不同，其出口商品受非关税壁垒措施影响的程度也不同。如有的国家出口商品结构单一，出口过度依赖个别商品，则数量限制对其影响比较大。

其次，出口商品的供给弹性不同，价格受进口国非关税壁垒措施的影响也不同。发达国家的许多出口商品供给弹性较大，这些商品的价格受数量限制引起的价格下跌较小；而发展中国家的某些出口商品供给弹性较小，其受数量限制引起的价格下跌较大。因此，发展中国家受数量限制引起的损失比发达国家大，对整个经济的影响程度也较大。

一些国家利用非关税壁垒措施对各出口国实行差别待遇，则不同国家所受影响不同。以进口配额为例，由于进口配额方式不同，各出口国所受影响也将不同。如果进口国采取全球配额，则邻近国家的出口就会处于有利的地位，而距离较远的国家就处于不利地位，会因此而减少出口。如果采用国别配额，分配方法和数量不同，各出口国受到影响也将不同，特别是一些发达国家往往采取歧视性的非关税壁垒措施对待发展中国家和社会主义国家，严重损害了这些国家的出口利益。

二、对进口国的影响

非关税壁垒措施与关税壁垒措施有所不同，在征收关税的情况下，进口数量会随着国内外价格的涨落而变化，但是如果进口国采取直接的进口数量限制，情况就不同了。实行进口数量限制，固定了进口数量，超过绝对进口配额的商品不准进口。当国外该种商品价格下降时，对进口国这种商品的进口数量增长无影响；在限制进口引起进口国内价格上涨时，也不会增加进口，以此减缓价格上涨。这样，两国的价格差距会扩大。

进口数量限制对价格的影响在不同情况下会不同。

（1）外国商品的供给受进口限制的数量越大，进口国的国内市场价格上涨的幅度越大。

（2）进口国国内需求价格弹性越大，国内市场价格上涨幅度越小。

（3）进口国国内供应弹性越大，其国内市场价格上涨的幅度越小。

进口数量限制导致价格上涨，对进口国同类产品的生产起了保护和促进作用。但由于国内价格的上涨，进口匡消费者会受到利益损失。下面我们以进口配额为例，用局部均衡分析方法进行分析，则能明显地看到上述结果。

三、进口配额制的经济效应

（一）完全竞争条件下的进口配额

假设进口国进口商品的市场是完全竞争的，国内生产同类商品的工业存在许多生产者，每个生产者只占供给方面很小的一部分，对市场价格没有影响力。

如图 6-1 所示，D_d，S_d 分别为一国某种商品的国内供给需求曲线。在没有国际贸易的条件下，国内均衡点为 E 点。在自由贸易条件下，国内价格与国际价格一致，为 P_1，此时该国国内需求量为 Q_2，国内生产量为 Q_1，进口数量为 $Q_2 - Q_1$。

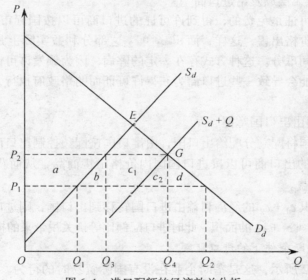

图 6-1　进口配额的经济效益分析

假设政府实行进口配额，允午进口数量为 Q，这个数量比该国按世界市场价格进口数量少，国内供应者面临的供给曲线相当于国内供给曲线加上进口配额，如图 6-1 所示。由于在原来的价格下，需求量大于供给量，导致国内价格上涨，结果是一方面国内生产者扩大生产，生产量增加，另一方面消费量减少。当消费量 Q_4 正好等于国内生产量 $Q_3 + Q$ 时，国内供需达到新的均衡，此时国内价格 P_2 高于国际市场价格。

我们可以看到，实行进口配额导致了国内价格的上涨。消费者因此损失

面积 $a+b+c_1+c_2+d$ 的利益；国内生产者获得面积为 a 的利益；b 和 d 的面积为该国净损失。由此可见，进口配额对本国生产、消费、价格的影响与关税相似，不同之处在于：第一，作用机制不同。关税是通过提高进口商品的价格来减少进口，增加国内生产；而配额是先减少进口造成价格上涨，从而增加国内生产。第二，面积 c_1+c_2 这部分利益的归属。征收关税，面积 c_1+c_2 的利益为政府的关税收入；而实行配额，这部分利益的归属取决于政府进口配额的分配方法。进口配额的分配方法如下：

1. 政府公开拍卖配额

这种情况是政府将许可证分配给出价最高的人。进口商支付的价格相当于进口商品的国外价格与国内售价的差额。政府因此获得一笔配额收入，因此面积 c_1+c_2 的利益是由政府和进口商共分。这种方式通常被认为是最公平合理的。

2. 配额无偿颁发给进口商

由于许可证是免费的，得到许可证的进口商可以按国际市场价格进口，按国内市场价格出售，这样，面积 c_1+c_2 这部分利益实际上是在获得配额的进口商之间瓜分。这种方式存在一定的弊病，因为颁发许可证的标准不一定客观，可能会导致一些进口商为获得许可证而贿赂政府执行人员等现象的发生。

3. 配额由出口国掌握

即进口国将配额分配给出口国，由出口国按配额控制出口商。这样，获得出口配额的出口商可以按进口国国内价格出售商品，从而获得面积 c_1+c_2 的经济利益。

由于面积 c_1+c_2 的经济利益由进口国转移到出口国，则进口国的净经济损失为 $b+d+c_1+c_2$ 的面积。此时进口配额比等价关税带来的损失更大。

（二）垄断条件下的进口配额

如图 6-2 所示，这是垄断企业在没有国际贸易时的行为。D_d 是国内需要曲线，S_d 是供给曲线，由于市场被独家企业垄断，则市场供给曲线就是垄断企业的边际成本曲线。按利润最大化原则，该企业将把产量限制在边际收益曲线与边际成本曲线的交点处 Q_m，并根据需求曲线制定价格 P_m。

在该国实行自由贸易的情况下，国外低价商品自由进口，国内独家企业失去垄断地位，不能再控制价格，不得不以国际市场价格 P_w 出售，产量也只能减少到 Q_f 处，如图 6-3 所示。

如果政府征收关税，国内价格就会上涨，变为 P_w+t。由于关税并没有限制进口数量，只是提高了国内市场价格，国内独家企业仍然不能恢复垄断地位，只能按国内价格 P_w+t 出售商品，产量提高到边际成本曲线与国

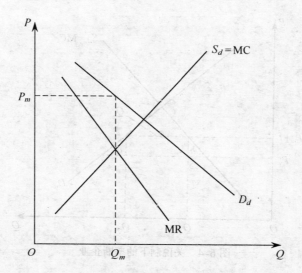

图 6-2　没有国际贸易时的垄断企业

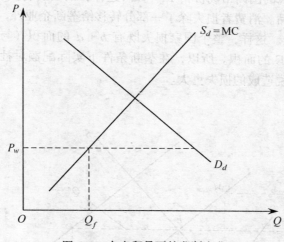

图 6-3　自由贸易下的垄断企业

内价格的交点 Q_1 处，此时国内需求量为 Q_2，进口数量为 Q，如图 6-4 所示。

　　如果政府使用进口配额，为便于比较，假定配额为征收关税时的进口量 Q。由于配额限制了进口数量，那么除进口以外的国内市场仍然由国内独家企业垄断。只是此时该企业面临的是一个比没有国际贸易时的国内市场稍稍缩小的市场，相当于需求曲线向左平移了 Q，边际收益曲线也向左移动，如图 6-5 所示。此时垄断企业可以按利润最大化原则，将产量限制在边际成

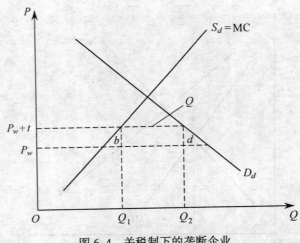

图6-4 关税制下的垄断企业

本曲线与边际收益曲线的交点 Q' 处。同时，价格提高到 P' 处，此时国内价格高于征收关税的国内市场价格 $P_w + t$。这样，消费者将支付更高的价格，消费更少的商品。消费者损失除了一部分转移给垄断企业外，其余部分面积 FME 为净损失。这样，整个国家损失既有 $b + d$ 的面积（与征收关税时相同），又有 FME 的面积。所以，在垄断条件下实际配额对社会经济效益的损失比征收关税造成的损失更大。

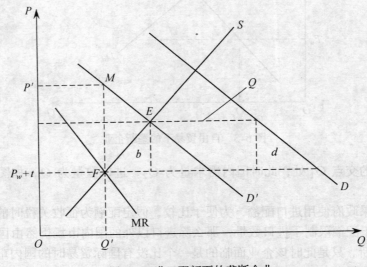

图6-5 进口配额下的垄断企业

第七章
出口促进与出口管制措施

当代各国进出口贸易政策通常是"奖出限入"。关税壁垒措施与非关税壁垒措施的主要作用是限制进口。一国政府考虑到政治经济等需要，往往采取各种方式支持本国商品出口，提高出口商品的竞争能力；但由于国际政治经济关系的复杂性，一国也可能根据具体情况对某些商品实施某些出口管制措施。

第二次世界大战以后，经济特区作为促进对外贸易和经济发展的重要举措，受到各国特别是发展中国家的普遍重视。

第一节　出口促进措施

世界各国在广泛利用贸易措施限制进口的同时，还通过以下措施的实施推动本国出口贸易的发展。

一、出口信贷

出口信贷是一个国家为了鼓励商品出口，提高商品的竞争能力，通过银行对本国出口企业、外国进口企业或进口方银行提供的优惠贷款。

生产出口商品的企业在组织生产过程中需要垫付资金，特别是金额大、生产周期长的产品，如成套机电设备、船舶、飞机等，长时间占用大量资金，不利于资金周转；而对进口企业来说，也常常难以一次性支付巨额货款。出口信贷有利于解决进出口企业的困难，可以促成交易，扩大商品出口。

出口信贷按贷款时间长短可以分为短期信贷和中长期信贷。期限在一年及以下的贷款为短期信贷，短期信贷可能由商业银行提供。贷款期限在一至五年的为中期信贷，五年以上的为长期信贷。中长期信贷一般由政府设置的政策性银行提供，如美国的进出口银行、日本的输出入银行、法国的对外贸易银行、意大利的中长期信贷局、加拿大的出口发展公司、中国的进出口银行等。出口信贷的利率一般低于相同条件的资金贷放市场利率，由国家提供贴息。

出口信贷按借贷关系可以划分为卖方信贷和买方信贷两种。

（一）卖方信贷

卖方信贷是出口国银行向本国出口企业提供的贷款。卖方信贷实际上是银行直接资助出口企业，以使本国企业能够向国外进口企业提供延期付款，同时维持本国企业的正常资金周转，从而促进和扩大商品的出口。

卖方信贷的一般做法是：进口企业在签订合同后，先支付货款的15%～20%作为履约的保证金，在分批交货时再分期支付10%～15%的货款，其余的货款在全部交货后若干年内分期偿还。出口企业向本国银行申请贷款，作为生产的垫付资金，以便周转；待国外进口企业归还货款后，出口企业再向本国银行归还贷款并支付利息。

在卖方信贷方式下，出口企业把贷款利息、保险费、手续费、管理费等各种费用均加在货价上，因此，对进口企业来说，延期付款的货价一般高于以现汇支付的货价。

（二）买方信贷

买方信贷是指出口国银行直接向国外进口企业或进口国银行提供的贷款。这种贷款的附带条件是贷款必须用于购买债权国的商品，故买方信贷又称约束性贷款（Tied Loan）。

出口国银行向进口企业提供贷款的一般做法是：买卖双方签订合同后，进口企业先支付15%～20%的货款作为订金；进口企业再与出口企业所在地银行签订贷款协议，取得贷款，并将此贷款支付余下的80%～85%的货款；进口企业按贷款协议条件向出口国银行还本付息。

出口国银行向进口国银行提供贷款的一般做法是：买卖双方签订合同后，进口企业支付15%～20%的货款作为订金，其余货款由进口企业委托进口国银行申请出口信贷，进口国银行与出口国银行签订贷款合同，取得贷款，代替进口企业支付给出口企业。进口国银行按贷款合同规定的期限，将贷款和利息偿还给出口国银行。进口国银行和进口企业之间的债务关系，按双方商定的办法在国内清偿结算。

买方信贷对出口企业来说，是即期付款的现汇交易，可以及时得到货款，不必承担信贷风险；对进口企业来说，对货物价格以外的费用比较清楚，便于在交易磋商过程中比较商品价格条件。因此，买方信贷比卖方信贷更为流行。

第二次世界大战以后，许多西方国家为了扩大出口，纷纷采用出口信贷方式来提高本国商品的出口竞争能力，竞相延长贷款期限和降低贷款利率。为协调各国出口信贷的额度、利率和期限，经济与合作发展组织（OCED）达成了"出口信贷君子协定"。"君子协定"将贷款对象按人均国民收入的不同分为富国、中等国家和穷国三类，对不同类别的国家，规定不同的贷款利率和贷款期限。"君子协定"还规定，出口信贷最高额为合同金额的 85％，其余金额应由进口企业以现金支付。由于"君子协定"不具有法律效应，各国并未认真遵守。

出口买方信贷是一种带有国家支持性质的融资，因此每个国家对出口买方信贷的发放有种种规定，反映了该国的国别政策和外贸政策。中国进出口银行成立于 1994 年 5 月，主要为大型成套设备进出口提供信贷；为成套机电产品出口信贷提供贴息及出口信用担保。中国出口买方信贷申请的条件是：（1）出口产品属机电产品和成套设备。（2）贸易合同金额不低于 100 万美元。由于出口买方信贷操作起来较为复杂，而且政府希望集中力量支持大额机电产品出口，中国规定最低合同金额为 100 万美元（注：中国出口卖方信贷最低合同金额为 50 万美元）。（3）出口商品在中国境内制造部分，成套设备及普通机电产品一般应占 70％，船舶应占 50％以上。（4）现汇支付的比例，船舶合同一般不低于合同金额的 20％，成套设备和其他机电产品一般不低于合同金额的 15％。（5）出口买方信贷必须投保出口信用保险。鉴于出口信贷一般金额较大，期限较长，借款人在不同的国家，而且一般来说主要是发展中国家，除还款的外汇比较紧缺外，外汇的管制也比较严，因此出口信贷的风险较大。从国际惯例故法来看，贷款银行都要求出口商投保以贷款银行为受益人的出口信用保险。

二、出口信用保险

（一）出口信用保险的含义

出口信用保险是国家政策性保险，不以盈利为目的，旨在鼓励发展出口贸易，并保证出口企业因出口所受到的损失能得到绝大部分补偿，使本国出口企业在世界市场上与他国的出口企业处于同等的竞争地位。

出口信用保险与出口信贷齐名，是公认的各国政府促进本国产品出口的有效手段。出口信用保险作为国家政策性保险之一，旨在发展出口贸易，保障出口企业因出口所招致的损失得到补偿，使本国的出口企业与其他国家的出口企业在世界市场上处于公平竞争的地位。世界各国，尤其是经济实力强的发达国家，不惜倾注巨额资金，加以扶持，以通过它的作用刺激出口，增加就业，促进经济繁荣；而出口企业则把出口信用保险视为开拓海外市场的"保护神"，通过它的庇护来保证出口安全收汇，开拓和巩固国外市场。发展中国家从发达国家的出口信用保险制度中看到了它对扩大本国出口的积极意义，也纷纷设立专门机构来从事出口信用保险，支持其机械和成套设备等产品的出口。

1. 承保的风险

出口信用保险属于国家政策性保险，因此在各国的出口信用保险法中皆有明文规定：凡商业性保险机构可给予承保的风险，均不在出口信用保险承保的范围之内。

出口信用保险承保的是被保险人在国际贸易中，因境外原因不能出口或货物发运后而收不回货款的风险，以及出口信贷资金发放后无法收回的风险。它主要包括：（1）政治风险。一般包括进口国发生战争、内乱、政变、罢工、恐怖活动以及政府实行外交抵制、禁运、冻结资金或限制对外支付等政治原因造成的损失，承保的金额一般为合同金额的80%～90%。（2）经济风险。一般包括进口企业或借款银行因破产倒闭无力偿付、货币贬值或通货膨胀等经济原因造成的损失，承保的金额一般为合同金额的60%～80%，个别达到100%。

2. 保险费率

出口信用保险是政府鼓励发展出口贸易的重要措施，属于非盈利性保险。各国明文规定：出口信用保险不以盈利为目的，而以收支平衡为原则；只要业务经营不亏损，政府应当尽量降低保险费率；在不影响出口企业出口成本的原则下，合理收取保险费，以承担出口企业因外销可能招致的政治风险和经济风险。

3. 承保的期限

出口信用保险的承保责任起讫一般从货物装运时开始，到货款收回时止，有时还包括装运前的风险，短期为6个月，中长期为2～15年。出口信用保险的办理一般是保密的，其目的是防止进口企业借故拖延付款，享受出口企业的保险利益。因此，出口信用保险的保险单是不能转让的，如果转让，只能根据有关规定转让给本国银行作为融资的抵押品。

（二）出口信用保险的种类

出口信用保险的种类主要有：普通出口信用保险、寄售出口保险、出口汇票保险、出口贷款保险、中长期延期付款出口保险、出口买方信贷担保、海外投资保险、保证商行保险、海外广告保险、国外加工保险、国外存货保险、国外仓储保险等。

政府对出口信用保险是否支持或支持程度的强弱，对各国出口企业在国际贸易中的竞争地位影响很大。随着各国出口信用保险机制的确立，为了建立和维护良好的国际贸易信用规范，共同协调行动，早在 1934 年，由法国、意大利、西班牙和英国等国的出口信用保险机构牵头成立了国际信用和投资保险人协会（International Union of Credit and Investment Insurers，简称伯尔尼协会），交流办理出口信用保险业务的信息。到目前为止，伯尔尼协会拥有正式会员 44 家，观察员 5 家，其承保额约占世界出口总额的 14%。中国于 1996 年成为伯尔尼协会的观察员。

三、出口补贴

出口补贴是一国政府为了降低出口商品的价格，加强其在国际市场上的竞争能力，在出口某种商品时给予出口企业现金补贴或者财政上的优惠待遇。出口补贴分为直接补贴和间接补贴两种。

（一）直接补贴

直接补贴是指出口某种商品时，直接付给出口企业现金补贴。世界贸易组织成员签署的《补贴与反补贴措施协议》将补贴分为禁止性补贴、可申诉补贴、不可申诉补贴三类。《补贴与反补贴措施协议》规定了两大类不可申诉补贴：(1) 不具有专向性的补贴，即可以普遍获得而不是针对特定企业、特定产业和特定地区的补贴；(2) 符合特定要求的专向性补贴，包括研究与开发补贴、贫困地区补贴、环保补贴。

所有法律上或事实上以出口实绩为条件而给予的补贴（WTO 直接将此类补贴称为出口补贴，即狭义上的出口补贴）都是禁止性补贴，可能对进口国相关产业造成实质损害或实质损害威胁，为维护公平竞争，进口国可以征收反补贴税。但就农产品而言，美国与欧盟等国家存在重大分歧。世界贸易组织《农业协议》不禁止成员对农产品出口实行补贴，但下列出口补贴措施受削减承诺的约束：视出口实绩而提供的直接补贴；以低于同类农产品的国内价格，将非商业性政府库存处置给出口商而形成的补贴；利用征收的农产品税，对相关农产品的出口补贴；农产品的出口营销补贴（发展中成员除外）；出口农产品的国内运费补贴（发展中成员除外）；视出口产品所含农产品情况，对所含农产品提供的补贴。

截至 20 世纪末，共有 25 个世界贸易组织成员对 428 种农产品提供出口补贴。欧盟是全球最大的出口补贴提供者。1995～1998 年，欧盟年均出口补贴支出约 60 亿美元，占全球出口补贴支出的 90%。欧盟、瑞士、美国和挪威四方的出口补贴占到全球的 97%。在世界贸易组织新一轮谈判中，农产品的自由贸易是一个各方关注的重要议题。

世界各国有的通过规定每单位出口量给予固定补贴金额的方式，有的通过设立不随市场供求变动而变化的"支持价格"、"保证价格"或"最低限价"这种价格支持的方式，来促进农产品的生产和出口。由于前者的补贴只是给出口的商品，国内消费者只有保证生产者在国内销售获得与出口一样的收益时，生产者才会将一部分产品留在国内销售，这样，国内价格会上升，从而导致生产增加，国内消费量减少，出口量扩大。如图 7-1 所示，P_w 为自由贸易条件下某商品的国际市场价格，此时生产量为 Q_2，国内消费量为 Q_1，出口数量为 $Q_2 - Q_1$。为了鼓励出口，政府给予每单位商品出口补贴为 S，则出口单位商品的实际收益为 P_s，生产者愿意扩大生产，产量由原来的 Q_2 增加到 Q_4，而国内消费量由 Q_1 减少到 Q_3，出口量扩大到 $Q_4 - Q_3$。

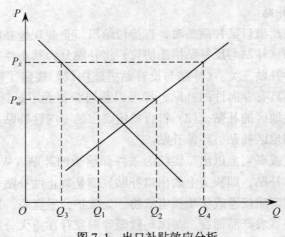

图 7-1 出口补贴效应分析

（二）间接补贴

间接补贴是指政府通过各种措施，给予出口企业财政上的优惠。

由于世界贸易组织（前身是关贸总协定）允许各国征收反补贴税以禁止对工业品出口进行直接补贴，目前各国普遍采用的是间接补贴方式。

间接补贴主要有以下几种形式：

（1）退还和减免出口商品所缴纳的国内间接税（包括增值税、消费税等）；

（2）对外加工贸易中，允许暂时免税进口原材料、半制成品和设备；

（3）退还出口产品在制造过程中使用的生产投入物所缴纳的进口关税；

（4）免征出口关税；

（5）低价或免费为出口企业提供服务，提供有关出口市场的信息等；

（6）给予信贷补贴，以支持低息或无息出口贷款的发放等。

《1994 年关税与贸易总协定》第 16 条的注解规定，对一出口产品免征其同类产品供国内消费时所负担的关税或国内间接税，或退还此类关税或国内间接税的数量不超过已征收的数量，不得视为出口补贴。也就是说，对出口产品免征间接税或退还已就该产品征收的间接税，不构成出口补贴；出口退税如超过实际征收的税额，超额部分则构成禁止性补贴。

中国从 1985 年开始实行出口退税政策，当年出口退税额 19.7 亿元人民币；2004 年出口退税 4 200 亿元人民币。

四、生产补贴

鼓励发展出口工业除了出口补贴等贸易政策以外，也可以使用产业政策。产业政策之一是对出口产品进行生产补贴。

根据世界贸易组织的规定，生产补贴是指除出口补贴以外的补贴。生产补贴与出口补贴的区别在于，生产补贴对生产的所有产品进行补贴，不管该产品是在国内市场销售还是向外国出口。这些补贴包括政府对企业的商业资助、税收减免、低利率贷款等直接的方式，也包括对某些出口工业生产集中的地方给予区域性支持（如以优惠价提供土地或电力支持，加强交通通信等基础设施的建设等）、资助研究与开发项目等间接的做法。所有这些政策手段虽然看上去只是对具体企业或行业的支持，但实际上降低了这些出口企业的生产成本，提高了出口竞争力，起到了促进出口的作用。

由于生产补贴的形式多种多样，不像出口补贴那么明显，所以，在出口补贴受到限制的情况下，不少政府通过生产补贴等产业政策来支持本国的出口行业。例如日本政府在 20 世纪七八十年代就投入大量资金支持计算机和半导体行业的发展。1976～1980 年的 4 年中，日本通产省就为富士、日立、三菱、NEC 和东芝等企业的计算机集成技术开发补贴了 300 亿日元，占整个研究开发费用的 43%。欧洲空中客车的生产也得到法国政府和德国政府的大量补贴。据计算，这些补贴高达飞机价格的 20%。出口行业的国有企业也通常直接得到政府的生产补贴。不过，发达国家对其农业的补贴是最明显和最普遍的生产补贴。

与出口补贴不同的是，生产补贴没有影响国内市场价格，从而也没有在增加出口的同时牺牲本国消费者的利益。其主要原因是产业政策按产量而不是按在哪个市场上销售进行补贴；对农民来说，在小麦进入市场以前就已得到了补贴，因此在哪里销售也就不是主要问题了。即使在国内销售也可同样得到与国外销售一样的报酬，农民也就没有必要在本国提高价格了。如图7-2所示，P_w 为自由贸易条件下某商品的国际市场价格，此时生产量为 Q_2，国内消费量为 Q_1，出口数量为 $Q_2 - Q_1$。政府给予每单位商品生产补贴为 S，相当于每单位产品的生产成本下降 S，供给曲线向下平移，产品仍然按 P_w 价格出售，生产者愿意将产量由原来的 Q_2 增加到 Q_3，从而出口量扩大到 $Q_3 - Q_1$。

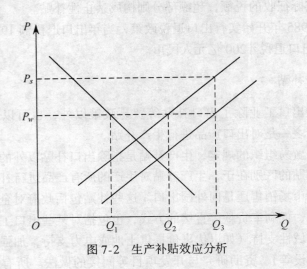

图 7-2　生产补贴效应分析

五、商品倾销

商品倾销是指一国出口商品以低于正常价值向另一国市场销售。按照世界贸易组织的规定，如果一个国家的商品在另一个国家的销售价格除去运输、保险等进口费用外，比该产品在其生产国内售价或向第三国正常出口的价格低，则这一商品的销售将被认为是倾销。

商品倾销通常分为偶然性倾销和掠夺性倾销两种方式。

（一）偶然性倾销

偶然性倾销通常是因为销售旺季已过，或因公司经营其他业务，在国内市场无法售出剩余货物，而以低价方式在国外市场抛售。这种倾销虽然对进口国不利，但因时间短，影响较小，进口国一般较少采取反倾销措施。

（二）掠夺性倾销

掠夺性倾销常常是先以低价挤垮竞争者，当取得垄断地位后，再提高价格。掠夺性倾销的目的是占领、垄断和掠夺国外市场，获取高额利润。在获得政府直接或间接补贴等情况下，出口企业有可能长时间以低于国内的价格向国外市场出售商品，争夺国外市场。

对外倾销可能会导致出口企业的利润减少甚至亏本，通常采取以下办法取得补偿：

（1）以国内市场或其他市场的高额利润补偿出口损失；

（2）获得政府补贴，补偿出口损失；

（3）出口企业在目标国市场进行倾销，打垮国外竞争者，占领国外市场后，再抬高价格，攫取高额利润，弥补过去的损失。

由于掠夺性倾销严重损害进口国家的利益，因此许多国家都采取征收反倾销税等措施进行抵制。

六、外汇倾销

外汇倾销是指一国利用本国货币对外法定贬值的机会，扩大出口和限制进口。

一般来说，一国货币对外法定贬值会引起出口贸易量增加，进口贸易量减少。当本国货币贬值时，出口商品用外国货币表示的价格降低，这样会刺激出口商品需求量的增加；而用本国货币表示的进口商品价格上涨，会减少国内对进口商品的需求量，从而有利于扩大商品出口，抑制商品进口。

但外汇倾销不能无限制和无条件地进行，必须具备以下两个前提条件才能起到扩大出口的作用：

（1）货币对外贬值的程度大于国内物价上涨的程度。外汇倾销是通过本国货币对外贬值，使出口商品价格下跌来促进出口的。如果国内物价同时同等程度提高，就会使出口商品成本增加，价格上涨，从而抵消外汇倾销的作用。本国货币对外法定贬值必然诱发一国国内物价上涨，但这需要一个过程。外汇倾销在一段时间内会起到促进出口和限制进口的双重作用。

（2）其他国家不采取任何报复性措施。一个国家采取货币贬值，其他国家实行同等程度的货币贬值，外汇倾销的作用相互抵消。如果其他国家采取其他限制进口措施，如提高关税，实行数量限制等，同样会抵消外汇倾销的作用。

七、加强政府的作用

（一）改善对外贸易环境

当前世界各国政府努力改善本国对外贸易环境的主要做法有：

（1）通过双边和多边谈判，签订各种双边和多边的贸易协定与协议，为本国出口产品的更广阔的市场准入创造条件，保证贸易的稳定发展。

（2）组建和参加地区性的经济贸易集团，加强地区性的经贸合作。

（3）积极参与国际性的经济、金融和贸易组织。如国际货币基金组织、世界银行和世界贸易组织等。

（4）参加各种商品协定与生产国组织，维护和发展贸易利益。

（二）重视本国驻外经济商务代表的工作

许多国家对驻外经济商务代表的目的与任务做了明确的规定。驻外商务经济代表的主要目标是：尽最大努力，在最广泛的意义上增加国家的出口净收入。主要工作职责有：能积极地寻找贸易机会，为特定的商品和服务找到市场；能识别并评估影响本国出口的各种贸易壁垒；组织贸易宣传活动；为本国的出口企业参加交易会、展览会或商店现场的促销活动提供建议和支持，协助国内来的代表团和单独的出口商进行活动；鼓励国外投资者到本国投资；组织编写所在国的经济贸易信息资料，经常思考用什么新方法去推销本国的产品，等等。

（三）设立综合机构和专门组织

一些国家成立专门组织研究制定出口战略和贸易政策，管理和协调出口秩序。如美国 1960 年成立的"扩大出口全国委员会"，1979 年成立的"总统贸易委员会"等；日本 1954 年成立的"日本贸易振兴会"，主要从事海外市场调查、收集情报、对外联络等活动，是一个综合性服务机构；欧洲国家为了扩大出口也成立了类似组织。

其他促进出口的组织措施有：

（1）建立贸易中心和组织贸易展览会。贸易中心是永久性设施，提供陈列展览场所、办公地点和咨询服务等。贸易展览会是流动性的展出，有些国家支持本国出口企业到国外举办贸易展览会或参加各种国际性贸易展览会，并且给予经费上的资助。

（2）组织贸易代表团出访和接待来访。一些国家积极支持本国贸易代表团出访，设立专门机构接待来访团体。

（3）给出口企业以精神奖励。有些国家定期组织出口企业的评奖活动，对出口成绩卓著的企业，颁发奖章、奖状，并通过大规模的授奖活动来推广扩大出口的经验。

八、重视商会的作用

商会是企业之间一种自愿的、长期的和可以不断调整的合作关系。不论在发达市场经济国家还是在发展中国家，商会已成为普遍的现象。它是重要的中介组织形式之一，可以促进企业贸易活动的扩大。它可以促进信息的交流，降低解决贸易争端的成本等。

商会可以发挥多种功能，主要包括以下两个方面：

（1）支持市场的功能。商会可以作为对应方与政府进行对话，可以指导和协调单个企业游说政府的工作，使政府改善公共物品的提供，如保护产权，改善公共管理和基础设施，进行贸易便利化等。

（2）补充和替代市场的功能。商会与现有政府的制度和机构平行存在，为市场失灵提供其他一些私人的解决办法。例如，商会可以降低获得潜在贸易伙伴的信息的成本，并能够提供一种手段，以协调或加大对违约的处罚。

第二节　出口管制措施

大多数情况下各国对外贸易政策是鼓励出口，但是在某些特殊情况下，为了达到政治、军事或经济等目的，一些国家也采取出口管制，限制或禁止某些商品的出口，或者限制某些商品输往某些特定的国家。

一、出口管制的商品

出口管制的商品通常包括以下种类：

（1）战略物资及先进技术资料。对于武器、军事设备、核设施和核原料、生化武器及其原材料、先进的电子计算机及有关技术资料等，大多数国家均实施严格控制出口政策，需要通过审批获得出口许可证，方能出口。

（2）国内供应不足的原料、半成品及某些必需品。为了保护本国工业和国内市场，一些国家对国内工业生产所需的稀缺原材料、半成品的出口加以限制。如日本对本国稀缺的矿产品的出口控制很严。

（3）"自动"出口限制产品。如发展中国家以前根据《多种纤维协议》自行控制纺织品向发达国家的出口数量。

（4）出口许可证制度下的商品。有些国家对本国出口量在国际市场份额所占比重较大的产品出口也会实行控制，以避免本国出口企业恶性竞争，竞相压价。

（5）重要文物、艺术品、黄金、白银、象牙、犀牛角、虎骨等特殊商品。为了保护历史文物，维护金融秩序，保护珍稀动物和生态环境等，大多数国家严格控制上述商品的出口。

（6）劳改单位的产品。有一些国家为了保护人权，避免不公平竞争，禁止劳改单位的产品出口。

(7) 贸易制裁。一些国家通常对"敌对"和不友好国家实行出口管制，希望通过经济贸易方面的压力抵制和反对敌对国家的现行政策，迫使它们改变现行立场。如伊拉克入侵科威特后，联合国安理会通过了对伊拉克全面禁运的决议，世界各国必须根据禁运决议实行对伊拉克的出口管制。

二、出口管制的形式

出口管制的形式可以分为单边出口管制和多边出口管制两种。

(一) 单边出口管制

单边出口管制是指一国根据本国的出口管制法案，设立专门机构，对本国某些商品出口进行审批和颁发出口许可证，实行出口管制。

在立法方面，许多国家根据国内外政治经济形势和对外贸易政策的变化，制定和修改出口管制法。以美国为例，美国国会 1917 年通过了《1917 年与敌对国家贸易法案》，禁止战时与敌对国家开展贸易。1949 年通过的《出口管制法案》，对当时存在的社会主义阵营国家实行禁运；而 1969 年的《出口管理法》，则在一定程度上放宽了对前苏联和东欧国家的出口管制；1979 年美国国会又颁布《1979 年出口管理法》，这个新法案进一步简化许可证颁发手续，改进、协调美国与其他国家之间的出口管制工作，如通过与有关国家的协商，公布出口管制商品目录，缩小出口管制范围，等等。

单边出口管制的国家都实行国别政策，对武器、战略物资出口采取不同国家不同管制。例如，美国是由贸易管理局具体办理出口管制。美国贸易管理局根据有关法案和规定，制定出口管制货单和输往国别分组管制表。美国企业出口受管制商品，必须向贸易管理局申请出口许可证，出口许可证分为两类：一般许可证和有效许可证。根据管制货单和输往国别分组管制表，如属于普通许可证项下的商品即按一般出口许可证的程序办理出口。如属于有效许可证项下的商品，出口企业必须向贸易管理局申请有效许可证；出口企业在许可证上按管制货单的项目填写商品名称、数量、商品管制编号，并详细说明输出商品的最终用途；有效许可证须经贸易管理局审批，批准后方能出口。

(二) 多边出口管制

多边出口管制是指多个国家通过一定的方式建立国际性的多边出口管制机构，共同制定多边出口管制方案和具体措施，以期达到共同的政治和经济目的。

1949 年 11 月，西方国家在美国倡议下，成立了出口管制统筹委员会，又称"巴黎统筹委员会"，负责对社会主义国家的出口管制问题。这个委员会负责编制、修订、审批多边管制货单，规定受禁运的国别或地区等。随着冷战的结束，国际政治形势的新变化，"巴统"的作用逐渐下降，已于1994年4月正式宣布解散。

三、出口管制的主要措施

出口管制的措施主要包括：

（1）出口税。一国海关针对某些出口商品征收关税。

（2）出口配额。出口国规定一定时期内某种商品出口的数量或金额，超过这一额度不准出口。

（3）出口许可证制。即通过发放出口许可证来控制出口商品的品种和数量。

（4）出口禁运。即出口国禁止本国出口企业向贸易被制裁国出口商品，这是出口管制最严厉的手段之一。

（5）出口卡特尔。即由某些商品的主要出口国组成国际垄断组织，联合行动，限制出口，制定国际市场的价格。最著名的出口卡特尔是十几个石油出口国组成的石油输出国组织（OPEC）。

第三节　经济特区

经济特区又称经济自由区，是指一国在关境以外划出一定范围，在这一范围内实行特殊政策，用减免关税、提供良好的基础设施等优惠条件，吸引外商，发展对外贸易，以促进经济的发展。

一、经济特区兴起的时代背景

经济特区兴起于国际贸易的发展。早在1547年，随着世界经济与贸易的发展，为适应转口贸易的需要，在意大利热那亚湾出现了世界上第一个自由港——雷格亨港。第二次世界大战前，全世界已有26个国家设立了75个经济特区，但类型和功能单一化，着重从事商品的储存、包装和转运，而且集中在发达国家。

第二次世界大战以后，随着技术革命的兴起，全球经济一体化的发展，发展中国家的加入，世界经济特区呈现加速发展的趋势。生产国际化、资本国际化是世界经济特区特别是出口加工区产生与发展的重要基础。第二次世界大战以前，资本的国际化主要表现在流通领域；第二次世界大战以后，资本国际化在生产领域里扩展，突出表现在跨国公司对外直接投资的急剧增长上。跨国公司的直接投资不是简单的资本流动，而是母国企业向国外的扩展与延伸，将资本、技术和管理才能转移到东道国，和当地的生产要素结合，生产供应当地消费或面向出口的商品。同时，由于新技术革命的兴起，新技术、新工艺使产品的生产过程进一步专业化，零部件的生产和装配可以分解和转移到更便利的国家或地区去进行，使得跨国公司及其子公司逐步形成全球范围的一体化生产体系。

另一方面，20世纪60年代中期，一些发展中国家已显现出实行进口替代战略的弊病：过度保护使国内企业生产效率低下，失去竞争能力，同时为发展进口替代工业，发展中国家一般以国际借贷方式引进技术设备，这样就造成外汇短缺，债台高筑，国际收支状况日趋恶化。为此，一些发展中国家开始调整发展战略，推行出口导向战略。经济特区正是这些发展中国家由进口替代战略向出口替代战略转变的产物。由于发展中国家经济发展水平低下，国内市场狭小，需要解决资金、技术与市场问题，设立经济特区特别是出口加工区，既可以引进外资、技术和管理经验，又可以借助外商将产品打入国际市场，增加就业，提高出口创汇和国民收入。经济特区让发达国家和发展中国家都能从中获得利益。

二、经济特区的主要类型与功能

（一）自由港

自由港是指一国划定的置于海关辖区以外的特别区域，外国船只可以自由进出，全部或绝大多数外国商品可以豁免关税进出口的港口。商品免税进口后，可在区内储存、分类包装或简单加工，而后免税出口，借以吸引外船进港，发展直接贸易和转口贸易。

自由港具有较高的开放程度与自由度。它的自由表现在以下方面：

（1）贸易自由。没有贸易限制，不存在关税与非关税壁垒，凡合乎国际惯例的贸易行为均畅通无阻。

（2）金融自由。即外汇自由兑换，资金出入与转移自由，资金经营自由。

（3）投资自由。即投资没有因国别差异带来的行业限制与经营方式限制，包括投资自由、雇工自由、经营自由等。

（4）运输自由。即船舶入港免办海关手续。边防海关人员对移民、卫生检查手续从简。

较高的开放度与自由度是自由港吸引外资与技术的优势。一国也对自由港做出一些禁止或特别限制的规定。许多国家通常对武器、弹药、爆炸品、毒品和其他危险品以及国家专卖品如烟草、酒、食盐等禁止输入或凭特种进口许可证才能输入；有些国家对少数消费品的进口征收高额关税，等等。

自由港往往是具备优越的自然地理条件和经济地理条件的天然良港，并具有高效的经营管理环境。香港是世界上最大的自由港。它是中国南方的海港城市，地处远东地区的中心地带。20世纪70年代以来，随着经济发展多元化，香港逐渐成为亚太地区主要的国际金融中心。由商业银行、黄金市场、外汇市场、证券交易所等所组成的庞大金融体系在亚太地区经济活动中担任重要的角色。世界各国负有盛名的大公司纷纷在香港设立地区总部，使香港成为西方跨国公司设在远东地区商号的行政指挥中心。香港所处的地位和环境决定了外资是其经济发展的重要支柱，转口贸易是香港对外贸易的重要组成部分。自由开放的经济政策包括黄金外汇自由、企业经营自由、自由价格和自由竞争、商品进出口自由，大大加强了香港对外资的吸引力和对外贸易的竞争力，使香港在世界上众多的自由港中成为最具吸引力的港口之一。

（二）自由贸易区

自由贸易区是以贸易为主，工商业兼营的多种功能经济特区。它除了具有自由港的大部分特点外，还可利用便利的运输条件，吸引外资设厂，发展出口加工业，允许和鼓励外商设立大型商业、企业、金融机构及开设旅游区、兴办文化教育等各项服务，促进区内经济更加综合、全面地发展，是扩大出口、增加就业和外汇投入的综合性经济特区。

从历史和地域范围来看，自由贸易区是自由港的发展与延伸，与自由港相似，以促进转口贸易及为转口服务的商品储存和简单再加工（包括拆装、混合、分类、重新包装）为主要功能。它的功能比自由港更广泛，但自由度相对低些，如自由贸易区一般对所有进口的生活消费品都实行征税和贸易管制。

巴拿马科隆自由区是一个较为典型的自由贸易区。它位于巴拿马大西洋沿岸科隆市东北，处于巴拿马运河的咽喉，也是南北美洲的连接点，靠近巴拿马最大港口克里斯托帕尔港。科隆自由贸易区具有以下几个特点：

（1）优越的地理位置。它临近巴拿马运河和拥有60多条远洋航线的克里斯托帕尔集装箱码头，还有与之相接的跨地域公路和铁路，仅海、陆、空运输公司就有十多个，交通十分便捷。

（2）优惠的政策措施。巴拿马政府为建设自由贸易区提供一系列鼓励政策。如规定，凡在区内开设企业的外商，没有最低资本限额，允许独资，允许自由汇进、汇出企业资本、利润，允许客户将40%的商品纳税后进入巴拿马当地市场，允许在自由区加工的产品享受巴拿马的出口配额。

（3）用低税率吸引外商投资。外商每年向巴拿马交纳的惟一税收是企业所得税，税率由2.5%至8%不等。从事出口加工的企业甚至可以在一定时期内免交所得税。

（4）有计划地进行自由区建设。整个自由贸易区的建设，包括工业区、商业区、住宅区、集装箱港口、大公路及旅游区等，主要依靠外资、外来技术力量有规划地进行。

（三）保税区

有些国家如日本、荷兰等，没有设立自由港或自由贸易区，但实行保税区制度。保税区又称保税仓库区，是海关所设置的或经海关批准注册的，受海关监督的特定地区和仓库，外国商品存入保税区内，可以暂时不缴纳进口税；如再出口，不缴纳出口税；如要运进所在国的国内市场，则需办理报关手续，缴纳进口税。运入区内的外国商品可进行储存、改装、分类、混合、展览、加工和制造等。此外，有的保税区还允许在区内经营金融、保险、房地产、展销和旅游业务。由此可见，许多国家对保税区的规定与自由港、自由贸易区的规定基本相同，起到了类似自由港或自由贸易区的作用。

现仅就日本保税区的情况加以说明。按照保税区职能的不同，日本保税区可分为以下五种：

1. 指定保税区

指定保税区是为了在港口或国际机场简便、迅速地办理报关手续，为外国货物提供装卸、搬运或暂时储存的场所。

指定保税区是经大藏大臣的指定而设置的。在这个区内的土地、仓库与其他设施都属于国家所有，并由国家所设立的机构进行管理。因此，指定保税区是公营的。

指定保税区的主要目的在于使外国货物简便和迅速地办理报关手续。因此，在该区内储存的商品的期限较短、限制较严，运入的货物储存不得超过1个月。

2. 保税货棚

保税货棚是指经海关批准，由私营企业设置的用于装卸、搬运或暂时储存进口货物的场所。可见，保税货棚的职能与上述的指定保税区相同，它是补充指定保税区的不足，作为外国货物办理报关的场所。两者的区别在于，指定保税区是公营的，而保税货棚是私营的。由于保税货棚是经海关批准的，因此必须缴纳规定的批准手续费，储存的外国货物如有丢失，须缴纳关税。

3. 保税仓库

保税仓库是经海关批准，外国货物可以不办理进口手续和连续长时间储存的场所。

指定保税区和保税货棚，都是为了货物报关的方便和短期储存而设置的。而保税仓库却是为了使货物能在较长时期内储存和暂时不缴纳关税而建立的。如进口货再出口，则不必纳税，这就便于货主把握交易时机出售货物，有利于业务的顺利进行和转口贸易的发展。

在保税仓库内，货物储存的期限为 2 年，如有特殊需要还可以延长。

4. 保税工厂

保税工厂是经海关批准，可以对外国货物进行加工、制造、分类以及检修等保税业务活动的场所。

保税工厂和保税仓库都可储存货物，但储存在保税工厂中的货物可作为原材料进行加工和制造。许多厂商广泛地利用保税工厂，对外国材料进行加工和制造，以适应市场的需要、符合进出口的规章或减少关税的负担。

外国货物储存在保税工厂的期限为 2 年，如有特殊需要可以延长。如有一部分外国货物需要在保税工厂以外进行加工制造，必须事先取得海关的批准，并在不妨碍海关监督的情况下进行，提交保税工厂以外进行加工和制造的货物，由保税工厂负责。

5. 保税陈列场

保税陈列场是经海关批准在一定期限内用于陈列外国货物进行展览的保税场所。这种保税场所通常设在本国政府或外国政府、本国企业组织或外国企业组织等直接举办或资助举办的博览会、展览会和样品陈列所中。

保税陈列场除了具有保税货棚的职能外，还可以展览商品，加强广告宣传，促进交易的开展。

（四）出口加工区

出口加工区是指一个国家或地区在港口、国际机场附近等交通便利的地方划出一定的范围，提供水电、道路、通信、厂房、车站、码头等良好基础设施，用优惠的政策吸引外商投资建厂，生产以出口为主的制成品，以达到利用外资、引进技术、增加就业、增加外汇收入等目的。

出口加工区自 20 世纪 60 年代后期开始出现，目前全世界已经超过 100 个，大多数建立在发展中国家或地区。出口加工主要涉及纺织和服装业、食品加工业、轻工业、电子产品和电器产品的制造业、材料工业、化学工业，其中最集中的是服装业和电子产品的加工组装业。目前，世界各地的出口加工区大部分是综合性出口加工区，少部分是专业性出口加工区。

部分出口加工区脱胎于自由港或自由贸易区。出口加工区与自由贸易区相比较，不仅发展直接贸易和转口贸易，更主要的是引入生产机制。出口加工区允许生产用的机器、设备、原材料及中间产品自由进出，促进区内加工业的发展。出口加工业通过创造优越的投资环境，提供廉价劳动力和其他优惠政策，吸引外商直接投资。出口加工区还通过保税加工，发展面向出口的加工工业，使工业生产与对外贸易紧密结合。一般来说，自由港或自由贸易区以发展转口贸易、取得商业方面的收益为主，是面向商业的；而出口加工区以发展出口加工工业、取得工业方面的收益为主，是面向工业的。

中国台湾的高雄出口加工区是众多出口加工区中成功的典型。高雄出口加工区位于高雄港，目的是为工业投资提供良好的投资气氛，以促进面向出口的加工业的发展。为此，台湾地区采取的主要措施有：

（1）建立高效管理机构，制定一套严格的管理制度，为外商投资与企业经营活动提供方便。如银行、海关、税务、邮政、电信等均集中在区内办公。

（2）减免关税。用于生产的原料、零件、机器进口及加工区生产的制成品出口免税；区内企业开业五年内免征企业所得税，五年后所得税率为18％。

（3）提供优惠贷款。包括提供出口信贷和营建厂房贷款，购买标准厂房可取得厂房购价70％的贷款，十年分期偿还，自建厂房也可取得优惠贷款。

（五）科学工业园区

科学工业园区是一些国家或地区为促进高技术产品的研制、生产与贸易，将科研、教育、生产、贸易相结合的新型经济特区。这类经济特区大多是将高科技引进原有的经济特区产生的，并使之逐步向多元化、高层次方向发展。

科学工业园区分为自主型和引进型两类。发达国家可以依靠自身拥有的资金和先进技术研究开发高科技，使之商品化，因此发达国家设立的科学工业园区多属于自主型。大多数发展中国家采取引进国外资金、技术与智力的办法进行合作研究与开发，所设立的科学工业园区多属于引进型。

科学工业园区与其他类型的经济特区相比，突出特点在于着力于新技术的研究与开发、高技术人才的吸引和培养。通常采取的措施有：

（1）多渠道筹集高技术研究开发资金。由于高技术研究开发具有很大的风险性，所以资金一般由政府投资和风险投资两部分组成。风险投资中，投资者与研究者是伙伴关系，投资者以资金作为股份，研究者以技术和知识产权作为股份，共同致力于新技术、新产品的开发。风险投资可吸引外国资本参与。

（2）制定鼓励研究与开发的优惠政策。如制定有关企业注册、税收、土地使用、贷款发放、产品销售、人员流动等方面的优惠政策，给投放科学园区的资本特别是外国资本以种种优惠。

（3）提供便捷的交通和信息网络系统。科学工业园一般在国际机场附近，拥有现代通信手段，以此保证高科技产业及时获得和传递资料、数据、信息。

此外，为创造良好的科学研究环境，吸引、培养科技人才。科学工业园区一般分布在科学文化较为发达的地区，以科研机构、高等院校为依托，实行教育、科研与生产相结合。

世界上第一个科学工业园区是美国的"硅谷"，它位于美国旧金山市南郊圣克拉拉县。1938 年，美国斯坦福大学教授特曼加和他的两个学生在这里创办了第一家电脑公司，经过几十年的发展，形成了大学、科研机构和电子公司融为一体的科学工业园区。现在，硅谷是美国高技术研究开发及高科技产品生产的中心，美国许多重要的科技新产品都在这里研制生产。其他发达国家也有类似的科学工业园，如日本的筑波城。20 世纪 70 年代以后，一些发展中国家和地区也模仿美国的硅谷，建立科学工业园区。如新加坡的肯特岗科学工业园区，中国台湾地区新竹科学工业园区。台湾地区新竹科学工业园区于 1980 年兴建，是台湾地区的高等院校和科研机构的密集区，附近有台湾地区的"交通大学"、中山科学研究院、工业技术研究院等。

三、设置经济特区的条件

经济特区的设置应具备一些基本条件，主要包括以下几个方面：

（一）政治环境与行政环境

政治环境是指一国的政局状况。政局稳定及政策保持连续性是外商投资考虑的重要前提。为了给外商投资以安全感和提供基本保障，政府采取一些政策措施，如规定对外国企业国有化的限制、经济补偿措施和签订投资保障协定，可以在一定程度上抵消政局变动对吸引外资产生的负面影响。

行政环境主要指经济特区的管理机构及其管理原则与策略。精简、高效、集中、统一应是经济特区的突出特点，这样才能符合经济特区高度开放、灵活自由又集中统一的客观要求。为此，经济特区一般要权力集中，层次少，办事手续简化。如一些发展中国家经济特区的管理机构实行一元化领导，统一管理区内一切事务，协调各方面关系，各有关部门联合办公，提供一揽子服务，以提高办事效率。

（二）运营环境

运营环境是指经济特区进入正常经营运行阶段的投资环境。它包括以下几个方面：

（1）劳动力成本。劳动力成本一方面是指劳动力价格水平，另一方面也包括劳动者文化技术水平、劳动熟练程度以及由此决定的劳动生产率水平。相对廉价的劳动力和有较高素质的劳动力是吸引外商投资的重要条件。

（2）原材料资源。原材料若能就近组织供应则可以降低生产成本，提高设区地生产的自给程度。设区地应注意建立具有当地资源优势的出口加工业。

（3）基础设施状况。基础设施是经济特区各项活动的动力与载体，包括水电供应、交通设施、邮电通信、商品仓储、文教卫生等设施。良好的基础设施是吸引外商投资的有利条件。

（三）市场环境

经济特区的市场环境是指与其相关的国际市场环境，包括加工产品出口与转口贸易渠道、转口贸易市场状况。

加工产品出口渠道在出口加工区开创初期大多由跨国公司带来，随着生产的发展、产品信誉的形成与推销网络的扩张，新的销售渠道将逐步建立与扩大。至于转口贸易渠道，发展初期取决于邻近地区传统的经济贸易联系，随着港口设施改善、航运船队的建立与扩大，转口渠道与方向将不断有所调整和变化。

（四）财政金融环境

财政金融条件是决定经济特区资金进出、盈亏的重要条件。财政金融环境主要包括吸引外资流入与合理使用，税收减免，土地、能源使用方面的优惠政策，以及有利于资金融通的资金市场。在国际金融活动日益活跃的今天，便利的资金融通对经济特区吸引外资起着重要作用。

四、中国的经济特区

在我国，通常所提到的"经济特区"是指 1980 年开始实施特殊政策的深圳、珠海、汕头、厦门四个城市和 1988 年设立的海南省。它们与上面论述的国际惯例所认同的经济特区内涵有较大的差异。

自 1990 年国务院批准设立上海外高桥、天津港保税区以来，截至 1996 年，经国务院批准，共设立了 15 个保税区。它们是我国目前开放度和自由度最大的经济区域；其功能定位为"保税仓储、出口加工、转口贸易"三大功能。我国的保税区类似于国际上的自由贸易区。

为促进加工贸易发展，规范加工贸易管理，将加工贸易从分散型向相对集中型管理转变，给企业提供更宽松的经营环境，鼓励扩大外贸出口。2000年4月27日，国务院正式批准设立出口加工区。首批批准进行试点的有15个出口加工区。

为了推进两岸经贸关系的发展，加快我国改革开放的步伐，1989年5月国务院正式批准厦门市杏林地区、海沧地区及福州马尾经济技术开发区的未开发部分0.18平方千米为台商投资区。1992年12月，国务院又正式批准厦门集美地区为台商投资区。

1984年9月，国务院批准大连建立第一个国家级经济技术开发区；1990年4月18日，中共中央、国务院同意上海市在浦东实行经济技术开发区和某些经济特区的政策；目前，经国务院批准设立的国家级经济技术开发区有50余个。1991年3月6日，国务院发出《关于批准国家高新技术产业开发区和有关政策规定的通知》，决定批准21个国家高新技术产业开发区；目前，全国共有国家级高新技术产业开发区50余个。自1992年以来，经国务院批准的边境经济合作区有14个，国家级旅游度假区有11个。它们的设立，对于我国吸引外资、发展生产、扩大出口、提高就业水平、优化产业结构等都发挥了重要作用。

第八章
国际贸易条约、协定与组织

随着世界经济的发展，经济因素在国际关系中的影响和作用日益增强，经济利益已成为连接和发展各国之间关系的重要纽带，以及解决双边和多边问题的基本出发点。各国在制定关税和非关税等对外贸易政策措施时，不仅需要考虑本国的国情，而且需要考虑与贸易伙伴国的政策协调问题。因此，出现了协调各国之间经济贸易关系的国际贸易条约与协定；同时，也出现了一些全球性的经济机构和组织，以此来规范和协调国际经济贸易活动，其中以世界贸易组织（前身为关税与贸易总协定）的作用最为显著。

第一节　国际贸易条约与协定

国际贸易条约与协定（International Commercial Treaty and Agreement，以下简称贸易条约与协定）是两个或两个以上的主权国家为了确定彼此间在经济贸易方面的权利和义务而缔结的书面协议。

贸易条约与协定一般都反映了缔约国对外政策和对外贸易政策的要求，并为各缔约国实现其对外政策和对外贸易政策的目的服务。贸易条约与协定分为双边贸易条约与协定和多边贸易条约与协定，内容和作用会由于各国的社会经济制度及政治经济实力对比关系的差异而有所不同。

一、贸易条约与协定所适用的主要法律待遇条款

贸易条约与协定是国际条约和协定的一种，通常所适用的法律待遇条款是最惠国待遇条款和国民待遇条款。

（一）最惠国待遇条款

1. 最惠国待遇的含义

最惠国待遇的基本含义是：缔约国一方现在和将来所给予任何第三国的

一切特权、优惠及豁免，也同样给予缔约对方。最惠国待遇条款（Most-Favored Nation Treatment，MFNT）要求一切外国商品和外国企业处于同等地位，享有同等待遇，不给予歧视待遇。现在的国际贸易条约与协定一般都采用无条件的最惠国待遇条款。

2. 最惠国待遇条款适用的范围

最惠国待遇条款适用范围很广，概括起来有以下几个方面：

（1）有关进口、出口、过境商品的关税及其他各种税捐；

（2）有关商品进口、出口、过境、仓储和运输方面的海关规则、手续和费用；

（3）进出口许可证发放的行政手续；

（4）船舶驶入、驶出和停泊时的各种费用、税收和手续；

（5）关于移民、投资、商标、专利等方面的待遇。

缔约各方在具体签订贸易条约与协定时，往往对最惠国待遇适用的范围加以列举。在列举范围以内的事项才适用最惠国待遇条款。

3. 最惠国待遇条款适用的限制和例外

在贸易条约与协定中，一般都规定有适用最惠国待遇的限制或例外条款。最惠国待遇条款的限制是指：在贸易条约所规定的理由存在时不适用最惠国待遇。例如：有的贸易条约与协定中规定，出于国家安全、食品安全、动物卫生、植物卫生等考虑，缔约双方有权对这类货物的输入和输出加以限制或禁止。

最惠国待遇适用的例外是指某些具体的经济和贸易事项不适用于最惠国待遇。常见的最惠国待遇的例外有以下几种：

（1）边境贸易；

（2）关税同盟等区域经济一体化；

（3）沿海贸易和内河航行；

（4）多边国际条约或协定承担的义务；

（5）区域性特惠条款；

（6）其他例外，如沿海捕鱼、武器进口、金银货币的输出入和文物、贵重艺术品的出口限制和禁止等，也常作为例外。

（二）国民待遇条款

国民待遇是指缔约国一方对缔约另一方的法人、自然人在某些经济权利方面给予与本国法人、自然人同等的待遇。

国民待遇条款（National Treatment）一般适用于外国公民或企业的经济权利。如外国产品所应缴纳的国内税捐，利用铁路运输和转口过境的条件，船舶在港口的待遇，商标注册、著作权等版权以及发明专利权的保护等。同时，国民待遇条款的适用是有一定的范围的，并不是将本国公民或企业所享有的一切权利都包括在内，例如，沿海航行权、领海捕鱼权、购买土地权等，一般都不给予外国侨民或企业，只准本国公民和企业享有。

二、贸易条约与协定的主要种类

（一）通商航海条约

通商航海条约（Treaty of Commerce and Navigation）又称友好通商条约或通商条约，是全面规定缔约国之间经济和贸易关系的条约。其内容比较广泛，这种贸易条约的正文包括的主要内容有以下几个方面：

（1）关于缔约国各方的进出口商品的关税和通关待遇问题；

（2）关于缔约国各方公民和企业在另一方国家所享有的经济权利问题，如财产购置权、经营工商权和移民权等；

（3）关于船舶航行和港口使用问题；

（4）关于铁路运输和过境问题；

（5）关于知识产权保护问题；

（6）进口商品的国内捐税问题；

（7）进出口数量限制问题；

（8）关于仲裁裁决的执行问题；

（9）有些通商航海条约还规定了其他内容，如样品和展览品的免税输入、领事的待遇、国有化问题等。

通商航海条约是以国家或国家首脑的名义签订的，由国家首脑特派全权代表在条约上签字之后，还需按有关缔约国的法律程序完成批准手续才能生效。通商条约有效期限一般比较长。

（二）国际贸易协定

国际贸易协定（International Trade Agreement）是两国或多国之间调整相互经济贸易关系的一种书面协议。它的特点是对缔约国之间的贸易关系往往规定得比较具体，有效期一般比较短，签订的程序也较简单，一般只需各国行政首脑或其代表签署即可生效。贸易协定正文的主要内容通常包括以下几个方面：

（1）最惠国待遇条款适用范围和例外的规定；

（2）进出口商品的货单和贸易量（或贸易额）；

（3）作价办法和使用货币的规定；

（4）关税优惠的规定；

（5）支付方式和清偿办法的规定，在贸易协定中若把支付协定的各种条款都包括在内，这种协定就成为贸易与支付协定；

（6）其他事项规定，如进出口许可证颁发、商品检验、仲裁、设立商务机构、举办展览等。

（三）国际贸易议定书

国际贸易议定书（International Trade Protocol）是指缔约国就发展贸易关系中某项具体问题所达成的书面协议。贸易议定书往往是作为贸易协定的补充、解释或修改而签订的，是贸易协定的附件。在签订长期贸易协定时，关于年度贸易的具体事项，往往通过议定书的方式加以规定。但有的贸易议定书并不是贸易协定的附件。贸易议定书的签订程序和内容比贸易协定更为简单，一般由各国有关行政部门的代表签署后即可生效。

（四）国际支付协定

国际支付协定（International Payment Agreement）是两国间关于贸易和其他方面债权、债务结算方法的书面协议。支付协定是外汇管制的产物，目前只有一些仍然实行外汇管制的发展中国家，有时还需要采用支付协定来清算对外债权和债务。

支付协定正文的主要内容包括以下几个方面：

（1）清算机构的规定；

（2）清算账户的设立；

（3）清算项目与范围的规定；

（4）清算货币的规定；

（5）清算方法的规定；

（6）双方债权债务抵偿后差额的清算办法；

（7）清算汇率等。

（五）国际商品协定

国际商品协定（International Commodity Agreement）是指某些初级产品的主要出口国和进口国为了稳定产品价格、保证供销或促使其发展等目的，通过谈判而达成的政府间的多边协定。

第二次世界大战以前，签订的国际商品协定有小麦协定（1933年签订）和糖协定（1937年签订）。第二次世界大战以后，随着殖民体系的瓦解和发展中国家的独立，为了稳定初级产品的经济收益，作为主要初级产品出口的发展中国家与发达国家签订了更多的国际商品协定。到20世纪90年代，国际商品协定已达到8个，它们是：国际可可协定、国际天然橡胶协定、国际咖啡协定、国际糖协定、国际谷物协定、国际黄麻和黄麻制品协定、国际橄榄油协定、国际热带木材协定。

随着世界经济贸易的发展，随着国际社会对环境的关注，各种国际商品协定的关注重点有所不同，可把它们分为三类。第一类是带有经济条款的国际商品协定，包括国际可可协定和国际天然橡胶协定。它们把稳定市场和价格作为重点，还包括有稳定出口收益、增长和更长期的发展目标。第二类是国际商品管理协定，包括国际咖啡协定、国际糖协定和国际谷物协定。这些协定的主要目标是：确保国际合作；提供国际咨询论坛；促进国际贸易的增加；作为信息收集、交换和发布的中心；促进研究；鼓励和增加商品的消费，但也考虑价格的稳定。第三类国际商品协定是"发展型"的协定，包括国际黄麻和黄麻制品协定、国际橄榄油协定、国际热带木材协定。这类协定的主要目标是：在生产者和消费者之间提供一个合作和咨询的机构；在诸如开发、贸易扩展、市场促销、降低成本和提供市场信息方面，缔约国进行合作和交流信息，也包括对环境的考虑。

（六）商品综合方案

1976 年 5 月，联合国第四届贸易与发展会议正式通过商品综合方案（Integrate Program for Commodities）的决议，主要解决发展中国家初级产品贸易问题。从 1976 年到 1980 年，在联合国贸易与发展会议主持下就建立商品共同基金进行磋商。1989 年 6 月，国际商品综合方案下的有关商品共同基金问题在联合国磋商会议上获得通过，建立国际商品基金的协议正式生效。

1. 商品综合方案的主要内容

（1）建立多种商品的国际储存（"缓冲存货"）。目的是为了稳定商品价格和保证正常的生产与供应。国际储存的商品必须是对发展中国家有重要利害关系且便于储存的商品，主要有：香蕉、咖啡、可可、茶叶、食糖、肉类、植物油、棉花、黄麻、硬纤维、热带木材、橡胶、铝、铁、锰、磷、铜和锡。

（2）建立国际储存的共同基金。该基金用来资助国际初级产品的缓冲存货和改善初级产品市场，提高初级产品的长期竞争性，如开发研究、提高生产率、改进销售等。

（3）商品贸易的多边承诺。即各成员国承诺在特定时间内各自出口或进口某种初级产品的数量。

（4）扩大和改进商品贸易的补偿性资金供应。即当出口初级产品的发展中国家的出口收入剧减时，国际货币基金将给予补偿性贷款。

（5）扩展初级产品的加工和出口多样化。为此，发达国家应降低或取消进口关税和非关税壁垒，促进这些加工产品的贸易。

2. 商品综合方案的执行与管理机构

（1）国际商品基金

国际商品基金是一个独立的政府间援助机构，拥有 104 个成员。国际商品基金总额为 7.5 亿美元，其中各成员国直接分摊 4.7 亿美元，自愿认缴 2.8 亿美元。基金设立两个账户。第一账户是为包括国际商品协定在内的缓冲库存和国际协调的各国存货的资金融通提供援助。第二账户是为商品的技术开发提供资金。这些技术包括：改善市场结构、加强商品的长期竞争力的技术；开发和提高商品生产率、营销多样化的技术。此外，通过第二账户，还要促进商品生产者、资助者、捐赠者、消费者和相关利益各方关于商品技术领域的协商与磋商。

（2）国际商品机构

它是政府间的商品机构。其职能是为第一账户运行提供援助。成为国际商品机构成员要具备以下条件：应不断参加与商品有关的生产、消费、贸易等各方面的活动；其成员（生产者和消费者）应占该商品进口与出口的绝大部分；有一个高效率的决策程序。成为基金第二账户的国际商品机构能够承担相应的责任。现在已有 22 个组织被指定为国际商品机构，其中包括 8 个国际商品协定，5 个国际商品研究组，9 个食品和农业组织中附属商品机构。

国际商品协定和研究组织成员分别是：国际可可组织、国际咖啡组织、国际铜研究组、国际棉花咨询理事会、国际谷物理事会、国际黄麻组织、国际铅锌研究会、国际天然橡胶组织、国际镍研究组、国际橄榄油理事会、国际橡胶研究组、国际糖组织、国际热带木材组织。9 个粮食和农业组织附属商品机构为：政府间香蕉小组、政府间橘类水果小组、政府间渔业贸易分委员会、政府间谷物小组、政府间硬纤维小组、政府间毛皮分小组、政府间肉类小组、政府间稻类小组、政府间茶叶小组。

第二节　世界贸易组织

一、世界贸易组织的建立

世界贸易组织（World Trade Organization，WTO）的前身是关税与贸易总协定（General Agreement on Tariffs and Trade，GATT），了解关税与贸易总协定是理解世界贸易组织及其基本规则的基础。

（一）关税与贸易总协定的产生

关税与贸易总协定简称关贸总协定、总协定或 GATT。世界贸易组织正式运行之前，关税与贸易总协定是协调、处理国家间关税与贸易政策，调整缔约方对外贸易政策和国际贸易关系的国际多边协定，也是缔约方之间进行多边贸易谈判和解决贸易争端的场所。关贸总协定也被称为"经济联合国"，并与国际货币基金组织、世界银行共同构成世界经济体系的三大支柱。其宗旨是，通过达成互惠互利协议，彼此削减关税及其他贸易障碍，消除国际贸易中的歧视待遇，以提高生活水平，保证充分就业，增加实际收入和有效需求，充分利用世界资源，扩大商品生产和交换。作为国际贸易准则的一项多边条约，它对世界各国的贸易发展和国际贸易秩序有着举足轻重的作用。

第二次世界大战使资本主义国家的经济实力对比发生了巨大变化，英法等国的经济在战争中遭到严重破坏，而美国却成为资本主义世界最主要的债权国。为重建世界经济秩序，第二次世界大战尚未结束，以美国为首的西方国家就于 1944 年 7 月在美国布雷顿森林召开了联合国货币与金融会议，建立了国际货币基金组织和世界银行，前者确立了战后新的国际货币体系，后者的主要任务是处理长期国际投资问题。

为实现贸易自由化，以利于美国商品顺畅地进入各国市场，美国积极倡议建立国际贸易组织，主张在多边的基础上相互削减关税；其他国家也认识到国际经济合作对维护世界和平的重要性。1946 年 2 月，联合国经社理事会第一次会议通过了美国关于召开世界贸易和就业会议的建议，并成立了筹备委员会。1947 年 4 月至 10 月，美、英、中、法等 23 个国家参加了在瑞士日内瓦举行的筹备委员会第二次会议，进行了首轮关税减让谈判，签订了 123 项双边关税减让协议；通过了美国提交的国际贸易组织宪章草案。由于发达的工业化国家与不发达的国家之间以及发达的工业化国家相互之间存在多方面的分歧意见，短期内通过《国际贸易组织宪章》是不可能的。为了尽快获取关税减让谈判已达成协议的好处，有关国家将拟议中的国际贸易组织宪章中关于贸易政策方面的条款摘出，与各国已达成的关税减让协议汇编成一个协定，命名为《关税与贸易总协定》。1947 年 10 月 30 日，23 个国家签署了《关税与贸易总协定临时适用议定书》，宣布总协定从 1948 年 1 月 1 日起临时适用，直至《国际贸易组织宪章》生效。

1947 年 11 月 21 日至 1948 年 3 月 24 日，世界贸易与就业会议在古巴哈瓦那召开，通过了《国际贸易组织宪章》（即《哈瓦那宪章》），送交各国政府批准。但 1950 年美国宣布《哈瓦那宪章》与其国内立法存在差异，不予批准；持观望态度的其他国家也以各种理由不予批准。因此，建立国际贸易组织一事半途而废。因而，关税与贸易总协定就成为各缔约方在贸易政策方面确立某些共同遵守的准则，推动贸易自由化的多边条约。总协定顾名思义只是一项"协定"，而不是一个"组织"，但事实上却在《关税与贸易总协定》的基础上形成了一套组织机构，保证了《总协定》的贯彻执行。关税与贸易总协定从1948年1月1日开始，到1995年1月1日世界贸易组织正式运行，共存续了47年。截至1994年底，关税与贸易总协定共有128个缔约方。

（二）关税与贸易总协定的多边贸易谈判

关税与贸易总协定共有过八轮多边贸易谈判，以达成协议的方式对总协定条款进行补充和修改，缔约方之间的关税水平大幅度下降，非关税措施受到约束。

第一轮谈判是1947年4月至10月在瑞士日内瓦举行的，包括中国在内的23个国家参加了谈判。该轮谈判达成了123项双边关税减让协议，涉及45 000项商品，使应征税进口值54%的商品平均降低关税35%。

第二轮谈判于1949年4月至10月在法国安纳西举行，有33个国家参加。该轮谈判共达成协议147项，使应征税进口值56%的商品平均降低关税35%。

第三轮谈判于1950年9月至1951年4月在英国托尔基（托奎）举行，有39个国家参加。该轮谈判签订了150项关税减让协议，使应征税进口值11.7%的商品平均降低关税26%。

第四轮谈判于1956年1月至5月在日内瓦举行，由于美国国会对政府授权有限，仅有28个国家参加，使应征税进口值16%的商品平均降低关税15%。

第五轮谈判于1960年9月至1962年7月在瑞士日内瓦举行，有45个国家参加，使应征税进口值20%的商品平均降低关税20%。

第六轮谈判于1964年5月至1967年6月在日内瓦举行，有54个国家参加。该论谈判使工业品的进口关税下降35%，涉及贸易额达400亿美元；谈判内容第一次涉及非关税壁垒，并通过了第一个反倾销协议；增补了《总协定》的第四部分，即新增"贸易与发展"条款，规定了对发展中缔约方的特殊优惠待遇，明确发达缔约方不应期望发展中缔约方做出对等的减让承诺。

第七轮谈判由1973年9月在日本东京召开的部长级会议而开始，习称"东京回合"，后来谈判改在日内瓦举行，1979年4月结束。有99个国家（包括29个非缔约国）参加，各国的减税幅度在25%～33%之间；在海关估价、补贴与反补贴、政府采购、进出口许可证程序、贸易的技术壁垒、反倾销方面达成 6 项非关税措施协议，并达成 3 项专门商品贸易协议；通过了"授权条款"。

第八轮谈判于 1986 年 9 月 15 日在乌拉圭埃斯特角城拉开帷幕，习称"乌拉圭回合"，谈判后来在日内瓦举行。该回合新增加 3 个议题，即与贸易有关的投资措施、知识产权保护和服务贸易。中国全面参加了该回合全部 15 个议题的谈判。1993 年 12 月 15 日，乌拉圭回合谈判方代表在日内瓦一致通过《乌拉圭回合最后文件》，标志着乌拉圭回合多边贸易谈判基本结束。1994 年 4 月 15 日，各参加方政府代表在摩洛哥马拉喀什正式签署《乌拉圭回合最后文件》，涉及 21 个领域、28 个协议，自 1995 年 1 月 1 日开始生效。

（三）世界贸易组织的建立

1986 年"乌拉圭回合"启动时，谈判议题没有涉及建立世界贸易组织问题，只设立了一个关于完善关税与贸易总协定体制职能的谈判小组。在新议题的谈判中，涉及服务贸易和与贸易有关的知识产权等非货物贸易问题。这些重大议题的谈判成果，很难在关税与贸易总协定的框架内付诸实施，创立一个正式的国际贸易组织的必要性日益凸显。

1994 年 4 月 15 日，"乌拉圭回合"参加方在摩洛哥马拉喀什通过了《建立世界贸易组织马拉喀什协定》，简称《建立世界贸易组织协定》。该协定规定，任何国家或在处理其对外贸易关系等事项方面拥有完全自主权的单独关税区，都可以加入世界贸易组织。

世界贸易组织继承关税与贸易总协定的宗旨，并增加了扩大服务的生产与贸易，以及可持续发展的目标等内容。世界贸易组织的职能主要包括：

（1）负责多边贸易协议的实施、管理和运作，促进世界贸易组织目标的实现，同时为诸边贸易协议的实施、管理和运作提供框架。

（2）为各成员方就多边贸易关系进行谈判和贸易部长会议提供场所，并提供实施谈判结果的框架。

（3）通过争端解决规则与程序，解决成员间可能产生的贸易争端。

（4）运用贸易政策审议机制，负责定期审议成员的贸易政策及其对多边贸易体制运行所产生的影响。

（5）通过与其他国际经济组织（国际货币基金组织、世界银行及其附属机构等）的合作和政策协调，实现全球经济决策的更大一致性。

（6）对发展中国家和最不发达国家提供必要的技术援助及培训。

二、世界贸易组织的基本原则

世界贸易组织的基本原则是各成员方制定、修改对外贸易政策和措施，从事对外贸易活动，处理成员方之间经济贸易关系的主要法律依据，构筑了多边贸易体制的基础。世界贸易组织基本原则的核心是贸易自由化。

（一）非歧视原则

非歧视原则是世界贸易组织最为重要的原则，是世界贸易组织的基石。它要求成员方在实施某种优惠和限制措施时，不能对任何成员方实施歧视待遇，以实现平等贸易和尽量避免贸易摩擦。非歧视原则是通过最惠国待遇条款和国民待遇条款来体现的。

1. 最惠国待遇原则

世界贸易组织要求，成员方将在货物贸易、服务贸易和知识产权领域给予任何其他国家的优惠待遇，立即和无条件地给予其他各成员方。

在新成员加入世界贸易组织时，如果已有成员和新加入成员中的一方，或两个新加入成员中的一方，宣布不与对方适用《建立世界贸易组织协定》，则两者之间的贸易关系不受世界贸易组织规则约束，任何一方都不能自动地享有另一方给予其他国家的优惠。

世界贸易组织的最惠国待遇条款是多边的、无条件的、永久的。但是，世界贸易组织的最惠国待遇条款适用范围同样存在若干例外，如区域经济安排、边境贸易、发展中成员的特殊和差别待遇等均存在例外。

2. 国民待遇原则

世界贸易组织要求成员方在该国境内对其他成员方的产品、服务或服务提供者及知识产权所有者和持有者所提供的待遇，不低于本国同类产品、服务或服务提供者及知识产权所有者和持有者所享有的待遇。

世界贸易组织《服务贸易总协定》中，将国民待遇和市场准入不是作为"普遍义务"，而是采取"具体承诺"的方式，将其与各个服务部门或分部门的开放联系在一起，以促使分歧较小的部门早日达成协议。国民待遇在知识产权领域适用的范围是成员方所采取的知识产权保护措施，包括法律、法规、政策和措施等。

（二）贸易自由化原则

世界贸易组织的一个重要目标是通过谈判逐步实现更大程度的贸易自由化，促进开放贸易体制的形成。世界贸易组织的一系列协定、协议都要求成员分阶段逐步实行贸易自由化，以此扩大市场准入水平，促进市场的合理竞争和适度保护。

贸易自由化原则的实现是以成员方多边谈判为手段，遵循世界贸易组织共同规则，以争端解决机制为保障，通过援用有关例外条款或采取保障措施等贸易救济措施为"安全阀"，以不同过渡期方式体现差别待遇。

1. 关税保护和关税减让原则

世界贸易组织允许各成员方以合理的关税保护国内市场，主要是因为关税主要影响价格，透明度高，谈判比较容易，而且比较容易执行非歧视性原则，有利于市场经济的发展。

《1994年关税与贸易总协定》要求各成员方通过谈判降低各自的关税水平，并将这些减让的税目列入各自的关税减让表，使其"约束"起来。已约束的税率3年内不许提升；3年后如果提升，还要同当初进行对等关税减让的成员方协商，取得同意，并且要用其他产品的相当水平的关税减让来补偿提升关税所造成的损失。

2. 减少非关税贸易壁垒

世界贸易组织通过制定新规则和修订原有规则，诸如原产地规则、装船前检验、反倾销、技术贸易壁垒、进口许可证程序、补贴与反补贴、海关估价、政府采购等协议，约束各种非关税壁垒实施的条件。

3. 通过承诺义务，开放服务市场，稳定服务贸易发展

各成员方通过谈判，按不同的服务部门做出承诺，并明确列入各成员方的市场准入承诺表，作为《服务贸易总协定》不可分割的部分，具有约束力。

(三) 公平竞争与贸易原则

世界贸易组织要求成员方遵守共同承诺的国际贸易规则，避免采取扭曲市场竞争的措施，纠正不公平贸易行为，创造和维护国际贸易中公开、公平、公正的市场竞争环境。该原则具体体现为互惠互利原则和公平竞争原则。

1. 互惠互利原则

互惠互利原则又称对等原则。世界贸易组织要求成员之间相互给予对方以贸易上的优惠待遇，强调权利与义务的综合平衡。即任一成员方在享受其他成员方的优惠待遇时，必须给其他成员方以对等的优惠待遇。

2. 公平竞争原则

世界贸易组织规定，各成员方发展对外贸易，不应该采取不公平的手段进行竞争，反对人为的干预所带来的扭曲；应维护自由市场原则，促进各成员方生产者之间的公平竞争。公平竞争原则主要通过反倾销规则和反补贴规则等来体现。

世界贸易组织规定，某一成员方以倾销或补贴方式出口本国的产品而给进口国国内工业造成实质性的损害，或有实质性损害威胁时，受损害的进口国可以征收反倾销税或反补贴税来对本国工业进行保护；但应该遵循一定的程序进行。世界贸易组织反对各国以保护主义为目的的对反倾销和反补贴措施的滥用。

（四）透明度原则

透明度原则是指，世界贸易组织成员方应公布所制定和实施的贸易措施及其变化情况（如修改、增补或废除等），没有公布的不得实施；要求世界贸易组织成员实施有关影响贸易的政策、法令、条例应做到全国统一；同时还应将这些贸易措施及其变化情况通知世界贸易组织；成员方所参加的有关影响国际贸易政策的国际协议，也在公布和通知之列。

透明度原则是世界贸易组织的重要原则，目的在于保证贸易环境的稳定性和可预见性，防止成员之间进行不公平的贸易，促使多边贸易体制在开放、公平、无扭曲竞争的基础上健康发展。

（五）发展中国家优惠待遇原则

发展中国家优惠待遇原则是对发展中国家的特殊待遇，是允许例外和差别待遇中最突出的表现。发展中国家优惠待遇原则具体体现在以下五个方面：

（1）发展中国家可以承诺较低水平的贸易自由化义务。例如，乌拉圭回合协议和协定实施后，世界贸易组织全体成员方的关税水平都降低，发达成员方降到 3.8% 左右，而发展中成员的平均关税约为 12%。

（2）允许发展中国家用较长的时间履行义务或者有较长的过渡期。例如，在关税减让和取消数量限制措施方面，发达国家的过渡期为 5～6 年，而发展中国家可以为 8～10 年。

（3）允许发展中国家在履行义务时有较大的灵活性。例如，发展中国家在市场开放的过程中可以较宽松地援引有关条款而暂缓或中止履行某些承诺。

（4）发展中国家在履行某些义务时，发达国家成员应当提供资金和技术援助。例如，在海关措施、环境保护等方面，发达国家有义务向发展中国家提供资金和技术援助。

（5）允许发展中成员方继续享受"普遍的、非歧视的和非互惠的"普遍优惠制待遇；发展中成员之间可以按照区域性或全球性安排相互给予关税减让、非关税措施减少或取消等方面的优待。

（六）允许例外和实施保障措施原则

允许例外和实施保障措施原则，是指在某些特殊的条件下，世界贸易组织成员可以不履行已承诺的义务，以防范贸易自由化的风险。

1. 适用范围

（1）保障措施。保障措施也称紧急限制进口措施。当一国某产品进口大量增加，对国内生产同类或直接竞争产品的产业造成严重损害或构成重大威胁时，例如发生开工严重不足、工人大量失业和利润大幅度下降等情况，该国可以实行临时性进口限制措施，如撤回关税减让或实行数量限制。

（2）国际收支平衡例外。当一国遇到国际收支极度不平衡时，可以对进口实行限制。但这种限制是临时性的，当收支恢复平衡后，即应取消。《关于1994年关税与贸易总协定国际收支条款的谅解》要求实施国际收支限制的成员应尽快公布取消限制的时间表；实施国际收支限制应采取进口附加费、进口押金等价格措施，而不要采取新的数量限制措施等。

（3）幼稚工业、新兴产品的保护例外。对本国新兴的、尚不具备竞争能力的工业，政府可以通过进口限制、提高关税、实行许可证、征收临时附加税等办法予以保护。但世界贸易组织对这种保护规定了比较严格的限制条件。

（4）其他例外。世界贸易组织规定在以下情况也能实施例外条款：防止或缓和出口成员方的粮食及必需品的严重匮乏；维护国家安全；维护一国的公共道德；维护居民和动植物的生命安全；维护知识产权；为保证经济发展或经济过渡计划的完成；黄金和白银的进出口；监狱劳改产品；涉及保持传统文化的艺术品和文物；多种纤维协定已有的数量限制；贸易集团之间的优惠等。

2. 限制条件

世界贸易组织对允许例外和实施保障措施原则在适用的条件、手段和期限等方面都具有严格的限制，必须遵守以下各项规定：

（1）遵循规定的程序。

（2）实施保障措施之前的调查公开化。

（3）保障措施一般要求在非歧视的基础上实施，即只针对产品而不论其来源。实施保障措施的成员方应与受影响的成员方谈判补偿问题，如谈判未达成协议，则受影响的成员方可根据有关规定采取对等报复措施。

（4）任何成员不得寻求、采取或维持任何自愿出口限制、有秩序的出口销售安排等措施。

（5）在紧急情况下，进口成员方采取的临时性保障措施不应超过200

天，且必须提供明确证据；实施保障措施的时间一般不超过 4 年。该行业同时进行结构调整，保护期可因此延至 8 年；发展中成员不得超过 10 年。

《服务贸易总协定》规定世界贸易组织成员在一定情况下可豁免其承担的某项义务或采取保障措施，以推动服务产业和服务贸易平稳发展。

三、世界贸易组织的法律框架与组织结构

世界贸易组织的法律框架和组织结构等为世界贸易组织的运行提供了法律基础和组织保障。

（一）法律框架

世界贸易组织的法律框架具体由以下几部分构成：

1. 世界贸易组织的基本法

《建立世界贸易组织协定》是世界贸易组织的基本法，规定了世界贸易组织的宗旨和原则、活动范围、职能、组织结构、成员制度、法律地位、决策机制、协定修改等。

2. 世界贸易组织的货物贸易法律制度（附件一 A）

货物贸易是关税与贸易总协定长期以来所调整的传统部门，也是世界贸易组织法律体系的基础。有关货物贸易的多边协议具体包括：

（1）《1994 年关税与贸易总协定》。它是对《1947 年关税与贸易总协定》的补充和修改，是世界贸易组织协调货物贸易领域的基本规范，并指导其他货物贸易协议的内容。

（2）《农业协议》。它规范了长期游离于关贸总协定之外的农产品贸易，大幅度削减了农产品贸易的关税水平，并对农业补贴措施加以限制。

（3）《实施卫生与植物卫生措施协议》。它实际上是关于农产品贸易的辅助协议，用以规范农产品贸易中的动植物卫生检疫措施，使之不构成农产品贸易领域的技术性贸易壁垒。

（4）《纺织品和服装协议》。它是对原有的《多种纤维协定》的修正，目的在于降低纺织品和服装贸易的关税以及配额管理等数量限制措施。

（5）《技术性贸易壁垒协议》。它规范各成员的技术标准措施，要求各成员的技术标准是可预见的和可操作的，并尽可能与通用的国际标准保持一致。

（6）《与贸易有关的投资措施协议》。它要求各成员取消某些投资措施，避免投资措施对贸易的扭曲。

（7）《反倾销协议》。它完善了《关税与贸易总协定》中有关反倾销的条款。

（8）《海关估价协议》。它明确了海关估价可使用的方法及其运用次序。

（9）《装运前检验协议》。它对装运前检验措施加以规范。

（10）《原产地规则协议》。它对原产地的确定、原产地标志的使用做出了明确规定。

（11）《进口许可程序协议》。它对货物进口许可证的发放、进口许可程序加以规范。

（12）《补贴与反补贴措施协议》。它完善了《关税与贸易总协定》中有关补贴与反补贴的条款，对补贴有了明确的定义，区分了禁止性补贴、可申诉补贴和不可申诉补贴，对反补贴调查及反补贴措施的运用做出了明确的规定。

（13）《保障措施协议》。它是对《关税与贸易总协定》第19条实施规则的说明。

3. 世界贸易组织的服务贸易法律制度（附件一B）

这些制度是规范国际服务贸易的法律基础。具体包括：

（1）《服务贸易总协定》。它是规范服务贸易的基础性文件，明确了服务贸易的定义以及基本原则，是服务贸易的部门谈判的基础。

（2）《金融服务协议》。它主要由参加方的承诺表组成，它们对有关银行、保险业的市场准入做出了明确承诺。

（3）《基础电信协议》。它主要由参加方的承诺减让清单组成，重点在于确定使用公共电信网络和服务的权利与义务。

（4）《关于服务贸易中提供服务的自然人流动的附件》。它规定各成员对于提供服务的自然人流动及入境居留，有权采取必要的管理措施，但这些措施不应降低具体承诺的实际效果。

4. 世界贸易组织与贸易有关的知识产权法律制度（附件一C）

《与贸易有关的知识产权协定》制定了世界贸易组织范围加强知识产权国际保护的有关原则和具体实施措施，包括对版权、商标权、专利权等的规定。

5. 世界贸易组织争端解决机制的法律制度（附件二）

《关于争端解决规则与程序的谅解》，是世界贸易组织各成员方有关争端解决的法律规则和程序，是对关贸总协定争端解决机制的完善与加强，使贸易争端的解决更为公平、有效和快捷。

6. 世界贸易组织关于贸易政策审议机制的法律制度（附件三）

世界贸易组织贸易政策审查机制是在乌拉圭回合谈判中产生的，并形成了《贸易政策审议机制》，规定了贸易政策审议机制的目标、机构、审议范围、程序等方面的法律制度。

7. 世界贸易组织的诸边贸易协议（附件四）

诸边贸易协议包括《政府采购协议》、《民用航空器贸易协议》、《国际奶制品协议》、《国际牛肉协议》。其中，《国际奶制品协议》和《国际牛肉协议》已于 1997 年 12 月 31 日合并到《农业协议》中。

8. 世界贸易组织的信息技术协议

《信息技术协议》是世界贸易组织成立后达成的一个重要协议，旨在各成员方通过取消信息技术产品的关税及其他税费（发达国家在 2000 年 1 月 1 日前，发展中国家在 2005 年 1 月 1 日前），在全球范围内实现信息技术产品贸易的最大自由化，促进信息技术产业不断发展。

上述各法律文件中，附件一、附件二和附件三作为多边贸易协定，所有成员都必须一揽子接受；附件四属于诸边贸易协定，仅对签署方有约束力，成员可以自愿选择参加。

（二）组织结构

根据《建立世界贸易组织协定》的规定，世界贸易组织建立了相应的组织结构。

1. 部长级会议

部长级会议是世界贸易组织的最高决策机构。由所有成员国主管外经贸的部长、副部长级官员或其全权代表组成的部长级会议至少每两年举行一次，部长级会议全权履行世界贸易组织的职能，并可以为此采取任何必要的行动。部长级会议具有广泛的权力，主要有立法权、争议裁决的准司法权、豁免某个成员在特定情况下的义务、新申请加入方的表决等。

2. 总理事会

在部长级会议休会期间，由全体成员代表组成的总理事会代行部长级会议职能。总理事会负责世界贸易组织的日常事务，监督和指导下设机构的各项工作，并处理世界贸易组织的重要紧急事务。总理事会还有两项具体职能，即履行贸易争端解决和各成员贸易政策审议的职责。

3. 分理事会

总理事会下设以下分理事会：

（1）货物贸易理事会。货物贸易理事会负责监督实施《1994 年关贸总协定》及其他货物贸易协议有关事宜。货物贸易理事会下设一些专门委员会，包括市场准入委员会、农业委员会、实施卫生与植物卫生措施委员会、技术性贸易壁垒委员会、补贴与反补贴措施委员会、反倾销措施委员会、海关估价委员会、原产地规则委员会、进口许可程序委员会、与贸易有关的投资措施委员会、保障措施委员会以及纺织品监督机构等。

(2) 服务贸易理事会。服务贸易理事会监督执行《服务贸易总协定》及分部门协议有关事宜，下设金融服务贸易委员会和具体承诺委员会等。

(3) 知识产权理事会。监督执行《与贸易有关的知识产权协定》有关事宜。

4. 各专门委员会

根据《建立世界贸易组织协定》，部长级会议下设专门委员会，负责处理三个理事会的共性事务以及三个理事会管辖范围以外的事务。各专门委员会向总理事会直接负责。世界贸易组织现已设立贸易与发展委员会、贸易与环境委员会、国际收支限制委员会、区域贸易协议委员会、预算、财务与行政委员会等专门委员会。各专门委员会对世界贸易组织所有成员开放。

根据《政府采购协议》和《民用航空器贸易协议》的规定，世界贸易组织还设立了政府采购委员会和民用航空器贸易委员会，负责监督实施相应的诸边贸易协议。这两个委员会只对签署方开放。这两个委员会不是总理事会的附属机构，但在世界贸易组织内运作，并要定期向总理事会通报其活动。

5. 秘书处与总干事

世界贸易组织成立由一位总干事领导的世界贸易组织秘书处（以下称"秘书处"），设在瑞士日内瓦。总干事由部长级会议选定，并明确总干事的权利、职责、服务条件及任期规则。秘书处工作人员由总干事指派，并按部长级会议通过的规则决定他们的职责和服务条件。总干事和秘书处工作人员应独立行使所承担的职责，不得寻求或接受世界贸易组织之外任何政府或其他权力机关的指示。

6. 其他机构

除上述常设机构外，世界贸易组织还根据需要设立了一些临时性机构，通常被称为工作组。如服务贸易理事会下的专业服务工作组，《服务贸易总协定》规则工作组，货物贸易理事会下的国营贸易企业工作组和装运前检验工作组等。

第三节　GATS 与 TRIPs

一、《服务贸易总协定》

服务贸易在乌拉圭回合首次成为谈判议题之一，并于 1993 年 12 月 15

日达成《服务贸易总协定》（General Agreement on Trade in Service，GATS）。服务贸易从 1995 年 1 月 1 日开始被纳入多边贸易体制的约束，从而逐步走向自由化。

（一）《服务贸易总协定》管辖范围

1. 国际服务贸易的内涵

国际服务贸易是指一国服务提供者向他国服务消费者提供服务，并获得外汇收入的过程。根据提供服务的方式，《服务贸易总协定》界定了服务贸易的范围，包括跨境交付、境外消费、商业存在和自然人流动四个方面。

（1）跨境交付（Gross-Border Supply）。这是指从一成员方境内向另一成员方境内提供服务。即服务的提供者与消费者在各成员之间并不需要移动而实现的服务贸易。如通过电信、邮电、计算机网络实现的视、听、金融、信息咨询等服务。

（2）境外消费（Consumption Abroad）。这是指在一成员方境内向另一成员方的服务消费者提供服务。即消费者到境外去享用境外服务提供者提供的服务。如为外国游客提供旅游服务，在国内为国外病人提供医疗服务，接收外国留学生等，属于服务出口。

（3）商业存在（Commercial Presence）。这是指一成员方的服务提供者在另一成员方境内通过商业存在提供服务。商业存在既可以是在一成员领土内组建、收购或维持一个法人实体，也可以是创建、维持一个分支机构或代表处。这种服务提供方式有两个主要特点：① 服务的提供者和消费者在同一成员的领土内；② 服务提供者到消费者所在国的领土内采取了设立商业机构或专业机构的方式。一般认为，商业存在是四种服务提供方式中最为重要的方式。

商业存在可以完全由当地雇用的人员组成，也可以有外国人参与。在后一种情况下，这些外国人以自然人流动方式提供服务。

（4）自然人流动（Movement of Personnel）。这是指一成员方的服务提供者在另一成员方境内通过自然人存在提供服务。例如，一国的艺术家到另一国从事表演服务；建筑设计与工程承包中的服务人员输出等。

自然人流动与商业存在的共同点是，服务提供者到消费者所在国的领土内提供服务；不同之处是，以自然人流动方式提供服务，服务提供者没有在消费者所在国的领土内设立商业机构或专业机构。

单个地受雇于国外机构，取得工资并完全用于国外的消费，一般不被视做服务贸易。只有他将其中的部分收入汇回境内，这部分收入才构成服务贸易。

2．服务行业的划分

乌拉圭回合服务贸易谈判小组在征求各谈判方的提案和意见的基础上，提出了以部门为中心的服务贸易分类方法。经 WTO 服务贸易理事会评审认可，将服务行业分为 12 个部门，共 160 多个分部门。这 12 个部门包括商业性服务、通信服务、建筑和相关工程服务、销售服务、教育服务、环境服务、金融服务、健康服务、旅游服务、文化及娱乐和体育服务、运输服务和其他服务。

（二）《服务贸易总协定》的主要内容

1．普遍义务与原则

普遍义务与原则也称"一般义务和纪律"，是《服务贸易总协定》的核心部分之一，它要求各方一旦签约就必须普遍遵守。

（1）关于最惠国待遇

《服务贸易总协定》原则上是无条件最惠国待遇原则。一成员方给予任何其他国家（不论成员方或非成员方）的服务或服务提供者的待遇，须立即和无条件地给予其他成员方类似的服务或服务提供者。

但是，在《服务贸易总协定》生效时，成员方如果根据该协定中《关于第 2 条例外的附件》所规定的条件，援引有关最惠国待遇的例外，则可以在谈判确定本国第一份服务贸易减让表的同时，列出最惠国待遇例外清单，从而有权继续在特定的服务部门给予特定国家以更优惠的待遇。这些例外只能一次确定，并且例外清单中的内容不得增加。

（2）关于透明度

任何成员除非在紧急情况下，应立即并最迟在其生效前公布和通知所有有关或影响本协定执行的相关措施。本协定成员也应公布其签署参加的有关或影响服务贸易的国际协定。如果成员方新制定或修改后的法律、法规和行政措施，对该成员在《服务贸易总协定》下的服务贸易具体承诺产生影响，则应及时通知服务贸易理事会。发达国家应在《服务贸易总协定》生效后的 2 年内建立"联系点"，以使发展中国家的服务提供者更易获取有关服务供给的商业和技术方面的信息，以及有关专业资格要求等方面的信息。

（3）关于国内法规的纪律

《服务贸易总协定》规定了关于国内法规和资格承认的纪律，以保证世界贸易组织成员在该协定下所能获得的利益不因各成员的国内法规而遭到损害。

对已做出具体承诺的部门，成员方应以合理、客观、公正的方式实施影响服务贸易的所有措施，在合理时间内答复提供某种服务的申请。成员方还应提供司法或其他程序，以便服务提供者就影响其贸易利益的行政决定提出申请，进行复议。

通过制定多边规则，防止对服务提供者的资格要求、技术标准及许可的发放构成不必要的贸易限制。在多边规则形成以前，成员方在实施各自的标准和要求时，也不能对服务提供者构成不必要的贸易限制，以确保不削弱或损害各成员已做出的具体承诺。

《服务贸易总协定》敦促成员方承认其他成员方服务提供者所具有的学历或其他资格。资格要求应尽可能地以国际公认的标准为基础，不能在成员间造成歧视，也不能对服务贸易构成隐蔽限制。

（4）关于垄断和专营服务提供者及限制性商业惯例的纪律

《服务贸易总协定》要求，成员方任何一种服务的垄断提供者，均不得滥用垄断地位，其行为不能违背该成员的最惠国待遇义务和已做出的具体承诺。如果一成员在对提供某种服务做出具体承诺后，又对提供该种服务授予垄断经营权，从而否认或损害了其已有的承诺，则该成员应通过谈判做出相应补偿。

《服务贸易总协定》承认服务提供者的"某些商业惯例"可能会抑制竞争，从而限制服务贸易。应其他成员请求，成员方应就此问题进行磋商和信息交流，以最终取消这些限制性商业惯例。

（5）关于紧急保障措施和补贴纪律

准许某一成员方"在由于没有预见到的变化或由于某一具体承诺而使某一服务的进口数量太大以致对本国国内的服务提供者造成了严重损害或威胁时，该成员方可以部分或全部中止此承诺以弥补这一损害"。而任何成员要采取这种"紧急保障措施"，应在之前或之后立即向全体成员通知这种措施并提供有关数据，且应与有关各方充分磋商。

《服务贸易总协定》承认补贴对服务贸易会产生扭曲，同时也承认补贴对发展中成员服务业的发展所起的作用，它规定各成员应进行多边谈判并制定必要的多边规则以避免这种扭曲，并对发展中国家补贴方面的需要予以灵活处理。成员方在受到某成员补贴的不利影响时，可要求进行磋商解决。

成员方不能自由地利用补贴夹帮助本国的服务提供者。如果成员方在服务贸易承诺表中未明确说明补贴措施不适用外国服务提供者，则根据国民待遇原则，成员方有义务在纳入具体承诺表的服务部门给予外国服务者同样的补贴。

（6）关于例外的规定

与《1994年关税与贸易总协定》有关条款相似，《服务贸易总协定》允许处于严重国际收支困难中的成员或受国际收支困难威胁的成员，对其具体承诺所涉及的服务贸易采取限制措施。发展中成员和转型经济成员可以采取限制措施，以保持一定的国际储备水平，满足其发展及经济转型计划的需要。但是，这些限制不得在其他成员方之间造成歧视，不得对其他成员的利益造成不必要的损害，也不得超过必要的限度。同时，《服务贸易总协定》还做出了与货物贸易相同的一般例外和安全例外的规定。此外，《服务贸易总协定》规定，各成员方政府购买自用的服务可以不受最惠国待遇原则、市场准入和国民待遇承诺的限制。

2. 减让表规则与其他规定

减让表规则用于处理服务贸易的市场准入和国民待遇问题，仅适用于成员方在减让表中做出的具体承诺。

（1）关于市场准入

各成员应给予其他成员的服务和服务提供者以不低于其在减让表中已同意提供的待遇。

《服务贸易总协定》列举了 6 种影响市场准入的限制措施。具体包括：限制服务提供者的数量；限制服务交易或资产总值；限制服务网点总数或服务产出总量；限制特定服务部门或服务提供者可以雇用的人数；限制或要求通过特定类型的法律实体提供服务；限制外国资本参与的比例或外国资本的投资总额。除在减让表中明确列明外，成员方不得对其他成员的服务或服务提供者实施这些限制措施。

（2）关于国民待遇

在不违反本协定的有关要求，并且满足其减让表中的条件和要求时，一成员应该就所有影响服务供给的措施给予别国的服务和服务提供者以不低于其所给予的国内服务或服务提供者的待遇。

各成员可以就影响服务贸易的措施进行谈判。谈判结果形成附加承诺。附加承诺主要是关于资格要求、技术标准和许可条件的承诺等。

（3）关于减让表的修改或撤回

原则上，成员修改或撤回自己的承诺只能在其承诺生效 3 年之后，并且应在一定的时间内与受影响的其他成员达成补偿性协议，并通告服务贸易理事会。

（4）关于机构条款和最后条款

《服务贸易总协定》就争端解决和执行、服务贸易理事会的设置、技术合作、与其他国际组织的关系等做了规定。最后条款允许成员方不把有关服务贸易的具体承诺给予来自非成员方的服务或服务提供者；还对《服务贸易总协定》使用的一些关键术语,如"服务的提供"、"法人"等作了定义。

(三)《服务贸易总协定》的发展

1.《基础电信协议》

1997年4月15日,《(服务贸易总协定)第四议定书》获得服务贸易理事会通过,于1998年2月5日正式生效。《(服务贸易总协定)第四议定书》及其附件构成《基础电信协议》。附件包括基础电信服务具体减让表和最惠国待遇例外清单两个部分,是《基础电信协议》的主要内容。参加方在各自的减让表和例外清单中,就移动话音和数据服务、国内和国际话音服务、传真服务、分组交换数据传输业务、电路交换数据传输业务等承诺了不同程度的市场开放。

2.《金融服务协议》

1997年11月14日,《(服务贸易总协定)第五议定书》获得服务贸易理事会通过,于1999年3月1日正式生效。《(服务贸易总协定)第五议定书》及其附件构成《金融服务协议》。附件包括金融服务减让表和最惠国待遇例外清单两个部分,是《金融服务协议》的主要内容。参加方在各自的减让表和例外清单中,就银行、保险、证券及有关的辅助服务承诺了不同程度的市场开放。

二、《与贸易有关的知识产权协定》

乌拉圭回合将与贸易有关的知识产权列入多边谈判的议题,被认为是对关税与贸易总协定的重大突破。《与贸易有关的知识产权协定》(Trade Related Aspects of Intellectual Property Rights,TRIPs)与其他乌拉圭回合一揽子协议于1995年1月1日开始生效,是所有世界贸易组织成员必须遵守和执行的协议之一。

(一)知识产权的定义

知识产权是指公民或法人对其在科学、技术、文化、艺术等领域的发明、成果和作品依法享有的专有权,即人们对自己通过脑力活动创造出来的智力成果所依法享有的权利。《与贸易有关的知识产权协定》所指的知识产权,包括版权及有关权利、商标、地理标志、工业品外观设计、专利、集成电路布图设计及未公开信息的保护。

(二)《与贸易有关的知识产权协定》的主要内容

1.《与贸易有关的知识产权协定》的构成与目标

《与贸易有关的知识产权协定》分为序言和七个部分(共73条)。这七个部分包括总则和基本原则,有关知识产权的效力、范围和使用标准,知识产权执法，知识产权的获得、维持及有关当事人之间的程序，争端的防止与解决，过渡性安排，机构安排和最后条款。TRIPs的目标是希望减少国际贸易中的扭曲和障碍，促进对知识产权的有效和充分的保护，并保证知识产权执法的措施和程序本身不会成为合法贸易的障碍。

各成员承认知识产权为私权。这是首次在国际知识产权条约中做出这样的规定。

2．《与贸易有关的知识产权协定》的基本原则

各成员应实施《与贸易有关的知识产权协定》的规定。在不与本协定相抵触的情况下，成员方还可以规定更广泛的保护。

成员方实施《与贸易有关的知识产权协定》的规定，不得有损于成员方依照《巴黎公约》、《伯尔尼公约》、《罗马公约》及《集成电路知识产权条约》等已经承担的义务。

《与贸易有关的知识产权协定》还规定，成员方应遵守以下基本原则：

（1）国民待遇原则

在知识产权保护方面，除《巴黎公约》、《伯尔尼公约》、《罗马公约》和《集成电路知识产权条约》允许的例外，每一成员给予其他成员国民的待遇不得低于给予本国国民的待遇。给予表演者、录音制品制作者和传播媒体的国民待遇，只适用于《与贸易有关的知识产权协定》所规定的权利。某些司法和行政程序，也可以成为国民待遇的例外。

（2）最惠国待遇原则

在知识产权保护方面，一成员对任何其他国家的国民所给予的任何利益、优惠、特权或豁免，应立即无条件地给予所有其他成员的国民。《与贸易有关的知识产权协定》也规定了最惠国待遇的很多例外，如《与贸易有关的知识产权协定》生效前已有的优惠等。

（3）其他原则

知识产权的保护和执法应有助于使技术知识的创造者和使用者互相受益，增进社会和经济福利，以及有助于权利和义务的平衡。

各成员在制定或修改其法律和规章时，可以采取必要措施，保护公众健康和营养，维护社会经济和技术发展等重要领域的公共利益；各成员可以采取适当的措施，防止知识产权权利持有人滥用知识产权，或对贸易和国际技术转让进行不合理的限制。

3．有关知识产权的效力、范围和使用标准

（1）版权及有关权利

版权及有关权利保护的范围是：①《伯尔尼公约》所指的"文学艺术"，

包括文学、科学和艺术领域内的一切作品（不论其表现形式或方式），如书籍、演讲、戏剧、舞蹈、配词、电影、图画、摄影作品、地图等；② 计算机程序和数据的汇编；③ 表演者、录音制品制作者和传媒。

版权的保护期不得少于 50 年；表演者、录音制品制作者的权利应至少保护 50 年；传媒的权利应至少保护 20 年。

（2）商标

《与贸易有关的知识产权协定》第一次在国际知识产权公约上对商标和服务商标下了定义，即任何标记或标记组合能将一个企业的商品或服务从其他企业的商品或服务中区别开来的，均能构成商标。这些标记，尤其是文字（包括人名）、字母、数字、图形要素和色彩组合以及标记的组合，均可以注册为商标。

注册商标所有人享有专有权，以防止任何第三方在贸易活动中未经许可使用与注册商标相同或近似的标记，来标示相同或类似的商品或服务。

驰名商标应受到特别的保护，即使不同的商品或服务，也不得使用他人已注册的驰名商标。

商标的首次注册和第一次续展的期限，均不应少于 7 年。商标注册可以无限次地续展。如果使用是维持注册所必须的，则只有至少连续三年不使用，而商标所有人又未表明存在有妨碍使用的有效理由，才可以取消其注册。

（3）地理标志

地理标志是指表明一种商品来源于某一成员的领土内或者该领土内的一个地区或地点的标志，而该商品的特定品质、声誉或其他特征主要是由于其地理来源所致。各成员应对地理标志提供保护，包括对含有虚假地理标志的商标拒绝注册或宣布注册无效，防止公众对商品的真正地理来源产生误解或出现不公平竞争。

《与贸易有关的知识产权协定》对葡萄酒和烈酒地理标志提供了更为严格的保护。该协定规定，各成员应采取措施，防止将葡萄酒和烈酒的专用地理标识用于来源于其他地方的葡萄酒和烈酒。

（4）工业品外观设计

工业品外观设计是指对产品的形状、图案、色彩或者其结合所做出的富有美感并适于工业上应用的新设计。

受保护的工业品外观设计的所有人有权制止未经许可的第三方，出于商业目的制造、销售或进口带有受保护设计的仿制品。工业品外观设计的保护期应不少于 10 年。

由于纺织品设计具有周期短、数量大、易复制的特点，因此得到了特别重视。《与贸易有关的知识产权协定》规定，对纺织品设计保护设置的条件，特别是费用、审查和公布方面的条件，不得影响这些设计获得保护。

(5) 专利

一切技术领域中的任何发明，不论是产品发明还是方法发明，只要其具有新颖性、创造性并适合于工业应用，均可获得专利。但对公共秩序或公共道德产生不利影响的某些产品发明或方法发明的商业性开发等除外。

专利所有人享有专有权。对于产品，专利所有人应有权制止未经许可的第三方制造、使用、销售，或为上述目的而进口该产品；对于方法，专利所有人应有权制止未经许可的第三方使用该方法的行为，以及使用、销售或为上述目的进口依该方法直接获得的产品。

各成员的法律可以规定，在特殊情况下，允许未经专利持有人授权即可使用（包括政府使用或授权他人使用）某项专利，即强制许可或非自愿许可。但这种使用须有严格的条件和限制，如授权使用应一事一议；只有在此前合理时间内，以合理商业条件要求授权而未成功，才可申请强制许可；授权应给予适当的报酬等。

专利保护期应不少于 20 年。

(6) 集成电路布图设计

集成电路是指以半导体材料为基片，将两个以上元件（至少有一个是有源元件）的部分或全部互连集成在基片之中或者之上，以执行某种电子功能的中间产品或最终产品。

布图设计是指集成电路中的两个以上元件（至少有一个是有源元件）的部分或全部互连的三维配置，或者为集成电路的制造而准备的上述三维配置。

成员方应禁止未经权利持有人许可的下列行为：为商业目的进口、销售或以其他方式发行受保护的布图设计；为商业目的进口、销售或以其他方式发行含有受保护的布图设计的集成电路；为商业目的进口、销售或以其他方式发行含有上述集成电路的物品。

集成电路布图设计保护期应不少于 10 年。

(7) 未披露信息的保护

未披露信息具有以下三个特征：一是属于秘密，通常不为从事该信息领域工作的人所普遍了解或容易获得；二是具有商业价值；三是为保密已采取合理措施。

合法拥有该信息的人，有权防止他人未经许可而以违背诚实商业行为的方式，披露、获得或使用该信息。

为获得药品或农药的营销许可而向政府提交的机密数据，也应受到保护，以防止不公平的商业应用。

（8）对许可合同中限制竞争行为的控制

国际技术许可合同中的限制竞争行为，可能对贸易具有消极影响，并可能阻碍技术的转让与传播。例如，独占性返授，即技术转让方要求受让方将其改进技术的使用权只授予转让方，而不得转让给第三方，等等。成员方可采取适当措施防止或控制这些行为。

4．知识产权的执法

《与贸易有关的知识产权协定》比较详细地规定了各成员应向知识产权权利人提供的公平、公正的法律程序和救济措施，而且对这些程序和措施在实施中的有效程度也提出了要求，以使知识产权权利人能够有效地享受权利。

5．知识产权的获得、维持及有关程序

《与贸易有关的知识产权协定》规定，各成员可以提出要求，获得或维持《与贸易有关的知识产权协定》所指知识产权的条件之一是，履行符合该协定规定的合理程序和手续。各成员应保证，有关知识产权如符合获得权利的实质性条件，应在合理期限内授予或注册，以避免无端地缩短保护期限。

获得或维持知识产权的有关程序，以及成员法律中行政撤销和当事人之间有关异议、撤销与注销等程序，应遵循《与贸易有关的知识产权协定》中"知识产权的执法"所规定的一般原则。

6．争端的防止和解决

各成员所实施的同《与贸易有关的知识产权协定》内容相关的法律、法规，以及普遍适用的司法终审判决和行政终局裁决，均应以该成员文字公布，并及时通知相关机构或成员。

成员方解决《与贸易有关的知识产权协定》实施所产生的争端，应适用世界贸易组织争端解决机制。

7．过渡性安排

各成员应在《建立世界贸易组织协定》生效1年内适用《与贸易有关的知识产权协定》的规定。其中，发展中成员有权将实施日期再推迟4年，最不发达成员的实施日期可再推迟10年。该协定提倡发达成员向发展中成员、最不发达成员提供支持和协助。

8. 机构安排与最后条款

世界贸易组织成立知识产权理事会，监督《与贸易有关的知识产权协定》的实施，尤其是监督全体成员履行该协定的义务，并为成员协商与贸易有关的知识产权问题提供机会。

《与贸易有关的知识产权协定》最后条款，对该协定的审议和修正、保留、安全例外等做出了具体规定。

第四节　中国与世界贸易组织

一、中国是关税与贸易总协定的创始缔约国

1947 年 4 月至 10 月，中国出席了在瑞士日内瓦举行的联合国贸易和就业会议筹备会议，参与了关税与贸易总协定的第一轮多边贸易谈判。1947 年 10 月 30 日，中国在日内瓦签署了《关税与贸易总协定临时适用议定书》。1948 年 4 月 21 日，中国将接受《关贸总协定临时适用议定书》的文件交总协定存放；1948 年 5 月 21 日，中国正式成为关贸总协定的创始缔约国之一。

1949 年 10 月 1 日，中华人民共和国政府成为代表中国的惟一合法政府。败退台湾的国民党政府为防止新中国获得关贸总协定的好处而对其不利，台湾当局于 1950 年 3 月 6 日非法宣布退出关贸总协定，退出决定于 1950 年 5 月 5 日"正式生效"。各缔约国相继撤回了对中国做出的关税减让。新中国由于当时正遭受美国的经济封锁，未就中国与关贸总协定的关系发表看法。加之受当时不利的国际形势影响而产生的国内政策使新中国当时不可能及时恢复 GATT 缔约国地位。此后，新中国与关贸总协定的关系长期中断。

1982 年，中国政府首次以观察员身份列席关贸总协定第 38 届缔约国大会，并就恢复中国关贸总协定缔约国地位问题与总协定秘书处交换了意见。1984 年 1 月，中国正式参加了第三个《多种纤维协议》，并成为关贸总协定纺织品委员会的成员。1984 年 11 月，作为观察员，中国获准出席关税与贸易总协定理事会及其附属机构的会议。1986 年 7 月 10 日，中国政府正式向关贸总协定提交了恢复中国关贸总协定缔约国地位的申请。

在此后的谈判中，中国坚持了以下三项基本原则：

（1）以恢复创始缔约国席位方式参加关贸总协定，而不是加入或重新加入关贸总协定；

（2）以关税减让作为承诺条件，而不承担具体进口义务；

（3）以发展中国家的地位享受相应的待遇，并承担与我国经贸发展水平相适应的义务。

二、中国从"复关"到"入世"的历程

1986 年 7 月，我国提出恢复关贸总协定缔约国地位的申请而开始复关谈判；1995 年 7 月 11 日，中国正式提出加入世界贸易组织的申请。1995 年 11 月，应中国政府要求，中国复关谈判工作组更名为世界贸易组织中国工作组。

在加入世界贸易组织问题上，我国提出了新的三原则：

（1）世界贸易组织没有中国的参加是不完善的；

（2）中国必须以发展中国家的身份加入；

（3）坚持权利与义务对等的原则。

1997 年 8 月，新西兰成为第一个同我国就中国加入世界贸易组织达成双边协议的国家。1999 年 11 月 15 日，中美双方在北京签署《中美关于中国加入世界贸易组织的双边协议》。2000 年 5 月 20 日，我国与欧洲联盟签署协议。2001 年 9 月 13 日，中国与墨西哥签署协议，标志着我国与世界贸易组织 37 个成员的双边市场准入谈判全部结束。

2001 年 9 月 17 日，世界贸易组织中国工作组第 18 次会议在世贸组织总部举行正式会议，通过了中国加入世贸组织的所有法律文件。包括：中国工作组报告书、中国入世议定书、货物贸易减让表和服务贸易减让表。2001 年 11 月 10 日，世界贸易组织第四届部长级会议在卡塔尔首都多哈以全体协商一致的方式，审议并通过了中国加入世界贸易组织的决定。2001 年 11 月 11 日，我国政府代表签署中国加入世界贸易组织议定书，并向世界贸易组织秘书处递交中国加入世界贸易组织批准书。30 天后，即 2001 年 12 月 11 日，我国正式成为世界贸易组织的成员。

三、WTO 框架下中国的基本权利

1. 享受非歧视待遇

加入 WTO 后，我国能够充分享受多边无条件的最惠国待遇和国民待遇，即非歧视待遇。原有双边贸易中受到的一些不公正待遇将会被取消或逐步取消。

2. 全面参与多边贸易体制

加入 WTO 前，我国作为观察员参与多边贸易体制，所能发挥的作用受

到诸多限制。加入 WTO 后，我国将充分享受正式成员的权利，全面参与 WTO 各理事会和委员会的所有正式和非正式会议，维护我国的经济利益；全面参与贸易政策审议，对美、欧、日、加等重要贸易伙伴的贸易政策进行质询和监督，敦促其他 WTO 成员履行多边义务；在其他 WTO 成员对我国采取反倾销、反补贴和保障措施时，可以在多边框架下进行双边磋商，增加解决问题的渠道；充分利用 WTO 争端解决机制解决双边贸易争端，避免某些双边贸易机制对我国的不利影响；全面参与新一轮多边贸易谈判，参与制定多边贸易规则，维护我国的经济利益；对于现在或将来与我国有重要贸易关系的申请加入方，可要求与其进行双边谈判，并通过多边谈判解决一些双边贸易中的问题，包括促其取消对我国产品实施的不符合 WTO 规则的贸易限制措施、扩大我国出口产品和服务的市场准入机会和创造更为优惠的投资环境等，从而为我国产品和服务扩大出口创造更多的机会。

3. 享受发展中国家权利

除一般 WTO 成员所能享受的权利外，我国作为发展中国家还能够享受 WTO 各项协定规定的特殊和差别待遇。例如：我国经过谈判，获得了对农业提供占农业生产总值 8.5% "黄箱补贴"的权利，补贴的基期采用相关年份，而不是固定年份，使我国今后的农业国内支持有继续增长的空间，等等。

4. 获得市场开放和法规修改的过渡期

为了使我国相关产业在加入 WTO 后获得调整及适应的时间和缓冲期，并对有关的法律和法规进行必要的调整，经过谈判，我国在市场开放和遵守规则方面获得了过渡期。

5. 保留国营贸易体制

WTO 允许通过谈判保留进口国营贸易。为使我国在加入 WTO 后保留对进口的合法调控手段，我国在谈判中要求对重要商品的进口继续实行国营贸易管理。经过谈判，我国保留了粮食、棉花、植物油、食糖、原油、成品油、化肥和烟草等 8 种关系国计民生的大宗产品的国营贸易管理（即由我国政府指定的少数公司专营）。同时，参照我国目前实际进口情况，对非国营贸易企业进口的数量做了规定。

6. 有条件、有步骤地开放服务贸易领域

加入 WTO 后，外资企业在我国设立商业机构，需要依据我国外资管理的法律和法规进行审批。经过谈判，我国保留了对重要的服务贸易部门的管理和控制权，加入 WTO 后我国将根据 WTO 的规定和我国法律法规的规定，依法进行管理和审批，有条件、分步骤地开放服务贸易市场，以便在市场开放的过程中确保国家经济安全。

7. 对国内产业提供 WTO 规则允许的补贴

经过谈判，我国保留了对国内产业和地区进行与 WTO 有关规则相符的补贴权利。

8. 保留国家定价和政府指导价的权利

经过谈判，我国保留了对重要的产品及服务实施国家定价和政府指导价的权利。

9. 保留征收出口税的权利

为矿产和自然资源提供必要的保护，经过谈判，我国保留了对 80 多种产品征收出口税的权利。

10. 保留对进出口商品进行检验的权利

经过谈判，我国保留了对进出口商品进行检验的权利。

四、WTO 框架下中国的基本义务

1. 遵守非歧视原则

非歧视原则是 WTO 最基本的原则，包括最惠国待遇原则和国民待遇原则。我国已经在加入 WTO 前对与我国签订双边优惠贸易协定的国家实施了双边最惠国待遇，因此加入法律文件中有关非歧视原则的问题主要是指对进口产品的国民待遇问题。我国承诺对原有与国民待遇原则不符的做法和政策进行必要的修改和调整。

2. 贸易政策的透明度与统一实施

透明度是 WTO 的一项基本原则。根据这一原则，各成员必须公布有关贸易的法律、法规和部门规章。实施和遵守透明度原则，有利于在我国建立公开、公正的市场竞争环境。实际上，我国从 1991 年开始已经逐步做到了对外公布涉及贸易的法律、法规和部门规章。

WTO 要求其成员实施统一的贸易政策。我国承诺在整个中国关税领土内统一实施贸易政策。

3. 为当事人提供司法审查的机会

WTO 要求其成员在有关法律、法规、司法决定和行政决定方面，为当事人提供上诉、要求司法审查、复审的机会。在贸易投资领域提供司法审查的机会有利于进一步改善我国的贸易投资环境。我国的《行政诉讼法》对司法审查已经有明确规定。我国承诺在与《行政诉讼法》规定不冲突的情况下，履行有关司法审查的义务。

4. 逐步放开贸易权

根据议定书的规定，加入 WTO 三年内，我国取消贸易权审批制，所有在中国的企业经过登记后都可以获得贸易权，但国营贸易和指定经营产品除外。这种贸易权仅指进口和出口的权利，并不包括在国内销售产品的权利，国内销售产品的权利是通过服务贸易的谈判决定的。

5. 遵守 WTO 关于国营贸易的规定

我国承诺遵守有关国营贸易的规定，国营贸易公司按照商业考虑经营，并履行有关通知义务。在保留国营贸易体制的同时，允许一定比例的进口由非国营贸易公司经营。另外，植物油（豆油、棕榈油和菜子油等）的国营贸易管理将在 2006 年 1 月 1 日取消。

6. 逐步取消非关税措施

我国承诺按照 WTO 的规定，对 400 多项产品实施的非关税措施（配额、许可证、机电产品特定招标）在 2005 年 1 月 1 日之前取消，并承诺今后除非符合 WTO 规定，否则不再增加或实施任何新的非关税措施。

7. 不再实行出口补贴

我国承诺遵照 WTO《关于补贴与反补贴措施协定》的规定，取消协定禁止的出口补贴，通知协定允许的其他补贴项目。

8. 实施《与贸易有关的投资措施协定》

我国承诺加入 WTO 后实施《与贸易有关的投资措施协定》，取消贸易和外汇平衡要求、当地含量要求、技术转让要求等与贸易有关的投资措施。

9. 接受过渡性审议

我国加入 WTO 后 8 年内，WTO 相关委员会将对中国履行 WTO 义务和实施加入 WTO 谈判所做承诺的情况进行年度审议，然后在第 10 年完全终止审议。中国有权就其他成员履行义务的情况向委员会提出质疑，要求 WTO 其他成员履行承诺。

总之，加入 WTO 是我国改革开放和现代化建设的历史必然，有利于我国社会主义市场经济的建立和完善，有利于我国国际地位的提高，有利于我国对外经济贸易环境的改善。我国加入 WTO 法律文件所反映的最终谈判结果，符合 WTO 的规则和我国经济发展的水平，实现了权利和义务的平衡。

祖国大陆和中国台北相继加入世界贸易组织，连同中国香港、中国澳门，在世界贸易组织中形成"一国四席"的局面。入世为中华民族在 21 世纪实现全面复兴奠定了深厚的基础。

第 九 章
区域经济一体化

第二次世界大战以后，科学技术与社会生产力都得到了空前快速的发展，全球范围内呈现出贸易自由化的趋势，国际贸易也呈现出一片繁荣的景象，并出现了一些新的特点。其中一个显著的现象就是，区域经济一体化正以一种不可遏制的势力，在各个地区不断出现并大力发展，区域经济一体化在国际贸易中占着越来越重要的地位，发挥出越来越巨大的作用。

第一节　区域经济一体化的类型与影响

一、区域经济一体化的概念与基本特征

经济一体化（Economic Integration）最初用来表示企业间通过卡特尔、康采恩等形式结合而成的经济联合体。20 世纪 50 年代，有关学者将它引入国际经济领域，用"国际经济一体化"（International Economic Integration）来表示将各个独立的国民经济单位（一般为独立的国家）结合成更大范围的经济合作集团。

在国际贸易中，一般称之为区域经济一体化或地区经济一体化（Regional Economic Integration），关于它的概念，不同的学者给予了不同的答案。这些概念大多停留在比较纯粹的国际贸易领域中，讨论得较多的是贸易壁垒与贸易利益。事实上，随着区域经济一体化组织的发展，其本身早已不仅仅局限在这一范畴，而是具备了更多的内涵，因此它的概念也在不断发展。

一般而言，区域经济一体化是指在参与成员范围内减少与取消歧视性的贸易壁垒以及采用一定程度上的共同的对外贸易与经济发展的政策，以期消除成员间的差异，促进资源的最佳利用，求得整体最优的经济结构和经济效

果。从这个概念中，可以把握区域经济一体化的几个基本特征：

（1）成员间消除某些方面的歧视，并尽量采用共同的政策与措施；

（2）在同样的方面，共同保持对成员外的歧视，并限制单个成员的对外权限；

（3）各成员本着互利互惠的原则参与其中，目的在于取得非合作条件下无法获得的某些效果与利益；

（4）它的性质可以视为，全球范围内无法实现真正意义上的自由贸易与经济合作，只能在局部地区的某些方面进行。

二、区域经济一体化的类型

（一）按照贸易壁垒取消的程度或成员间合作的深度划分

1．优惠贸易安排

优惠贸易安排（Preferential Trade Arrangement，PTA）是指在各成员间，通过协定或其他形式，对全部或部分商品规定比较优惠的关税。这是经济一体化中最低级和最松散的形式。例如非洲木材组织、美加汽车产品协定等就属于这种类型。

2．自由贸易区

自由贸易区（Free Trade Area，FTA）是指由签订了自由贸易协定的国家或地区组成的贸易区。在区内，各成员间废除了关税与数量限制，商品可在成员间完全自由移动，但各成员保持独立的对区外成员的贸易壁垒。例如1960年成立的欧洲自由贸易联盟（European Free Trade Association，EF-TA），1961年成立的拉丁美洲自由贸易联盟（Latin America Free Trade Association，LAFTA）。

3．关税同盟

关税同盟（Customs Union，CU）是指在各成员间完全取消关税与其他贸易壁垒，并对同盟外国家与地区实行统一的关税税率而缔结的同盟。关税同盟在成员之间建立统一的关税税率，以使参与成员的商品在市场上处于有利地位而排除非同盟者商品的竞争，它开始带有超国家的性质，比自由贸易区大大地进了一步。例如东非共同市场（East African Economic Community，EAEC）、比荷卢关税同盟（Benelux）。

4．共同市场

共同市场（Common Market，CM）是指在成员内完全废除关税与数量限制，建立统一的对非成员的关税，并允许劳动力、资本和技术等生产要素在成员间完全自由移动。欧洲经济共同体（EEOC）在1970年已接近这一形式。

5. 经济同盟

经济同盟（Economic Union，EU）是指各成员在内部实行较多的共同政策而建立的经济联合体。在此同盟内，商品与生产要素可以完全自由流动，建立了共同的对外关税，成员制定和执行某些共同的经济政策和社会政策，并逐步废除这些方面的差异，使一体化的程度扩展到整个国民经济，从而建立起一个庞大的经济联合体。例如1991年的欧洲经济共同体，1991年已解散的由前苏联与东欧一些国家组成的经济互助委员会。

6. 完全经济一体化

完全经济一体化（Complete Economic Integration）又称为政治同盟（Political Union），是区域经济一体化最高级的形式。这种形式要求各成员在贸易、金融、财政乃至外交、教育等政策上完全统一化，在成员间消除一切自由流通的人为障碍。欧共体在1993年11月演变成欧洲联盟，就开始走向了这一阶段。

综上所述，按照经济一体化程度的不同，可以将其主要类型由低到高排列如下：优惠贸易安排、自由贸易区、关税同盟、共同市场、经济同盟、完全经济一体化。各种类型的比较见表9-1。

表 9-1　　　　　　　　　区域经济一体化各种类型的比较

区域经济一体化形式	优惠关税	商品的自由流动	共同对外关税	生产要素的自由流动	经济政策的协调	超国家经济组织
优惠贸易安排	√					
自由贸易区	√	√				
关税同盟	√	√	√			
共同市场	√	√	√	√		
经济同盟	√	√	√	√	√	
完全经济一体化	√	√	√	√	√	√

（二）按照区域经济一体化的范围划分

1. 部门一体化

部门一体化（Sectoral Integration）是指在成员间的一种或几种产业

（或商品）实行一体化。如 1952 年建立的欧洲煤钢共同体，1958 年建立的欧洲原子能共同体等。

2. 全盘一体化

全盘一体化（Overall Integration）是指区域内成员在所有经济部门中实行一体化。如欧洲经济共同体（欧盟），解散前的经济互助委员会等。

（三）按照区域经济一体化各成员的经济发展水平划分

1. 水平一体化

水平一体化（Horizontal Integration）又称为横向一体化，它由经济发展水平相同或相近的国家所组成。目前存在的大多数经济一体化属于这种形式，如中美洲共同市场（Central America Common Market，CACM）、欧共体等。

2. 垂直一体化

垂直一体化（Vertical Integration）又称为纵向一体化，它由经济发展水平不同的国家所组成，一般是由发展中国家与发达国家组成，旨在形成优势互补。如北美自由贸易区就是由美国、加拿大（发达国）与墨西哥（发展中国家）所组成。

三、区域经济一体化对国际贸易的影响

区域经济一体化的产生与发展，对整个国际经济的影响是广泛而深刻的，对国际贸易而言更是如此。世界经济贸易不断向区域集团化发展，已经形成新时代国际贸易的新格局。具体而言，区域经济一体化从以下几个方面影响着国际贸易：

1. 区域经济一体化促进了区域内贸易的自由化，内部贸易增长十分迅速，从而也促进了整个国际贸易的发展

区域经济一体化组织成立后，成员间通过消除关税壁垒和非关税壁垒，建立区域性的统一大市场，增强区域内商品、劳务、技术、资本、信息等的自由流动，从而使得区域内部的贸易呈现出自由化的倾向。以欧共体为例，根据《欧洲经济共同体条约》（罗马条约）的规定，在成员国内分阶段削减直至全部取消工业品关税壁垒和其他进口限制，实现工业品的自由流通。同时，在农产品领域逐步取消内部关税，统一农产品价格，实现农产品的自由流通。

由于成员内实现了贸易自由化，成员间的贸易条件比第三国有利得多，加之生产要素的自由流动，大大加强了内部之间的相互依赖程度，从而促使内部贸易迅速增长。以欧共体为例，1960 年内部贸易占贸易总额的 34.6%，

为 10.3 亿美元，1989 年贸易额达到 674.1 亿美元，占贸易总额的比重上升为 59.7%。从对 7 个发展中国家的区域性组织内部贸易发展的统计来看，1970~1980 年，以美元计算的贸易额增长了 38 倍，年平均增长为 24.8%，而内部贸易年平均增长为 30% 以上，超过整体增长水平。

2. 区域经济一体化使得国际分工更为深入与密切，并促进了生产专业化以及国际技术合作的发展

区域经济一体化内部各成员间取消了关税壁垒和非关税壁垒，使其内部市场得以扩大，各成员分别生产在区域内具有优势的产品，生产日益集中化与专门化，从而改变了生产格局，相应地国际分工的格局也发生改变，较以前更为精细与密切。

另外，一体化的建立有利于推动成员间科学技术上的协调与合作。各成员组成统一的集团，在内部采取一些共同的经济政策与社会政策，可以互相协调自身的经济行为；并且，可以在许多只凭单国力量难以胜任的重大科研项目方面进行分工与合作，从而加快科技进步，提高生产力。如欧共体内部成员，在原子能利用、航天技术、超音速运输机、大型电子计算机等方面广泛展开协调与合作，取得了非常满意的效果。

3. 区域经济一体化改变了国际贸易的地区分布与贸易地位，从而形成了新的国际贸易格局

在整个国际贸易中，区域经济集团内部贸易所占的比重呈上升的趋势，与此同时，成员国减少与区外非成员的贸易。如欧共体对美国与发展中国家的贸易占其总贸易的比重分别从 1985 年的 11.4% 与 30.3% 下降到 1987 年的 8.6% 与 20.4%。可见，区域经济一体化改变了国际贸易的地区分布，使贸易更多地发生在区域内部。

从贸易地位来看，西欧地区经济力量大大加强。欧共体在 1958 年建立时，工业生产不到美国的一半，黄金外汇储备只有美国的 55%，出口和美国相近。到 20 世纪 70 年代末，欧共体的国内生产总值就达 23 800 亿美元，超过了美国的 23 480 亿美元，出口贸易额超过美国两倍以上，黄金外汇储备则比美国大五倍多。这些数据表明，欧共体的经济地位超过了美国，从而也改变了世界经济格局。

有关资料表明，当代国际经济贸易秩序正发生着前所未有的巨大变化，即由过去以意识形态为基础的两极格局，朝以地缘与文化背景为基础的区域集团化发展。在众多的区域经济集团中，欧盟、北美自由贸易区、东亚经济区特别令人瞩目，将在 21 世纪初期奠定国际贸易的基本格局。

4. 区域经济一体化在一定程度上加强了保护性与排他性，增加了整个

国际贸易协调的难度

区域经济一体化的发展与壮大，在内部实现自由贸易，对外实行贸易保护，将全球分成若干个板块，不利于全球范围内的贸易自由化。

（1）区域经济一体化组织对内不断消除各种壁垒，对外则采用种种共同的贸易保护措施，并以此形成板块式的各种贸易体，不利于全球范围的国际分工与相互贸易。

（2）大多数发展中国家经济落后，生产力水平低，竞争力不强，无法在国际市场与北美、西欧等国家竞争，形成区域集团后，更是对发展中国家不利。

（3）经济一体化的发展，使大多数国家致力于区域内的各种安排与事务，势必削弱多边贸易谈判的注意力，世界贸易组织的作用也大打折扣，从而不利于多边贸易体系的改善，难以建立起良好的国际经济贸易新环境。

第二节　区域经济一体化的发展

一、区域经济一体化的发展进程

第二次世界大战以后，区域经济一体化从萌芽、初创到发展、壮大，经历了几个时期的发展。与战后的国际经济与国际贸易形势相类似，区域经济一体化的发展道路也是坎坷不平的。

（一）萌芽与初创阶段

从第二次世界大战以后到 20 世纪 60 年代初，区域经济一体化处于萌芽与初创阶段。在此阶段，各国受到第二次世界大战的冲击，国内经济处于恢复时期。世界范围内，虽然美国倡导贸易自由化，但在不同的地区，出于政治、经济等方面的考虑，各国却以种种方式保护着国内的经济与贸易，区域经济一体化的形成正是适应了这一形势的需要。

1949 年 1 月，前苏联和东欧国家成立了经济互助委员会。1951 年 4 月，法国、联邦德国等六国在巴黎签订了《欧洲煤钢联合条约》，决定成立煤钢共同市场。1957 年 3 月，上述六国又在罗马签订了《罗马条约》，条约于 1958 年 1 月 1 日起生效。1959 年 6 月，英国等七国在斯德哥尔摩举行部长级会议，通过了《欧洲自由贸易联盟草案》，并在 1960 年 1 月签订《建立欧洲自由贸易联盟条约》，条约于同年 5 月生效，条约签订国组建成"欧洲自由贸易联盟"。1961 年，在美洲成立了拉丁美洲自由贸易联盟（LAFTA）与中美洲共同市场（CACM）。

（二）大发展阶段

从 20 世纪 60 年代中期到 70 年代中期，区域经济一体化进入了大发展阶段。此时，西方资本主义国家的经济普遍得到了巨大的发展，一批新兴的工业化国家或地区相继出现，发展中国家也纷纷采取各种措施促进国内经济的增长。世界经济出现了前所未有的繁荣，国际贸易也有了明显的进展，于是区域经济一体化也有了很大的发展与壮大。

欧共体在这一阶段有了很大的发展。在欧共体内部，1964 年建成共同农业市场；1968 年提前建成关税同盟；1973 年，英国与丹麦加入欧共体，极大地增强了欧共体的实力。这些都标志着西欧的区域经济一体化的发展与壮大。另一方面，发展中国家在这一阶段建立了 20 多个区域经济和贸易组织。其中，比较重要的是：1967 年成立的东南亚国家联盟（ASEAN），1969 年组建的安第斯条约组织（AP），1975 年创立的西非经济共同体（ECOWAS）等。这些发展中国家的一体化组织在局部地区进行着较为活跃的国际经济与贸易活动。

（三）停滞阶段

20 世纪 70 年代中期至 80 年代中期，世界资本主义经济处于"滞胀"时期，区域经济一体化也进入了停滞阶段。这 10 年中，欧共体内一体化进程缓慢，发展中国家的一体化也多遭挫折，20 世纪 60 年代创立的许多区域经济一体化组织由此中断了活动，甚至解散。

（四）加深与扩大阶段

20 世纪 80 年代中期以来，世界政治经济发生了重大的变化。前苏联的解体，东欧国家的剧变，从根本上解决了过去那种意识形态的对抗；美国经济与贸易地位的不断下降，迫使它一方面采取贸易方面的保护措施，另一方面也积极寻求区域经济一体化的帮助；日本经济地位的上升，日益要求在国际舞台上占有更重要的席位，因而也积极参与地区间的经济合作活动；关贸总协定的谈判一度很不顺利，更促使各国寻找次优的自由贸易方式，即参与组建各种区域经济一体化组织。总之，进入 20 世纪 80 年代中期以后，区域经济一体化出现了高涨而动荡的局面，在世界范围内不断扩大与加深。其主要的表现有以下几个方面：

（1）欧共体得到了巨大的发展。欧共体在 1985 年 12 月通过"欧洲一体化文件"，决定于 1992 年底建成没有国界的"内部统一大市场"。1986 年 1 月，西班牙、葡萄牙正式加入欧共体。1990 年 10 月，德国统一，原民主德国自然成为欧共体一员。1993 年 11 月，欧共体演变为欧洲联盟。1995 年 1 月，瑞典、芬兰、奥地利加入欧盟。2004 年 5 月 1 日，塞浦路斯、匈牙利、捷克、爱沙尼亚、拉脱维亚、立陶宛、马耳他、波兰、斯洛伐克和斯洛文尼亚 10 个中东欧国家正式成为欧盟的成员国。

(2) 美国"皈依"区域经济一体化。1988 年 1 月，美国与加拿大签署《美加自由贸易协定》，协定从 1989 年 1 月 1 日起生效。1992 年 12 月，美国、加拿大、墨西哥三国正式签署《北美自由贸易协定》，并从 1994 年 1 月 1 日起生效，从而使工业发达国家与发展中国家之间的区域经济一体化成为现实。1994 年 12 月，美洲除古巴之外的 34 个国家领导人参加了"美国首脑会议"，决定成立美洲自由贸易区。

(3) 日本积极参与亚太地区的经济合作活动。1989 年 11 月，日本、加拿大等 12 国在澳大利亚首都堪培拉举行部长级会议，成立亚太地区经济合作部长会议（APEC）。另外，日本还积极构想次一级的区域合作，如东亚经济圈、东南亚经济圈、东北亚经济圈、美日经济圈等。

(4) 发展中国家的地区性经济贸易合作进一步加强。1993 年 1 月，东盟国家通过《新加坡宣言》、《东盟经济合作协议》、《共同特惠关税文件》，决定成立东盟自由贸易区，并在 1995 年 7 月吸收越南加入。南美洲的阿根廷、巴西、乌拉圭、巴拉圭提出在 1995 年 1 月成立"南美共同体"，并正在与智利和玻利维亚就参加共同体而进行谈判。加勒比海、非洲地区的区域经济一体化都有了不同程度的发展。1995 年，南亚七国建立南亚特惠贸易协定（SAPTA）。2000 年，东非合作组织（EAC）成立，成员有肯尼亚、赞比亚、乌干达。

(5) 随着前苏联的解体、东欧的剧变，经济互助委员会于 1991 年 6 月 28 日解散。同时，独联体国家在实现经济一体化方面开始进入实质性阶段。1995 年，白俄罗斯与哈萨克斯坦成立了统一关税同盟，并于 1996 年 4 月又签署了成立共同体的条约。1997 年，白俄罗斯、吉尔吉斯、俄罗斯、哈萨克斯坦、塔吉克斯坦成立了欧亚经济共同体（EAEC）。

二、区域经济一体化产生与发展的原因

第二次世界大战以后，区域经济一体化的出现与发展并不是偶然的，而是有着深厚的历史、社会、政治与经济等方面的原因。

1. 保持政治平衡和维护民族利益的需要

第二次世界大战以后，西方各国对两次世界大战进行了反思，并积极提出了各种保证和平与发展的措施。在西欧，为了防止德国军国主义的复辟，于 1952 年成立了"欧洲煤钢联营"。此后，为了维护国家主权，增强同形成对峙状态的美苏两个超级大国的抗衡力量，恢复与提高在国际舞台上的地

位，西欧各国走上了联合的道路。1958 年，法国等西欧六国成立欧共体。同时，为了对抗这一行动，以英国为首的欧洲大陆外围七国于 1960 年建立欧洲自由贸易联盟。

与此同时，殖民体系瓦解，一大批殖民地国家取得独立，开始致力于民族经济的发展。但大多数发展中国家缺乏资金与技术，无力单独承担起重大的项目；同时，生产力水平低下，经济结构单一，国内市场狭窄。在这种状况下，广大的发展中国家一方面继续保持同原宗主国与发达国之间的联系与合作，另一方面也努力加强彼此之间的交流与协作，走区域经济一体化的道路，力图在政治、经济上保证民族的主权与利益。如 1967 年 8 月，由泰国、菲律宾、印度尼西亚、马来西亚、新加坡五国组建的东南亚国家联盟（ASEAN），就是一个政治、经济、社会和文化合作的组织。目前，100 多个发展中国家建立或参加了 100 多个一体化组织。

20 世纪 70 年代以后，日本经济大大崛起，在国际经济中的实力不断增强，为了扩大在亚太地区乃至全球的作用与影响，日本加强了与亚太各国的合作，并积极谋求在区域经济中的重要地位。同时，美国的经济地位不断下降，在此情况下，美国也加紧了与周边国家的联合，创立了北美自由贸易区，并积极参与亚太经济合作会议的活动，以应付日益激烈的经济竞争和来自日本与西欧的压力。而西欧乃至整个欧洲为了进一步提高在世界经济中的地位与竞争力，也被迫在一体化的道路上不停地迈进。

2. 社会生产力高速发展与国际分工不断深化的需要

第二次世界大战以后，以原子能、电子工业和高分子合成工业为标志的第三次科技革命兴起，进一步促进了生产的国际化与社会化。生产力的高速发展，更多的商品、资本、技术等进入国际交流，各国的经济联系需要进一步加强，而这却受到来自各国贸易壁垒与独立的经济政策的限制。生产力的发展要求打破国界，克服国家之间人为的各种障碍。因此，经济生活的国际化成为资本主义国家趋于联合的重要原因。

而且，国际分工进一步发展，特别是发达工业国家之间，水平式的分工更为深入与精细，从而使得产品专业化乃至零部件和生产工艺过程的专业化不断加强。这样，发达国家之间的相互投资与相互贸易日益要求冲破民族与国家的障碍，使各种生产要素能够自由流动、优化配置。而由于经济发展水平与结构的差异，这种自由性不可能在全球范围内实现，只能在局部地区得到实行，即成立区域经济一体化组织。

3. 一定的国内经济状况与国际经济形势的需要

第二次世界大战期间，各国为了各自的利益，竞相实行外汇管制，外汇不断贬值；各国还实行超保护贸易主义，提高关税，采取数量限制等措施，严重影响了国际贸易的发展。战争结束前夕，各国倡导自由贸易与多边支付，重建国际经济。于是全球出现了两种（两个层次）国际经济合作的形式：一种是世界性的，如联合国的经济社会理事会、国际货币基金组织、国际复兴与开发银行、关税与贸易总协定等；另一种是地区性的，即区域经济一体化。

第二次世界大战以后，欧洲国家出现了国际收支困难。于是，西欧各国通过建立起关税同盟，从而将竞争力极强的美国排除在外。而发展中国家面对发达工业国的强大竞争力，也往往陷入国际收支困难，于是采取一体化行动，使之自然成了一种较好的应对措施。

另外，倡导贸易自由化的关贸总协定虽然发挥了一些作用，但这远没有满足人们的需要，全球范围内的"自由化"只能是一种理想。在这种形势下，各国纷纷建立或参与地区性的自由贸易组织，即区域经济一体化组织，以获得较好的国际分工的比较利益，并且可以借此加强谈判的力量。

4．区域经济一体化可以带来很多现实利益

（1）高度的专业化生产可以提高劳动生产率，从而在国际分工中获得更多的比较利益。

（2）经济与生产规模的扩大，可以增加产出和收益。

（3）一体化组织的壮大，可导致内部市场的扩大，并通过内部剧烈的竞争来提高效率。

（4）可以改善组织内部的经济结构与分工模式，从而在生产要素自由流动的状态下更有效地进行资源的合理配置。

（5）可以改善组织对外部的贸易条件，并从中获利。

三、当前区域经济一体化发展的特点

区域经济一体化经过 50 多年的发展，历经四个阶段，在不同的阶段表现出不同的发展特征，在当前则表现出以下特点：

1．区域经济一体化发展迅速、影响面大

截至 2002 年底，在世贸组织登记的区域性经济组织有 200 多个，其中有一半以上的是 20 世纪 90 年代中期后建立的。据 WTO 统计，1948～1994 年登记的区域性经济组织只有 124 个，而 1995 年 WTO 成立后出现的一体化组织已达 100 多个。世界上绝大多数的国家都参加了至少一个区域经济一体化组织，有些国家甚至成为 10 个以上区域经济一体化组织的成员。区域经济一体化协议对国际贸易的影响达到了空前的程度。

2. 区域经济一体化组织形式多样，以自由贸易区和关税同盟为主

现有的区域经济一体化组织具有多种形式，如优惠贸易安排、自由贸易区、关税同盟、共同市场、经济同盟等。在各种形式中，以自由贸易区和关税同盟为主，其中最多的是自由贸易区，大约占所有区域经济一体化组织的一半。例如，影响重大的有北美自由贸易区（NAFTA）、亚太经合组织（APEC）、东南亚国家联盟（ASEAN）、独联体（CIS）等。

3. 区域经济一体化有不断扩大的趋势

原有的区域经济一体化组织的成员不断增加，范围不断扩大，并向更高的层次发展。同时，新的区域经济一体化组织不断出现，而且规模越来越大。类似亚太经合组织、美洲自由贸易区、大西洋自由贸易区这样的"超级"区域经济一体化组织已经产生或者正在酝酿，显示出区域经济一体化组织发展的强劲势头。

4. 南南型经济一体化组织数量多，但发展效果不太理想

所谓南南型经济一体化组织，是指发展中国家之间建立的区域经济一体化组织。20 世纪 60 年代，南南型经济一体化组织开始出现。到目前为止，已经建立起 100 多个南南型经济一体化组织，广泛分布于亚洲、非洲、南美洲等地，绝大多数的发展中国家加入了一个以上的南南型经济一体化组织。但是，发展中国家的区域经济一体化并没有达到预期的目标，更没有取得发达国家的区域经济一体化那样的成功。

第三节　主要的区域经济一体化组织

根据世界贸易组织的统计，截至 2002 年底，在世贸组织登记的区域性经济组织有 200 多个，其中 150 多个协议仍然生效。世贸组织的 120 多个成员几乎都同一体化组织有关。同时，以前成立的区域经济组织也都有了很大的发展。

一、欧洲联盟

欧洲联盟由欧共体演化而成，其成员基本上由欧共体和欧洲自由贸易联盟的国家组成。

（一）欧洲共同体

欧洲共同体（European Communities，EU）是欧洲煤钢共同体、欧洲原子能共同体与欧洲经济共同体的统称。

欧洲煤钢共同体（European Coal and Steel Community, ECSC）是由法国、原联邦德国、意大利、比利时、荷兰、卢森堡六国根据 1951 年 4 月签订的《欧洲煤钢联营条约》，于 1952 年 8 月 25 日正式建成的。共同体的宗旨为通过建立煤钢产品共同市场促进各成员国的经济发展。

欧洲原子能共同体（European Atomic Energy Community, EAEC）是上述六国根据 1957 年 3 月签订的《欧洲原子能联营条约》，于 1958 年 1 月 1 日正式生效的一体化组织。其宗旨是协调成员国的核工业发展，促进投资，加强信息交流。

欧洲经济共同体（European Economic Community, EEC）是 1958 年 1 月 1 日，根据上述六国政府于 1957 年 3 月签订的《罗马条约》而正式成立的。其宗旨为加强成员国在经济上的联合，制定共同的经济政策，消除成员间的关税壁垒与非关税壁垒，实现商品、人员、劳务、资本的自由流动，促进各成员的经济增长与社会进步。

1965 年 4 月，上述六国签订了《布鲁塞尔条约》，将以上三个机构合而为一，统称"欧洲共同体"。条约于 1967 年 7 月 1 日起生效。同时，三个组织仍独立存在，可以独立活动。欧共体的总部设在布鲁塞尔，主要机构有欧洲理事会、执行委员会、欧洲议会、欧洲法院等。

（二）欧洲自由贸易联盟

欧洲自由贸易联盟（European Free Trade Association, EFTA）是对抗欧洲经济共同体的产物。1959 年 7 月，英国联合丹麦、挪威、葡萄牙、瑞士、瑞典、奥地利在斯德哥尔摩举行部长级会议，通过了《建立欧洲自由贸易联盟计划草案》，同年 11 月签订《欧洲自由贸易联盟条约》。1960 年 3 月，欧洲自由贸易联盟正式成立。

30 多年来，联盟成员几经变化。英国、丹麦、葡萄牙先后退出，加入到欧洲共同体当中。而冰岛、芬兰、列支敦士登相继加入，目前的成员有挪威、瑞典、瑞士、奥地利、冰岛、芬兰、列支敦士登七个国家。欧洲自由贸易联盟的成立，是为了在内部实现工业品的自由贸易和扩大农产品的贸易；保证成员间的贸易在公平的条件下竞争；发展和扩大世界贸易并逐步消除贸易壁垒。欧洲自由贸易联盟的总部设在日内瓦，主要机构有理事会、常设秘书处、关税委员会等。

（三）欧共体组织的扩大与欧盟

欧共体成立后，规模不断扩大。1973 年，英国、爱尔兰、丹麦正式加入欧共体；1981 年 1 月，希腊加入；1986 年 1 月，葡萄牙和西班牙正式加入，从而扩展到 12 国。

1993 年 11 月，《马斯特里赫特条约》生效，欧共体演变为欧洲联盟。1995 年 1 月，瑞典、芬兰、奥地利加入欧盟，从而使欧盟成为拥有 15 个国家（爱尔兰、比利时、丹麦、德国、法国、芬兰、卢森堡、葡萄牙、西班牙、希腊、意大利、英国、荷兰、奥地利、瑞典），3.7 亿人口，占全球贸易量 43% 的世界上范围最广、层次最高、进程最快、成绩最大的区域经济一体化组织。

2002 年 11 月 18 日，欧盟 15 国外长会议决定邀请塞浦路斯、匈牙利、捷克、爱沙尼亚、拉脱维亚、立陶宛、马耳他、波兰、斯洛伐克和斯洛文尼亚 10 个中东欧国家入盟。2003 年 4 月 16 日，在希腊首都雅典举行的欧盟首脑会议上，上述 10 国正式签署入盟协议。2004 年 5 月 1 日，这 10 个国家正式成为欧盟的成员国。这是欧盟历史上的第五次扩大，也是规模最大的一次扩大。此次扩大后的欧盟成员国从目前的 15 个增加到 25 个，总体面积扩大近 74 万平方千米，人口从约 3.8 亿增至约 4.5 亿，整体国内生产总值将增加约 5%，从现在的 9 万多亿美元增加到 10 万多亿美元，经济总量与美国不相上下，欧盟的整体实力大大增强。

（四）欧共体（欧盟）的内涵发展

1964 年，欧共体建成共同农业市场。在内部实施共同农业政策：实行统一的农产品价格管理制度；对部分农产品进口征收差价税并对出口进行补贴；设立"欧洲农业指导和保证基金"，促进农业的机械化和现代化等。

1968 年 7 月，欧共体提前建成关税同盟，在组织内分阶段不断减少关税直至取消内部关税，同时对非成员国的工农业产品实行统一的关税税率。

1972 年 7 月、1973 年 10 月，欧共体与欧洲自由贸易联盟及其联系国签订了自由贸易协定，决定逐步削减直至完全取消相互间工业贸易的关税壁垒与数量限制，形成一个包括西欧 17 国的自由贸易区。1991 年 10 月 22 日，欧共体 12 国与欧洲自由贸易联盟 7 国达成建立欧洲经济区（EEA）的协议，计划从 1993 年 1 月起实行相互间的自由流通。

1979 年 3 月，这些成员国成立欧洲货币体系。其内容为：设立欧洲货币单位（European Currency Unit，ECU）；对内实行固定汇率，对外实行联合浮动汇率，形成相对稳定的汇率制度；建立欧洲货币基金，向成员提供中短期贷款，以干预市场，调节国际收支。

1986 年，欧共体内部签署了《欧洲一体化文件》，文件于 1987 年 8 月生效，提出建立一个"没有内部边界的"，在内部实行"商品、人员、劳务和资本的自由流动"的统一内部大市场。1993 年 1 月 1 日起，内部市场开始运作，它标志着一体化的发展进入一个新的时期。

1991 年 12 月签署《马斯特里赫特条约》，建立政治、经济、货币联盟。1993 年 11 月"马约"生效，欧共体成为欧洲联盟。根据这一条约，欧共体各成员逐渐消除国家的界线，在财政、货币、金融、贸易等领域协调一致，其重要性在于将改变欧洲的性质，将其转化为一个萌芽状态的联邦。

1994 年 1 月 1 日，《欧洲经济条约》生效，世界最大的市场——欧洲经济区成立。它由欧共体 12 国和欧洲自由贸易联盟中的奥地利、芬兰、冰岛、挪威和瑞典五国组成，这也是最大的自由贸易区。

1996 年 12 月 14 日，欧盟都柏林首脑会议通过了《稳定和增长公约》、《欧元的法律地位》和《新的货币汇率机制》等运行机制文件。

1997 年 6 月 17 日，欧盟首脑会议通过了对《马斯特里赫特条约》修改和补充的《阿姆斯特丹条约》，同年 10 月 2 日，欧盟外长签署了该条约。

1998 年 5 月，欧盟决定由爱尔兰、比利时、德国、法国、芬兰、卢森堡、葡萄牙、西班牙、意大利、奥地利、荷兰 11 国成为欧洲统一货币（欧元）的创始国，自 1999 年 1 月 1 日起，欧元作为参加国的非现金交易的"货币"，即以支票、信用卡、股票和债券等方式进行流通。1998 年 7 月 1 日，欧洲中央银行正式成立。

2002 年 1 月 1 日，欧元 11 国的货币终止流通，完全由欧元取代，标志着欧洲经济与货币联盟的基本形成，并不断发展，处于良好的运行之中。

2003 年 7 月，欧盟制宪筹备委员会全体会议就欧盟的盟旗、盟歌、铭言与庆典日等问题达成了一致。

2004 年 10 月，欧盟 25 个成员国的领导人在罗马签署了欧盟历史上的第一部宪法条约，标志着欧盟在推进政治一体化方面又迈出了重要的一步。

二、北美自由贸易区

北美自由贸易区（North American Free Trade Area，NAFTA）由美加自由贸易区（US-Canada Free Trade Zone）演变而来，它是世界上第一个由最富裕的发达国家和发展中国家联合组成的一体化组织，也是取得重大成就的南北型经济一体化组织。

（一）美加自由贸易区

1974 年，美国国会通过了《1974 年贸易法案》，授权美国总统与其他国家进行双边自由贸易协定的谈判。1985 年，美国首先与以色列签订了"自由贸易区协定"。紧接着，将眼光盯住了地理位置相邻、经济联系密切的加拿大。

1988 年 2 月，美国和加拿大政府签署了《美加自由贸易协定》，协定于

1989 年 1 月 1 日起生效,从而建成了美加自由贸易区。其目标是:取消商品贸易、服务贸易和投资、商业、旅行方面的一切障碍,提供双方政府的行为准则,规范私人企业的行为和政府的经济政策。

《美加自由贸易协定》的内容涉及关税减免、非关税壁垒、原产地规则、农产品贸易、能源、倾销与补贴、政府采购、劳务、金融、投资、知识产权以及纠纷的解决等。

(二) 北美自由贸易区

早在 1987 年,墨西哥与美国就将自由贸易问题列上了议事日程。同年 11 月,两国领袖正式会谈,草签了一项有关磋商两国间贸易与投资的框架原则与程序的协议。1990 年,美国与墨西哥探索订立双边自由贸易协定。

1991 年 2 月,美、加、墨三国政府宣布尽快进行三边会谈。6 月 12 日,三国首次举行部长级会议,确定了 6 项议题,建立了 17 个专门工作组。此后,美、加、墨三国就北美自由贸易协定进行了为期一年多的谈判,于 1992 年 8 月 12 日签订了《北美自由贸易协定》(North American Free Trade Agreement),宣布成立北美自由贸易区,并于同年 12 月 17 日正式签署了该文件。1993 年 8 月,三国又就环保、劳动就业等问题达成协定,作为《北美自由贸易协定》的补充。1994 年 1 月 1 日,《北美自由贸易协定》生效,北美自由贸易区正式诞生。

《北美自由贸易协定》与《美加自由贸易协定》类似,只是有些规定更加严格。其宗旨是:取消贸易壁垒,创造公平竞争的条件,增加投资机会,保护知识产权,建立执行协定和解决争端的有效机制,促进三边和多边合作。它的主要内容有:三国将在 15 年内分三个阶段取消 9 000 多种商品的关税壁垒和非关税壁垒,实行商品与劳务的自由流通;开放墨西哥的电信、金融和保险业,三国在北美地区的金融公司给予国民待遇,就原产地规则达成更加严格的规定,以防止区外国利用自由贸易区逃避关税;制定更为完善的保护知识产权的规定以及有关劳工和环境保护问题的补充规定等。

北美自由贸易区成立不到 7 年,就基本上实现了自由贸易区的目标,总体上消除了关税壁垒和非关税壁垒,实现了商品和投资的自由流动。目前,北美自由贸易区的土地面积为 2 129 万平方千米,占世界的 15.92%。人口近 4 亿,国内生产总值 8 万多亿美元,分别占世界的 68% 和 28.9%。

(三) 美洲自由贸易区

美加自由贸易区的成功坚定了美国向整个美洲扩展自由贸易区的决心。1990 年 6 月,美国总统布什提出"美洲事业创议",计划在整个美洲建立大自由贸易区,通过扩大贸易与增加投资来促进美洲的经济增长,推动拉美地区的发展。

"美洲事业创议"的三大政策目标是贸易自由化、投资创造与债务减免。"美洲事业创议"的具体内容包括：

（1）在贸易领域通过建立大自由贸易区来刺激美洲各国的经济增长、就业与竞争力的提高；

（2）在投资领域设立投资行业贷款基金和多边投资基金，促进美洲地区的投资改革和私有化；

（3）提高债务减免计划，减轻美洲地区债务国的负担。

"美洲事业创议"的实质就是将美加自由贸易区向南扩展，逐步实现整个美洲的经济一体化。

1994 年 12 月，美洲 34 国首脑在美国迈阿密举行高峰会议，协议建立"美洲自由贸易区"（Free Trade Area of Americas，FTAA）。其目的是于 2006 年初在西半球建立一个世界上面积最大、年 GDP 总值达 14 万亿美元、拥有 8 亿人口的自由贸易区。美洲自由贸易区成立后，将是全球最大的自由贸易区，与欧盟形成对峙之势。

三、亚太经济合作组织

（一）亚太经济合作组织的成立与发展

从 20 世纪 60 年代开始，日本、澳大利亚等国的学者和政府人员就积极倡导在亚太地区建立区域经济合作组织。1967 年成立了以企业为成员的"太平洋盆地经济理事会"（PBEC），1968 年成立了以学术界为主的"太平洋贸易与发展会议"（PAFTAD）。1980 年 9 月，来自中国、韩国、日本、美国、加拿大、新西兰、澳大利亚、东盟等国家与地区的产业界、学术界与政府官员，以个人身份参与探讨与协调经贸合作的问题，并由此成立了太平洋经济合作会议（Pacific Economic Cooperation Conference，PECC）。该会议成为包括整个太平洋沿岸国家与地区的经济论坛组织，起到了交流资料、沟通信息、协调看法、反映政府观点的作用。

20 世纪 80 年代，国际形势因冷战结束而趋向缓和，世界经济全球化、贸易投资自由化和区域集团化的趋势渐成潮流。在欧洲经济一体化进程加快、北美自由贸易区已显雏形和亚洲地区在世界经济中的比重明显上升等背景下，澳大利亚前总理霍克于 1989 年 1 月提出召开亚太地区部长级会议，讨论加强相互间经济合作的倡议。这一倡议得到美国、加拿大、日本和东盟的积极响应。

1989 年 11 月 6 日至 7 日，澳大利亚、新西兰、美国、加拿大、日本、韩国和东盟成员泰国、马来西亚、新加坡、菲律宾、印度尼西亚、文莱12国负责外交与经济事务的部长们聚集澳大利亚首都堪培拉，举行了首届部长级会议，并发表了《部长级联合声明》，由以上国家组成亚太经济合作会议（Asia Pacific Economic Cooperation, APEC）。

1991年，中国、中国香港和中国台湾加入，1993年，墨西哥、巴布亚新几内亚加入，1994年，智利加入，1998年，秘鲁、俄罗斯、越南加入，使之成为一个具有21个成员，横跨亚洲、南美洲、北美洲、大洋洲的庞大组织。目前，亚太经合组织的性质为官方论坛，秘书处对其活动起辅助作用。其议事采取协商一致的做法，合作集中于贸易投资自由化和经济技术合作等经济领域。亚太经合组织21个成员的总人口达25亿，占世界人口的45%；国内生产总值（GDP）之和超过19万亿美元，占世界的55%；贸易额占世界总量的47%以上。这一组织在全球经济活动中具有举足轻重的地位。

（二）亚太经济合作组织的历次会议

亚太经济合作组织从成立开始每年举行一次部长级会议。1990年11月在新加坡举行了第二届部长会议，1991年11月在汉城举行了第三届部长会议，会议通过了《汉城宣言》，正式确立该组织的宗旨与目标是：相互依存，共同利益，坚持开放的多边贸易体制和减少区域贸易壁垒。

1992年11月，在曼谷召开的第四届部长会议讨论了地区经济发展趋势、多边贸易谈判和区域贸易自由化等问题，并通过了《曼谷宣言》。会议决定在新加坡设立秘书处，直接向经合会汇报工作。

1993年11月，在西雅图举行了首次经合组织领导人非正式会议及第五届部长级会议，发布《APEC贸易和投资框架宣言》，开始讨论亚太经济合作的实际问题。

1994年11月，在印尼的茂物举行了第二次领导人非正式会议，发表了《茂物宣言》，提出该组织发达成员及新兴工业经济体在2010年前，发展中经济体在2020年前实现贸易和投资自由化，最终建成环太平洋的自由贸易区。这次会议标志着亚太经合会进入务实阶段。

1995年11月，在大阪举行了第七届APEC部长级会议和第三次经济领导人非正式会议，形成了《大阪宣言》和《行动议程》。

1996年11月，分别在马尼拉和苏比克（菲律宾）举行了第八届APEC部长级会议和第四次经济领导人非正式会议。所有18个成员均提交了包括关税、非关税、服务、投资、海关手续、标准与合格认证、竞争政策、争端调解、知识产权、原产地规则、政府采购、放宽管制、商业人员流动、乌拉圭回合结果实施和信息收集与分析等具体领域的各自的单边行动计划和APEC集体行动计划。会议审议通过以上内容的《马尼拉行动计划》，将从1997年1月1日开始实施其贸易和投资自由化及便利化单边行动计划和集体行动计划，并在执行中进一步健全与完善。

1997年11月，在加拿大温哥华举行了第九届APEC部长级会议和第五次经济领导人非正式会议。会议讨论了贸易投资自由化、经济技术合作以及东南亚发生的金融危机等问题。会议通过了《亚太经合组织经济领导人宣言：将亚太经合组织大家庭联合起来》。

1998年11月，在马来西亚吉隆坡召开了第十届APEC部长级会议和第六次经济领导人非正式会议。会议发表了《亚太经合组织经济领导人宣言：加强增长的基础》，通过了《走向21世纪的亚太经合组织科技产业合作议程》和《吉隆坡技能开发行动计划》等文件。

1999年9月，在新西兰奥克兰召开了第十一届APEC部长级会议和第七次经济领导人非正式会议。会议发表了《亚太经合组织经济领导人宣言：奥克兰挑战》，并批准了《亚太经合组织加强竞争和法规改革的原则》和《妇女融入亚太经合组织框架》等文件。

2000年11月，在文莱召开了第十二届APEC部长级会议和第八次经济领导人非正式会议。会议主要讨论了经济全球化、新经济、次区域合作、经济技术合作、人力资源开发和石油价格等问题。会议最后通过了《亚太经合组织经济领导人宣言：造福社会》和《新经济行动议程》。

2001年10月，在中国上海召开了第十三届APEC部长级会议和第九次经济领导人非正式会议，会议的主题是"新世纪、新挑战：参与、合作、促进共同繁荣"，并达成了《上海共识》，重申了完成1995年《大阪行动议程》的决心。

2002年10月，在墨西哥洛斯卡沃斯召开了第十四届APEC部长级会议和第十次经济领导人非正式会议。会议就全球和亚太地区经济发展、加强多边贸易体制、执行上海会议成果及反恐合作等问题进行了讨论。

2003年10月，在泰国首都曼谷举行了第十五届APEC部长级会议和第十一次经济领导人非正式会议。会议的主题是"在多样性的世界，为未来建立伙伴关系"。会议结束时发表了《领导人宣言》，决定加强伙伴关系，推动贸易投资自由化。

2004年11月，在智利首都圣地亚哥举行了第十六届APEC部长级会议和第十二次经济领导人非正式会议。会议发表了《圣地亚哥宣言》，与会领导人围绕会议主题"一个大家庭，我们的未来"，讨论了贸易投资自由化和可持续发展等议题。

由于亚太经合会的成员多、范围广，各成员在经济发展水平、经济结构等方面都存在过于悬殊的差别，因此，在很长一段时间内，很难进入良好的区域经济一体化的运行状态之中。

四、东南亚国家联盟

(一) 东南亚国家联盟的建立与发展

东南亚国家联盟（简称东盟）的前身是马来西亚、菲律宾和泰国于1961年7月31日在曼谷成立的东南亚联盟。1967年8月7日至8日，印度尼西亚、新加坡、菲律宾、泰国的外长和马来西亚的副总理在泰国的曼谷举行会议，发表了《东南亚国家联盟成立宣言》，正式宣布了东南亚国家联盟（Association of Southeast Asian Nation，ASEAN）的成立。成立时的宗旨是"提倡以平等及合作精神共同努力，促进东南亚地区的经济增长、社会进步与文化发展"，但其根本用意是希望遏制共产党势力在东南亚的发展，政治用意甚于经济用意。之后，随着国际形势的变化，逐步转变为以政治、经济合作为主的区域合作集团。

1984年文莱独立后加入东盟，1985年越南加入，1997年老挝和缅甸加入，1999年柬埔寨成为东盟的成员。东盟目前已经拥有10个成员国，面积达450万平方千米，人口约5.5亿，2000年GDP总额为8 000亿美元，进出口贸易总额为6 810亿美元。此外，东盟还有一个观察员国——巴布亚新几内亚。

1992年1月在新加坡举行的东盟外贸部长会议期间，东盟老成员六国（印度尼西亚、新加坡、菲律宾、泰国、马来西亚、文莱）签订了成立东盟自由贸易区的协定（AFTA）。设立东盟自由贸易区的主要目的在于增强东盟地区的竞争优势；通过减少成员国之间的关税和非关税壁垒，创造出更高的经济效益、生产率和竞争力；加强东盟区域一体化和促进盟区内的贸易和投资。本次会议随即签署了代表发展东盟自由贸易区重要标志的纲领性文件，即"东盟自由贸易区共同有效惠普关税方案协议"（简称CEPT）。会议确定在未来15年内，即在2008年前实现成立东盟自由贸易区。

1995年召开东盟首脑会议，决定加速AFTA成立时间表，将原定的15年时间计划缩短为10年，即在2003年前成立东盟自由贸易区。随后为了早日实现东盟内部的经济一体化，东盟自由贸易区于2002年1月1日正式启动，其目标是实现区域内贸易的零关税。印度尼西亚、新加坡、菲律宾、泰国、马来西亚、文莱六国已于2002年将大多数产品的关税降低到0~5%。

越南、老挝、柬埔寨和缅甸四国将于 2015 年达成这一目标，并于 2020 年完全实现贸易和投资自由化。

（二）东南亚国家联盟的合作机制

东盟成立 30 多年以来，已日益成为东南亚地区以经济合作为基础的政治、经济与安全一体化组织，并建立起一系列合作机制。

1. 东盟外长会议

东盟外长会议是东南亚国家联盟组织机构的主要部分，负责制定东盟的基本政策。该会议由东盟成员国外长组成，每年轮流在成员国举行会议。此外，还定期举行非正式会议。

2. 东盟与对话伙伴国会议

东盟与对话伙伴国会议始于 1978 年，是东盟外长会议的后续会议。其 10 个对话伙伴是澳大利亚、加拿大、中国、欧盟、印度、日本、新西兰、俄罗斯、韩国和美国。每年由东盟成员国和对话伙伴国的外长出席会议，主要讨论政治、经济、东盟与对话伙伴国的合作事宜。中国于 1996 年成为东盟全面对话伙伴国。

3. 东盟地区论坛

东盟地区论坛成立于 1994 年，是讨论亚洲安全的最大论坛，主要就亚太地区的政治和安全问题交换意见。论坛每年举行一次，参加会议的成员有东盟成员国、东盟对话伙伴国、东盟观察员以及蒙古和朝鲜。

4. 东盟-中日韩（10＋3）外长会议

东盟-中日韩（10＋3）外长会议是指东盟 10 国加上中国、日本、韩国的外长举行的会议，它是 10＋3 领导人非正式会议框架下的一个专业部长级会议。会议在东盟外长会议后举行，首次会议于 2002 年举行。

（三）中国-东盟自由贸易区的启动

中国-东盟自由贸易区的构想初始于 1999 年在马尼拉召开的第三次中国和东盟领导人会议。当时，东盟刚从亚洲金融危机中恢复，急需通过地区经济整合来抵御外来风险。而中国在金融危机中坚持人民币不贬值，不仅减弱了金融危机的冲击，而且树立起了一个负责任大国的国际形象。东盟国家普遍希望中国在地区经济合作中发挥更大的作用，中国与东盟加强经济合作的想法呼之欲出。

2002 年 11 月，中国和东盟领导人在柬埔寨首都金边签署了《中国与东盟全面经济合作框架协议》，正式启动了建立中国-东盟自由贸易区的进程。

2004 年 11 月在老挝首都万象举行的中国-东盟领导人会议期间，双方签署了中国-东盟自由贸易区《货物贸易协议》和《争端解决机制协议》。其中《货物贸易协议》包括 23 个条款和三个附件,《争端解决机制协议》包括 18 个条款。双方决定,自 2005 年起,全面启动中国-东盟自由贸易区降税进程,到 2010 年逐步取消大部分双边贸易关税。

中国-东盟自由贸易区是中国与其他国家或地区启动的第一个自由贸易区,根据中国与东盟各国确定的进程表,中国-东盟自由贸易区将于 2010 年建成。建成后的中国-东盟自由贸易区覆盖 17 亿人口,国民生产总值达 2 万亿美元,美元总量达 1.23 万亿美元,成为全球第三大市场。中国还将牵头成立东亚自由贸易区,将中国-东盟自由贸易区扩展到日本和韩国,从而形成一个全球最大的自由贸易区。

第四节 区域经济一体化理论

伴随着区域经济一体化实践发展的是各种区域经济一体化的理论。第二次世界大战之后,许多经济学家从不同的角度出发,对区域经济一体化现象进行了深入的分析、研究与探讨,并因此形成了各种区域经济一体化理论。

一、关税同盟理论

西方学者将关税同盟视为区域经济一体化的典型形式。因此,对关税同盟的研究与探讨也就比较广泛而深入。其中最有代表性的是美国经济学教授维纳 (J. Viner),1950 年他在《关税同盟问题》中提出了贸易创造效果和贸易转移效果,考察了关税同盟对贸易流向的影响。之后,利普西 (R. G. Lipsey)、兰开思特 (K. J. Lancaster) 等人对关税同盟理论做了进一步的发展与完善。

(一) 关税同盟的静态效果

1. 贸易创造效果

贸易创造效果 (Trade Creating Effect) 是指由于取消了同盟内的关税壁垒,使生产转向同盟内最有效率的供应者所产生的利益。它由生产利益和消费利益构成。关税同盟成立后,能在比较优势的基础上进行更专业化的生产,某成员国的一些国内产品从其他生产成本更低的国家进口。其结果是:一方面使本国该项产品消费开支降低,从而扩大了需求,增加了贸易量;另一方面使本该用于该种产品的生产资源被更为有效地用于他处,从而提高了生产利益。

如表 9-2 所示,某产品在 A,B,C 三国的成本分别为 $25,$15,$10,A

国进口关税水平为200%。关税同盟成立前，由于关税的保护，该产品以A国的价格为最低，因此A国自行生产。A,B两国成立同盟后，对B国取消了关税壁垒，B国该产品的价格下降，低于A国水平，于是，A国从B国进口该产品。

表9-2   贸易创造效果

国家	成本/美元	关税同盟成立前		A,B关税同盟成立后	
		关税(200%)	价格/美元	关税(200%)	价格/美元
A	25	—	25	—	25
B	15	30	45	—	15
C	10	20	30	20	30
选择结果		自行生产与供应		从B国进口	

2. 贸易转移效果

贸易转移效果（Trade Diversing Effect）是指由于关税同盟对外设立统一的关税壁垒，使某成员国在购买同盟内廉价的产品时可能导致某种转移性的损失。关税同盟成立前，该国可从世界上生产效率最高、成本最低的国家进口产品；同盟成立后，则通常转向从同盟内生产效率最高的国家进口。如果后者不同于前者，则意味着进口成本增加，消费开支扩大，使得同盟内社会福利水平下降。同时，这也意味着关税同盟外最有效率的生产能力和最有效的资源被闲置，从而降低了世界福利水平。

如表9-3所示，某产品在A,B,C三国的生产成本仍为$25，$15，$10，A国的进口税率则为100%。同盟成立前，C国该产品的价格（包括关税）最低，因此，A国从C国进口。同盟成立后，A,B两国之间废除关税，B国的该产品价格下降到最低水平，于是，A国改从B国进口。这样，就从成本最低的C国转变到了同盟内成本最低的B国，这便是贸易转移效果。

表9-3   贸易转移效果

国家	成本/美元	关税同盟成立前		A,B关税同盟成立后	
		关税(100%)	价格/美元	关税(100%)	价格/美元
A	25	—	25	—	25
B	15	15	30	—	15
C	10	10	20	10	20
选择结果		从C国进口		从B国进口	

3. 贸易扩大效果

贸易扩大效果（Trade Expansion Effect）是指成立关税同盟后，某国能够更便宜地买到某商品而导致消费量和贸易量的增加。这是从需求方面形成的概念。如前所述，无论贸易创造还是贸易转移都能产生贸易扩大效果。

4. 产品替代效果

产品替代效果（Inter-Commodity Substitution）是指关税同盟成立后，由于相互间废除关税并发生贸易转移，国内产品的价格比率发生改变，从而发生产品之间的替代，导致消费结构的变化。

5. 减少与降低费用

由于关税同盟的成立，彼此间废除关税，故可以减少征收关税的行政开支；同时，关税同盟内实现商品自由流动，取消了走私，也可以减少费用。

6. 提高自身的地位与对外谈判力量

由于关税同盟的成立，经济力量加强，统一对外进行关税等谈判的力量同时加强，这有利于关税同盟贸易地位的提高和贸易条件的改善。

（二）对关税同盟静态效果的讨论

1. 关税同盟产生"贸易创造效果"与"贸易转移效果"的可能性分析

前面讨论贸易创造效果与贸易转移效果时，是假定A,B,C三国都生产某产品，且成本各不一样。事实上，还有以下可能：

（1）建立关税同盟前，A,B两国都不生产该产品，而从生产成本最低的C国进口。那么，A,B结成同盟后，不会引起贸易创造效果和贸易转移效果。

（2）建立关税同盟前，A,B两国都生产该产品，并且比C国的成本要高，即各国在关税保护下重复性地自行生产并进行竞争。关税同盟建成后，则在同盟内进行专业分工，由生产效率较高的B国生产该产品并满足A国的需要。这样，在同盟内实现了生产的专业化和自由贸易，从而在内部创造和扩大了贸易，这就形成了贸易创造效果。

（3）建立关税同盟前，A国不生产该产品，B国比C国以更高的成本生产，这时，A国从C国进口。A,B结成同盟后，A,B间废除关税并对C国采取共同的关税，此时，本从C国进口就转向了从同盟内的B国进口，这就意味着在关税同盟内保护了落后工业。因此，在形成"贸易转移效果"的同时，表现出贸易保护的倾向。

2. 贸易创造与贸易转移之间关系的分析

关税同盟既是同盟内自由贸易的政策工具，又是对同盟进行贸易保护的工具。从整体范围来讲，贸易创造增加社会整体福利，而贸易转移则在某种意义上降低了这种福利。对此，米德、利普西等经济学家利用供求曲线进行了更为精密而深入的阐述与分析。

如图 9-1 所示，假定三个国家：本国（H）、同盟国（C）、同盟外国家（W）。S, D 分别为 H 国某产品的供给曲线和需求曲线，P 为该产品的价格，Q 为产品的数量，生产该产品的成本从低到高的国家次序为 W, C, H。

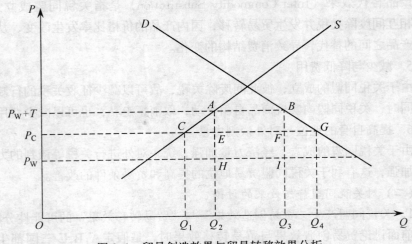

图 9-1　贸易创造效果与贸易转移效果分析

最初，H 国从 W 国进口，价格为 $P_W + T$（进口价格 P_W 与关税 T 组成），消费量为 Q_3，国内生产为 Q_2，进口量为 $Q_3 - Q_2$。

现在，H 国与 C 国结成同盟，该产品在 H 国的价格下降到 P_C（取消了关税），于是，消费量扩大到 Q_4，国内生产下降到 Q_1，进口量为 $Q_4 - Q_1$。此时，$CE + FG$ 为创造出来的贸易量。$\triangle ACE$ 与 $\triangle BFG$ 为贸易创造带来的经济效益。$\triangle ACE$ 表明国内生产该产品的数量下降，使本该用于此方面的资源得到了更为有效的利用，它被称为贸易创造的生产效应。$\triangle BFG$ 说明价格下降后，需求量增加，从而被称为贸易创造的消费效应。

但同时，由于进口从成本最低的 W 国变成 C 国，贸易量 AB 从全球最有效率的生产者转向同盟内效率最高的生产者。这种贸易转移意味着 H 国利益的损失和全球效率的损失。将 H 国作为整体考虑（即征收的关税也是福利之一），结成同盟后，必须对 AB 量的进口支付高价格 P_C 以代替 P_W。P_C 与 P_W 的差额就是额外付出的单位产品的成本。因此，矩形 $EHIF$ 就是贸易转移带来的福利的损失。

因此，维纳指出，建立关税与否，取决于这两者的实际效果。同盟成立后，可能会发生贸易创造得利大于贸易转移的损失，也可能相反，它取决于

$\triangle ACE + \triangle BFG$ 与矩形 $EHIF$ 的面积大小。

3. 关税同盟静态效果大小的分析

关税同盟成立后，其静态效果所产生的福利的大小受到多因素的影响：

（1）同盟前关税水平越高，同盟后贸易创造效果越大；

（2）关税同盟成员的供求弹性越大，贸易创造效果越大；

（3）关税同盟成员的生产效率越高，贸易创造效果越大；

（4）关税同盟成员与非成员的产品成本差异越小，贸易转移的损失越小；

（5）关税同盟成员对非成员的进口需求弹性越低，非成员对成员的出口供给弹性越低，则贸易转移的可能性越小；

（6）关税同盟成员对外关税越低，贸易转移的可能性越小；

（7）关税同盟的成员越多，贸易转移的可能性越小；

（8）关税同盟成员间的贸易量越大（或与非成员之间的贸易量越小），贸易转移的可能性越小；

（9）一国国内贸易比重越大，对外贸易比重越大，则参加关税同盟获利的可能性越小，即贸易创造效果越大；

（10）关税同盟成员间的经济结构越相似（或互补性越小），贸易创造效果越大，因此，关税同盟往往在经济发展水平与经济结构相似的国家间建立，以获得较多的贸易创造效应。

（三）关税同盟的动态效果

关税同盟的动态效果是指关税同盟成立后，对成员国贸易以外的就业、国民收入、国际收支、国内生产和物价水平等的影响。它又称为次级效果（Secondary Effect）。关税同盟的动态效果主要包括以下几个方面：

1. 获得规模经济的利益

美国经济学家巴拉萨（B. Balassa）认为，关税同盟可以使生产厂商获得重大的内部与外部规模经济利益。同盟成立后，所有成员国成为一体，自由市场扩大，可以获得专业与规模生产的利益。同时，某一部门的发展又可以带动其他部门的发展，势必带来各行业的相互促进。

2. 加强成员间的竞争

西托夫斯基（T. Scitovsky）认为关税同盟成立后，商品的自由流通可以加强竞争，打破垄断，从而提高经济福利。在不同的市场结构中，在其他条件不变的情况下，市场的竞争越强，专业化程度越深，导致的效率越高，资源配置更趋合理。关税同盟的建立，摧毁了各国受关税保护的市场，使得成员间的竞争加强。

3. 刺激投资

关税同盟成立后,它可以从三个方面刺激投资。第一,随着市场的扩大,风险与不稳定性降低,会吸引成员中新的厂商进行投资。第二,为了提高竞争力,原有厂商也会增加投资,以改进产品质量,降低生产成本。第三,迫使非成员到同盟区域内设立避税工厂(Tariff Factory),即以直接投资取代出口贸易,以绕开关税壁垒。

4. 促进生产要素的自由流动

关税同盟的成立,在推动商品自由流通的同时,也促进了生产要素的自由流动,从而使资本、技术、劳动力、原材料等资源得到更加合理的配置,降低要素闲置的可能性,提高要素的利用率,最终提高了经济效益。

5. 加速经济增长

由于以上动态效果的实现,关税同盟内各国的经济可以得到加速的增长。

二、大市场理论

大市场理论的代表人物是西托夫斯基和德纽(J. F. Deniall)。大市场理论是针对共同市场提出的。共同市场在一体化程度上比关税同盟又进了一步,它将那些被保护主义分割的小市场统一起来,结成大市场,然后通过大市场内的激烈竞争,实现大批量生产带来的大规模经济等方面的利益。

德纽对大市场带来的规模化生产进行了描述,最终得出结论:"这样一来,经济就会开始其滚雪球式的扩张。消费的扩大引起投资的增加,增加的投资又导致价格下降、工资提高、购买力的提高……只有市场规模迅速扩大,才能促进和刺激经济扩张。"

西托夫斯基则从西欧的现状入手,提出,西欧陷入了高利润率、低资本周转率、高价格的矛盾,存在着"小市场与保守的企业家态度的恶性循环"。因此,只有通过共同市场或贸易自由化条件下的激烈竞争,才能迫使企业家停止过去那种旧式的小规模生产而转向大规模生产,最终出现一种积极扩张的良性循环。

综合西托夫斯基和德纽的阐述,可以把握住大市场理论的核心,即通过扩大市场,获得规模经济,从而实现更好的经济利益。也可以一般表述为:通过建立共同市场,使得市场扩大,将比较分散的生产集中起来进行规模化的大生产,这样,机器得到充分利用,生产更加专业化、社会化,高新科技得到更广泛的利用,竞争更加剧烈,从而生产成本下降,加之取消了关税及其他一些费用,使得销售价格下降。这必将导致购买力的增强与生活水平的提高,消费也会增加。消费的增加又促进投资的增加。于是,便进入了良性的循环之中。

大市场理论虽然是针对共同市场提出的理论，它同样适合于自由竞争与自由贸易的任何状况。换言之，大市场理论虽然对经济一体化提供了有力的理论依据，但并不十分完备。

三、协议性国际分工理论

日本教授小岛清对经济一体化组织内部分工进行分析之后，提出了分工的新理论依据，这就是协议性国际分工理论。

一般经济学者在研究分工时，比较强调两点：一是比较优势原理；二是成本递增原理。小岛清绕开这两点，重点分析了成本递减状况下的协议性国际分工。他假设：两个国家、两种产品的情况下，各国只生产某一种产品，以满足两国的需要，这样可以使得经济一体化组织内的经济与贸易更为健康地发展。

如图 9-2 所示，现在有 A,B 两个国家，X,Y 两种产品，横坐标代表生产数量，纵坐标代表生产成本，A 国、B 国各自生产 X,Y 产品的成本递减曲线显示出成本与数量。现在假定 B 国将 X 产品让给 A 国生产，并将国内市场提供给 A 国；同时，A 国将 Y 产品让给 B 国生产，并将国内市场提供给 B 国。如此交换之后，生产更加集中化与专业化，如虚线所示，两种产品的生产成本都下降了。显然，这种协议性的分工对双方都有好处。

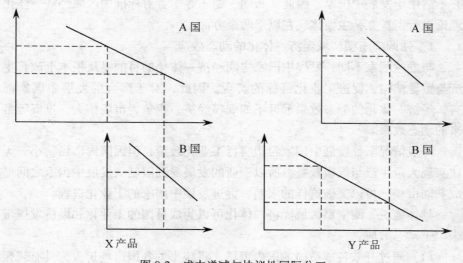

图 9-2 成本递减与协议性国际分工

需要指出的是,实行这种协议性的国际分工有着一定的约束条件。第一,必须是两个国家的资本劳动禀赋比率没有很大差别,工业化水平与经济发展水平比较接近,协议性分工的产品在任何国家都能生产。如果这方面的差别比较大,则专业化生产的成本差异很大,就不适宜进行协议性分工。第二,协议分工的产品必须能够获得规模效益。否则,生产的集中并不能理想地降低成本,就失去了应有的意义。第三,两个国家从任一种商品的得利没有太大的差别。否则,这种协议性分工很难达成。

以上说明,经济一体化必须在发展阶段与发展水平近似的国家之间建立。在同类型国家之间,生活水平与文化近似,生产函数接近,容易达成协议,进行协议性分工的范畴也比较广,从而获利也较大。因此可以得到这样一个结论:协议性分工是同一范畴内更为精细的分工。

四、南南型区域经济一体化理论

广大的发展中国家也在进行着经济一体化的实践活动。由于发展中国家有着自身的特点,发达国家经济一体化的理论对发展中国家并不适用,因此需要与之发展密切联系的理论。在这方面,贡献较大的学者有鲍里斯·塞泽尔基、布朗(Brown)、德尔(S. Dell)、罗布森等。

(一)标准的区域经济一体化理论的扩展

标准的区域经济一体化理论以西方发达国家之间的一体化为研究对象,并不适用于发展中国家。因此,布朗、德尔等学者对标准的区域经济一体化理论进行了扩充,主要体现在以下两个方面:

1. 强调南南型区域经济一体化的动态效应

与发达国家不同,发展中国家之间经济一体化的目的是从根本上改善生产与贸易结构,促进工业化目标的实现。因此,对于广大的发展中国家而言,经济一体化的静态效果远远不如规模经济、竞争、市场扩大、投资等带来的动态效果。

一般情况下,发展中国家希望实行工业化政策,但因国内市场狭小,无法实现大量生产与规模效益,所以产业的发展受到限制。发展中国家之间形成共同市场,可以突破这样的限制,促进发展中国家的工业化进程。

具体地说,南南型区域经济一体化可以为成员国的工业化和经济发展带来以下动态效应:

(1)通过开放各成员国的国内市场,将狭小的各国市场扩大为具有规模经济效益的大市场,从而降低成本,提高工业竞争力。

(2)通过竞争力的提高,增加向域外出口的机会,改善发展中国家的贸易结构，促进国民经济的增长。

（3）通过经济一体化的市场扩大，使合理的进口替代政策容易实施，从区域整体的角度看，提高自给自足的可能性。

（4）由于实施进口替代，因此可将节约的外汇转移到经济开放所必需的投资品上，通过产业升级，提高在国际分工中的地位。

（5）通过一体化协议，增强成员国在政治、经济、文化、外交等领域的广泛深入合作，取得在区域外加强交涉力等效果，提高国际地位。

2. 强调区域经济一体化的"对外保护"作用

区域经济一体化的根本特征是"对内自由，对外保护"。一般来说，标准区域经济一体化理论强调"对内自由"的一面，而将"对外保护"作为附带效应。但德尔等学者则强调"对外保护"，主张把区域经济一体化作为促进工业生产的保护手段。为此，德尔提出了"通过集团保护的进口替代理论"，主张如果要扩大保护范围，提高保护效率，就必须建立经济一体化。对于发展中国家，进口替代战略将进口替代从一国规模扩大到地区规模，提高了政策实施的效率。为了使进口替代的领域从一国扩大到地区规模，必须建立对区域内实行贸易自由化和对区域外实行贸易保护的经济一体化，达到集团保护（Group Protection）的效果。

莫拉韦茨（D. Morawetz）在《发展中国家关税同盟工业品的对外出口》中，也主张通过关税同盟来保护发展中国家的幼稚工业。他认为，同盟范围内的幼稚工业保护具有正效应，可以在质量控制、营销技能等方面为这些产业进入国际市场创造条件，区域内的贸易扩大通过产品的多样性可以促进产业内的分工，提升对区域外出口的竞争力。

（二）综合发展战略理论

发展中国家合作研究中心高级研究员鲍里斯·塞泽尔基在《南南合作的挑战》一书中提出了综合发展战略理论，比较完善、全面地阐述了发展中国家发展经济一体化的问题。

鲍里斯反对狭隘地从自由贸易和保护贸易的角度来研究区域经济一体化，他从发展中国家的实际出发，强调应用与发展理论紧密联系的研究方法，把经济一体化看做是发展中国家的一种发展战略，而不限于市场的统一，不必追求尽可能高级的一体化形式。并且，在考虑到发展中国家的一些实际困难，诸如民族经济的软弱、跨国公司的作用、两极分化、不利的国际经济秩序等，他提出将一体化看做集体自力更生的手段和按照新秩序逐渐变革世界经济的要素。

在制定经济一体化政策时，鲍里斯主张进行综合考虑，密切结合本国与本地区的实际情况，从经济与政治及机构两方面进行详细而客观的分析。如该地区的发展水平、成员间的差异、成员间的相互依存状况、政治协调程度、共同机构的效率等。他还主张政府应积极进行干预，以达到比较满意的效果。

鲍里斯还认为，发展一体化应与各国发展战略和现行经济政策相一致，应该重视和通过区域内的工业化来加强相互依存性，努力使各国的发展完全一体化，促进民族经济的高度发展。

鲍里斯的理论比较切合发展中国家的实际，因此受到发展中国家的重视，成为发展中国家经济一体化的重要理论。

第 十 章

跨国公司与国际贸易

20 世纪 90 年代以来，随着经济全球化、一体化程度的纵深发展，世界各国对外开放的程度超过以往任何时候。现代科技进步的日新月异，国际贸易和国际投资自由化程度的进一步提高等因素，使跨国公司的迅猛发展成为 20 世纪后期世界经济发展中最显著的现象。跨国公司的迅速发展，既是生产与市场竞争在世界范围内展开的结果，也是各国经济相互依赖、相互协作的表现。跨国公司是当代世界经济的主体，必将对未来国际贸易、国际投资、国际金融、经济全球化以及整个世界经济的发展等方面，产生更大的影响。

第一节　跨国公司的特征及发展状况

一、跨国公司的定义

跨国公司（Transnational Corporation，TNC）又称多国企业（Multinational Enterprises，MNEs）、国际公司、全球公司等，联合国建议使用 TNC 表述，但学者们仍习惯采用 MNE。严格意义上的跨国公司必须符合两个必要条件：第一个必要条件是在国外有直接投资（FDI）而不仅仅是从事出口贸易，直接投资是指建立生产、经营或服务性经济实体，是相对于证券类间接投资而言的。第二个必要条件是对海外资产进行主动的经营管理，而不是简单地拥有海外资产。跨国公司通常表现为在一个国家（一般在本国，称母国）设立总部，在其他一个或多个国家（东道国）设立分支机构和生产经营网点的企业系统。它是一种与现代化大生产相适应的先进的企业组织形式，以世界市场范围规划生产经营，在地理上更经济、更有效地组织各生产要素的投入，追求全球利润最大化。

联合国 1973 年把跨国公司定义为："同时在两个或两个以上国家控制资产、工厂、矿山、销售办公室等类型的企业。"

1984 年联合国又对跨国公司的定义进行了深化，将其定义为必须满足以下条件的公司：

（1）由两个或两个以上国家的经济实体所组成，无论这些经济实体的法律形式及活动范围如何；

（2）在一个决策系统制定的连贯政策和一个或多个决策中心制定的共同战略下从事经营活动；

（3）它的各个实体通过所有权或其他方面相联系，它的一个或多个实体能够对其他实体的经营活动施加有效影响，特别是在与其他实体分享知识、资源和责任等方面的影响尤为有效。

上述定义的演变，突出了战略和组织一体化的重要性。

二、跨国公司的基本行为特征

跨国公司的主要特征是在全球一体化战略指导下，在两个以上的国家从事贸易、生产、服务等活动。

1. 以综合性优势为基础。跨国公司的组建一般以对外直接投资为主要方式，而对外直接投资又以综合性优势为基础。跨国公司无不拥有特定优势。对外直接投资，是将潜在优势转化为现实效益。一般而言，跨国公司拥有三种特定优势：（1）所有权优势，即一国企业拥有或能获得而国外企业没有或在同等成本条件下无法获得的资产及其所有权方面的优势，通常包括技术优势、专门知识优势、规模经济优势、组织管理优势和资金融通优势等；（2）内部化优势，即企业将所拥有的所有权优势在内部使用，而不是通过市场交易而带来优势；（3）区位优势，即企业在投资区位选择方面的优势。其中，所有权优势是最基本的优势，但是，只有当三种优势齐备时，对外直接投资才能实现。如果没有所有权优势，企业就缺乏对外投资的基本条件和可能；如果仅有所有权优势而无其他两种优势，企业就会通过许可证贸易等出让这种优势来赢利；如果仅有所有权和内部化优势而无区位优势，直接投资也无法实现，企业就会在国内组织生产，通过产品的国际贸易来赢利。因此，没有综合性优势，就没有对外直接投资，也就没有跨国公司。

2. 以全球战略为导向。跨国公司具有全球经营战略目标，通过对外直接投资在世界范围内进行生产力配置。在做出经营决策时，考虑的是整个公司的最大利益和整个公司将来的发展，按照最优化的配置，规划、组织和运作跨国界的生产。跨国公司全球战略服从于长远利润最大化的宗旨，对公司各方面的活动如研究与开发、生产布局、投资计划、价格体系、市场策略和利润分配等做出统筹安排，力求获得全球性的发展机会，提高整体效率。跨国公司按照全球战略的要求，逐一制定进入战略、经营战略、市场购销战略和科技开发战略等，用以规范和协调不同时期、不同组成部分的行动。

3. 以一体化为准则。跨国公司的建立、运作和管理具有高度的统一性，必然按照一体化的准则来行事，它是在公司体制内部，各组成部分之间相互依赖、彼此配合的有机的统一体。它在内容上主要包括组织结构的一体化，行为规范的一体化，生产经营活动的一体化，资源、机会和风险、责任的一体化等。不管跨国公司拥有如何庞大的全球生产经营体系，拥有多少个分支机构；不管这些分支机构分布在多少个国家，其具体任务有多么的不同，每个跨国公司始终都是一个整体，一个统一决策和协调行动的市场竞争者。跨国公司始终追求母公司与所有分支机构协同一致的行动。

4. 以控制为保障。跨国公司具有高度集中统一的经营管理体制，最高决策权集中在总公司，由各子公司分散经营，互相配合，互相协作。跨国公司全球战略的有效实施和一体化准则的贯彻落实，需要公司内部卓有成效的控制来保障。

5. 以对外直接投资为纽带。对外直接投资不仅是跨国公司组建和优势实现的主要方式，也是跨国公司实现全球战略的重要手段，是实现跨国公司一体化和控制不可或缺的基础。不同区位上的不同经营实体，之所以成为跨国公司的有机组成部分，就是由于对外直接投资作为纽带而发挥的联接作用。

6. 以技术为先导，实行综合性的多种经营。

7. 实行限制性的商业惯例，加强对国外市场的垄断和争夺。跨国公司以限制性商业惯例打击局外企业，取得高额垄断利润。

8. 越来越多地使用非价格竞争作为争夺市场的主要手段。包括提高产品的质量和性能，改进商品规格和包装，改善售后服务，提供支付条件等。

9. 在公司内部实行转移价格，以获取最大的整体利益。

三、跨国公司的发展现状

跨国公司是 19 世纪六七十年代产生的一种以全球市场为经营目标的企业形态，但直至 20 世纪 40 年代以后，跨国公司才得以迅速发展，这主要是由于第二次世界大战后工业发达国家有大量过剩资本，要求转移到国外去寻找有利的投资场所。20世纪八九十年代新的科学技术革命的发生和生产力的大幅度提高，使跨国公司得到了良好的发展，主要体现在以下方面：

（1）跨国公司数量和规模急剧扩大。跨国公司遍及160多个国家和地区，其年生产总值已占整个西方发达国家生产总值的40%～50%，控制着50%～60%的国际贸易，80%以上的新技术、新工艺开发，国际技术贸易的60%～70%，国际直接投资（FDI）的90%左右。

（2）跨国公司对外投资规模迅速膨胀，在国际贸易中的作用日益加强，确立了它作为当代国际经济活动的核心组织者的地位。据联合国《2000年世界投资报告》，截至1999年底，以跨国公司为载体的世界对外直接投资存量达到5万亿美元，跨国公司的数量达到6.3万家，其附属公司至少达69万家。所有跨国公司附属公司的资产是对外直接投资存量的3.5倍，达17.68万亿美元，这些海外机构的货物和服务的销售额为135 640亿美元，超过同年世界货物和服务出口规模（68 920亿美元），几乎是世界货物和服务出口的2倍。跨国公司海外附属企业货物和服务出口为31 670亿美元，占世界货物与服务出口的46%。

（3）跨国公司加速发展使其成为经济全球化最积极、最活跃的推动者。20世纪50年代以来国际直接投资迅猛发展，成为全球化的主要发动机，同时其本身也是全球化和经济自由化的重要结果。跨国公司通过建立独资、合资企业、战略联盟以及其他合作形式，几乎渗透到各个国家和地区的所有产业领域和部门，其影响已遍及全球生产、流通和消费等各个领域。

（4）跨国公司国际生产的规模和重要性日益增加。大型跨国企业集团的规模，有时候会被拿来与国家经济体相比较，以衡量企业对世界经济的影响力。按产值衡量，全世界100个最大的经济实体中，有一半以上是公司而不是国家（51个公司和49个国家）。联合国贸易与发展大会（UNCTAD）根据各国国内生产总值和跨国企业集团的增值得出的2000年"世界经济100强"中，有29个是跨国企业集团，世界经济最强的跨国企业集团为埃克森美孚（Exxon Mobil），以630亿美元的增值排名第45位，经济规模几乎与智利或巴基斯坦相当。

（5）跨国公司结构发生显著变化。随着发展中国家经济实力的增强，发展中国家的跨国公司迅速崛起。

第二节　跨国公司对国际贸易的影响

一、跨国公司对国际贸易的积极影响

跨国公司的全面扩张是导致国际贸易迅速发展的重要原因之一。以跨国公司为主体的国际直接投资作为向国外市场提供货物和服务的主要手段，从国际技术贸易、国际服务贸易、国际贸易结构和贸易内部化等方面对国际贸易的规模、内容、方式、方向和构成等领域发挥了强有力的推动作用。跨国公司所带动的贸易已成为世界进出口贸易的一个重要影响因素，特别是跨国公司内部贸易额的迅速增加，创造了公司内国际贸易这一新领域。跨国公司对国际贸易的积极影响具体表现在以下方面：

1. 扩大了国际贸易的总体规模

目前，跨国公司已成为推动国际贸易的重要力量。一些发达国家对外贸易增长较快，一个重要原因是跨国公司发挥了重要作用。一些大型跨国公司根据企业面临的国际合作与竞争，进行大规模的国际化生产，生产能力不断提高，为开展国际贸易奠定了雄厚的物质基础。实行跨国、跨地区的全球性经营，开展多领域的对外贸易，促进了国际贸易规模的扩大。

跨国公司生产和交易的内部化倾向是对国际贸易产生巨大影响的重要原因。为了寻求资源最佳配置，跨国公司在全球不同地区设立生产点，加速了国际生产专业化和协作化发展，扩大和加深了国际分工，使国际贸易流量大大增加。跨国公司内部化贸易数量和金额越大，国际贸易数量和金额也就越大。跨国公司在东道国开办子公司，建立生产基地，就必须输入各种机械设备。投产以后相当长时间，子公司还必须从母公司进口关键原材料、零部件等生产投入品，这些产品本来可能由于贸易壁垒而不能进入东道国，但跨国公司通过内部交易则可将大量的商品输入东道国。此外，子公司是跨国公司全球生产体系的一个组成部分，其产品被纳入全球销售网络，产品常常需要在公司内部经过多次贸易，运往许多国家，才能最终到达用户手中，这就大大增加了国际贸易流量。所以，无论是子公司所在的东道国，还是母公司驻扎的投资国，其对外贸易都会从中受到促进。

跨国公司的联盟策略更大程度地促进了国际贸易。跨国公司间的联盟有利于提高双方的竞争实力，有利于各自进出口贸易和市场份额的扩大。当代跨国公司的联盟倾向正在超过过去的竞争倾向，对国际贸易将起到更加积极

的推动作用。

2. 推进世界经济的全球化和市场化，促进了国际贸易的自由化

跨国公司在世界范围内的经济扩展，特别是 20 世纪 90 年代以来的跨国投资与兼并，不断改变着国际经济分工协作关系，推动生产向全球一体化发展。跨国公司生产经营所到之处，努力与本土政治制度、经济制度和文化习俗融合，从本土化出发进行企业制度创新，在使企业适应地区市场竞争需要的同时，将新的竞争规则带到了本土文化中，逐渐把世界上每一个国家或地区纳入全球经济竞争中来，促进了全球市场的一体化。而且，跨国公司越来越独立于某个确定的国家，与多国经济竞争与合作，在一定程度上改变了传统意义上市场与国家之间的关系，从而对国家与市场、国家与国家之间的博弈产生重要影响，并通过企业制度创新、革新市场竞争规则，不断推进世界经济的全球化和市场化。

从跨国公司与国际贸易自由化的联系看，贸易自由化的发展，为生产要素在国际间的流动创造了更加宽松的环境，从而更有利于跨国公司全球战略的实现，促进跨国公司的大发展。跨国公司的发展，反过来又能绕开高关税和各种非关税壁垒，促进资源和要素在国际间流动并在全球范围内组织生产，从而推动贸易自由化进程。即使在贸易保护主义盛行的情况下，跨国公司仍可通过直接投资方式替代国际贸易作用，推动贸易自由化进程。

3. 深化和扩展了国际分工

跨国公司为了寻求资源的最佳配置，在全球不同地区设立生产点。这种国际性生产方式加速了国际生产专业化和协作化的发展，扩大和加深了国际分工，从而引起跨国公司的内部贸易、跨国公司之间的贸易以及跨国公司与其他企业之间的多层次国际贸易的新发展。公司内部贸易的兴起，使当代国际分工出现了新的特征，传统依靠市场调节机制的国际分工逐渐让位于以跨国公司内部管理手段为调节形式的国际分工。跨国公司内部的国际分工一方面促使生产分工更加精细，另一方面促使协作的范围更加广泛。

在经济全球化进程中，跨国公司纷纷实行全球生产经营战略，即制造活动、经营活动、研发活动、资源配置、市场营销、商业竞争等的全球化，在此基础上，实行产业结构的重新调整，这些都将提高世界经济的总体质量、效益和稳定性，并使各国的相互联系和依赖进一步加深，从而促进国际分工的深化，拓展国际技术贸易和劳务贸易及跨国公司内部交易的空间。同时，以跨国公司直接投资为核心的国际生产体系正加速形成，并日益成为国际经济的微观基础，这使得跨国公司在世界经济中扮演着更为重要的角色，跨国公司所带动的贸易将成为推动国际贸易继续快速增长的一个主要动力。

4. 跨国公司广泛的海外直接投资行为使贸易方式呈现出多样化的特点

传统贸易方式是由商人作为生产者和消费者的中介人，在国际贸易中则由进出口商作为国家间商品买卖的媒介，专业的进出口贸易公司占有十分重要的地位。第二次世界大战以后，在国际投资中，跨国公司设置了自己的贸易机构或者建立自己的贸易子公司，经营进出口业务，这样便于了解市场动态和需求，及时调整销售战略，按需生产，使产品适销对路。更重要的是，跨国公司内部的产品交换不需要外部贸易企业中介人，因此，贸易中间商、代理商的地位相对降低。

国际化生产方式及利用各国比较优势的需要使加工贸易盛行起来，许多拥有廉价劳动力的发展中国家因此成为发达国家跨国公司的海外加工基地。第二次世界大战以后发展起来的其他贸易方式如补偿贸易和国际分包合同业务等也是与资本运动相联系的。

5. 影响国际贸易的商品构成

对外直接投资的部门对国际贸易的商品结构起着优化和约束作用。国际直接投资转向制造业、商业、金融、保险业，尤其是新兴工业部门，使国际贸易商品结构出现了以下变化：第一，国际服务业发展迅速。第二，国际贸易的中间产品增多。第三，发达国家和发展中国家的出口商品结构进一步优化，发展中国家出口的商品中制成品所占比重大大提高。

跨国公司产业内分工的发展丰富了交换的内容，使越来越多的中间产品成为国际贸易的内容，由此也推动了国际贸易商品结构由初级产品或简单加工产品向制成品或深加工产品为主的格局演化。一般来说，过去发展中东道国引进的外资主要集中在自然资源开发领域，所以东道国以出口资源密集型产品为主。随着外国直接投资转向东道国的劳动、资本密集型产业，东道国的出口就相应变为以劳动、资本密集型产品为主。这是国家之间比较优势变化和产业结构调整的结果，也能说明跨国公司的直接投资对发展中东道国出口产品结构升级的促进。在进口方面，机械设备、原料辅料往往在东道国进口构成中占较大比重。随着加工贸易的发展，零部件、半成品等中间产品在东道国的进口构成中的比重也不断上升。

此外，跨国公司为了争夺国内外市场和获取高额利润，耗费巨大的人力、物力和财力进行科学研究，使一大批科技成果问世，并将科技迅速转化为生产力，产生了一批新兴工业部门，所生产的大量新产品扩展了国际贸易的商品范围。

6. 影响国际贸易的地理方向和流向

一国主要的贸易伙伴国总是同其主要的投资伙伴国密切相关，海外直接投资的方向在一定程度上会牵制对外贸易的地理方向。第二次世界大战以后，国际直接投资流入的重点转向发达国家和新兴工业化地区，使得发达国家之间、新兴工业化地区与发达国家之间的贸易蓬勃发展起来，世界市场进一步向发达的市场经济国家集中。

7. 促进了国际技术贸易的发展

跨国公司是国际技术贸易中最活跃、最具影响的力量。出售专利许可证的跨国公司总公司，不仅可以得到许可证转让的大量收入，而且更重要的是可以使出售专利技术和资本输出有机结合起来，并通过设在外国的子公司应用专利技术而争夺市场，获取高额利润。随着国际竞争的日趋激烈，保持技术优势成为跨国公司保持竞争力的一条主要途径。为了保持跨国公司的技术优势，跨国公司往往让技术和技术含量较高的产品在公司内部流动。内部贸易中技术贸易的发展，必然会使技术贸易在国际贸易中日益突出。

8. 国际服务贸易获得巨大发展

跨国公司的全球性生产和经营活动是导致国际服务贸易发展的重要原因之一。近 20 年来，随着国际贸易的稳步发展，国际服务贸易也在快速增长，国际服务贸易额在世界贸易额中的比重已超过 1/4。随着生产投资的国际化，跨国公司常常是集商品贸易、服务贸易、对外投资于一体。它们全球性的投资活动、技术转让和国际性的生产专业化过程，促进了专家、技术人员和劳动力的国际流动，带动了金融、法律、技术服务、保险、运输、计算机服务、工程咨询等服务业的发展。

二、跨国公司对国际贸易的负面影响

跨国公司在促进国际贸易发展的同时，也给国际贸易带来了一些消极影响，主要体现在以下方面：

1. 干扰了贸易秩序

在母公司与子公司之间转移产品、服务、资金时，人为地调高或调低价格与收费，在一定程度上削弱了市场自由竞争赖以存在的以供求调节价格的价格机制，破坏了国际市场价格与供求关系之间的联系，在一定程度上干扰了原本以市场价格为基础的贸易秩序。

2. 改变了市场结构

出于避开外部市场的不完全性的公司内部贸易却进一步扭曲了外部市场。公司内部贸易创造了一个内部一体化市场，使传统国际贸易中的国别市场界线在很大程度上消失，即传统的"自由市场"缩小，"封闭的市场"日益扩大。跨国公司通过内部贸易，采用歧视性定价策略，排挤竞争对手，垄断了国际市场。跨国公司在许多重要制成品和原材料贸易中均处于控制地位，如在拉美，以美国为主的跨国公司操纵了这一地区小麦贸易的90％、糖料贸易的60％、咖啡贸易的85％、玉米贸易的80％、茶叶贸易的80％。

3．损害了东道国的利益

跨国公司通过转移价格侵吞了东道国合资方的利润，减少了东道国的税收收入，损害了东道国的利益。

4．内部贸易使国际关系复杂化

国际贸易利益关系是买卖双方在国际贸易中形成的利益关系，反映到各国的国际收支中则意味着买方所在国的进口增加了，卖方所在国的出口增加了，传统国际贸易中的这种利益关系非常明了，跨国公司内部贸易产生以后，国际贸易利益关系就变得模糊起来。

（1）转移价格的运用使国际贸易利益关系日益模糊。由于内部贸易经常运用转移价格的手段，达到跨国公司全球利益最大化的目的，而使母国或东道国的利益受到损害。跨国公司的"得"与母国或东道国的"失"在很多时候构成因果关系，因而跨国公司与母国或东道国的国际贸易利益关系变得模糊起来。

（2）进出口国地位的改变使国际贸易利益关系日益模糊。通过内部贸易进行的由子公司向母公司的产品返销使跨国公司母国的进出口国地位发生了改变，由原来的该产品的出口国变为进口国，而使东道国由原来的进口国变为出口国。这种改变会影响各国的国际收支情况，从而使各国之间的国际贸易利益关系日益模糊。例如，美国的巨额贸易逆差很大程度上是由跨国公司的返销造成的，美国国际收支的"恶化"则成为被其用来向贸易伙伴施加压力的借口，但事实上，美国跨国公司因采用转移价格而获取的巨额利润却没有完全计入美国的国际收支，其贸易逆差只是一个片面的统计。

（3）东道国在制定国际贸易政策上处于两难境地。很多东道国，特别是发展中国家，大力引进外资的目的之一是希望通过跨国公司的投资带动上游产业或下游产业的发展。然而跨国公司从全球战略出发，有时宁可高价进口国外关联公司的原材料、半成品，因而降低了跨国公司在东道国直接投资的关联效应。跨国公司内部贸易的逃税、利润转移等"特殊功能"，使得东道国在制定对外贸易政策时左右为难：一方面为吸引外资和技术以发展本国经济，必须有鼓励和优惠的引资政策，另一方面为了减少跨国公司内部贸易给本国带来的损害，又不得不对外资加以限制，其结果是东道国的国际贸易政策既有维护本国利益的一面，又有维护跨国公司利益的一面。

5. 削弱了国家政策的效力

跨国公司生产经营的目的是在全球范围内实现"个体利益"最大化，其"个体利益"经常与国家的"整体利益"并不完全一致。公司内部贸易的双方都处于共同所有权之下，进行交换的市场是跨国公司的内部市场，它并不完全受东道国和母国的管辖，绝大部分时间也无须国家作为中介来进行。跨国公司利用内部贸易的灵活性来避开不利于自身利益的国家政策，削弱了国家财政、金融、贸易等政策效力。

第三节　跨国公司内部贸易

一、跨国公司内部贸易的特征

跨国公司的内部贸易成为当今世界贸易的重要组成部分。跨国公司在经营过程中，实施全球战略和公司内部"一体化"战略，不仅促进了公司外部贸易的发展，也促进了公司内部贸易的发展。跨国公司内部贸易是指：一个跨国公司内部的产品、原材料、技术和服务在国际间的流动，主要表现为跨国公司母公司与国外子公司之间，以及不同子公司之间的交易，简称公司内贸易，或称内部管理贸易。

大量实证研究表明，与一般国内企业相比，跨国公司具有更高的贸易倾向，这不仅是因为跨国公司通常集中在贸易密集的行业，而且也因为其生产分布跨国化所必然引起的机器设备、原材料和零部件等中间产品的进出口。一方面，在跨国公司的母国，跨国公司成为进出口的主要创造者；另一方面，跨国公司的海外分支借助于公司拥有的国际销售网，通常是投资当地或投资东道国最主要的国际贸易创造者。

跨国公司内部贸易的产生和发展有其深远的内部动机及外部环境因素。谋求企业总体利益的最大化是跨国公司的基本战略目标，为此，降低母公司与子公司之间或各个子公司之间的内部交易成本，并通过内部管理贸易本身来实现公司内部资源（包括资金、技术、设备和人员等）在组成一个统一体的各子公司之间的最优配置，就成为开展内部贸易的一种强烈的内在要求；而企业外部的国际市场不完全性的现实存在则成为开展内部贸易的客观理由和依据。这种市场不完全性集中体现在由各个不同的国家或不同的地区的不同社会环境、经济环境和政治环境所界定的各个国别市场和地区市场在关税、税率、利率、汇率以及非关税贸易壁垒等方面存在着巨大的差异，并进一步造成了整个外部市场中的不同组成部分的市场风险和收益以及交易成本各不相同，所以就有了通过开展内部管理贸易以规避市场风险的必要和获取超额利润乃至非法利润的可能。

跨国公司为克服国际市场的不完全性，在内部两个相对独立的实体之间进行的跨国界商品和劳务交换，其本质上仍属于国际贸易，但实际上又不过是跨国经营的一种方式，与一般意义上的国际贸易又有很大区别，显示出其自身的特点。

1. 内部贸易的标的物不转移所有权

跨国公司内部贸易虽然采取国际贸易的形式，交易的数量同样要进入各国的对外贸易统计，交易的结果也同样会对各国的国际收支产生影响，但是，跨国公司内部贸易在本质上与一般国际贸易不同。一般国际贸易反映的是各国企业之间商品和劳务的交换，这些企业之间在所有权上没有什么联系，它们依靠国际市场相互联系并完成交换过程，交易完成后标的物的所有权即从卖方完全转移到买方。跨国公司母公司对子公司的所有权全部或部分拥有，因而跨国公司内部贸易中，商品或劳务在母、子公司之间的流动意味着商品或劳务是从同一所有权主体的一个分支机构流向另一个分支机构，并没有流向其所有权之外的企业。

2. 内部贸易采取"转移价格"的定价策略

公司内部价格不必等于内部成本。它可能远远低于或高于会计成本，在有些情况下它与实际成本甚至没有直接联系。

3. 内部贸易受跨国公司全球战略的统筹规划

跨国公司内部贸易的商品数量、结构以及地理流向等要受跨国公司长期发展战略规划的控制与调节。根据跨国公司全球战略而确立和深化的内部分工具有计划性。内部分工的计划性决定了内部贸易的计划性，主要表现在内部贸易的数量、商品结构以及地理流向等要受跨国公司长期发展战略规划、市场销售计划、生产投资计划及资金和利润分配计划等的控制和调节。

4. 贸易内容与行业的技术水平相关

在通常情况下，跨国公司所处的行业技术水平越高，则其内部贸易的比重也就越大。产品是否通过内部渠道交换与产品所在产业、产品性质和产品所处的生命周期有关。一般来说，产品的内部化率随产品加工程度的提高而上升，制成品内部化率一般还远高于初级产品的内部化率。知识型产品所具有的特性使得技术含量高的新产品和中间产品在公司内贸易中占有较大比重。

5. 采用多种贸易方式

公司内贸易直接涉及劳动力和资本的跨国流动，且与国际劳务合作和国际投资相融合，内部贸易呈现出一些新的形式，如许可证技术转让、补偿贸易、生产合作、加工装配和国际分包合同等。

6. 与股权结构有关

跨国公司拥有控股子公司的财产和经营控制权，能将其并入公司的生产经营网络，进行公司内贸易时不必担心泄露技术秘密和顾忌合资对方的反对。因此，与控股子公司的贸易在公司内贸易总额中占有相当大的比例。

7. 地区分布

当今世界区域经济集团化趋势日益增强，欧洲联盟、北美自由贸易区和亚太经济合作组织在内部实行更大程度的贸易和资本流动的自由化。因此，三大区域经济组织内公司内部贸易比例较大。

8. 与贸易伙伴国收入水平有关

公司内交易与贸易伙伴国收入水平呈正相关关系，即跨国公司的子公司所在国收入水平越高，它们之间的贸易额就越大。

二、跨国公司内部贸易的经济职能

跨国公司实行贸易内部化可以在国际市场上拥有更强的竞争地位，获得更多的利润并带来其他方面的竞争优势。

1. 内部贸易是跨国公司区域及全球生产体系形成的必然要求

随着现代技术所带来的跨国协调成本的降低、投资政策壁垒的消除和区域经济集团化的加强，跨国公司的经营战略经历了由独立子公司战略向区域战略，再向全球战略过渡的发展历程。跨国公司的经营向更广的区域及全球市场延伸，形成了区域一体化，甚至全球一体化的国际生产体系。区域一体化的跨国生产网络是由设在某一地区各东道国的子公司和作为供应商与分包商的非跨国公司系统的其他公司构成。集中的研究与开发、集中的中间投入品供应、集中的财务和金融安排等，形成了公司职能跨地区的全球一体化生产体系。于是，跨国公司通过内部控制体系将不同国家的经济活动进行分工并有机结合，使分布于不同国别和区域的生产过程之间建立起高度依存的关系。实行内部贸易是连接其价值增值链的纽带。在贸易内部化的模式选择上，跨国公司一般是通过全球经营的供应链管理，使跨国公司的子公司或分公司成为跨国公司全球链上的一个环节，保证公司资源要素的供应和价值在各个环节上的实现，实现跨国公司内部化经营模式的优势。

2. 内部贸易可回避经营风险，实现跨国经营企业的自我保护

企业在跨国经营过程中常常会遇到来自东道国方面的各种各样的风险，如政局不稳或政策变化的政治和社会风险、汇率变动或外汇管制的货币和外汇风险等。为了防范这些风险，跨国经营企业通过开展名义上的内部贸易来

进行实质上的内部资金转移，将资本和利润转移到安全区域以实现自我保护。冷战结束后，世界范围内的和平并没有出现，在很多局部地区出现严重的政治动荡的局面。美国"9·11"事件后，国际反恐的力度明显加强，跨国公司面临的外部经营环境日益严峻。在跨国公司的子公司面临东道国政治动荡的时候，跨国公司可以通过转移价格将容易被没收的物资转移出政治动荡的东道国。

3. 逃避管制

跨国公司可以利用内部交易，运用转移价格，以贸易支付的方式绕过东道国的外汇管制和价格管制。

4. 协助子公司竞争，保证市场进入和占领，获取竞争优势

跨国公司有一个统一的指挥协调系统。为了促进跨国公司国外子公司的建立和发展，跨国公司的母公司除在资金筹措、信贷等方面给子公司以资助外，还利用转让价格在原材料、半成品及零部件的供应价格上给予优惠，以使海外子公司能与当地企业竞争。在特定的情况下，如在市场占领型子公司创办的初级阶段或跨国公司的子公司在当地遇到激烈的竞争对手，跨国公司可利用转让定价降低子公司的成本，以提高子公司在当地的竞争力，从而达到击败竞争对手的最终目的。跨国公司可以通过对中间产品的内部供应，掌握对子公司的控制权，以此来占领东道国的市场。通过利用国外子公司内部贸易的形式，跨国公司可以稳定地控制国际市场，避免其他公司的进入，从而保证自己在世界范围内的资源优势和渠道优势。

5. 回避与东道国之间的矛盾与冲突

通过开展内部贸易，一方面，跨国经营企业可以直接降低那些因经营利润过高有可能诱发与东道国之间的矛盾与冲突的海外子公司的账面利润数目；另一方面，当海外子公司是合资经营企业时，还可以人为地降低东道国一方的利润分享。

6. 利用无形贸易的作价特权，高估跨国经营中的资产投入

无形贸易标的的共同特点是外部市场更具不完全性，在市场上很难找到或根本找不到可与之相比较的作价参照物，因而为跨国经营企业内部管理贸易的划拨价格制定的主动性、随意性发挥提供了良好的机会。通过确定一种较高的转让价格，就可以提高跨国经营企业的股本比例，以较少的资产投入谋取较高的利润收入。

7. 逃避税收，使跨国经营企业整体税负最小化

跨国公司可以通过内部贸易调节目标公司的生产成本和出口价格，以减轻公司所得税税负、逃避关税，或充分利用外国税收抵免规定等。

三、跨国公司内部贸易的主要理论观点

跨国公司内部贸易的迅速发展引起了经济学界的普遍关注，自1976年巴克利和卡森利用科斯的交易费用理论研究跨国公司形成的原因并提出内部化理论以来，国内外许多学者对跨国公司内部贸易进行了广泛的研究。其中以加拿大学者海林纳（Heylener）和英国学者邓宁（Dunning）分别于1981年和1982年所做的研究贡献较大。海林纳于1981年出版了《公司内贸易与发展中国家》一书。邓宁于1981年对世界上最大的800家跨国公司的内部贸易现象进行了调查研究，并与皮尔斯（R. D. Pearce）教授共同出版了《世界最大的企业》一书；在1982年，他还对日本设在英国的制造企业的内部贸易做了研究。

（一）内部贸易是企业内部化的一项核心内容

内部化的经济学渊源可以追溯到科斯的《企业的性质》（Coase，1937）。科斯率先提出了交易成本的概念，他认为交易成本（Transaction Costs）一般可分为三种类型，即寻找成本（Search Costs）、签约成本（Contracting Costs）和监督与履约成本（Monitoring and Enforcement Costs）。根据科斯定理，企业市场交易的成本大于企业内部的协调费用时，企业将会实现交易的内部化。威廉姆森（Williamson，1971，1975，1979）将科斯的理论进行了深化，他指出企业组织结构的革新（包括创立一个内部市场）能够在很大程度上减少企业内部控制的损失。威廉姆森的理论能够有说服力地解释大型企业的增长问题。巴克利和卡森（Buckley & Casson，1976）在前人研究的基础上，提出了用于解释国际直接投资和跨国公司的内部化理论。内部化理论有三个前提：第一个前提是企业面对的是不完全的市场，利润最大化是企业经营的目的；第二个前提是中间产品市场不完全时，企业创建内部市场的动力就会产生；第三个前提是企业市场内部化的界线超越国界时就产生了跨国公司。巴克利和卡森认为企业通过中间产品的联系而使经营活动之间相互依赖，但很多关键的中间产品，如人力资本、知识、营销以及管理技能等的市场难以通过自由市场来组织，而且是不完全的。究其原因，这是由于这些特定的中间产品具有其固有的单一性。这些具有单一性的中间产品如果通过外部市场来满足并进而连接企业的经营活动，会产生时间的滞后性和额外的交易成本。为了避免这些损失，企业自然会建立内部市场来替代外部市场。在这个替代的过程中，企业会考虑行业特点、地区因素、国家因素以及公司因素。巴克利和卡森还认为企业的内部化决策是有条件的，要求企业的内部化收益（包括避免交易的时滞损失，讨价还价的不确定性，以及通过转移价格

把政府干预降到最低限度和利用歧视价格的能力和收益等）大于企业内部化的成本（一定距离的管理和协调的额外费用等）。拉格曼（Rugman，1980）在其著作《剖析多国公司：内部市场经济学》中试图将内部化理论扩充成为解释国际直接投资和跨国公司的一般理论。卡森（Casson，1982）把交易成本分析（Transaction Cost Analysis，TCA）应用于分析跨国公司领域，从而开辟了跨国公司理论发展的一个新的研究思路。拉格曼（Rugman，1986）在对内部化理论和"组织失效框架"进行分析对比的基础上认为交易成本分析和内部化理论是性质相同的分析方法。巴克利（Buckley，1988）检验了许多实验分析结果后认为，实验分析结果对内部化理论是明显支持的。

内部化理论把市场不完全性作为研究问题的基本前提，指出市场不完全或垄断因素存在会导致企业参加市场交易的成本上升，企业就会创造内部市场进行交易。这里的"市场不完全性"主要是指中间产品市场，包括半成品，特别是技术、信息（渠道）、营销技巧、管理方式和经验等无形资产市场的不完全性。市场不完全性导致许多交易无法通过外部市场来实现，即使实现，企业也要承担较高的交易成本，必然促使企业创造其内部市场进行交易，企业便获得了扩张力。这一内部化过程如果跨越了国界，就是对外直接投资。

不难看出，内部化理论所指的对外直接投资的实质不在于资本的转移，而是基于所有权之上的企业管理与控制权的扩张，其结果是企业管理机制替代市场机制来协调企业各项经营活动和配置资源。内部化虽然也要付出代价，但对外直接投资的内部化收益会远远超过国际外部市场的交易成本和对外直接投资的内部化成本。

（二）内部化过程

内部化过程主要通过下面五个方面来体现：

（1）当买卖双方因信息不对称，交易成本过高而难以成交时，可通过并购或新建子公司使交易在企业双方内部进行，从而避免或减少交易成本。

（2）当市场存在某种双边垄断僵局，交易条件不稳定，经营活动不确定性增加时，跨国公司通过直接投资企业相互参股或并购建立较稳定的长期合作关系，从而使经济活动获得一定保障。

（3）拥有内部化优势的企业可获得内部化的收益。跨国公司内部市场可将子公司的经营活动置于统一的相互依赖控制之下，充分运用包括差别定价、转移定价等手段提高公司的整体经营效益。

（4）当政府通过税收、汇率政策等调控手段对外部市场进行干预时，跨国公司可通过内部化来减少某些不利干预。

(5) 市场内部化后，企业新增交易的边际成本接近于零，其违约的风险也近乎为零，有利于企业的发展。

（三）内部贸易的直接动因

跨国公司之所以以内部贸易作为其在流通领域里的重要活动方式，其直接动因主要有：

1. 降低交易成本

一般国际贸易在国际市场上的运作有一定的成本（即交易成本），具体包括：在市场交易中为寻找交易对象、获取价格信息而付出的"搜寻成本"；为达成合理的交易条件而产生的"谈判成本"；为保证合同顺利执行而形成的"监督成本"，等等。世界市场是跨国公司赖以发展的基础，跨国公司只有依靠健全有效的市场网络才能顺利地完成其在内部国际分工的运营。而现实中的世界市场具有不完全性：一方面存在市场结构性缺陷，即少数大公司的市场垄断和政府干预所造成的贸易障碍；另一方面存在市场交易性缺陷，即市场交易的额外成本及其引起的利润损失。正是世界市场的不完全性，迫使跨国公司采取对策，逐步使再生产过程中各环节内部化，以内部市场的发展来营造跨国公司赖以生存的健全有效的市场网络。跨国公司内部贸易是在跨国公司内部母公司和子公司，以及子公司和子公司之间进行的，并且由跨国公司统一组织和安排，从而可以节省"搜寻成本"、"谈判成本"和"监督成本"。通过内部贸易不仅可以稳定地维持并扩大自己的市场份额，而且可以加强公司的对外扩张能力，有效地应付各种垄断和政府干预产生的贸易障碍，降低成本，增加收益。

2. 防止外部市场经营的不确定性

将外部市场内部化，可以增强公司所拥有的市场竞争力。公司的生产活动是一个连续过程，它不仅需要完全竞争的即期市场，而且需要完全竞争的远期市场。但在正常的市场条件下，这种协调远期市场的机制是缺乏的。跨国公司将生产中上游和下游活动置于公司的统一控制下，通过内部调拨把它们联系起来，可保证生产投入的供应和产品的销售，使得生产活动能够持续进行，并且通过对原料、相应的资本来源、产品生产及销售市场的控制来实现对权力的追求。

当然，跨国公司为了统一组织和安排内部贸易，也需要增加一些额外的成本，主要是建立和维护管理层级组织的费用，其中包括管理人员的工资、购买先进的通信设施等。随着管理水平的提高和通信技术的进步，这些额外成本显然要比外部市场交易成本低得多。正是因为跨国公司内部贸易的交易成本比一般国际贸易要低，所以，从全球利润最大化的经营目标出发，跨国公司必定优先选择内部贸易。

3. 提高交易效率

跨国公司在某些商品交易上选择内部贸易，除了交易成本方面的原因外，还有交易效率方面的原因。跨国公司不仅要依据价格信号，而且还要依据市场交易效率来决定选择哪一种市场，以完成交易活动。当外部市场的交易效率低于内部市场的交易效率时，企业就有可能实行纵向或横向结合，将原先由外部市场连接的分工转化为企业内部分工，并且将原来通过外部市场完成的国际贸易改由内部贸易来完成。

跨国公司内部贸易的效率高于外部市场的一般国际贸易的效率主要有以下几个方面原因：一是内部贸易可以消除因所有权独立所造成的利益对立，从而避免了交易过程中因所有权交换引起的摩擦；二是信息在跨国公司管理层级组织内部的传递具有权威性，从而消除了信息传递过程中的不确定性，信息的内部传递还可以减少传递成本；三是跨国公司有较强的进行连续应变决策的能力，从而可以减少因市场交易波动或中断造成的损失；四是跨国公司在内部贸易中对其拥有的核心技术有良好的应用和保护能力。

也有学者提出，公司用机构性或行政的方法分配资源或使用其他非市场媒介并不一定比外部市场更有效率。公司存在的最重要的目的并不是为了降低交易成本，而是为了组织生产，公司内贸易不可能无限制地发展，也不可能完全取代市场。通过"网络"进行的国际贸易也可能进一步增加市场的"扭曲"。

4. 保持垄断优势

跨国公司的垄断优势以知识产品为主，知识产品的特性促使了内部市场形成。知识产品包括知识、信息、技术、专利、专有技术、管理技能及商业信誉等。知识产品要实现其专有权的价值，会因市场不完全而遇到困难。一方面，知识、技术和技能的研究与开发耗费的时间长，投资大，一旦开发出来，在一定时间内具有某种"自然垄断"的性质，其价值的实现要靠歧视性定价或差别性定价；另一方面，外部市场难以对知识产品准确定价，并且外部交易极易使知识产品泄露出去而失去原有的价值。若将这一交易置于同一所有权之下，便可消除这种不确定性，借助内部市场的定价机制充分实现知识产品的价值，从而可以充分发挥企业的垄断优势，形成内部化优势。

跨国公司是进行技术创新的主要组织者和承担者，也是绝大多数现代先进的科学技术与生产工艺的采用者和垄断者，技术优势是跨国公司进行跨国经营并实现经营目标的核心资源。跨国公司对技术的研究与开发的投入所形成的技术价值只有在市场交易实现价值后才能为公司创造财富。技术价值的实现可以通过两种方式：一是技术转移，包括外部转移和内部转移；二是生产高技术含量产品再出口，包括外部出口和内部出口。由于技术具有容易扩散和使用上的非排他性等特点，高技术含量的产品通过外部市场销售也很容易被仿制，因此，外部转移和外部出口都会削弱跨国公司的技术优势。而内部转移和内部出口则可以使跨国公司继续保持其技术优势，因为技术在跨国公司内部转移，完全是由跨国公司最高管理层级组织统一控制和协调的，基本上隔断了技术向外扩散的途径，延长了跨国公司拥有技术优势的时间。同样，高技术含量的产品通过内部转移和内部出口在跨国公司内部流动，减少了被竞争者仿制的机会，也可以防止技术优势的丧失。

5. 保持对国际市场的持久影响力

跨国公司是一个独立运行的庞大的经济体，其资产额大、销售额大、雇员人数众多。某些大型跨国公司的年销售额甚至高于发达小国，如瑞士、瑞典、丹麦、芬兰等的国民生产总值。规模优势是跨国公司拥有的一项独特优势，并能够派生出一系列垄断优势。国际直接投资是市场不完全的产物，大型跨国公司的对外直接投资有可能进一步强化市场不完全。在寡占的产品和行业中，企业集中度较高。为数不多的几家跨国公司占较大的市场份额，形成较高的进入壁垒，如规模经济壁垒、产品差异壁垒等阻止潜在的竞争者进入。如美国的汽车市场是一个典型的规模经济壁垒高的行业，通用、福特等少数几家大型汽车厂家垄断了美国的绝大部分市场份额和相当大一部分国际市场，新的厂家几乎不可能进入。

6. 满足跨国公司生产体系对中间产品的特定需求，确保供销优势

在跨国公司的国际生产过程中，一些中间产品的投入在质量、性能或规格上都有特殊的要求，因此，要从外部市场获得这类中间产品是非常困难的。为保证中间产品在质量、规格、性能上符合要求并保持稳定，就要求把这部分的产品生产纳入跨国公司的生产体系，通过内部贸易而取得。这样，既可以消除价格的不规则波动、供求量难以均衡等通过外部市场交易所带来的风险，又可以直接利用跨国公司内部在生产技术和销售技术上的优势，确保产品质量的稳定性和生产过程的连续性。

除了高度特定的中间投入外，跨国公司生产所需的原材料也需要及时供应，这同样是为了保证生产过程的顺利进行。但由于原材料的供给地点分散、质量差异大、自然条件和人为限制使得价格波动和供给中断的可能性很大，跨国公司自然要把原材料供应内部化，在原材料储量分布相对集中的区域设立开发采掘分公司，通过内部贸易来满足整个公司系统生产上的需要，这种长期或永久的内部供需安排可以保证生产活动的连续性。

7. 解决跨国公司内部相对独立约利益中心之间交换的矛盾

跨国公司的母公司与子公司之间一般有四个层次的经济关系：（1）母公司与完全控股子公司的关系；（2）母公司与大份额控股子公司的关系；（3）母公司与对等控股子公司的关系；（4）母公司与小份额控股子公司的关系。由于母公司对子公司控股的程度有所不同，它们的经济利益的统一程度往往不一致。因此，在跨国公司的内部交换过程中，就不能以利益的完全一致性为基础进行无偿调拨，而必须采取贸易的形式，通过内部市场机制满足各方的经济利益，以解决内部经济利益的矛盾。母公司对子公司控股程度不同，通过内部贸易实现其全球经营战略目标的难易程度也不尽相同。

（四）内部贸易的特征

跨国公司内部贸易的获利动机并不一定以一次性交易为基础，而往往以综合交易为基础，服从于公司整体利润最大化和资本增值的目的。其交易价格不是由国际市场供需关系决定的，而是由公司内部自定的。其交易动机主要是实现企业内部的经营与管理，使经营过程中各构成要素实现正常的运作。

从交易标的来区分，跨国公司的内部贸易包括货物交易和劳务交易两个组成部分。货物交易是指生产中的原材料、零部件、中间产品、制成品和机器设备等有形物品的内部贸易，劳务交易既包括专有技术、专利技术和商标的内部转让，又包括母公司与子公司之间或各子公司之间在技术指导、员工培训、公共关系、法律和会计咨询等各个方面的相互提供。从交易价格制定方式来区分，跨国公司的内部贸易同样也可以分为两大类：一种是以交易的货物或劳务的正常成本为基础来制定执行价格的内部贸易；另一种则是以企业特定管理部门通过行政方式所确定的具有特定含义的企业内部划拨价格为执行价格的内部贸易。有学者将这两种不同类型的跨国公司内部贸易称为内部清洁贸易和内部管理贸易。

内部贸易的转移定价可大致分为以下三种：

（1）资金融通转移定价。指跨国公司内部交易中，提高从母公司或其他子公司进口货物的价格，使利润以支付货款的形式汇出，并通过借贷资金利率的高低影响关联企业的成本及利润水平。

（2）有形资产转移价格。指跨国公司内部机器、设备等有形资产的出租和转让的调拨价格。

（3）无形资产转移定价。指跨国公司内部提供管理、技术与咨询服务、商标等无形商品时的价格。在内部交易中，商品所有权只是在企业内部各单位之间移动。

从企业整体角度看，商品的价格并不重要。转移定价在一定程度上不受市场供求的影响，而是根据子公司所在国的具体情况和母公司在全球的战略目标和经营管理需要人为制定，跨国公司的决策者可在很大程度上随意给企业系统内部的商品定价。所以，转移定价就不仅成为企业内部交易和偿付的方法，而且成为企业调节内部经济关系、避开公开市场缺陷、扩大企业总体利益、追求利润最大化的手段。也就是说，实际上，转移价格策略只是跨国公司内部的一种会计手段，其目的在于使整个公司的长期利益极大化。内部交易和转移定价为跨国公司克服贸易障碍、减轻税收负担、降低交易风险、提高经济效益提供了合法有效的手段，使跨国公司在市场中获得竞争优势。

（五）对公司内贸易的研究趋势

公司内贸易是国际贸易研究的重要课题。公司内国际贸易是国际贸易活动与国际直接投资活动的一个融合点，公司内贸易直接而集中地体现出了国际直接投资活动对国际贸易格局的影响，对公司内贸易的动因深入而系统地进行分析是从理论上打通国际贸易与国际直接投资的一条重要思路，也是正确认识当今世界贸易格局的一个基本切入点。

在国际贸易理论框架下研究内部贸易的一个重要思路是市场结构的不完全性和知识产品的特点所带来的交易成本，从中可以导出公司追求统一控制权的动机。比较优势、交易成本、市场效率的结合是研究国际贸易理论与直接投资理论融合的重要线索。国际贸易理论的传统分析方法是以国家市场为基本分析单位进行一般均衡分析，而国际直接投资理论则是从微观企业的角度出发来研究企业进行对外直接投资的动因。从分析方法上看，国际贸易理论与国际直接投资理论难以融合。但无论是国际贸易还是国际直接投资都需要公司特定垄断优势，比较优势必须最终体现为竞争优势。因此，出口与对外直接投资活动都是与公司的成长联系在一起的。国际贸易理论本身就是微观经济理论在国际经济领域的延伸，因此从微观企业的角度出发，以公司内国际贸易产生的原因作为切入点，是研究国际贸易理论与国际直接投资理论的融合点。

第三篇 国·········际·········贸·········易

国际贸易合同条款篇

西方谚语说："财富的一半来自合同。"国际贸易合同是企业从事国际经济活动取得经济效益的桥梁和纽带，也是产生纠纷的根源。在企业国际贸易合同决策过程中，既要考虑国际规则和标准，同时也要注重各贸易主体利益的多赢。

第十一章

商品的品质、数量和包装

在国际贸易中，任何一种商品都有其具体的名称，对其有一定的品质要求，任何一笔交易都是一定数量商品的买卖，交易的大多数商品都需要有一定的包装，而能否恰当地选择商品的品质和确定交易的数量及包装关系到双方的生产和经济利益，因此买卖双方无论是在洽谈业务中还是在签订合同之后，对商品的品质、数量和包装都极其关注。这些主要交易条件在谈妥后，必须在合同中具体订明。

第一节 商品的品质

一、商品品质的含义与作用

商品的品质（Quality of Goods）是指商品的内在素质和外表形态的综合。商品的内在素质即商品本质性的质量，表现为货物的化学成分的构成、物理和机械性能、生物特性等。商品的外表形态则表现为货物的外形、结构、色泽、味觉、透明度等。在国际贸易中，往往是按照每种商品的不同特性，选择一定的质量指标去表现不同货物的品质。由于不同厂家生产同种规格的产品品质是不同的，同一厂家不同时期生产同种产品的品质也可能不同，即使是同一厂家同时期生产的产品，但检验时间不同，其产品品质也可能是不同的。因此，一般情况下，商品品质与商品规格是两个不同的概念。

在国际贸易中，商品品质的优劣，不仅关系到商品的使用效能和销售价格，而且关系到销路和声誉。在当前国际市场竞争十分激烈的条件下，如何提高出口产品的质量，已成为加强对外竞销能力的一种重要手段和扩大出口的重要问题之一。同时，提高出口产品质量可以提高出口产品在国际市场的声誉，反映出口国的科学技术和经济发展水平。在进口方面，进口产品品质的优劣,直接关系到国内生产、科学研究和消费。因此,为了使进出口商品的品质适应国内外市场的需要,在进出口全过程中,必须加强对品质的全面管理,把好质量关,以保证以质取胜方针的贯彻执行,提高我国对外贸易信誉,维护国家和人民的利益,并确保企业经济效益的提高。

货物品质是国际货物买卖合同的重要条款。合同中的品质条件是商品说明的重要组成部分,是买卖双方交接货物的依据。按照《联合国国际货物销售合同公约》规定,卖方交付的货物必须与合同所规定的品质和规格相符,如果所交货物与合同不符,买方有权要求损害性赔偿,拒收货物,甚至解除合同。同时,货物品质问题时常是买卖双方产生争议的主要原因。在国际贸易中,产生争议的原因是多方面的,但由于国际贸易商品种类繁多,即使是同一种商品,在品质方面也可能因自然条件、技术水平、工艺水平以及原材料的使用等因素的影响而存在种种差别。如果买卖双方在商订合同时没有明确规定品质条件,日后就可能会产生争议。

二、商品品质的表示方法

鉴于品质对商品的效用、市场价格和销路有重大影响,买卖双方为了保证交易的商品符合一定的品质要求,都要在协商一致的基础上,在合同中订立品质条款,就商品品质及双方当事人在这方面的权利和义务做出具体规定。由于国际贸易中交易的商品种类繁多,特点各异,表示各种交易货物品质的方法也不相同。概括起来,国际贸易中常用来表示货物品质的方法一般有以下两大类:

(一)用实物表示商品品质

1. 看货成交(Actual Quality)

看货成交即凭商品的实际品质成交。具体地说,就是由卖方在货物存放地点向买方展示准备出售的货物,经买方或其代理人现场检视满意后达成交易。以这种方式达成交易后,卖方即应按检视的商品交付货物,只要卖方交付的是买方或其代理人检视的货物,买方就不得对品质提出任何异议。

在国际贸易中,交易洽谈多靠函电方式进行。买方到卖方所在地验看货物有诸多不便,即使卖方有现货在手,买方也有代理人代为验看货物,也无法逐件查验,所以采用此法非常有限。它多用于寄售、拍卖和展卖业务中。

2. 凭样品买卖(Sales by Sample)

样品(Sample)通常是从一批商品中抽取出来或由生产、使用部门加工、设计出来的足以反映和代表整批商品品质的少量实物。凭样品买卖是指买卖双方约定以样品作为交货的品质依据的买卖。用来作为衡量交货品质的样品称为标准样品（Standard Sample）。在凭样品进行交易时，一般要在合同中明确规定："该样品应视为本合同不可分割的部分，所交货物的品质不得低于样品。"（Said sample shall be treated as an integral part of this contract. The quality of the goods delivered shall not be lower than the sample.）

凭样品成交有两个基本要求：一是以样品作为交货品质的惟一依据；二是卖方所交货物必须与样品相符。英国货物买卖法规定，凭样品买卖应包括如下默示条件：① 整批货物必须与样品相符。② 买方有合理的检验机会，即买方应有合理的机会对卖方所交付的货物与样品进行比较。③ 货物不应当包含样品所具有的隐蔽的缺陷，即所交货物不得含有对样品进行合理检验所不易发现的、不适合商销的缺陷。

凭样品买卖通常是由卖方提供样品，称为凭卖方样品买卖（Quality as per seller's sample），但有时也可以由买方提供样品，称为凭买方样品买卖（Quality as per buyer's sample）。不论样品由谁提出，一旦达成交易，卖方所交货物的品质必须与样品相符，这是一项基本原则，也是卖方的一项主要义务。同时，该样品应视为买卖合同不可分割的部分。

凭样品买卖时，应注意以下几点：

（1）凡属凭卖方样品的买卖，出口对外寄送的样品必须具有代表性。该样品称为原样（Original Sample）。样品的品质既不能偏高，也不能偏低。偏高，会给日后交货造成困难；偏低，会使卖方在价格上吃亏。同时，卖方寄出"原样"时应留存"复样"，以便作为日后交货或处理品质纠纷时的依据。所谓复样（Duplicate Sample），是指选择或制造与寄送样品在品质上一致或基本一致的实物。在业务中，复样除了由外贸公司自存一份外，对于须经商品检验机构检验的货物，一般还应另备一份送商检机构备查。

（2）凡属凭买方样品的买卖，即"来样成交"，对卖方来说是不利的，因为卖方无制作产品的经验，对样品的要求不甚了解。卖方在接到买方样品时，必须慎重处理。首先，要充分考虑原材料、加工生产技术、设备等生产加工能力方面的条件，对其要求超过我国目前的生产加工条件的买方来样，暂不宜接受。其次，卖方应该争取把"凭买方样品买卖"按"对等样品"方式成交，即卖方按买方来样复制或选择品质相近的样品，作为"回样"（Return Sample）或称为"对等样品"（Counter Sample）提交买方确认，以防止日后交货困难或引起争议。如果买方确认了回样，交易的性质就由凭买方样品成交变成了凭卖方样品成交，卖方就能主动控制交货的品质，从而使卖方处于比较有利的地位。最后，凭买方样品成交，一般还应声明如发生涉及第三者商标、专利权益等问题概由买方负责，必要时还应要求买方书面确认或在合同中订明。

(3) 由于凭样品买卖多属品质难以规格化、标准化的货物，要求其交货品质与样品完全相符，有时是难以办到的。因此，在签订出口合同时应该规定："交货品质与样品大体相符"（Quality to be considered as being about equal to the sample），或其他类似条款，防止卖方被动。

(4) 在凭样品交易中，为防止履行合同时发生不必要的纠纷，或作为处理纠纷的依据，必要时可使用"封样"（Sealed Sample），即除双方各执一份样品外，另备一份由公证机构或商检局以火漆加封，双方在封口上签字或盖章，而后由公证机构或商检局存查。封样时也可由发样人自封或由买卖双方会同加封。

总之，采取凭样品买卖往往容易引起纠纷。因此在国际贸易中，除了一些不能用科学方法表示品质的商品外，一般较少采用这种方式。

(二) 用文字说明表示商品品质

在国际贸易中，除部分货物采用凭样品买卖外，大部分是采用凭文字说明买卖（Sales by Description）的方法来表示买卖货物的品质。具体可分为下列几种：

1. 凭规格、等级、标准的买卖

凭规格、等级、标准的买卖，是指买卖双方商定以货物的规格、等级、标准来确定货物品质的方法，通常分别称为凭规格买卖（Sales by Specification）、凭等级买卖（Sales by Grade）和凭标准买卖（Sales by Standard）。

货物规格，是指用来反映货物品质的一些主要技术指标，如成分、纯度、含量、强度、大小、尺寸、粗细等。例如，大同煤的出口规格是：干态发热量 6 900 大卡/千克以上，最低 6 600 大卡/千克；含水分 8%以下；干态挥发分 25%以上；干态灰分 10%～12%；干态金硫分 1%以下；粒度 0～50 mm 100%。商品的特性不同，规格的内容也不相同。凭规格买卖比较方便、准确，所以应用较广。

货物等级，是指同一类货物，按其规格上的差异，用文字、数字或符号将品质分为各不相同的若干等级，如大、中、小，重、轻，甲、乙、丙，A、B、C，1、2、3，等等。例如，我国出口的冻带骨兔（去皮、去头、去爪、去内脏）分为特级，每只净重不低于 1 500 克；大级，每只净重不低于 1 000 克；中级，每只净重不低于 600 克；小级，每只净重不低于 400 克。凭等级买卖时，如果对方已熟悉每个级别的具体规格，就可以只列明等级，无须详细列明各级品质的具体规格。

货物标准，是指将货物的规格、等级予以标准化并以一定文件来表明。

标准化的规格、等级所代表的品质指标即为一定规格、一定等级的指标准则。例如，钨砂根据含三氧化钨、锡等成分的不同，划分为特、一、二各等级，而每一级又规定有相对固定的规格。商品的标准，有的由国家或有关政府主管部门规定，有的则由同业公会、贸易协会、科学技术协会、交易所等制定。我国根据标准适应的领域和有效范围，把标准分为三级：国家标准、部标准和企业标准。在国际贸易中，有些商品习惯于凭标准买卖，人们往往使用某种标准作为说明和评定商品品质的依据。

国际贸易中采用的各种标准，有的具有法律上的约束力，凡不符合标准规定的品质的商品，不许出口或进口。有的则没有约束性，仅供交易双方参考使用，买卖双方洽商交易时，可另行商定对品质的具体要求。在我国实际业务中，凡我国已规定了标准的商品，一般应以我国有关部门公布的标准为依据，也可根据需要和可能，酌情采用国外规定的品质标准。尤其是对国际上已被广泛采用的标准，一般可按该标准进行交易。

在国际贸易中，除了部分商品能以科学方法确定其品质规格外，还有一些农副产品，其品质变化较大，难以规定统一的标准，往往采用"良好平均品质"（Fair Average Quality，F.A.Q.）来表示其品质。所谓"良好平均品质"，是指一定时期内某地出口货物的平均品质水平，可以是指合同约定的生产年份的中等货，也可以是指某一季度或某一装船月份在装运地发运的同一种商品的"平均品质"，俗称"大路货"。由于F.A.Q.含意非常笼统，采用F.A.Q.表示品质时，一般都同时在合同中规定具体的规格要求。例如，花生，大路货，其规格：水分不超过13%；不完善粒最高5%；含油量最低44%。交货时以合同规定的具体规格作为品质的依据。

在凭规格、等级、标准进行买卖时，卖方所交货物必须与合同规定的规格、等级或标准相符；否则，买方有权要求扣价，甚至可以拒收货物，并要求赔偿损失。

2. 凭商标、牌号买卖

在国际贸易中，对于某些品质比较稳定并且在市场上具有良好信誉的货物，买卖双方在交易洽商和签订合同时，可采用商品的商标或牌号来表示其品质，这种方式称为凭商标牌号买卖（Sales by Trade Mark or Brand）。

凭商标、牌号买卖，通常包括买卖牌名货和地名货两种情况。牌名货是指以货物的商标或牌号成交的货物，如双喜牌乒乓球、凤凰牌自行车、美加净牙膏等。地名货是指以货物的产地名称或制造厂的名称成交的货物，如青岛啤酒、吉林人参等。凭商标、牌号买卖，实际上是从凭样品或凭规格、等级、标准买卖发展而来的。商标、牌号已代表了一定规格或一定样品的货物品质。尽管如此，买卖双方为了对品质条件的规定更加明确，除规定牌名货或地名货外，还要订明具体的规格或等级。如果卖方所交付牌名货或地名货的品质不适合商销或使用时，买方有权退货。

凭商标、牌号买卖，从表面上看，卖方只要在商品上贴上合同规定的商标就可以履行交货义务，似乎很容易做到，但事实上并不那样简单。因为这类商品所使用的商标、牌号本身就代表着一定的质量水平，如果把质量不好的商品贴上名牌商标出售，有名无实，就会使消费者失去信心，从而把经过长期努力才创出的牌子卖倒，归根结底对卖方不利。

3. 凭说明书和图样买卖

凭说明书和图样买卖（Sales by Descriptions and Illustrations）是指机械、电器、仪表等产品及成套设备，由于其结构和性能复杂，安装、使用、维修都有一定的操作规程，无法用几个简单的具体指标来反映其品质的全貌。因此，必须凭详细的说明书来具体说明其构造、用材、性能及使用方法等，必要时还辅以图样、照片等，按这种方法规定品质条件进行的买卖称为凭说明书和图样买卖。

有些凭说明书买卖的机、电、仪产品，除在合同中订有品质检验条款外，还订有品质保证条款和技术服务条款，明确规定卖方须在一定期限内保证其所出售的货物质量符合说明书上规定的指标，如在保证期内发现货物品质与说明书不符，或低于规定的指标，或部件的工艺质量不良，或材料内部有隐患而产生缺陷时，买方有权提出索赔或退货。

上述国际贸易中的一些常见的表示商品品质的方法，根据商品的特点和市场或交易习惯，可以单独使用，也可以几种方法结合使用。

三、合同中的品质条款

合同中的品质条款（Quality Clause）是一项主要条款。它是买卖双方对货物的质量、等级、标准、商标、牌号等内容的具体规定，是双方讨论其他有关贸易条件的前提和基础。卖方依约定品质交付货物，否则买方有权提出索赔或拒收货物，撤销合同。合同中的品质条款也是商检机构进行检验和仲裁或法院解决品质纠纷案件的依据。因此，规定好品质条款有着很重要的意义。

品质条款的基本内容是货物品名和具体的品质，如规格或商标、牌号等。在凭样品买卖时，一般应列明样品的编号或寄送日期，有的还加列交货品质与样品一致相符或完全相符的说明；在凭标准买卖时，一般应注明所援引标准的年份和版本，以免引起争议。

　　在国际贸易中，由于货物的品质千差万别，品质条款中表示品质的方法的确定应考虑具体货物的特性，不能随意滥用。表示品质的方法都有其特定的含义，买卖双方也须按此承担相应的义务。因此，凡是能够用一种方法表示品质的，一般就不采用多种方法来表示；如果必须采用两种或两种以上的方法来表示的，必须在合同中对以何种为主做出具体明确的规定。特别需要指出的是，凭样品和凭规格两种方法，不宜混合使用。因为根据有些国家法律的解释，凡是既凭样品又凭规格达成的交易，则所交付的货物，必须既与样品一致，又必须符合规格要求；否则，买方有权拒收货物并可提出赔偿要求。

　　在规定品质条款时，应体现平等互利的精神，不能订立对单方面有利的片面条款。对于合同规定的品质条款，必须按其规定内容履行交货义务，一定要贯彻"重合同、守信用，重质先于重量"的原则。

　　品质条款的确定，既要根据国际市场的需求，又要结合我国的国内生产实际，并有利于生产的发展。品质条款既不能订得过高，以免造成原材料的浪费，对外履约的困难；也不能订得过低，以免影响售价和销路，甚至降低我国出口货物的信誉。

　　品质条款的内容和文字应注意科学性、准确性和灵活性。在规定品质条款时，用词要明确、具体，不宜采用诸如"大约"、"左右"等笼统含糊的字眼，但也不能把品质要求订得过死、绝对化。对于品质规格的项目，不宜订得过多，过于繁琐，应集中订好影响品质的重要指标。同时，还应注意到各个项目之间的相互关系，注意它们之间的一致性，以免由于某一项目规定不合理而影响其他项目，造成不应有的损失。对有些货物，特别是品质规格不易做到完全统一的货物，如某些农副产品、轻工业品和矿产品等，一般要有一定的灵活性，或规定合理的品质机动幅度，或规定有品质公差。所谓品质机动幅度（Quality latitude），是指允许卖方所交货物的品质指标在一定的幅度内机动。在订立品质规格时使用品质机动幅度的方法主要是规定范围和极限。规定范围是指对某种品质指标允许有一定的差异范围；规定极限是指对有些货物的品质规格，注明上下极限，常用的有最大、最高、最多（Maximum 或 Max）和最小、最低、最少（Minimum 或 Min）等。在机动幅度内，买方无权拒收货物，但按合同规定可以调整价格，即所谓合同的品质增减价条款。所谓品质公差（Quality Tolerance），是指在工业制成品中，国际同行业所公认的产品误差。某一具体交易，即使合同中没有规定，只要卖方交付的货物的品质在公认的品质公差范围内，卖方免负品质责任，买方无权拒收货物和索赔，也不允许调整价格。

四、违反品质条款的法律责任

《国际货物销售合同公约》第35条（1）款规定："卖方交付的货物必须与合同规定的数量、质量和规格相符。"英国《货物买卖法》第14条（2）、（3）款规定："卖方应有一项默示要件，即该合同项下的货物品质是适合商销的。""如买方明示或默示地使卖方了解购买该项货物是为了特定用途时，则除非有证据表明买方并不依赖或不可能信赖卖方的技能或判断者外，卖方应具有一项默示要件，即所交货物应合理地适合该项特定用途。"美国《统一商法典》规定，卖方保证所出售的货物必须具有商销品质，这是卖方应承担的一项默示担保。此外，《产品责任法》是欧美发达国家加于生产者、销售者的一项法律责任。这一法律规定，卖方不仅要对违约所造成的直接经济损失负责，而且要对可能由此引起的人身伤害和财产损失负责。其赔偿对象不局限于买方本人，而且可以延展到一切预期会使用该产品的人。这种由于产品缺陷所引起的损害赔偿责任，卖方是不能在合同中事先排除的。《国际货物销售合同公约》第41条、第42条还规定："卖方所交付的货物，必须是第三方不能提供任何权利或要求的货物。""必须是第三方不能根据工业产权或其他知识产权主张任何权利或要求的货物。"卖方必须重视上述这些默示责任和规定，否则将可能引起纠纷，招致不必要的损失。

第二节　商品的数量

在国际货物买卖中，买卖双方必须以约定的货物数量作为履行合同的依据。货物的数量，是指以一定的度量衡单位表示的货物重量、个数、长度、面积、容积等。货物数量的多少既关系到一笔交易规模的大小，也会影响消费者的使用和市场的变化。商品的数量是货物买卖合同中的主要交易条件之一，按照《联合国国际货物销售合同公约》规定，卖方所交货物的数量必须与合同规定相符。如果卖方所交货物的数量小于合同规定的数量，称之为短交，买方有权予以拒收；反之，若卖方所交货物的数量大于合同规定的数量，称之为超交或溢交，买方可以拒收超出的部分。依有关国家法律规定，对于溢交，买方可以拒收全部货物。上述两种情况都不影响买方要求损害赔偿的权利。

由于交易双方约定的数量是交接货物的依据，因此，正确掌握成交数量和订好合同中的数量条款，具有十分重要的意义。买卖合同中的成交数量的确定，不仅关系到进出口任务的完成，而且还涉及对外政策和经营意图的贯彻。正确掌握成交数量，对促进交易的达成和争取有利的价格，具有一定的作用。

一、货物数量的计算单位

在国际贸易中，由于货物性质不同以及各国采用的度量衡制度不同，使用的计量单位和计量方法也往往不同。通常使用的计量单位有以下几种：

（1）重量（Weight）。如克（Gram），千克（Kilogram），盎司（Ounce），公吨（Metric ton），长吨（Long ton），短吨（Short ton）等。重量单位多用于矿产品、农副产品等货物。

（2）个数（Number）。如件（Piece）、双（Pair）、打（Dozen）、套（Set）、罗（Gross）、令（Ream）等。个数单位多用于工业制成品及杂货等货物。

（3）长度（Length）。如米（Meter）、英尺（Foot）、码（Yard）等。长度单位多用于绳索、纺织品等货物。

（4）面积（Area）。如平方米（Square meter）、平方英尺（Square foot）等。面积单位多用于玻璃、纺织品等货物。

（5）体积（Volume）。如立方米（Cubic metre）、立方英尺（Cubic foot）、立方码（Cubic yard）等。按体积单位成交的商品不多，主要用于木材、化学气体等少数货物。

（6）容积（Capacity）。如公升（Litre）、加仑（Gallon）、蒲式耳（Bushel）等。容积单位多适用于粮食以及部分液体货物。

由于各国使用的度量衡制度不同，同一计量单位所表示的数量也各不相同。在国际贸易中，通常采用的度量衡制度有：公制（The Metric System）、英制（The British System）、美制（The U.S. System）和国际标准计量组织在公制基础上颁布的国际单位制（The International System of Units，简称SI）。例如，就表示重量的吨而言，实行公制的国家一般采用公吨，每公吨为 1 000 千克；实行英制的国家一般采用长吨，每长吨为 1 016 千克；实行美制的国家一般采用短吨，每短吨为 907 千克。由此可见，了解和熟悉各种不同度量衡制度下各计量单位的含量及其计算方法是很重要的。

我国的度量衡一般采用公制，并逐步采用国际单位制，以解决用不同度量衡制度带来的弊端，也便于促进国际科学技术交流和国际贸易的发展。但为了适应国外市场习惯，在对外成交时，也可以采用对方习惯的计量单位。因此，在洽谈交易和签订合同时，必须明确规定使用哪一种度量衡制度，以免造成误会和纠纷。同时，还要掌握各国度量衡制度之间的换算方法。

二、计算重量的方法

国际贸易中按重量计算的商品很多。根据一般商业习惯，计算重量的方法通常有以下几种：

1. 毛重（Gross Weight）

这是指商品本身的重量加皮重，即货物重量加包装材料重量。这种计重方法一般适用于低值商品。

2. 净重（Net Weight）

这是指货物的实际重量，不包括皮重，即除去包装物后的货物实际重量。在国际贸易中，以重量计算的货物，除非合同中另有规定，大部分是按净重计量计价。但是有些货物因包装本身不便计价，如卷筒纸、烟胶片等，或因包装材料与货物本身价值相差无几，如粮食、饲料等，常采用毛重计价，在国际贸易中称之为"以毛作净"（Gross for Net）。所谓"以毛作净"，实际上就是以毛重当做净重计量计价。例如，中国东北大豆，100公吨，单层麻袋包装，每袋100千克，以毛作净。

净重的计算方法是货物的毛重减去皮重（即包装重量）。计算皮重的方法有：

(1) 按实际皮重（Actual Tare）计。实际皮重是指将整批货物的包装逐一过秤求得的总重量。

(2) 按平均皮重（Average Tare）计。有些货物包装材料和规格比较划一，皮重相差不大，就可以从整批货物中抽出若干件数，称出皮重，然后求出其平均重量，即为平均皮重。

(3) 按习惯皮重（Customary Tare）计。对于一些比较规格化、标准化的包装，其重量已为市场所公认，因此不必逐件重复过秤，而以习惯上公认的包装重量计算，称为习惯皮重。

(4) 按约定皮重（Computed Tare）计。即以买卖双方事先约定的皮重为准，不必过秤。

国际上有多种计算皮重的方法，究竟采用哪一种方法来求得净重，应根据货物的性质、所使用包装的特点、合同数量的多少以及交易习惯，由双方当事人事先约定并列入合同，以免引起争议。

3. 公量（Conditioned Weight）

有些商品，如棉花、羊毛等有较强的吸湿性，所含水分受客观环境的影响较大，其重量极不稳定。对于这类货物，国际上通常采用公量来计量。公量是指用科学方法抽掉货物中的水分后，再加上标准含水量所求得的重量。公量是以货物的标准回潮率计算出来的。所谓回潮率是指水分与干重之比。标准回潮率是交易双方约定的货物中的水分与干重之比。货物中的实际水分与干重之比称为实际回潮率。公量的计算公式为

$$公量 = 货物干净重 \times (1 + 标准回潮率)$$

或

$$公量 = 货物净重 \times \frac{1 + 标准回潮率}{1 + 实际回潮率}$$

4. 理论重量（Theoretical Weight）

理论重量是指对于有固定规格和固定尺寸的货物，如马口铁、钢板等，根据其数量经推算所得的重量。这种计量办法是建立在每件货物重量相同的基础之上的，单件货物重量如有变化，其实际重量也会有差别，因此，理论重量只能作为计量时的参考。

三、合同中的数量条款

买卖合同中数量条款的基本内容是规定交货的数量和使用的计量单位。按重量成交的货物，一般还需订明计算重量的方法。数量条款的内容极其繁简，应视商品的特性而定。

对于精确计量的货物，其数量应明确具体。卖方交货数量必须与合同规定的数量相符。但在实际业务中，有些货物由于计量不易精确，或因自然条件的影响，或受包装和运输条件的限制，实际交货数量往往不易符合合同规定的交货数量，为了避免在履行合同时发生争议，买卖双方应事先约定并在合同中订明交货数量的机动幅度。一般有两种规定方法：

1. "约"量（About or Circa or Approximate）

"约"量的含义各国的解释各不相同，有的解释为 2.5%，有的解释为 5%。国际商会《跟单信用证统一惯例》（500 号出版物）中规定，凡"约"、"大约"应解释为不超过 10% 的增减幅度。

2. 溢短装（More or Less）

在合同中规定卖方交货数量，可以按一定的机动幅度比合同规定数量多交或少交若干，这种规定通常称为"溢短装条款"（More or Less Clause）。按照这一规定，卖方在交货时可以溢交或短交合同数量的百分之几。例如，中国大米十万公吨，卖方可溢交或短交 3%（China Rice, 100,000 metric tons with 3% more or less at seller's option）。根据国际商会《跟单信用证统一惯例》规定，除非信用证规定货物的指定数量不得有所增减，在付款总额

不超过信用证金额的条件下，即使不准分批装运，货物数量的伸缩幅度允许为5%。但货物数量按包装单位或个体计数时，此项伸缩则不适用。

合同数量的溢短装一般由卖方决定，也有由买方决定的（At buyer's option）。如果交易数量大，价格又经常变化时，为防止卖方或买方利用溢短装条款，故意多装或少装，可在合同中规定溢短装只是为了适应船舱的需要时才适用。在海洋运输情况下，交货量的多少与承载货物船只的舱容有非常密切的关系，在租船订舱时，就得与船方商定。所以在这种情况下，溢短装幅度一般由安排船只的一方选择，或是干脆由船长根据舱容和装载情况做出选择。总之，机动幅度的选择权可以根据不同情况，由买方行使，或由卖方行使，或由船方行使。因此，为了明确起见，最好在合同中做出明确合理的规定。

对溢装或短装部分货物的计价有两种方法：一种是按合同价格计算，这是比较常见的做法。为了防止有权选择多装或少装的一方当事人利用行市的变化，有意多装或少装以获取额外的好处，也可在合同中规定，溢短装部分货物的计价不按合同价计算，而按装船时或货到时的市场价格计算，以体现公平合理的原则。

在多规格、多品种的情况下，合同中应规定每种规格产品的机动幅度和溢短装方向。如果合同中只对总数量规定了溢短装，通常各种规格的货物溢短装应朝同一方向（即同为溢交或同为短交），且按大约相同的比例；否则，买方可以拒收货物。

鉴于数量条款是买卖合同中的"要件"，在规定合同中的数量条款时应注意以下几个方面：

（1）应明确货物的数量。对外洽谈出口商品数量时，除应考虑国家批准的计划数量和具体掌握的货源情况外，还应结合考虑国外市场的供求变化情况、国外客户的资信及其经营能力等，切忌盲目多出而使价格疲软甚至下跌。同时对一些已在国外市场打开销路的商品，应保持经常、均衡和适时的供应，切忌时有时无、时多时少、时断时续，否则将会影响客户的经营信心，使消费者改变使用习惯。

（2）应明确计量单位。如系按重量成交的货物应说明计量方法；如系按个数成交的货物，其数量应与包装的件数相匹配。

（3）对于某些农副产品或工矿产品等因受各种条件的影响，实际交货数量往往会与原规定有所出入。为防止事后争执，应在合同中明确是按运出时还是运入时的重量计算。

（4）必要时应订列双方都可接受的机动幅度，如溢短装条款等。

第三节　商品的包装

　　在国际贸易中，大多数货物都要有一定的包装，以保护货物在流通过程中的品质安全和数量完整。因此，凡买卖需要包装的商品时，交易双方必须在合同中对包装条件做出明确规定。包装条款是买卖合同的重要条款之一。按照《联合国国际货物销售合同公约》以及有些国家的法律规定，如卖方交付的货物未按约定的条件包装，或者货物的包装与行业习惯不符，买方有权拒收货物。如果货物虽按约定的方式包装，但却与其他货物混杂在一起，买方可以拒收违反规定包装的那部分货物，甚至可以拒收整批货物。

　　商品包装是商品生产的继续，凡需要包装的商品，只有通过包装，才算完成生产过程，商品才能进入流通领域和消费领域，才能实现商品的使用价值和价值。尤其是对那些根本离不开包装的商品，如胶卷等，包装尤为重要。在国际贸易中，经过适当包装的商品，不仅便于运输、装卸、搬运、储存、保管、清点、陈列和携带，而且不易丢失，为各方面提供了便利。

　　在当前市场竞争空前激烈的情况下，良好的包装不仅可以保护商品，而且还能宣传和美化商品，提高商品身价，吸引顾客，扩大销路，增加售价，并在一定程度上显示出口国的科技、文化、艺术水平。因此，包装不仅能保护商品的品质和数量，而且已发展成为增强商品竞争能力，加强对外竞销的重要手段之一。

一、商品包装的种类

　　国际贸易的货物种类繁多，性质、特点、形状各异，对包装的要求各不相同。从是否需要包装来看，货物可以分为三类：裸装货（Nuded Cargo）、散装货（Cargo in Bulk）和包装货（Packed Cargo）。裸装货是指一些货物品质比较稳定，不易受外界条件影响，自成件数，难以包装或不需要包装的货物，如钢材、铝锭、木材、橡胶等，有时也可略加包扎。散装货是指货物散装在运输工具之上，如散装的石油、矿砂、粮食、煤炭等类货物。散装货可用专门设计的运输工具和装卸设备进行载运和装卸。近年来，随着码头装卸、仓储和散装运输设备的发展，大多采用散装方式进行交易，以加快装卸速度，节省包装费用和运费。除上述裸装货和散装货外，还有包装货。包装货按其流通过程中作用的不同，可以分为运输包装和销售包装。

（一）运输包装

运输包装又称大包装或外包装（Outer Packing），它的作用主要在于保护商品的品质和数量；便于运输、储存、检验、计数和分拨；有利于节省包租和运输成本。运输包装的方式主要有两种：单件运输包装和集合运输包装。

1. 单件运输包装

单件运输包装是指货物在运输过程中作为一个计量单位的包装。它是根据商品的形态或特性将一件或数件商品装入一个较小容器内的包装方式。单件包装从不同的角度分类，可以分为以下几种：

（1）按包装造型分为箱（Cases）、桶（Drums）、袋（Bags）、包（Bales）、捆（Bundles）等。

（2）按包装用材分为纸箱（Carton）、木箱（Wooden Cases），铁桶（Iron Drum）、木桶（Wooden Casks）、塑料桶（Plastic Casks），纸袋（Paper Bags）、麻袋（Gunny Bags）、塑料袋（Plastic Bags）等。

（3）按包装质地分为软性包装、半硬性包装和硬性包装。

2. 集合运输包装

随着科学技术的发展，运输包装方面使用集合包装的方式日益增多。集合运输包装又称成组化运输包装，它是指将一定数量的单件包装组合成一个大的包装或装入一个大的包装容器内。集合运输包装可以提高港口装卸速度，便利货运，减轻装卸搬运的劳动强度，降低运输成本和节省运杂费用，更好地保护商品的品质和数量，并促进包装的标准化。集合包装有集装箱、托盘和集装袋等。

（1）集装箱（Container）。它是一种运输货物的容器，既是货物的运输包装，又是运输工具的组成部分，一般由船运公司提供周转使用。

集装箱的规格中，最通用的是 $8 \times 8 \times 20$ 英尺^3 和 $8 \times 8 \times 40$ 英尺^3 两种。20 英尺集装箱的载货重量最高可达 18 公吨，其容积为 31～35 立方米。一般计算集装箱的流通量时，都以 20 英尺集装箱作为计算衡量标准，通常用"TEU"（Twenty-foot Equivalent Unit）表示，意思是"相当于 20 英尺单位"。

（2）托盘（Pallet）。托盘是按一定规格制成的单层或双层平板载货工具，在平板上集装一定数量的单位货物，并按要求捆扎加固，组成一个运输单位。它便于运输过程中使用机械进行装卸、搬运和堆放。常见的托盘有平板托盘（Flat Pallet）、箱形托盘（Box Pallet）、柱形托盘（Post Pallet）等。

（3）集装袋、集装包（Flexible Container）。它是一种用合成纤维或复合材料编织成的圆形大口袋或方形大包。其容量因使用的材料和生产工艺不同而有所区别，一般为 1～4 吨，最高可达 13 吨左右。集装袋适用于装载粉粒状货物，如化肥、矿砂、水泥等散装货物。

现在，有些国家为了提高货物装卸速度和码头使用效率，常在信用证上规定进口货物必须用集合运输包装，有的港口甚至规定进口货物如果不使用集合运输包装，不准卸货。

（二）销售包装

销售包装又称小包装或内包装（Inner Packing）。它是指直接接触商品，随着商品进入零售环节和消费者直接见面的包装，实际上是零售包装。因此，销售包装除了具有保护商品的作用外，更重要的是美化商品、宣传商品、便于销售。目前国际上流行的销售包装按其形式和作用可以分为以下几种：陈列展销类，如堆叠式包装、挂式包装等；识别商品类，如透明包装、开窗包装、习惯包装等；使用类，如携带式包装、易开包装、喷雾包装、礼品包装等。

包装装潢是销售包装的主要组成部分。它是指按照商品不同属性、形态、数量、销售意图和有关国家法令，设计合理的销售包装造型、画面和文字说明。文字说明包括商标、牌号、产地、品质、规格、成分、用途和使用方法等。销售包装的装潢画面要求美观大方，富有吸引力，并突出商品特点，其图案和色彩应适应有关国家的民族习惯和喜好；文字说明要同画面紧密结合，互相衬托，彼此补充；还要注意有关国家对包装装潢的有关规定，以达到其应有的目标，发挥应有的作用。

二、货物包装的标志

为了便于识别货物，便于运输、检验、仓储和海关等有关部门工作的进行，以及便于收货人收货，在商品运输包装上需要按合同规定刷制一定的包装标志。包装标志（Packing Mark）是指在运输包装外部书写、压印、贴印、刷制的简单图形、文字和数字。刷写包装标志是出口发运前一项细致而重要的工作。包装标志按其用途可分为运输标志、指示性标志和警告性标志三种。

1. 运输标志

运输标志（Shipping Mark）习惯上称为唛头（Mark），其作用主要是便于识别货物，便于收货人收货，也利于运输、仓储、检验和海关等部门顺利地进行工作。运输标志形式多种多样，但通常是由一个简单的几何图形和字母、数字以及简单的文字组成的。其主要内容包括三个部分：（1）简单的几何图形及收、发货人代号；（2）目的地名称和代号；（3）件号、批号。此外，有的运输标志还包括原产地、合同号、许可证号、信用证号和体积与重量等内容。

鉴于运输标志的内容差异较大，有的过于繁杂，不适应货运量增加和电子计算机在运输与单据流转方面应用的需要，因此，联合国欧洲经济委员会简化国际贸易程序工作组，在国际标准化组织和国际货物装卸协调协会的支持下，制定了一套运输标志向各国推荐使用。标准运输标志包括：（1）收货人或买方名称的英文缩写字母或简称；（2）参考号，如合同号、发票号等；（3）目的地；（4）件号、批号。

2. 指示性标志

指示性标志（Indicative Mark）是指针对一些易碎、易损、易变质货物的性质和特点，用简单醒目的图形和文字提示有关人员在装卸、搬运、存储时应注意的事项。例如"由此开启"、"小心轻放"、"易碎"、"防热"、"重心点"，等等。

3. 警告性标志

警告性标志（Warning Mark）又称危险品标志，是指针对一些易燃品、爆炸品、有毒品、腐蚀性物品、放射性物品等危险物品在其运输包装上清楚而明确地刷制的标志。目的是为了在运输、保管和装卸的过程中，使有关人员加强防护措施，以保护物资和人身的安全。警告性标志一般是由简单的几何图形、文字说明和特定的图案组成的。对此，联合国海运协商组织制定了《国际海运危险品标志》，我国也颁布实施了《包装储运指示标志》和《危险货物包装标志》。在我国出口危险货物的运输包装上，要求刷写我国和国际海运所规定的两套危险品标志。

三、中性包装和定牌

采用中性包装和定牌生产，是国际贸易中常用的习惯做法。

1. 中性包装

中性包装（Neutral Packing）是指商品本身和商品包装上，不注明生产国别和生产厂名，也不注明原有商标和牌号，甚至没有任何文字。在国际贸易中，为了打破有些进口国家和地区实行的关税壁垒、配额限制和其他一些限制进口的歧视性措施以及适应交易的特殊需要（如转口销售等），有些出口商品普遍使用中性包装。采用中性包装是出口国家厂商加强对外竞销和扩大出口的一种手段。中性包装包括无牌中性包装和定牌中性包装两种。无牌中性包装是指商品和包装上既无生产地名和厂商名称，又无商标、牌号的中性包装；定牌中性包装是指包装上仅有买方指定的商标或牌号，但无生产地名和出口厂商的名称。

2. 定牌

定牌是指卖方在其出售的商品和（或）包装上按买方要求标明买方指定的商标或牌号的做法。在我国出口贸易中，使用定牌有下列三种具体做法：

（1）对有些国外大量的、长期的、稳定的订货，为了适应买方销售的需要和有利于扩大出口，可以接受买方指定的商标或牌号，而不注明生产国别和出口厂商名称，即定牌中性包装。

（2）接受买方指定的商标或牌号，但在其商标或牌号下标示生产国别，如"中华人民共和国制造"或"中国制造"字样。

（3）接受买方指定的商标或牌号，同时在其商标或牌号下注明国外商号名称或表示其商号的标记，即定牌定产地。

在定牌业务中，要特别注意买方指定的商标是否存在商标侵权行为。为了避免在定牌业务中造成被动，可以在合同中规定：买方指定的商标，当发生被第三者控告是侵权时，应由买方负责，与卖方无关。由此给卖方造成的损失应由买方负责赔偿。

四、合同中的包装条款

按照国际贸易习惯和有些西方国家的法律规定，包装条件是主要的交易条件之一，是货物说明的组成部分。合同中的包装条款（Packing Clause）的内容，应根据货物的性能、特点以及所采用的运输方式而定，不同的运输方式和不同的商品，其包装条款的规定也不相同。包装条款一般包括包装材料、包装方式、包装规格（或包装容量）、包装标志和包装费用的负担等内容。

1. 包装材料、包装方式和包装规格

在合同中明确使用的包装方式等，一般包括用料、尺寸、每件重量、填充物料和加固条件等。例如：

包装：镀锌桶装，每桶净重 175 千克

（Packing：In galvanized iron drums of 175 kgs net）

包装：单层新麻袋装，每袋净重约 100 千克

（Packing：In new single jute bags，each about 100 kgs net）

在国际贸易中，有时合同对包装条款只做原则性规定，如使用"海运包装"（Seaworthy Packing）或"习惯包装"（Customary Packing）等术语，这些术语由于内容不明确，各国理解不同，容易引起争议，因此在合同中应尽

量避免使用。

经买卖双方约定，全部或部分包装材料由买方负责供应时，合同中应规定包装材料最迟到达卖方的日期以及逾期到达的责任。

2. 包装费用负担问题

包装费用一般包括在货价之内，不另计价。但如果买方对于包装材料和包装方式提出特殊要求，卖方也可要求另收包装费。若包装费用由买方负担，在合同中也应明确加以规定。

进口合同中，对包装技术较强的货物，通常要在货物单价条款后注明"包括包装费用"（Packing Charges Included），以防日后发生争议，产生纠纷。

第十二章
贸易术语与国际货物价格

价格是进出口业务中交易双方磋商的核心内容，商品的价格通常指商品的单价（Unit Price）。由于国际贸易具有不同于国内贸易的特点，其价格的内涵、表达方式、决定因素以及核算办法等方面都存在较大差异。外贸商品的价值中，不仅要表明每一计量单位的价格金额，还要对买卖双方在货物交接过程中的有关手续、费用及风险等责任进行明确划分，后者就是国际贸易术语的内涵。

第一节　贸易术语的含义及其国际贸易惯例

一、国际贸易惯例

在国际贸易实践中，有一些约定俗成的做法和规定，它们虽然不具有强制性，却被贸易界广泛接受和使用。这些在长期国际贸易实践中逐渐形成的、具有普遍意义、内容较为明确固定的习惯做法和一般解释，被称为国际贸易惯例。它主要指国际商会、国际法协会等国际组织和一些商业团体编订成文的解释、规则、准则等。国际贸易惯例的适用与效力不同于法律，只有在当事人承认并在实际业务中采用时，才对当事人具有约束力，并且其具体内容也可由当事人在采用时加以补充或更改，即实行所谓的"当事人自治"原则。我国外贸业务中使用最多的是关于贸易术语（INCOTERMS 2000）和跟单信用证（UCP 500）的惯例。此外，贸易双方已经形成的习惯做法，对双方当事人也具有约束力。

二、贸易术语的含义与作用

贸易术语是构成国际贸易单价的一个组成部分，它是用一个简单的概念或英文缩写（如 Free on Board 或 FOB）来说明在一定的价格金额基础上买卖双方的责任划分。

　　国际贸易的成交条件和交易过程都比国内贸易复杂。在货物的交付过程中，需要办理商检、报关、租船订舱、投保等手续，要支付关税、保险费和运杂费等多项费用，还要承担货物在长途运输、多次装卸和存储中的货物灭失和损坏的风险。因而，买卖双方在洽谈及签订合同时，必须确定各有关事项的承担方。在长期的贸易实践中，为便于贸易双方成交，缩短交易过程，逐渐形成了使用某种专门术语来概括表明双方的权利和义务的情况。这种在国际贸易长期实践基础上逐渐产生的，用来表示商品价格构成和确定交货地点、划分买卖双方的责任与费用，以及明确货物风险和物权转移界线的专门用语，称为国际贸易术语。国际贸易术语属国际贸易惯例范畴，其核心问题是交货地点。

　　贸易术语具有两重性：它一方面表示交货条件，另一方面表示价格构成，特别是货价中包含的从属费用（运费、保险费、关税等），所以有时也称之为"价格术语"。每种贸易术语都有其特定的含义，表示不同的交货条件和不同的价格构成，因而交易双方所承担的责任、费用、风险也各不相同。

　　贸易术语的产生，简化了交易磋商的内容，缩短了成交过程，节省了业务费用，对世界贸易的发展具有促进作用。

三、有关贸易术语的国际惯例

　　国际上对各种贸易术语并无统一的解释，首先，这是由于不同国家的法律、法令对这一方面的规定不尽相同；其次，一些国外主要港口也各有若干涉及买卖双方责任划分的传统规定，从而引起贸易术语具有不同的解释；最后，一些主要商品行业对贸易术语还有其特定的解释或规定。针对这种情况，为了减少纠纷和避免争议，一些国家的工商团体和某些国际组织分别制定了有关贸易术语的统一解释或规则，并建议贸易界广泛采用，以利于国际贸易的开展，其中影响较大的有：

　　1. 国际法协会修订的《1932 年华沙-牛津规则》（Warsaw-Oxford Rules 1932）

　　该规则主要说明 CIF 买卖合同的性质和特点，对 CIF 条件下，买卖双方各项责任的划分与解释较为具体。

　　2. 美国九大商业团体联合制定的《1941 年美国对外贸易定义修订本》（Revised American Foreign Trade Definition 1941）

　　该贸易定义是在 1919 年由九大商业团体制定的《美国出口报价与缩写

条例》（The US Ex Port Quatations & Abbrevations）基础之上，于 1941 年修订产生的。它解释了六种贸易术语：Ex Point of Origin，FOB，Free Alongside，C&F，CIF，Ex Dock。这些术语在美洲采用较多，其中 FOB、FAS 术语与 INCOTERMS 有明显区别。

3. 国际商会修订的《2000 年国际贸易术语解释通则》（International Rules for the Interpretation of Trade Terms 2000），简称《通则 2000》（INCOTERMS 2000）

国际商会（ICC）是国际贸易方面最重要的民间贸易组织，一直在国际贸易法统一化的进程中发挥着重要作用。INCOTERMS（International Commercial Terms）便是其最主要的成果。在贸易术语的国际惯例中，《通则 2000》的使用范围最广，影响最大。

INCOTERMS 的宗旨是为国际贸易中最普遍使用的贸易术语提供一套统一解释的国际规则，以避免因各国不同解释而出现的不确定性，或至少在相当程度上减少这种不确定性。处于不同国家的合同双方在当事人互不了解对方国家的贸易习惯时常引起误解、争议和诉讼，从而浪费时间和增加交易费用。为了解决这些问题，国际商会于 1936 年首次公布了一套解释贸易术语的国际规则，名为 INCOTERMS 1936，以后又于 1953 年、1967 年、1976 年、1980 年、1990 年做出补充和修订，以便使这些规则适应当时国际贸易实践的发展。1999 年 9 月 13 日又公布了最新的 2000 年版本，并于 2000 年 1 月 1 日实施。新的版本对 FAS 和 DEQ 术语下办理清关手续和交纳关税的义务，以及在 FCA 术语下装货和卸货的义务做出了实质性改变。

需要强调的是，INCOTERMS 涵盖的范围只限于销售合同当事人的权利义务中与已售货物（指"有形的"货物，不包括"无形的"货物，如电脑软件）交货有关的事项。

《通则 2000》中共有 13 种贸易术语，均可用三个缩写字母表示（为 EDI 所需要），为了便于理解，将所有的术语分为 4 个基本不同的类型，即分为 E,F,C,D 四个组。

(1) E 组（1 种）

EXW：Ex Works ... 工厂交货（……指定地点）。

按本术语成交时，卖方仅在自己的地点为买方备妥货物，在其所在地交货。

(2) F 组（3 种）

FCA：Free Carrier ... 货交承运人（……指定地点）

FAS：Free Alongside Ship ... 装运港船边交货（……指定装运港）

FOB：Free On Board ... 装运港船上交货（……指定装运港）

按此组术语成交，卖方必须将货物交至买方指定的承运人，运输及保险手续和费用均由买方承担。

（3）C组（4种）

CFR：Cost and Freight ... 成本加运费（……指定目的港）

CIF：Cost Insurance and Freight ... 成本保险费加运费（……指定目的港）

CPT：Carriage Paid To ... 运费付至目的地（……指定目的地）

CIP：Carriage and Insurance Paid to ... 运费和保险费付至目的地（……指定目的地）

按本组贸易术语成交，买方负责订立将货物运至目的地的运输合同并支付运费。卖方只要把货物装上运输工具或交承运人控制，就算完成交货义务，货运途中的灭损风险及发运后产生的额外费用由买方承担。

（4）D组（5种）

DAF：Delivered At Frontier ... 边境交货（……指定地点）

DES：Delivered Ex Ship ... 目的港船上交货（……指定目的港）

DEQ：Delivered Ex Quay ... 目的港码头交货（……指定目的港）

DDU：Delivered Duty Unpaid ... 目的地未完税交货（……指定目的地）

DDP：Delivered Duty Paid ... 目的地完税后交货（……指定目的地）

按此组术语成交，卖方必须承担将货物交至进口国指定地点所需的一切费用和风险。

在 INCOTERMS 2000 的原文中，所有术语下当事人各自的义务均用 10 个项目列出，卖方在每一项目中的地位"对应"买方在同一项目中相应的地位。

第二节　六种主要贸易术语的含义

目前国际贸易中使用最多的贸易术语是装运港交货的三种术语，即 FOB、CFR 和 CIF，这三种术语也称为常用贸易术语。此外，随着集装箱多式联运业务的发展，向承运人交货的三种术语 FCA、CPT 和 CIP 也逐渐成为普遍使用的贸易术语。

在学习每一种贸易术语的过程中，应具有的共同思路是该种贸易术语对货物交付过程中买卖双方的责任、费用及风险是如何划分的。货物交付过程中的每一事项都同时涉及责任和费用两个方面：责任指该项手续应由谁办理；费用指为办理该手续所产生的有关费用由谁承担。

货物从出口国移动至进口国目的地需要完成的事项有：出口报关手续（含许可证等政府批文）及关税、海关规费的支付，运输合同的订立和运费支付，货运投保手续及保险费支付，货物的装卸及费用，进口清关手续及税费支付，货物从目的港延运至目的地的手续和费用等。风险的划分指货物在运输途中各阶段的损坏或灭失损失由谁承担，或者灭损发生后由谁向责任人（保险公司或运输方等）办理索赔手续。

下面按上述思路对《通则2000》中的主要贸易术语进行归纳介绍。在国际贸易中，出口人的基本任务是交付货物和提交单据，进口人的对等义务是支付货款和收受货物，在各术语中对双方的基本义务未再赘述。

1. FOB

FOB: Free on Board ... (named port of shipment)，装运港船上交货。

基本含义：指卖方在指定装运港将货物装船越过船舷后，即完成了交货义务，随后的一切费用和风险均由买方承担。

交货地点：装运港。

风险转移界线：装运港船舷，即货物越过装运港船舷后，风险从卖方转向买方。

卖方义务：

（1）在合同规定期限内，在指定装运港将货物装上买方指派的船只，并无延迟地通知买方。

（2）自负风险和费用领取出口许可证或其他官方证件，办理出口手续、交纳关税和规费，支付货物越过船舷前的一切费用（含国内运杂费等）。

（3）自费提供证明卖方已完成交货义务的各项单证或对等电子单证。

（4）给予买方所要求的一切协助，但风险和费用由买方负担。

买方义务：

（1）租船或订舱，支付运费，并将船名、船期等通知卖方。

（2）承担货物在装运港越过船舷后的一切费用、风险和责任。

（3）办理保险手续，支付保险费。

（4）办理进口清关手续，包括获取进口许可证或其他官方证件，并支付关税。

适用条件：FOB术语仅适用于海运和内河运输，在船舷无实际含义时，如滚装或集装箱运输，宜采用FCA术语。

补充说明事项：

大宗商品按 FOB 成交时，买方通常采用租船运输，由于船方对租船运输大多不负担装卸费，为此买卖双方还需进一步约定装船费的负担方，这就导致了 FOB 的下列几种变形：

(1) FOB Liner Terms（FOB 班轮条件），指卖方不负担装船费。

(2) FOB Under Tackle（FOB 吊钩下交货），指卖方仅将货物交到船舶吊钩所及之处，不负担装船和理舱费用。

(3) FOB Stowed（FOB 包括理舱），指卖方负担装船和理舱费用。

(4) FOB Trimmed（FOB 包括平舱），卖方负担装船和平舱费。

(5) FOB Stowed and Trimmed（FOB 包括理舱和平舱），指卖方负担装船、理舱和平舱费用。

按惯例，凡 FOB 后未加"Stowed"或"Trimmed"字样的，卖方不负担理舱或平舱费用。

特别注意：上述 FOB 的各种变形，均不影响风险转移界线。

《1941 年美国对外贸易定义修定本》中对 FOB 的解释与《通则 2000》的解释有些不同，其差异主要表现在三个方面：

(1) 美国把 FOB 笼统地解释为任何一种运输工具上交货，因此，从美国进口货物签订 FOB 合同时，必须在 FOB 后加列"Vessel"，并列明装运港，才表明在装运港船上交货。

(2) 在风险划分上，不是以装运港船舷为界，而是以装载于轮船上为界，即卖方负担货物装到船上为止所发生的一切损失（如越过船舷后的钩损）。

(3) 在费用负担上，规定买方要支付卖方获取出口单证的费用及出口关税和其他出口费用。

2. CFR

CFR：Cost and Freight … (named port of destination)，成本加运费。

基本含义：指卖方必须支付将货物运至目的港的正常运费，但有关货物灭损风险和所增加的额外费用则自装运港货物越过船舷后即从卖方转由买方承担。

交货地点和风险转移界线：与 FOB 相同，即分别为装运港和装运港船舷。

卖方义务：除需承担 FOB 术语下卖方的所有义务外，还需承担：

(1) 订立运输合同（租船或订舱）。

(2) 支付货物运至目的港的运费，包括装船费和班轮公司可能收取的目的港卸货费。

(3) 自费毫不延迟地向买方提供为约定目的港所用的通常的运输单证。

买方义务：

（1）办理保险手续，支付保险费。

（2）办理进口清关手续，支付进口税费。

（3）承担货物在装运港越过船舷后的一切风险，并支付货物装船后所发生的事件所产生的任何额外费用。

适用：同 FOB，仅适用于海上和内河运输。在船舷无实际意义时，宜用 CPT 术语。

说明：

（1）虽然在 CFR 后加注的是目的港名称，但仍属装运港交货，风险转移界线仍为装运港船舷。装运港名称在合同的其他条款中列明。

（2）卖方在装船后必须及时向买方发出详尽的装船通知，以便买方投保，否则由此所产生的所有风险和损失将由卖方承担。

（3）在租船运输时，双方需对卸货费的负担予以约定，由此产生 CFR 术语的变形。如 CFR Liner Terms：卸货费由卖方负担；CFR Landed：卖方负担将货卸到岸上的费用（含驳运费）；CFR Ex Tackle：卖方负责将货物从船舱吊起卸到轮船吊钩所及之处的码头上或驳船上，在轮船无法靠岸时，驳运费由买方支付；CFR Ex Ship's Hold：卖方不负责卸货。同 FOB 一样，CFR 的变形也不影响风险划分界线。

3. CIF

CIF：Cost Insurance and Freight … （named port of destintion），成本、保险费加运费。

基本含义：指卖方除负担运输手续及费用外，还需办理海运保险并支付保险费。

交货地点和风险转移界线：与 FOB、CFR 同，即装运港和装运港船舷。

卖方义务：在 CFR 的基础上增加保险事项，即办理投保手续，支付保险费，提交保险单证。

买方义务：主要是进口结关（证件、手续和税费）。

适用：同 FOB、CFR，仅用于海运和内河运输。在船舷无实际意义时，用 CIP 术语。

说明：

（1）CIF 术语属象征性交货，而非"到岸价"。虽然卖方承担装运和保险手续及费用，但并不承担保证把货运到目的港的义务。CIF 术语的主要特点是凭单交货、凭单付款。只要卖方提交了符合合同或信用证规定的全套合格单证，就视为卖方履行了交货义务，买方就不得拒收单据和拒付货款，即使货物在运输途中发生了残损灭失，买方也必须付款（发生灭损情况，买方只能向责任方进行索赔）。相反，若单据不符合要求，即使完好到货，买方仍有权拒付。

（2）关于保险问题：卖方投保属代办性质，若发生承保范围内的损失，由买方凭保险单直接向保险公司索赔，能否获得赔偿，卖方不负责任。如果双方在合同中没有约定具体险别，则卖方只需按最低限度的险别（如平安险）投保，若买方要求加投附加险，该部分保费由买方负担。

（3）大宗商品租船运输时，也需明确卸货费的负担方，CIF 的变形与 CFR 的变形相同。

4．FCA

FCA：Free Carrier . . .（named place），货交承运人。

基本含义：卖方办理出口结关，在规定的时间和地点，将货物交至指定地点由买方指定的承运人或运输代理人照管，即履行了交货义务。

风险与费用划分：卖方承担货交承运人控制之前的风险及各项费用（含出口报关）。运输和保险及其费用由买方承担。

适用：本术语适用于任何运输方式，包括多式联运。

说明：

（1）关于交货义务的履行。若买方未指定具体地点及承运人，卖方可选择最适合其交货目的的地点及承运人。卖方也可按买方要求货交非承运人的货运代理人，视同货交承运人。按照《通则 2000》的解释，交货地点的选择直接影响到装卸货物的责任划分问题。如果双方约定的交货地点是在卖方所在地，卖方负责把货物装上买方安排的承运人所提供的运输工具即可；如果交货地点是在其他地方，卖方就要将货物运交给承运人，在自己所提供的运输工具上完成交货义务，而无须负责卸货。如果在约定地点没有明确具体的交货点，或者有几个交货点可供选择，卖方可以从中选择为完成交货义务最适宜的交货点。

（2）风险及费用转移提前。若买方未通知或其指定承运人不收受货物，则自约定交货日或交货期满且货物已正式划归本合同项下起，风险和费用即从卖方转移至买方。

5．CPT

CPT：Carriage Paid To . . .（named place of destination），运费付至（指定目的地）。

基本含义：卖方支付将货物运至目的地的运费。

交货义务的履行：按规定时间将货物交承运人照管。

风险转移：同 FCA，即货交承运人照管时起，货物灭损风险从卖方转由买方承担。

卖方义务：

（1）办理出口结关手续，支付出口税费。

（2）承担货交承运人控制前的一切风险与费用。

（3）订立货物运至指定目的地的运输合同，并支付正常运输费。

买方义务：

（1）承担货交承运人后的额外费用（如卸货费）及所有风险。

（2）办理保险手续，支付保险费。

（3）办理进口报关手续，支付进口税费。

适用：同 FCA，即所有运输方式均适用。

说明：

（1）若有后续承运人将货物运至约定目的地，风险自货交第一承运人时起转移。

（2）卖方应将货物交付或装运的情况及时通知买方，以便买方投保及准备提货。

6. CIP

CIP: Carriage and Insurance Paid To ...（named place of destination），运费及保险费付至（指定目的地）。

基本含义：卖方办理运输及保险手续并支付运费和保险费。

交货及风险转移：同 FCA、CPT，即货交第一承运人控制时风险转移。

卖方义务：在 CPT 基础上，增加保险事项。

适用：同 FCA、CPT，即所有运输方式。

说明：CIP 术语下的保险性质及险别选择与 CIF 术语下相同，即属代办性质。险别按双方约定投保；若无约定，投最低险别。

货交承运人的三个术语 FCA、CPT、CIP 在逻辑上分别对应于装运港交货的三种术语 FOB、CFR 和 CIF，区别又在于适用的运输方式及风险界线的表达方式不同。

第三节　其他贸易术语的基本含义

《通则 2000》中的其他七种术语在外贸业务中使用较少，但在交易当事人有特定要求时，也可适当选用。

1. EXW

EXW：Ex Works … （named place），工厂交货（……指定地点），是指当卖方在其所在地或其他指定的地点（如工场、工厂或仓库）将货物交给买方处置时，即完成交货，卖方不办理出口清关手续或将货物装上任何运输工具。

该术语是卖方承担责任最小的术语。卖方义务主要有两方面：一是提供符合合同规定的货物和商业票据或有同等作用的电子信息，以及合同可能要求的、证明货物符合合同规定的其他任何凭证；二是应买方要求并由其承担风险和费用，在需要办理海关手续时，卖方必须给予买方一切协助，以帮助买方取得为货物出口所需的出口许可证或其他官方许可。

买方必须承担在卖方所在地受领货物后的全部费用和风险。在买方不能直接或间接地办理出口手续时，不应使用该术语，而应使用 FCA。

说明：

（1）若双方希望在起运时卖方负责装载货物并承担装载货物的全部费用和风险，则须在销售合同中明确写明。

（2）如果未约定交货日期或期限，则由卖方按照交付此类货物的惯常时间，在指定的地点将未置于任何运输车辆上的货物交给买方处置。

（3）若在指定的地点内未约定具体交货点，或有若干个交货点可使用，则卖方可在交货点中选择最适合其目的的交货点。

（4）与 FCA 类似，由于买方未能按照规定通知卖方受领货物的具体时间和（或）地点时，则自约定的交货日期或交货期限届满之日起，以该项货物已正式划归合同项下，即清楚地划出或以其他方式确定为合同项下之货物时起风险转移。

2. FAS

FAS：Free Alongside Ship … （named port of shipment），装运港船边交货（……指定装运港），是指卖方在办理出口清关手续后在装运港将货物交到买方指定的船边（码头上或驳船内），即履行了交货义务。其后的一切费用和风险由买方承担；当船舶不能靠岸时，货物从码头驳运到船边的费用和风险仍由卖方负担。

《通则 2000》中的 FAS 与 FOB 已无实质区别，但以前版本中两者差异明显，以前版本中，要求买方办理出口清关手续。

3. DAF

DAF：Delivered At Frontier … （named place），边境交货（……指定地点），是指当卖方在边境的指定地点和具体交货点，在毗邻国家海关边界前，将仍处于交货的运输工具上尚未卸下的货物交给买方处置，办妥货物出口清关手续但尚未办理进口清关手续时，即完成交货。"边境"一词可用于任何边境，包括出口国边境。因此，用指定地点和具体交货点准确界定所指边境是极为重要的。

但是，若当事各方希望卖方负责从交货运输工具上卸货并承担卸货的风险和费用，则应在销售合同中明确写明。

该术语可用于陆地边界交货的各种运输方式，但主要用于铁路和公路运输。当在目的港船上或码头交货时，应使用 DES 或 DEQ 术语。

4. DES

DES：Delivered Ex Ship … （named port of destination），目的港船上交货（……指定目的港），是指在指定的目的港，货物在船上交给买方处置，但不办理货物进口清关手续，卖方即完成交货。双方责任、费用及风险划分，均以目的港船上办理交接手续为界。卖方必须承担货物运至指定的目的港卸货前的一切风险和费用。如果当事各方希望卖方负担卸货的风险和费用，则应使用 DEQ 术语。

只有当货物经由海运或内河运输或多式联运在目的港船上交货时，才能使用该术语。

DES 与 CIF 术语间的本质区别有：

（1）交货地点不同。CIF 是装运港船上交货；DES 则是目的港船上交货。

（2）风险划分不同。CIF 条件下，运输风险由买方承担；而 DES 的运输风险由卖方承担。

（3）交货方式不同。CIF 属象征性交货；DES 为实际交货。

（4）费用负担不同。CIF 术语下卖方只负担正常运费和约定保险费；而 DES 术语下，卖方必须承担货运目的港交货前的一切费用，包括额外费用。

5. DEQ

DEQ：Delivered Ex Quay（Duty Paid）… （named port of destination），目的港码头交货（……指定目的港），是指卖方在指定的目的港码头将货物交给买方处置，不办理进口清关手续，即完成交货。卖方应承担货物运至指定的目的港并卸至码头的一切风险和费用。

如果当事各方希望卖方负担全部或部分进口时交纳的费用，则应在销售合同中明确写明。只有当货物经由海运、内河运输或多式联运且在目的港码头卸货时，才能使用该术语。但是，如果当事方希望卖方负担将货物从码头运至港口以内或以外的其他点（仓库、终点站、运输站等）的义务时，则应使用 DDU 或 DDP 术语。

《通则 2000》中的 DEQ 与 DES 已无实质区别，但以前版本中两者差异明显，以前版本中，要求卖方办理进口清关手续。

6. DDU

DDU：Delivered Duty Unpaid ... （named place of destination），目的地未完税交货（……指定目的地），指卖方在指定的目的地将货物交给买方处置，不办理进口手续，也不从交货的运输工具上将货物卸下，即完成交货。卖方应承担将货物运至指定的目的地的一切风险和费用，不包括在需要办理海关手续时在目的地国进口应交纳的任何税费（包括办理海关手续的责任和风险，以及交纳手续费、关税、税款和其他费用）。买方必须承担此项"税费"和因其未能及时办理货物进口清关手续而引起的费用和风险。

该术语适用于各种运输方式，但当货物在目的港船上或码头交货时，应使用 DES 或 DEQ 术语。

7. DDP

DDP：Delivered Duty Paid ... （named place of destination），目的地完税后交货（……指定目的地），是指卖方在指定的目的地，办理完进口清关手续，将在交货运输工具上尚未卸下的货物交与买方，完成交货。卖方必须承担将货物运至指定的目的地的一切风险和费用，包括在需要办理海关手续时在目的地应交纳的任何税费（包括办理海关手续的责任和风险，以及交纳手续费、关税、税款和其他费用）。

EXW 术语下，卖方承担的责任最小；而 DDP 术语下，卖方承担的责任最大。若卖方不能直接或间接地取得进口许可证，则不应使用此术语。但是，若当事各方希望将任何进口时所要支付的一切费用（如增值税）从卖方的义务中排除，则应在销售合同中明确写明。若当事各方希望买方承担进口的风险和费用，则应使用 DDU 术语。

该术语适用于各种运输方式，但当货物在目的港船上或码头交货时，应使用 DES 或 DEQ 术语。

上述以字母"D"开头的五种贸易术语（DAF、DES、DEQ、DDU、DDP）均为实际交货。

《通则 2000》中的 13 种贸易术语都具有下列共性问题：

（1）买卖双方的基本义务不变。即卖方必须交付符合合同规定的货物并转交相关单证，买方的对等义务是支付货款和提取货物。

（2）交货的衔接与配合。必须及时通知对方货物交运的安排与进展情况，并配合办理或传递有关证件或凭据。未按规定通知或办理方须承担相应责任和后果。

（3）交易中一方可接受对方委托代办本应由对方办理的手续，但费用及风险仍由原承担方负担。

（4）凡术语中未出现字母"I"（即 Insurance）者，风险承担方是否办理保险或以何种方式投保，均以自愿为原则。合同中有相反规定时除外。

（5）对《通则 2000》中未做明确划分的某些费用（如装卸费），必要时可在术语中进一步约定。

（6）双方当事人有特殊要求时，可对《通则 2000》的规定予以修改或补充。

（7）希望使用《通则 2000》的交易各方，应在合同中明确规定该合同受《通则 2000》的约束。鉴于《通则》经常修订，所以，如果合同当事方意图在销售合同中采用《通则》时，清楚地指明所引用的《通则》的版本是很重要的。

第四节　外贸商品的价格

对成交价格的规定是贸易合同中最重要的条款，也是交易双方磋商的核心内容。能否正确合理地确定外贸商品的价格，不仅直接关系到进出口企业的经济效益，有时甚至会影响出口国及进口国的经济政策，乃至波及世界市场。把握价格是一项非常重要又十分灵活复杂的工作。本节主要介绍出口商品的作价问题。

一、出口商品的直接成本构成

出口商品的直接成本一般包括：

（1）工厂成本（对自营出口企业而言）或收购成本（即工厂成本＋税金＋工厂利润）（对外贸公司而言）。

（2）出口包装及刷唛费用（外商无特殊要求时，无此项费用）。

（3）国内储运费，含仓储、装卸、运输费。

（4）商检费用。

（5）出口关税、海关规费以及为获取出口证件（许可证等）而支付的费用。

（6）业务费，包括旅差费、应酬费等。

（7）资金利息，一般为自向国内厂商付款到出口结汇之间的利息。

(8) 外运费，指按合同规定方式将货物运至进口国目的地的运杂费。

(9) 保险费用。

(10) 佣金（无中介人时无此项费用）。

原则上讲，出口退税既可冲抵总成本，也可直接计入利润。但考虑到出口退税的本意，并且为了使出口核算时的算法统一，一般将从总成本扣除出口退税作为实际出口成本。

不同交货条件下的成本构成也不相同：FOB 交货条件下的成本为(1)～(7)项；CFR 交货条件下的成本为(1)～(8)项；CIF 交货条件下的成本为(1)～(9)项；CIFC 交货条件下的成本为(1)～(10)项。

在市场经济中，出口商品的一般作价原则是出口外汇收入不低于上述总成本，即应有一定利润。在特定条件下，出口人出于特殊考虑或不得已也可能进行成交前已明知亏损的交易。

二、作价原则

在确定成交价格时需综合考虑下列因素：

1. 国际市场价格

在世界经济日趋一体化的今天，主要商品的国别地区差价逐渐缩小，尤其是主要工业原料和主要农副产品存在着基本统一的国际交换价格，这些价格大多是参照世界上几大商品交易中心的成交价，如有色金属产品的外销价一般都以 LME（伦敦金属交易所）的价格为基础。因此，确定成交价格时应考虑国际市场中交易商品的当前价格水平。

2. 价格走势

外贸产品一般是远期交货，在确定成交价时，除考虑现行行情外，还需对市场的未来走势进行预测，以适当调整价格。

3. 商品自身情况

作价时要考虑成交商品自身的情况，主要是质量档次和品牌知名度，实行优质高价。

4. 交易条件

成交量大小、包装要求、交货方式与条件（即不同贸易术语）、支付条件等具体情况的变化都可实行差别价格。一般来说，批量大的交易可给予优惠价（折扣）；有特殊包装要求的需计入增加费用；不同贸易术语依交易成本的变化进行价格调整；付款提货、信用证结算、托收、到货汇付、延期付款等不同支付方式，因考虑利息及风险因素需依次调高价格。

5. 贸易对象

贸易对象不同，价格也可有差别。如区别新老客户、消费水平及习惯、市场竞争情况等进行作价。

6. 国家交易政策及购销意图

例如，我国钨、锑产品在世界市场上具有举足轻重的作用，长期以来实行限量和控制价格政策；前苏联解体后，独联体国家的钢铁及有色金属产品的外销价普遍低于世界市场行情价。

总之，作价问题的综合性及灵活性强，需在贸易实践中不断摸索、总结。

三、佣金及折扣的运用

佣金是支付给中间代理商的酬金。进出口双方不经中介人直接交易时，不存在佣金问题。中介人可向出口人索取佣金，也可向进口人索取佣金，有时从进出口双方都获得佣金。以下主要以出口人支付佣金为例进行介绍。

佣金（Commission）在贸易语中一般以 C 表示，如 USD 1100.00 per M/T CIFC2% Houston" 或 "USD 1100.00 per M/T CIF Houston including 2% Commission"。

佣金的计算方法有三种，下面以 CIF 加佣金成交为例进行介绍。

1. 按成交商品数量计算佣金

如约定每吨货支付中间商佣金 20 美元。此时，

含佣价(CIFC) = 净价(CIF Net) + 单位货物佣金额。

2. 按发票价值计算佣金

即以总成交价为计佣基数，此时，

$$含佣价 = \frac{净价}{1 - 佣金率}$$

3. 按 FOB 价计算佣金

此时，

$$含佣价 = 净价 + FOB 价 \times 佣金率$$

佣金的支付方式有"明佣"和"暗佣"之分。明佣指在合同中列明价格中含佣金以及佣金的计算办法，结算时一般由中间商直接从货款中扣除。"暗佣"指在合同中不列明"佣金"字样，由出口人在收清货款后按与中间商事先约定的比率或金额另行支付佣金。

折扣（Discount/Allowance/Rebate）是卖方按原价给予买方一定比率的价格减让（优惠）。折扣一般用文字说明，如 £100 per dozen CIF London Less 1% discount，即实际结算价为 99 英镑。

折扣的名目较多，一般有：数量折扣（Quantity Discount），即一次订货达到一定数量时给予相应折扣，有些企业印有数量折扣比率表，各数量档次给予不同比率折扣；年终回扣（Turnover Bonus），对老客户年终时的订单给予价格优惠；还有为了某种特殊目的而给予的特别折扣（Special Discount）或额外折扣（Exceptional Discount）。

实行折扣时，

$$净价 = 原价 \times (1 - 折扣率)$$

佣金和折扣在国际贸易业务中应用较普遍。合理应用佣金和折扣可以增强竞争力，调动商人经营积极性，扩大销售量。为了推销库存商品、争取大数量订单或鼓励经营新产品，经常采用佣金和折扣经营手段。

四、价格换算方法

1. 不同贸易术语下的价格换算

实际业务中，经常会遇到受盘人要求发盘人对原报交易条件进行改报的情况，这就要求外贸人员正确理解各贸易术语之间的逻辑关系并进行准确换算。不同贸易术语下，价格换算的原则是保持出口人的净外汇收入不变。

从 FOB 到 CIFC 的换算关系是

$$CIFC = CIF + C = CFR + I + C$$
$$= FOB + F + I + C$$

其中，F 为从装运港到目的港的正常运费；I 为应向保险公司交纳的单位商品保险费，即

$$I = 发票单价 \times (1 + 保险加成) \times 投保费率$$

需特别注意的是，发票单价即为贸易合同的签定单价，若改变贸易术语，其构成也随之相应改变；C 为佣金，按双方约定计算（参见前述的三种计算方式）。

由 FOB 价改报 CIFC 价时，若佣金以发票价值（此时为 CIFC 价）为基础计算，则

$$CIFC = FOB + F + CIFC \times (1 + 保险加成) \times 保险费率 + CIFC \times 佣金率，$$
即

$$CIFC = \frac{FOB + F}{1 - (1 + 保险加成) \times 保险费率 - 佣金率}$$

由 FOB 改报 CIF 价时，

$$CIF = \frac{FOB + F}{1 - (1 + 保险加成) \times 保险费率}$$

举例：我公司拟向美商出口 0♯锌锭，原报价为 USD 1600.00 per M/T FOB Shanghai，现外商要求改报 CIF New York 价含 2% 佣金。如果该产品从上海至纽约的运费为 USD 100 per M/T，保险费率为 0.5%，加成 10% 投保，则我公司的正确报价应为

$$CIFC2\% = \frac{1\,600+100}{1-(1+10\%)\times 0.5\% -2\%} = 1\,744.48\ \text{美元/吨}$$

报 1 745 美元/吨。

值得注意的是，在由 FOB 改报 CIFC 时，不可以采用先计算 CIF 价再计算 CIFC 价的方法，即不可以使用以下两个计算公式连推：

$$CIF = \frac{FOB+F}{1-(1+\text{保险加成})\times \text{保险费率}}$$

$$CIFC = \frac{CIF}{1-\text{佣金率}}$$

使用上述两个计算公式连推，尽管最终报价值相差不大，但存在保险费中未考虑佣金的逻辑错误。

同理，由 CFR 价改报 CIF 价时也不能理解为

$$CIF = CFR + CFR \times (1+\text{保险加成})\times \text{保险费率}$$

2. 不同货币之间的换算

（1）外币与人民币之间的换算

我方以外币报价后，若进口商要求以人民币支付货款，则应按银行卖出价进行换算。其折算公式为

人民币报价数＝外币报价数×银行卖出牌价/100

例如：原报价为 1 435 美元/吨，当时中国人民银行公布的美元牌价为 827.91—829.73（前者为 100 美元银行买入价，后者为卖出价），则人民币价应为

1 435 美元×829.73/100＝11 906.63 元人民币

（2）不同外币之间的换算

把一种外国货币折算成另一种外国货币有两种换算方法：一种是直接折算法，即按此两种外币的直接兑换率折算；另一种是间接折算法，先将原报外币折算成本国货币，再将折算后的本国货币折算成另一种外币。我国习惯上采用间接折算法，因为银行主要是公布外币与人民币之间的汇率。

在上例中，若外商要求用日元报价，由于以美元为底价，改为收入日元，需将日元卖给银行，再向银行买入美元，因此其折算公式为

日元报价数＝美元报价数×美元卖出牌价÷日元买入牌价

假设同期每 100 日元牌价为 6.8676—6.8754，则应报日元价：

$$1\,453\ 美元\times 829.73\div 6.8676 = 173\,373.89\ 日元/吨$$

如果采用间接折算法与直接折算法计算得到的数值结果相差太大，则应与外商事先协商确定折算办法。

五、贸易术语的选用

国际贸易中使用的贸易术语很多，其中以 CIF、FOB 及 CFR 三种术语最为常用。从我国外贸实践来看，随着我国远洋运输业的发展，自有船队的增加，出口运输事项最好由我方负责，以利于船货衔接，按时完成出口任务。并且，中国人民保险公司在国际上已树立了良好的信誉，国外进口商常常愿意接受我方在国内投保，因此，我国的出口贸易应尽可能用 CIF 术语成交。

但有些国家为了扶持本国保险业，规定进口货物必须在其国内投保，在此情况下，我方应使用 CFR 术语。对大宗商品出口，有时外商为了获得优惠运价，要求自行租船载运，为不影响贸易业务，也可使用 FOB 术语。此外，对国外有些港口，当我方不便自行派船时，按 FOB 术语成交。

我国的进口贸易最好选用 FOB 价，以促进我国的海运业务和保险业的发展。但国外港口条件差或商品较少时，可使用 CFR 价。在海上风险大时，则采用 CIF 价。

近年来，集装箱运输业发展很快，因此 FCA、CPT、CIP 三种术语也经常被采用。随着我国对外贸易的发展，贸易方式的进一步灵活，在进出口贸易中也有采用其他贸易术语的，如"工厂交货"、"目的港船上交货"、"目的港码头交货"、"启运机场交货"等。

六、合同中价格条款的规定

进出口合同中的价格条款包括单价和总值两项基本内容。进出口商品单价通常由计量单位、单位价格金额、计价货币、贸易术语四项内容组成，如：USD 1100.00 per M/T CIF New York 中，"USD" 为计价货币，"1100.00" 为单位价格金额，"per M/T" 为计量单位，"CIF New York" 为贸易术语。

此外，有时价格条款还包括佣金、折扣以及作价办法等。

在规定价格条款时，除应合理地确定成交价格、采用适当的贸易术语、选择有利的计价货币外，还必须根据不同情况列明具体的作价办法。

常见的作价办法有以下几种：

（1）固定价格。大多数贸易中，双方在签订合同时就订明具体价格，最终必须按此价格结算，即使行情在交货时发生重大变化，任何一方都无权要求变更原价。这就意味着买卖双方要承担从签约到交货结算时的价格行情变动的风险。因此，使用固定价格时，要对行情变动的趋势做出比较正确的判断。

（2）先列明作价时间和方法，暂不确定价格。例如有色金属产品常使用的活价条款是"按装船前一月（或一周）LME（或 COMEX）平均结算价加××美元"。此种作价方法无需双方再另行商定，到时价格已经确定，故有较高实用价值。

（3）仅列明作价时间，具体价格再另行商定。这类合同实际上属于意向书性质，若届时双方协商不成，便可能凌除合同，所以一般仅用于信誉好的老客户之间。

（4）暂定初步价格，结算价待定。初步价格仅作为开立信用证或预付款的依据，双方确定最终结算价后再多退少补。结算价的确定方法可按上述第二种作价办法。这类作价办法多用于老客户之间。

（5）滑动价格。约定初步价格，并同时列明价格调整条款。价格的调整可依照汇率的变动、原料及工资等成本变动、物价指数变动、该商品世界交易中心行情变动等具体情况做相应调整。滑动价格主要用于大宗商品交易。

（6）部分固定价。主要用于分批交货，交货期近的采用确定价格，交货期远的批次贸易采用活价办法。

第十三章
国际货物运输及其保险

交付货物是卖方的基本义务，也是卖方实际履行合同的标志；获取货物是买方进行交易的直接目的。完成货物从出口国到进口国的转移，要通过国际运输来实现。国际运输的条件复杂，路途遥远，存在多种可能导致货物损坏或灭失的风险，为了转嫁风险损失，需要对货物运输进行保险。买卖合同关系成立后，卖方应承担的主要义务是按照约定的时间、地点和方式将货物运交买方或交买方指定的承运工具或代理人。通常情况下，"装运"（Shipment）等同于"交货"（Delivery），即卖方不必直接把货物交到买方手中，只要货物在装运港装上运输工具或货交承运人控制，卖方的交货义务就算完成。货物的运输涉及运输方式的选择，装运时间及启运地、目的地的约定，运输单据等方面内容。

第一节　运输方式

货物运输按运输工具和通道的不同，可分为水上运输、铁路运输、公路运输、空运、管道运输以及集装箱多式联运。它们有各自的特点，在实际业务中需根据货物本身的情况（批量、价值、品质特点等）、到货时间要求、运输状况及运输成本等因素进行选择。我国对外贸易使用较多的方式是海运和集装箱联运。

一、水上运输

水上运输以船舶为工具，分为内河运输和海洋运输。海运在外贸运输中占有十分重要的地位，世界贸易的 80% 以上，我国 90% 以上的出口货物，都是通过海运来实现的。

1. 海运的特点

(1) 运量大。散货船的载重一般是数万吨，最大可达 30 万吨，相当于 5 000 多个火车车皮的载重量；油轮载重可达 70 万吨；集装箱船载重一般是几万吨，但我国近年已制造出近 20 万吨的巨型集装箱船。

(2) 运费低。所有运输方式中，海运运费最低，这主要是由于其巨大的载量及燃料等运输成本较低决定的。我国出口的一般货物到东南亚的海运费在 50 美元/吨以内，到北美的海运费为 80～100 美元/吨（2005 年前情况）。

(3) 通过能力强。地球上的海洋连成一片，且其面积占全球总面积的 71%，因此海运受限制较小，四通八达。

海洋运输的缺点是运期长（我国至北美东岸需 3～4 周），风险大，船期不准确。

2. 海运船舶的分类

(1) 海运船舶按经营方式分为班轮运输和租船运输两种。

班轮（Regular Shipping Liner，简称 Liner）是按预订的航行时间表，在固定的港口和航线上往返载货的船只。班轮运输的特点是：① "定期、定港、定航线"，开航、靠港日期大致确定，航线及途中挂港确定。② 不论货物数量多少，均接受承运。③ 运费按事先规定的固定费率收取，并包括装卸费在内。大多数外贸业务采用班轮运输。

租船运输又分为定程租船和定期租船。在定程租船（Voyage Charter）方式下，船舶所有人将船舶的全部或部分租给租船人，签订定程租船合同，按船运次数收费。定期租船（Time Charter）是按使用期限租赁船舶。

(2) 按船舶装载对象可分客船、货船和客货船。其中，货船分为干货船和液货船。干货船又可分为杂货船和散货船。杂货船分为集装箱船和非集装箱船等。

3. 班轮运费

班轮运费包括基本运费及附加费。

班轮运费是按照班轮公司各自的《运价表》（Liner's Freight Tariff）的规定标准，分商品类别计算的。基本运费的计算标准有以下六类：

(1) 按重量计，运价表内用 "W"（Weight）表示。

(2) 按体积计，用 "M"（Measurement）表示。

(3) 按重量或体积计，表示为 "W/M"，由船公司在二者中选取高的一种计收运费。按惯例，每吨体积超过 1 立方米的货物称为 "轻货"，按体积收费；反之称为 "重货"，按重量收费。

(4) 从价运费，即按货物价值计算收费，一般为 FOB 价的百分之零点几到百分之五。该计费方式适用于贵重商品。

（5）按件数计费，用于车辆、活动物等。

（6）临时议定价，表中用"Open"表示，用于运量较大的农副产品和矿产品。

每单货物的准确计费复杂，除基本运费外，还有名目繁多、经常变动的附加费（Additional Charges）。常见的附加费有：燃油附加（Bunker Adjustment Factor）、超长附加（Over Length Additional）、超重附加（Heavy Lift Additional）、直航附加（Direct Additional）、转船附加（Transshipment Surcharge）、港口拥挤附加（Port Congestion Surcharge）、选港附加（Optional Fees）、变更卸货港附加（Alternation Charge）、货币贬值附加（Currency Adjustment Factor）、港口附加费（Port Surcharge）等。

综上所述，班轮运费的计算公式为

$$F = \text{Fb} \left(1 + \sum S\right) Q,$$

式中：F 为运费额，Fb 为基本运费率，$\sum S$ 为附加费之和，Q 为货量。

需要特别注意的是，各班轮公司的运费标准不一致，并且基本费率和附加费经常变动，订舱前应具体查询并比较选择。我国的出口货物海运多选择中国远洋运输（集团）公司（COSCO），其收费较低。

二、铁路运输

在我国外运中，铁路运输的地位仅次于海运。我国与周边国家的贸易主要使用铁路；与欧洲的部分贸易采用国际铁路联运；即使是经海运的进出口货物，港口与内地间的转运也主要依靠铁路；经香港转运的货物，通过京九铁路或广九铁路来连接。

铁路运输的特点是：受气候影响小，可全年不间断地运行，运途风险小，速度较快（次于空运），运量较大（次于海运），费用较低，手续简单。

铁路运输分国际铁路联运和国内铁路运输。

1. 国际铁路联运

进行国际铁路联运是按有关当事国签订的联运协定执行的。参加协定国的货物进出口，从发货国始发站到收货国终止站的一切业务和手续均由经过国的铁路部门负责办理，发货人或收货人无须自己办理国与国之间的转运和交接手续。全程使用一份统一的国际联运运单，运单正本随同货物全程附交，最后交收货人；运单副本经铁路加盖戳记证明货物承运后，交发货人，发货人凭此向银行办理结算。运费由发货人或收货人支付，所经各国的里程按该国国内定价收取。

我国同蒙古、朝鲜、越南、独联体、保加利亚等国签有《国际铁路货物联运协定》。

对我国外贸运输具有十分重要意义的铁路干线（也称大陆桥）是 1992 年开始正式营运的第二条欧亚大陆桥。该大陆桥全长 10 800 千米，东起我国的连云港，途经陇海线（徐州、郑州）、兰新线（兰州、乌鲁木齐）、北疆铁路，出阿拉山口，经哈萨克斯坦、俄罗斯、波兰、德国，最终到达荷兰的鹿特丹或阿姆斯特丹。

其他国际运输铁路干线（大陆桥）主要分布在西伯利亚、北美、印度半岛、中东、东南非、南美等地。

2. 国内铁路运输

我国铁路不仅承担了 70% 以上的国内商品流通运输任务，而且承担了大部分外贸货物在港口与内地之间的转运任务。此外，我国香港特别行政区与其他地区之间的贸易或转运，尽管属于国内运输的范畴，但在技术上视同进出口处理，有关铁路运输手续由中国外贸运输公司代理，发货人凭各地外运公司以承运人身份签发的货物承运收据（Cargo Receipt）向银行办理结算。

外贸货物在国内运输阶段，按报关地不同分为海关监管货物和国内货物，在运输阶段的管理方式也不同。无论是进口货物还是出口货物，货主均可选择在港口或企业所在地海关报关。对出口而言，若在发货地报关后再运往港口装船，则在国内运输阶段属海关监管货物，货物本身及运输方式、路线均受海关监管；若运至港口后再办理报关手续（异地报关），则在国内阶段不受海关控制。进口时转运至内地报关属海关监管货物及运输。

三、空运

空运的主要特点是：速度快、货物不易损坏，但运费高。空运适用于小批量、高时效、贵重货物的运输。精密仪器、鲜活产品、急需物品、高价值商品均可采用空运方式。

航空公司对货物单件重量及货物底面对机舱的压强等包装问题有特殊要求，包装前需向航空货运部门查询。无论是客货混合班机、全货班机或是包机运输，货物数量较大时，均可争取一定比率的运费优惠。

四、公路运输、管道运输、邮政运输

公路运输以汽车为工具，具有高度灵活性，速度也较快；但运量小，运费较高。公路运输适用于与接壤国家的小批量短途运输。

管道运输主要用于石油、天然气和粉状物质。

通过邮政部门寄交货物是一种简便的运输方式。合同规定采用邮寄的方式交货时，卖方只需按规定的时间，将商品包裹送交邮局，付清邮资并取得收据，就完成了交货义务。我国邮政规定，每件包裹不得超过 30 千克，长度不得超过 1 米，并且某些种类货物不予邮寄。因此，邮寄交货在适用性上受到较大限制。

五、多式联运和集装箱运输

1. 多式联运

多式联运是通过两种或两种以上不同的运输方式，将货物从起运地运达目的地的连贯运输。它包括陆海联运、陆空联运、海空联运、陆空陆联运（Train-Air-Train，TAT）等。我国使用较多的是陆海联运和陆空陆联运，并且多以香港为中转站。

多式联运必须具备以下条件：有一份多式联运的合同；使用一份包括全程的多式联运单据；至少是两种不同运输方式的连贯运输；必须由一个多式联运经营人对全程运输总负责；必须是全程单一的运费费率。

2. 集装箱运输

集装箱运输是将一定数量的货物装入特制的标准规格的集装箱（我国有些地区称货柜）内，以集装箱作为运送单位所进行的运输。

ISO 制定的集装箱标准规格共有 13 种，国际上最常用的是 20 英尺箱和 40 英尺箱两种。20 英尺箱：IA 型（ISO），$8 \times 8 \times 20$ 英尺^3，在单据中书写成 20′，有效内容积 25 立方米，载重 17 500 千克。40 英尺箱：IC 型，$8 \times 8 \times 40$ 英尺^3，在单据中书写成 40′，有效内容积 55 立方米，载重 24 500 千克。一般情况下，重货用 20′箱，轻货用 40′箱。

国际上计算集装箱流通量时，以 20 英尺箱为标准单位，称为"TEU"（Twenty-feet Equivalent Unit）。我国国内铁路集装箱主要有 1 吨箱、5 吨箱（也叫做 6 吨箱）、10 吨箱三种。

采用集装箱运输的货物从装箱方式上分为整箱货（Full Container Load，FCL）和拼箱货（Less than Container Load，LCL）。前者指箱内货物（不必是一种货）属于同一货主；后者将不同货主的货物（不足一箱）拼装成箱。

集装箱运输的特点有：（1）规格统一，便于机械操作，装卸效率高；（2）运输手续简单，中间环节少；（3）结构坚固，减少货物损失，提高了货运质量；（4）对货物的外包装要求不高，节省运杂费。

集装箱运输自 1956 年开始采用以来，得到各国的广泛关注，近几年发展尤其迅速，在国际班轮运输中占有支配地位。集装箱运输是货运现代化的重要标志，具有"安全、快速、廉价、简便"的优点。集装箱在运输中的一切操作（存放、装卸、转运）都使用专门的工具进行，如平板载重卡车、集装箱站、集装箱码头、集装箱起重设备、集装箱船等。货物的交接可以在港口进行，即在起运港装箱，在目的港卸箱；也可以延伸到内地城市的集装箱站；还可以真正实现"门到门"（Door to Door）服务，即买卖双方在各自的工厂或仓库装卸货物。因此，采用集装箱运输大大节约了装卸时间，提高了货运质量，减少了货损货差，简化了货运交接手续，为集装箱多式联运提供了极为便利的条件。

我国在集装箱的制造、运输及配套服务等方面在国际上都占有重要地位。在营运方面，有中国远洋运输（集团）公司、中国船运（集团）公司、（香港）环球航运公司（由世界船王包玉刚经营）、长江集团、香港和记黄浦港口公司（全球最大的港口私人经营商）、（香港）国际货柜码头有限公司。在港口设施方面，有上海、黄埔（广州）、新港（天津）、葵涌（香港）等著名的集装箱港。自1987年至今，香港葵涌码头一直是世界第一大集装箱港（第二至第四依次是鹿特丹、纽约、神户）。

第二节　装运单据

装运单据（Shipping Documents）是承运人签发给收货人的收货或装载证明，它反映货运关系人（发货、承运、收货）三方的责任与权利，是货物交接、结汇及索赔的主要凭据。

不同的运输方式下，装运单据的名称、性质、格式与内容会有差异。

一、海运提单

海运提单（Bill of Lading，简称 B/L）是轮船公司或其代理人签发的证明海上运输合同成立和承运人已接管货物，或货物已装船，并保证在目的港将货物交付给本提单合法持有人的凭据。

1. 提单的作用和性质

（1）提单是货物的收据（Receipt for the Goods），证实承运人已按提单所列内容收到货物。

（2）提单是运输合同的凭证（Evidence of Contract）。承运人与托运人之间的运输条件、权利和义务均以提单作为运输契约的凭证。

（3）提单是物权凭证（Document of Title）。提单代表货物的所有权，其合法持有人有权凭提单向承运人提取货物。提单一般具有可转让性，经背书构成物权转让，所以交付提单与交付货物所有权具有同等效力。

2．提单的格式和内容

提单的格式无统一规定，各船运公司自行设计本公司提单，但提单的主要栏目和基本内容是相同的。提单的正面记载有关事项，背面通常印有海运运输条款。背面运输条款一般以1978年签署的《联合国海上货物运输公约》（即《汉堡规则》）为依据，规定承运人与托运人、收货人或提单持有人之间的权利和义务。提单正面记载的内容可分为三个部分：

（1）由托运人填写部分。如：Shipper/Exporter（托运人姓名、地址）、Consignee（收货人）、Notify Party（被通知人）、Port of Loading（装运港）、Port of Discharge（卸货港）、Marks & Numbers（标志）、Quantity（数量）、Description of Packages and Goods（货名）、Gross Weight（毛重）、Measurement（规格、体积）。

（2）承运人或其代理人填写部分。如：Bill of Lading No（提单号）、Freight & charges payable at/by（运费支付情况）、Vessel（船名）、Date Laden on Board（装船日）。

（3）承运人或其代理人对已印定的文字部分签署（Signed for the Carriers or Masters）。提单正面的文字条款一般有四个方面：

① 装船状况。印明船方收到的货物状况良好（除非另有批注），常见的文句是："Received the described goods, in apparent good order and condition, unless otherwise indicated …"

② 内情不知悉条款。表示船方对发运人所填写的重量、数量等正确与否概不知悉，不负核对之责。

③ 承认接受条款。表示接受提单背面印定的条款。常见文句为："The shipper, consignee and the holder of the Bill of Lading hereby expressly accept and agree to all printed previsions, exceptions and conditions on the back of the Bill of Lading."

（4）签署条款。表明提单一式几份，其中一份提货后其余的自行无效，签章及签发地点、日期。

3．提单的种类

按提单中有关栏目的不同填写内容，可将提单分为许多类别。

（1）按收货人（consignee）栏不同填法可分为记名提单、指示提单和不记名提单。

记名提单（Named Consignee B/L）又称直交式提单（Straight B/L）或不可转让提单，指在"收货人"栏具体写明收货人名址。这种提单只能由该收货人提货，不能背书转让，故极少使用，仅用于高价值商品或特定专用货物。

指示提单（Order B/L），在收货人栏填有"order"字样，经抬头人背书后可以转让，由被转让人持单提货。具体填法一般有"To order of Issuing Bank"——开证行为指定人，买方付款后开证行背书转让给买方提货；"To order of shipper"——发货人（一般即为出口人）为指定背书人；"To order"——我国称为"空白抬头"，由卖方背书，等同于"To order of ship-per"；"To order of consignee"——凭收货人指定。

背书方法有记名背书和空白背书两种：前者指背书人在提单背面签章并写明被转让人名称；后者指背书人仅在提单背面签章，不注明被转让人，持单人即可提货。我国进口贸易大多要求对方提供"空白抬头，空白背书"提单。

不记名提单（Bearer B/L 或 Open B/L），仅在"收货人"栏填写"Bearer"（来人）。转让不需任何背书手续，提单持有人仅凭提单即可提货。一旦遗失或被盗，货物易被提走，故很少使用。

（2）按货物是否已装船分为已装船提单（On Board B/L 或 Shipped B/L）和收讫备运提单（Received for Shipment B/L）。前者必须写明货物已全部装船及船名、装船日期；后者是承运人收货待装船期间签发的提单，无上述字样。备运提单经承运人加注"on board"及船名、装船日并签字后就转变为已装船提单。出口人向银行议付货款时，必须提交已装船提单。

（3）按货物外表状况有无不良批注分清洁提单和不清洁提单。清洁提单（Clean B/L）指承运人在提单上未加任何不良批注；不清洁提单（Foul B/L）指承运人在提单上加注了货物及包装外表状况不良等批语，如"Insufficiently packed"，"Covers old and stained"，"×× packages in damaged condition"。

（4）按运输途径分为直达提单（Direct B/L）——途中不转船，转船提单（Transshipment B/L）——"在××港转船"，联运提单（Through B/L）——在途中改换运输方式。

（5）按效力分为正本提单和副本提单。正本提单上标有"original"字样，且有承运人签字。

只有正本提单才能提货，正本提单一般一式三份，其中一份使用后，其余各份自动失效。副本提单上有"Non-negotiable"式"Copy"字样，仅作当事人参考之用，一般情况下不能提货。

二、其他运输方式下的单据

其他运输方式下的单据主要有国际货物铁路联运运单、航空运单、邮件收据等。这些运输单据与海运提单的本质区别在于它们都不是物权凭证，而海运提单是物权凭证。这意味着：这些运输单据不能背书转让；这些运输单据不是提取货物的必要凭证，收货人在没有获得上述运单的情况下，可以凭到货通知或者仅凭收货人的身份证明就能从运输部门提取货物。

上述运输单据与海运提单的相同之处在于：

（1）都是承运人的收货证明。

（2）都是运货契约成立的证据。

（3）主要记载内容相同，都包括收、发货人名址，起运地，目的地，货物名称、数量、价值等栏目。

第三节　外贸合同中的海运运输条款规定方法

外贸合同中的海运运输条款包括如下几方面内容：交货或装船时间、装运港、目的港、对运输单据的要求、装运条件等。

1. 装船时间

装船时间（Time of Shipment）的规定方法通常有：

（1）规定在某月装运，如"Shipment during July, 2005"，意指卖方可在 2005 年 7 月 1 日至 31 日间任何一天装运。

（2）跨月装运，如"Time of shipment: May/June, 2005"，即在 2005 年 5 月 1 日至 6 月 30 日之间完成装运。

（3）规定在某日前或某月底前装运，如"Shipment on or before 15th Augest, 2005"或"Shipment before the end of October, 2005"，意指自订立合同之日起到某日（2005 年 8 月 15 日或 2005 年 10 月 31 日）之前任何一天装运。

（4）规定在收到信用证后若干天内装运，如"Shipment within 30 days after receipt of L/C"，这种规定把装船期与开立信用证联系起来，主要适用于外汇管制较严的国家或专为买方制造的特定商品。采用此种规定时，若买方拖延或拒绝开证，卖方则处于无法履行合同的不利地位，因此，还需在合同的其他条款中明确信用证的开到时间，如"The relative L/C must reach the sellers not later than ××"。

(5) 即期交货。采用模糊术语，如"Prompt delivery"、"Immediate shipment"、"Shipment as soon as possible"等。这类用语无统一解释，易引起争议，应慎重使用。

从上述列举可以看出，装船期（即交货期）的约定都是一个时间段。不可以定为一个时间点，如规定为 2005 年 5 月 1 日装船，这样的合同一般无法履行，因为 4 月 30 日或 5 月 2 日装船都属于违约。

2. 装运港和目的港

装运港（Port of Shipment/Loading）和目的港（Port of Destination/Discharge）的规定除与商品价格有关，属于贸易术语不可缺少的组成部分外，还与买卖双方所承担的运输费用和风险有关。一般情况下，装运港由卖方提出，目的港由买方提出，经双方同意后写入合同中。

港口的规定方法有三种：一是惟一港，如"Port of shipment: Shanghai, China; Port of destination: New York, USA"；二是规定可以从几个港中选择一个，如："Shanghai/Whampoa（黄埔港）"，"London/Humberg/Rotterdam"；三是笼统规定某一航区为装运港或目的港，如"CHINA PORT"、"EMP"（Europe Main Port）。

签订装运港和目的港条款时应注意下列事项：

(1) 注意港口的重名问题。全世界具有相同名称的港口很多，如维多利亚（Victoria）港就有十几个，稳妥的做法是无论有无同名港，签合同时均在港名后加列国别名称。

(2) 应对所涉及的港口的具体情况有一定了解，如可停靠的班轮航期及航线，装卸条件、运杂费水平，有无季节条件限制等。

(3) 在规定选择港时，应同时对选择权以及因选择不同港而引起运杂费改变的处理方法予以必要的明确。

3. 对运输单据的要求

对运输单据的要求包含在合同中的"付款单据"（Documents）条款内，对卖方向银行办理议付时应提交何种运输单据予以详细约定。我国在进口合同中大多要求卖方提供"清洁、已装船、运费已付、空白抬头、空白背书全套正本提单"（参见本节 B/L 的分类）。

4. 装运条件

装运条件（Terms of Shipment）通常约定两方面事项：是否允许分批装运和转船运输，有时还约定是否可以使用集装箱运输；对装船通知（Shipping Advice）的内容、方式进行规定。

常见的规定方法是:

Terms of shipment:

·Partial shipment, transshipment and container transportation are allowed/forbidden.

·After loading is completed, the seller shall notify the buyer by cable of the contract number, description of commodity, quantity, name of the carrying vessel and date of shipment.

按惯例（UCP500），若合同中未对分批装运及转船问题进行规定，则视为可分批、可转船。

第四节　海运货物保险

货物在运输、装卸和存储过程中，可能会因各种风险而遭致损失。货物一旦发生灭损，为了能够获得经济补偿，需要对货物的运输进行投保，以便转嫁风险与损失。

对外贸易货物的运输保险是指投保人（卖方或买方）在货物交运时，向保险公司按一定的金额（保险价值）投保一定的险别，并交纳相应的保险费后获取保险凭证，货物在被保险期限中，若发生约定范围内的损失，则由承保人（保险公司）向被保险人（一般为买方）经济上给予一定比例的补偿。我国外运货物的承保机构是中国人民保险公司（The People's Insurance Company of China，简称PICC）。

货运保险按运输方式可分为海运保险、铁路保险、公路保险、航空保险以及邮寄保险等，其中海运保险的业务量最大。

一、海运的风险与损失种类

1. 海运风险的种类

海上运输的风险划分为两类：一类是"海上风险"；另一类是"外来风险"。

海上风险又称"海难"（Perils of the Sea），包括"自然灾害"（Natural Calamities）和"海上意外事故"（Accidents）。中国人民保险公司的保险条款规定，自然灾害是指恶劣气候，雷电、海啸、地震、洪水等自然力量所造成的灾害；意外事故指船舶搁浅、触礁、沉没、互撞、与流冰或其他物体碰撞以及由于失火、爆炸等意外原因造成的事故或其他类似事故。货物原有的

国际贸易合同条款篇

缺陷，发货人的故意或过失，商品的特性，货物的自然损耗以及运输延迟等原因导致的损失，都不包括在上述风险内。

外来风险（Extraneous Risks）指由于偷窃、雨淋、短量、玷污、渗漏、破碎、串味、受潮、锈损、钩损等一般外来原因引起的风险，以及战争、罢工、政府禁令等特殊外来原因引起的风险。

2. 海上损失的种类

海上损失（Marine Losses）简称海损，是指被保险货物在海洋运输中，由于海上风险所造成的损坏和灭失（简称灭损）。根据各国海运保险业务的习惯，海损也包括与海运连接的内河运输和陆运过程中所发生的灭损。

（1）海损按损失程度可分为全部损失和部分损失。

全部损失（Total Loss）指运输中的整批货物或不可分割的一批货物的实际全损或推定全损。实际全损（Actual Total Loss）指该批被保险货物完全灭失或货物完全变质而失去原有用途。推定全损（Constructive Total Loss）指被保险货物受损后，进行施救整理和恢复原状所需费用，再加上继续将货物运至目的地的费用之和估计要超过可获得的价值。

部分损失（Partial Loss）指货物的损失没有达到全损的程度。

（2）海损按损失性质和费用承担方式不同可分为共同海损和单独海损。

共同海损（General Average，GA）指载货船在航行途中遭遇自然灾害或意外事故，船方为了维护船舶和所有货物的共同安全或使航行得以继续完成，而有意识地并且合理地采取施救措施，做出某些特殊牺牲或支出的额外费用。如：为使搁浅船舶浮起脱险，船长命令将一批货物抛入海中，以减轻负载，这批货物损失即为共同海损。

共同海损的成立必须具备下列条件：

第一，必须确实存在危及船货共同安全的危险；

第二，采取的措施必须是人为有意识的，并且是合理的；

第三，牺牲和费用必须是非常性质的，并且产生效果；

第四，损失必须是共同海损行为的直接结果。

共同海损的牺牲和费用由获救的利益方，即船方、货方和运费收益方按最后获救价值的比例分摊。共同海损分摊（GA Contribution）工作比较复杂，一般委托专门的机构办理。我国的海损理算机构是中国贸促会的海损理算处。

单独海损（Particular Average）是旨共同海损之外的损失。它不是有意行为引起的，而是意外原因造成的，它只涉及船舶或货物单独一方的利益。所有损失由各受损方单独负担，受损方根据保险合同规定向保险公司索赔。

二、我国海运货物保险条款和险别

不同国家的保险公司采用各自的（或沿用他国的）保险条款。保险条款规定保险人对各个险别所负责赔偿的责任范围、除外责任和其他有关事项，同时也规定被保险人的义务。保险险别由投保人根据需要选择投保。

我国的进出口货物，原则上应向中国人民保险公司投保，适用"中国保险条款"（China Insurance Clause，CIC）。目前使用的货物运输条款是1981年1月1日的修订本。

该条款按不同运输方式，分为"海洋运输货物保险条款"、"陆上运输货物保险条款"、"航空运输货物保险条款"、"邮包保险条款"、"海洋运输冷藏货物保险条款"和"海洋运输散装桐油保险条款"。

海洋运输货物保险条款的主要内容包括：保险公司的承保责任范围、除外责任、责任起止、被保险人的义务和索赔期限。

保险险别是区分保险人对风险和损失的承保责任范围大小和被保险人缴付保险费比率的依据。海运货物保险险别分为基本险和附加险两大类。

中国人民保险公司海洋运输货物保险条款（Ocean Marine Cargo Clauses of CIC）中的基本险按承保责任范围由小到大依次为平安险、水渍险、一切险三种。

1. 平安险

平安险（Free from Particular Average，FPA）的英文字面意思表明，对单独海损不负责赔偿，承保责任范围主要包括自然灾害造成的全损和意外事故造成的全损或部分损失以及共同海损分摊和对受损货物的施救费用。具体指：

（1）被保险货物在海上，包括陆上运输过程中，由于恶劣气候，雷电、海啸、地震、洪水等自然灾害造成整批货物的全部损失（实际全损或推定全损）。

（2）由于运输工具（包括船舶、火车、汽车）搁浅、触礁、沉没、互撞、与流水或其他物体碰撞以及失火、爆炸等意外事故造成的货物全部损失或部分损失。

（3）在运输工具发生搁浅、触礁、沉没、焚毁等意外情况下，货物在此前或之后遭受恶劣气候、雷电、海啸等自然灾害所造成的部分损失。

（4）装卸或转运时一件或数件货物落海造成的全损或部分损失。

（5）共同海损的牺牲、分摊和救助费用。

（6）对受损货物进行施救的费用，但以不超过该批被救货物的保险金额为限。

平安险的承保责任范围最小，因此保险费率也最低。

2．水渍险

水渍险（With Particular Average，WPA）除包括平安险的责任范围外，还包括自然灾害造成的部分损失。

3．一切险

一切险（All Risks）的责任范围最广（保险费率也比前两种高），除包括水渍险的各项责任外，还对被保险货物在海陆运输途中由于一般外来风险造成的全部或部分损失负赔偿责任，佢不包括特殊外来风险损失及除外责任。因此，一切险并非承保一切损失。

三种基本险的除外责任都包括：被保险人的故意行为或过失；发货人的责任（如包装不良）；被保险货物的内在缺陷；自然损耗和被保险货物在保险责任开始前就存在品质不良或数量短差；运输延迟和市价风险；战争、罢工等特殊风险。

附加险的种类较多，归纳为一般附加险和特殊附加险两类。

（1）一般附加险。它指由于一般外来风险所造成的损失。目前，中国人民保险公司承保的一般附加险有 11 种：偷窃、提货不着险（T.P.N.D，即 Theft Pilferage and Non-Delivery）、淡水雨淋险（Fresh Water Rain Damage，FWRD）、短量险（Shortage）、混杂、玷污险（Intermixture and Contamination）、渗漏险（Leakage）、碰损、破碎险（Clashing and Breakage）、串味险（Taint of Odor）、受潮受热险（Sweating and/or Heating）、钩损险（Hook Damage）、包装破裂险（Loss and/or Damage Caused by Breakage of Packing）、锈损险（Rusting）。

（2）特殊附加险。指由于军事、政治等特殊外来风险所造成的损失。中国人民保险公司承保的特殊附加险有：战争险（War Risk）、罢工险（Strikes Risk）以及交货不到险（Failure to Deliver Risk）、进口关税险（Import Duty Risk）、舱面险（On Deck Risk）、拒收险（Rejection Risk）、黄曲霉素险（Aflatoxin Risk）等。

投保人只能从三种基本险中选择一种投保，并且基本险可单独投保，即可不再加投任何附加险。附加险不能独立投保，只有在投保了一种基本险的基础上才能加投一种或几种附加险。在投保了平安险或水渍险后，可从一般附加险和特殊附加险中选择一种或几种加保。一切险中已经包括一般附加险，故仅需选择加投特殊附加险。

三、伦敦保险协会海运货物保险条款

目前，在国际保险市场上使用的海运货物保险条款主要有英国的协会条款、美国条款、法国条款，德国和日本也有自己的条款，但第三世界国家订有自己的条款者不多。伦敦保险协会制定的"协会条款"（Institute Cargo Clause，ICC）在国际上的影响最大，很多国家的进出口货物保险都采用这种条款。该条款最早制定于1912年，最新修订条款于1982年1月1日完成，新旧条款变化较大。我国保险条款是参照1963年的ICC条款制定的，因此与英国的协会条款有许多相似之处，但也存在区别。

英国的协会条款的特点体现在：

（1）战争险、罢工险虽列为特殊附加险，但可以独立投保。

（2）新条款的承保范围明确肯定，险别划分明白，责任区分清楚。

（3）新条款中增加了可保利益条款、续运费条款、增值条款、承运人不能受益条款、放弃条款等新条款。

新条款主要有下列六种险别：

（1）Institute Cargo Clauses（A），简称ICC（A），类似我国的"一切险"。

（2）Institute Cargo Clauses（B），ICC（B），类似"水渍险"。

（3）Institute Cargo Clauses（C），ICC（C），类似"平安险"，但前者的责任范围小一些。

（4）Institute War Clause Cargo，与我国战争险基本相同。

（5）Institute Strikes, Riots and Civil Commotions Clause Cargo，罢工、暴动、民变险，简称SRCC，指由于罢工、被迫停工、工潮、暴动或民变所引起的损失，保险公司负责赔偿。

（6）Institute Malicious Damage Clause，恶意损害险，是根据国际新情况增加的对由于恐怖分子或出于政治动机而行动的人对保险货物所造成的灭损负赔偿责任。

ICC的战争险和SRCC虽然是特殊附加险，但可以单独投保。恶意损害险不能单独投保。

英国的协会条款的一般附加险的种类及承保责任与我国的规定大致相同。

在CIF出口合同中，若外商要求按英国的协会条款投保，我们一般也可以接受。

四、合同中保险条款的签订与履行

1. 签订保险条款时的注意事项

在贸易合同中签订保险条款时需注意以下事项：

（1）保险手续和费用的承担方在交易中采用不同的贸易术语，保险手续和费用的承担方可能会不同。凡术语中出现"I"的，由卖方办理投保手续并支付保险费；反之，由买方投保付费。买方也可委托卖方代办投保手续并垫付费用。

（2）险别的选择。选择险别时，必须根据货物的性质、运输条件、安全因素等具体情况来确定基本险和附加险，既要使货物得到充分的保障，又要节省保险费用。如对易损货投一切险；对玻璃制品等易碎物，投平安险后加投破碎险；对笨重、不易短损的货物投平安险即可；对散装货物可加投短量险。

（3）保险金额和保险费的计算。中国人民保险公司对进出口货物的承保金额，一般都要求按 CIF 价加成 10% 计算，通常即为发票价值的 110%；若发票价为非 CIF 价，保险公司大多会要求折算成 CIF 价投保。10% 的加成率是作为有关费用和预期利润考虑的，若对方要求保险加成超过 10%，原则上也可接受，但不能太高。

应向保险公司支付的保险费按下述公式计算：

$$保险费 = 保险金额 \times 投保人所选险别的保险费率（之和），$$

一般情况下即为

$$保险费 = CIF（1 + 10\%）\times 保险费率$$

（4）保险条款的适用。我国大多以"中国条款"为准。

2. 合同中保险条款的签订

合同中通常以如下格式签订保险条款：

"Insurance: To be effected/covered/arranged by the (sellers/buyers) for (110%) of total Invoice Value against (××险别) as per/subject to Ocean Marine Cargo Clauses of the People's Insurance Company of China dated January 1, 1981."

3. 投保手续的办理

出口货物保险应由我方办理时，应根据信用证规定，在备妥货物并确定装运工具及日期后，由出口企业按保险公司规定格式逐笔填制保险单，具体包括被保险人名址，货物名称、数量、包装标志、保险金额，起止地点及日期，运输工具名称，投保险别等，然后送当地保险公司办理投保手续，缴纳保险费，并获取有效保险单据。

对进口货物，我国一般采用预约保险做法以简化投保手续，防止漏保或迟保情况的发生。

具体做法是，涉外企业与中国人民保险公司先签订不同运输方式下的预约保险协议，按其规定，对每批进口货物无须填制投保单，而以国外的装运通知（Shipping Advice）代替投保单，进口货物一经装运，保险公司便自动承保。进口人收到装船通知后将其复印件送交（或传真）保险公司备案，事后再结算保险费（有的一年结算一次）。

五、保险单证

保险单证是证明保险合同成立的法律文件，它既反映保险人与被保险人之间的权利义务关系，又是保险人的承保证明。一旦发生承保范围内的损失，它还是被保险人向保险公司要求赔偿的法律依据。

保险单证从形式上分为保险单、保险凭证、联合凭证三种。

（1）保险单（Insurance Policy）俗称大保单，它是正规的保险合同，有正反两面内容，正面记载投保事项，反面印有规定双方权利和义务的详细条款。

（2）保险凭证（Certificate of Insurance）又称小保单，是简化的保险合同，只有正面内容，无背面内容。小保单的正面内容与大保单相同，两者具有同等的法律效力。

（3）联合凭证（Combined Certificate）比保险凭证更简化，保险公司仅在商业发票上加注保险编号和险别金额并加盖印章，作为承保证明，其他事项以商业发票内容为准。此种做法仅用于对港、澳的部分贸易。

第五节　其他运输方式下的货物保险

在国际贸易中，不仅海运货物需办理保险，陆运、空运、邮寄货物也都需要办理保险。保险公司对不同运输方式的货运保险都订有相应的专门条款，如"陆上运输货物保险条款"、"航空运输货物保险条款"、"邮包保险条款"。以下对中国人民保险公司的现行条款进行简要介绍。

一、陆上运输货物保险

陆上运输指火车、汽车运输，险别分别为陆运险和陆运一切险两种。

陆运险的责任范围是：被保险货物在运输途中遭受暴风、雷电、地震、洪水等自然灾害；或由于陆上运输工具遭受碰撞、倾覆或出轨，如有驳运过程，包括驳运工具搁浅、触礁、沉没、碰撞或由于遭受隧道坍塌、崖崩或失火、爆炸等意外事故所造成的全部损失或部分损失。

陆运一切险的责任，除包括上述陆运险的责任外，保险公司对被保险货物在运输途中由于一般外来原因造成的短少、短量、偷窃、渗漏、碰损、破碎、钩损、雨淋、生锈、受潮、受热、发霉、串味、玷污等全部或部分损失，也负赔偿责任。

在投保上述两种险别时，保险公司对下列损失不负赔偿责任：

（1）被保险人的故意行为或过失所造成的损失；

（2）属于发货人责任所引起的损失；

（3）在保险责任开始前，被保险货物已存在的品质不良或数量短差所造成的损失；

（4）被保险货物的自然损耗，品质缺陷，特性及市价跌落，运输延迟所引起的损失或费用；

（5）由于战争、罢工所造成的损失。

保险责任的起讫期限与海运货物保险的仓至仓条款基本相同。在投保了陆运险或陆运一切险的基础上，通过协商还可加保附加险，如陆运战争险。

二、航空运输货物保险

空运货物保险险别分为航空运输险和航空运输一切险两种。航空运输险的承保责任范围与海运水渍险大体相同。航空运输一切险除包括航空运输险的责任外，对被保险货物在运输途中由于一般外来原因造成的，包括被偷窃、短少等全部或部分损失，也负赔偿责任。

航空运输货物保险的除外责任与陆上运输货物保险的除外责任相同。附加险的投保办法和责任条款也相同。

三、邮包保险

由于邮包的运输可能采取海、陆、空三种运输方式，因此保险责任兼顾了海、陆、空三种运输工具。邮包保险的险别也分为邮包险和邮包一切险两种。在投保一种基本险的基础上，可酌情加投一种或若干种附加险。

第十四章
货款的支付

　　货物买卖是货物与货款的对流。在国际贸易中，收取货款是卖方的基本权利，而支付货款是买方的基本义务。国际货款支付是国际结算的一个重要组成部分，它是指结算国之间由于国际货物贸易而产生的债权和债务的一种行为。在国际货款支付中，采用什么货币（支付货币）、在什么时间和地点（支付时间和地点）、以什么方式支付（支付方式）等问题都直接关系到买卖双方的切身利益，双方在货款支付上存在着种种矛盾。因此，在洽谈国际贸易时，买卖双方应根据各自的贸易政策、市场地位、经营意图，采用各种方式，对这些矛盾进行调整、磋商，以求得在各个问题上取得一致意见，并在合同中予以明确规定。货款的支付是国际货物买卖合同的主要条款之一。

第一节　支付工具

　　国际贸易货款结算使用的支付工具主要是货币和票据。在国际贸易中，虽然货币可以计价、结算和支付，但由于各国对货币几乎都实行了严格管制，加上输送上的诸多不便等原因，因此很少直接采用货币进行支付，大多使用代替现金作为流通手段和支付手段的信贷工具，即票据作为实际的支付工具。票据是国际通行的结算和信贷工具，是可以流通转让的债权凭证。

　　国际贸易中使用的票据主要包括汇票、本票和支票。下面介绍货币和票据这两种支付工具。

一、货币

　　国际贸易中使用的货币，一般是指可以用做买卖货物的计价、结算和支付的货币，属于外汇的范畴。由于各国的货币制度不同，在货币使用上一般存在三种情况，即使用进口国货币、使用出口国货币或使用第三国货币。这

国际贸易合同条款篇

样，在一笔具体交易中，就存在着如何确定计价、结算和支付货币的问题。

目前各国都存在不同程度的外汇管制措施和货币价值不稳定的情况，普遍实行浮动汇率。因此，在选择使用西方国家或地区货币时，必须充分考虑货币的兑换性和稳定性。必须在调查研究、了解各国外汇的管理情况和币值变动趋势的基础上，灵活选择在兑换上比较方便、币值又相对稳定的货币，以尽量减少因外汇汇率变动所造成的损失。

二、汇票

汇票作为国际结算中的一个主要组成成分，是国际贸易货款的支付手段，是通过银行进行的一种支付凭据。

（一）汇票的含义

汇票（Bill of Exchange，Draft）是一种债权证书，它是一人向另一人签发的，要求即期或定期或在可以确定的将来时间内，对某人或其指定人或持票人支付一定金额的无条件的书面支付命令。

（二）汇票的基本内容和格式

各国票据法对汇票内容的规定不同，一般认为应包括下列基本内容：

（1）无条件支付命令。

（2）汇票的当事人。汇票的基本当事人有三个：① 出票人（Drawer），即签发汇票的人。在进出口业务中，通常是出口人或银行。② 受票人（Drawee），即汇票的付款人，也就是汇票上接受付款命令的人。在进出口业务中，通常是进口人或其指定的银行。③ 受款人（Payee），即受领汇票所规定的金额的人。在进出口业务中，通常是出口人或其指定的银行。

（3）汇票金额。汇票必须明确具体地规定付款人应付的金额并注明使用的货币。在国际贸易中，汇票金额原则上应在合同或信用证金额的范围内；如无特殊规定，其具体金额和货币一般必须与发票金额和货币一致。

（4）付款期限。汇票须规定明确的付款期限。付款期限是付款人履行付款责任的最迟日期，又称付款到期日。如"见票即付"，"见票后三十天付款"，等等。根据资本主义国家法律规定，付款日期不肯定的汇票是无效的。

（5）出票和付款地点。汇票一般应注明出票和付款地点，一般情况下分别以汇票上所列明的出票人和受票人的所在地表示。

（6）出票人签字。

上面所列举的内容一般是构成汇票的要项，但并不是全部要项。一张汇票究竟应包括哪些要项，目前资本主义国家有关汇票的法律，在有关汇票要项的规定上互有出入。例如，关于汇票上面是否必须书写汇票字样和出票日期的问题，一些欧洲国家明确指出必须写明，但属于英美法系的国家却认为并无必要。鉴于国际上构成汇票要项方面的规定存在分歧，国际贸易中的汇票就存在着一个究竟应以哪个国家的标准来判断一张汇票是否成立的问题。目前，国际贸易中的汇票一般是以出票地的法律作为决定汇票是否成立的标准。

汇票格式如下：

No.   Exchange for   Changsha, China,

At   Sight of this FIRST of Exchange (the Second of the same tenor and date being unpaid), pay to the order of

the sum of

drawn under

Payable with interest @   %

value received and charge to account

To   (signed by)

（三）汇票的种类

汇票从不同的角度可分为以下几种：

1. 光票和跟单汇票（Clean Bill and Documentary Bill）

汇票按流转时是否随有提单、发票、保险单等货运单据，可以分为光票和跟单汇票两种。光票是指不附货运单据的汇票，即只凭汇票付款，不附交任何货运单据。跟单汇票是指附有货运单据的汇票。跟单汇票的出票人必须提交约定的货运单据才能取得货款；受票人必须在付清货款或提供一定的保证后，才能取得货运单据，提取货物。由此可见，跟单汇票体现了货款与单据对流的原则，出票人如没有提供货运单据或提供不符合规定的单据，受票人可以不付款；反之，受票人如不付款或拒绝接受汇票，则得不到代表货物所有权的单据及其他货运单据。这对买卖双方来说，都提供了一定的安全保障。因此，跟单汇票在国际贸易中使用非常广泛，是主要的支付工具。

2. 即期汇票和远期汇票（Sight Bill and Time Bill）

汇票按付款时间的不同，分为即期汇票和远期汇票。凡汇票上规定付款人在提示或见票时立即付款的称为即期汇票；凡汇票上规定付款人于将来一个可以确定的日期付款的称为远期汇票。远期汇票的付款时间有以下几种规定办法：

(1) 见票后若干天付款（At ×× days after sight）；

(2) 出票后若干天付款（At ×× days after date of draft）；

（3）提单签发日后若干天付款（At ×× days after date of bill of lading）；

（4）指定日期付款（Fixed date）。

3．商业汇票和银行汇票（Commercial Bill and Banker's Bill）

汇票按出票人不同，分为商业汇票和银行汇票。出票人是银行，受票人也是银行的汇票称为银行汇票；而凡由商号或个人签发的汇票称为商业汇票。

4．商业承兑汇票和银行承兑汇票（Commercial Acceptance Bill and Banker's Acceptance Bill）

远期汇票在付款之前，须经付款人承兑，按承兑人不同或付款的信用不同，分为商业承兑汇票和银行承兑汇票。以商业企业为付款人所承兑的远期汇票称为商业承兑汇票；以银行为付款人所承兑的远期汇票称为银行承兑汇票。

在实际业务中，一张汇票往往同时具备几种性质，例如，国际贸易中最常用的汇票既是商业汇票，同时又是即期汇票和跟单汇票。

（四）汇票的使用

汇票的使用一般要经过出票、提示、承兑和付款等环节。如需转让，还要经过背书手续。汇票如遭拒付，还要涉及做出拒绝证书和行使追索权等法律问题。

出票（Issue）是指出票人在汇票上填写付款人、付款金额、付款日期和地点以及受款人等项目，经签字后交给受款人的行为。在出票时，对"受款人"一栏，通常有三种写法：

（1）限制性抬头：例如，"仅付××公司（Pay ×× Co. only）或"付××公司，不得转让"（Pay ×× Co. not negotiable）。这种抬头的汇票不能流通转让，只限××公司收取货款。

（2）指示性抬头：例如，"付××公司或其指定人"（Pay ×× Co. or order或 Pay to the order of ×× Co.）。这种抬头的汇票，除××公司可以收取票款外，也可以经背书转让给第三者。

（3）持票人或来人抬头：例如，"付给来人"（Pay bearer）。这种抬头的汇票无须由持票人背书，仅凭交付汇票即可转让。

汇票是一种无条件支付命令，体现着一定的债权、债务关系。因此，汇票的开立需要有一定的合法前提，从国际贸易的角度来看，其前提就是双方当事人订立的合同及其履行合同相关条款。

提示（Presentation）是持票人将汇票提交付款人要求承兑或付款的行为。付款人看到汇票称为见票（Sight）。如系即期汇票，付款人见票后立即付款；如系远期汇票，付款人见票后办理承兑手续，汇票到期时付款。

承兑（Acceptance）是付款人对远期汇票表示承担到期付款责任的行为。承兑时，付款人在汇票正面写明"承兑"字样，注明承兑日期，并由承兑人（付款人承兑后即成承兑人）签名，交还持票人。承兑人承担在远期汇票到期时付款的责任。

付款（Payment）是在持票人做付款提示时，付款人按汇票的命令支付票面金额的行为。付款后，汇票上的一切债务即告终止。

在国际金融市场上，汇票既是一种支付凭据，又是一种流通工具，除限制性抬头的汇票外，汇票可以在票据市场上流通转让。除来人抬头汇票仅凭交付转让外，其他汇票的转让都需经背书转让。背书（Endorsement）是由汇票的持有人在汇票背面签上自己的名字，或加上受让人（被背书人，Endorsee）的名字，并将汇票交给受让人的行为。转让汇票背书的人称为背书人（Endorser）。在一定的背书方式下，受让人可以将汇票继续背书转让。对于被背书人来说，他之前的所有的背书人及汇票的出票人都是他的"前手"；对背书人来说，他之后的所有的被背书人都是他的"后手"。前手对其后手负有担保汇票必定被承兑或付款的责任。

一张已承兑的远期汇票的持有人想在汇票到期以前取得票款，可以经背书将汇票转让给银行或贴现公司，银行或贴现公司扣除一定的手续费和利息（贴现息）后将余款付给持票人，这种行为称为贴现（Discount）。汇票在提示时，如付款人拒绝付款或拒绝承兑，称为拒付（Dishonour）。汇票遭拒付后，出票人可根据买卖合同向付款人进行交涉，而不是根据汇票。但是当付款人承兑汇票后，付款人即承担到期付款的责任，出票人就获得票据权利。当转让汇票的持票人遭拒付时，持票人有权向其前手直至出票人行使追索。按照有些国家的法律，持票人行使追索权必须及时做出拒绝证书（Protest）。当然，汇票的出票人或背书人为了避免承担被追索的责任，可以在出票时或背书时加注"不受追索"（Without Recourse）字样。但有这样批注的汇票，在市场上难以流通转让。

第二节　以商业信用为基础的支付方式

国际货款支付方式是一国债务人（进口商）向另一国债权人（出口商）偿还债务的方式，也是出口商向进口商收回货款的方式。国际贸易是货物与资金的对流过程，其中资金的流动是通过各种支付工具的传送实现的。目前，国际上存在着各种各样的支付方式。从资金的流向与支付工具的传递方向来看，支付方式可分为顺汇和逆汇两种方法。顺汇是指资金的流向与支付工具的传递方向相同，即由债务人主动将货款交给银行，委托银行使用某种结算工具，支付一定金额给债权人的方法，如汇款方式即属顺汇；逆汇是指资金的流向与支付工具的传递方向相反，即由债权人以出具票据方式，委托银行向国外债务人收取一定金额的方法，如托收和信用证方式即属逆汇。这些不同的方式由于付款的时间、地点、方法不同，对货款的安全和资金周转的影响有很大的差别，买卖双方所承担的风险也大不相同。在国际贸易中，就由谁承担付款和由谁提供货权单据的责任而言，不同方式的信用属性有商业信用和银行信用之别。所谓商业信用，是指由买卖双方根据贸易合同互相提供信用，汇款和托收都属商业信用；如由银行保证付款和提供货权单据即为银行信用，信用证属于银行信用。

一、汇款

汇款（Remittance）又称汇付，是指付款人主动通过银行或其他途径将款项汇交收款人的方式。采用汇款来支付对外贸易的货款时，一般是由买方按合同约定的条件（收到单据或货物）和时间，将货款通过银行，汇交给卖方。

进口人（汇款人）在委托本地银行（汇出行）办理汇款时，要向汇出行填交汇款申请书。汇款申请书在资本主义国家被称为汇款人和汇出行之间的一种契约。汇出行一经接受申请，就有义务按照汇款申请书的指示要求，通过他的代理行（汇入行）给出口商（收款人）解付货款。汇出行和汇入行之间，事先订有代理合同，在代理合同规定的范围内，汇入行对汇出行承担解付汇款的义务。但汇出行和汇入行对不属于自己的过失而造成的事故不负责任；汇出行对汇入行工作上的失误不负责任。目前，随着国际贸易的发展，外贸业务不断扩大，有的国外买方直接将票据寄给我出口公司，出口公司接到票据后应及时送交中国银行，办理收汇。

汇款人在汇款时，可以采用信汇、电汇和票汇三种方式。

（1）信汇（Mail Transfer，简称 M/T）：是汇出行应汇款人申请，将信汇委托书寄给汇入行，授权解付一定金额给收款人的一种汇款方式。

（2）电汇（Telegraphic Transfer，简称 T/T）：是汇出行应汇款人申请，用加押电报或电传委托国外的汇入行，指示其解付一定金额给收款人的一种汇款方式。这种方法较之信汇快捷，卖方可以提早收到货款，但是买方却要因此负担较高的费用。

（3）票汇（Remittance by Banker's Demand Draft，简称 D/D）：是汇出行应汇款人申请，代汇款人开立以其分行或代理行为解付行的银行即期汇票，支付一定金额给收款人的一种方式。也就是说，由进口人向本地银行购买银行即期汇票，自行寄给出口人，出口人凭此向汇票上指定的付款银行取款。

无论采用何种汇款方式，货运单据都由出口人自行寄交进口人，银行并不经手，所以汇款又称单纯支付（Clear Payment or Simple Payment）。

在国际贸易中，汇款方式通常用于预付货款（Payment in Advance）、随订单付现（Cash with Order，简称 C.W.O）、交货付现（Cash on Delivery，简称 C.O.D）和记账交易（Open Account Trade）等业务。采用预付货款和订货付现，对卖方来说，就是先收款后交货，资金不受积压，对卖方最为有利；反之，采用交货付现和记账付现时，对出口人来说，是先交货后收款，卖方不仅要占压资金而且还要承担买方不付款的风险，因此对卖方不利。此外，汇款方式还用于支付订金、分期付款、待付货款尾数和佣金等费用的支付。

二、托收

托收（Collection）是出口人于货物装运后，开具以进口人为付款人的汇票，委托当地银行通过它的国外分支行或代理行向进口人收取货款的方式。托收一般都通过银行办理，所以又称为银行托收。

（一）托收的种类

托收方式依据汇票是否随附货运单据，可以分为光票托收和跟单托收两种。光票托收是出口人在收取货款时，仅凭汇票，不随附任何装运单据的托收。这种方式一般用于收取信用证项下余额、代垫费用、佣金以及样品费等款项。国际贸易中，货款的收取大多采用跟单托收。在跟单托收的情况下，根据交单条件的不同，可分为付款交单和承兑交单两种：

1. 付款交单（Documents against Payment，简称 D/P）

付款交单是指出口人的交单是以进口人的付款为条件。即出口人发货后，取得货运单据，委托银行办理托收，并指示银行只有在进口人付清货款时才交出单据。在这种方式下，进口人只有按照规定付款，才能取得装运单据，转售和领取货物；进口人在没有付清货款之前，货物的所有权仍属出口人，如果进口人拒付，出口人有权另行转卖货物，但出口人需承担仓储保管费用、损耗、手续费和风险等。按付款时间的不同，付款交单又可分为即期付款交单和远期附款交单两种：

（1）即期付款交单（Documents against Payment at Sight，简称 D/P Sight）。它是指出口人装运货物之后，开具即期汇票，连同装运单据交当地银行，通过银行向进口人提示跟单汇票，进口人见票后须立即付款，付清货款后领取装运单据。在国外，有的将付款交单与"凭单付现"（Cash Against Documents，简称 C.A.D）等同对待；也有的解释"凭单付现"是指出口人将货运单据直接交至进口人或其代理人，由进口人或其代理人汇付货款；还有的解释"凭单付现"是指出口人在收取货款时，无须开具汇票，只凭装运单据收款，即"见单付款"。对上述不同的解释，在进出口业务中应加以注意。

（2）远期付款交单（Documents Against Payment after Sight，简称 D/P after Sight）。它是指出口人装运之后，开具远期汇票，连同装运单据交当地银行，通过银行向进口人提示，由进口人承兑远期汇票，于汇票到期日付清货款后领取装运单据。

不论是即期付款交单还是远期付款交单，进口商必须在付清货款后才能取得货运单据，提取和转售货物。在远期付款交单条件下，如果付款日期和实际到货日期基本一致，仍不失为对买方的一种资金融通，进口人可以不必在到货之前提前付款。但如果付款日期晚于到货日期，买方为了抓住有利行市，不失时机地转售货物，可以采取两种办法：一是在付款到期日以前提前付款赎单，扣除提前付款日到原付款到期日之间的利息，作为买方享受的一种提前付款的现金折扣。另一种办法，也是最常见的做法，就是进口人凭信托收据（Trust Receipt，简称 T/R）向银行借取货运单据，先行提货。所谓信托收据，是进口人向银行出具的，表示愿意以银行受托人身份代银行保管货物，承认货物所有权属于银行，银行有权随时收回货物，并承诺货物出售后所得货款应于汇票到期日时交给银行的一种书面信用担保文件。这是银行自己向进口人提供的信用便利，而与出口人无关。因此，在借出单据后，汇票到期不能收到货款，则银行应对出口人负全部责任。但是如果系出口人主动授权银行凭信托收据借单给进口人，即所谓付款交单凭信托收据借单（D/P·T/R），那么进口人在承兑汇票后可以凭信托收据先行借单提货。日后如果进口人在汇票到期日时拒付，则与银行无关，而由出口人自己承担所有风险。

2. 承兑交单（Documents against Acceptance，简称 D/A）

承兑交单是指出口人的交单以进口人在远期汇票上承兑为条件。即出口人在装运货物后开具远期汇票，连同货运单据，通过银行向进口人提示；进口人承兑汇票后，银行即将货运单据交给进口人，待汇票到期日，进口人才履行付款义务。承兑交单方式只适用于远期汇票的托收。承兑交单是进口人只要在汇票上承兑之后，即可取得货运单据，凭此提取货物。也就是说，出口人已交出了物权凭证，其收款的保障依赖进口人的信用，一旦进口人到期不付款，出口人便会遭到货物和货款全部落空的损失。所以，承兑交单对出口人来说风险较大。

目前，西方国家的托收业务中，不使用汇票而单凭发票和装运单据收款的做法日见增多。这是一种值得注意的动向。

（二）托收方式的支付程序

一般来说，托收方式涉及四个当事人：

（1）委托人（Principal），即委托银行代收货款的出口人。

（2）托收行（Remitting Bank），即接受出口人委托代为收款的出口地银行。

（3）代收行（Collecting Bank），即接受托收行委托向进口人收款的进口地银行，代收行大多是托收行的国外分支行或代理行。

（4）付款人（Payer），即合同项下的进口人。

按照一些国家银行办理托收业务的做法，委托人在委托托收行办理托收时，须填写一份托收申请书，申请书中应提出明确具体的指示；银行接受委托后，则按申请书规定内容办理。银行在执行中遇到困难，有权不予照办，但必须立即转告委托人。托收申请书的内容一般包括：托收方式的种类，交单方式，托收费用负担问题，如遇拒付是否需做拒绝证书，等等。

托收方式的一般支付程序如图 14-1 所示。

在托收业务中，银行只是按委托人的指示办事，并无承担付款人必然付款的义务，也不过问单据的真伪；如无特殊约定，银行也不对已到达目的地的货物负提取和看管的责任。由此可见，托收方式是建立在商业信用基础上的，对出口人来说有一定的风险，但对进口人却很有利，他不但可免去申请开立信用证的手续，不必预付银行押金，减少费用支出，而且有利于资金融通和周转。这种业务有利于调动进口商的积极性，有利于促进成交和扩大出口，因此，许多出口商都把采用托收作为推销库存货和加强对外竞销的手段。

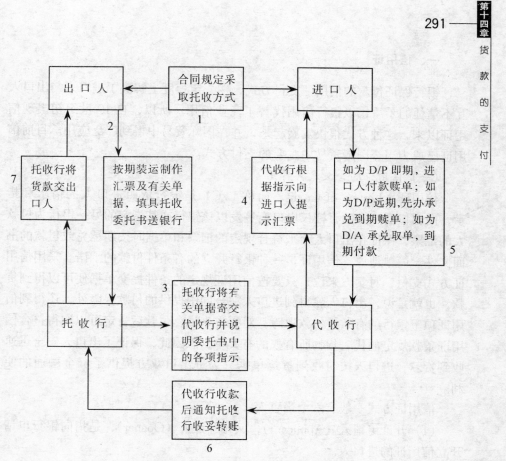

图 14-1 托收方式的一般支付程序

第三节 以银行信用为基础的支付方式

在国际贸易中，买卖双方最担心的问题就是安全性问题。出口商关心的是发货能否及时收汇；进口商则担心付汇后收不到货或不能按时收货或收到的货与合同不符。在以商业信用为基础的国际支付方式中，银行只是作为进出口商之间结清债权债务关系的一般转账中介，行使代理职能，只要求银行"克尽己责，谨慎从事"，这种情况下，"商业信用危机"是无法避免的。为此，为了保障买卖双方的利益，需要一个信誉卓越、为买卖双方信得过的第三者作为中间人来起保证作用。这样就产生了以银行信用为基础的国际支付方式。

一、信用证

银行保证付款的信用证支付方式，在一定程度上解决了进口人与出口人互不信任的矛盾，以银行信用代替了商业信用。所以，自19世纪初出现信用证以来，这种方式很快发展起来，并在国际贸易中得到广泛应用。目前信用证已成为当今国际贸易中主要的支付方式。

（一）信用证的含义及其作用

信用证（Letters of Credit，简称 L/C）是银行依照进口人的请求和指示，向出口商开立的，授权出口商签发以该银行或其指定的另一银行为付款人的汇票，保证在出口人交来符合规定的汇票和单据时按期承兑或付款的书面文件。简单地说，信用证是一种银行开立的有条件付款的承诺。采用信用证方式支付，对卖方来说，只要按信用证规定的条件提交单据便可以得到货款，也就是说，出口人除得到进口人在合同中提供的付款保障外，还得到信用证项下银行的有条件付款保障；对买方来说，付款后肯定可以取得符合信用证条款规定的代表货物所有权的有关单据。因此，保证了出口人安全迅速收到货款，进口人按时收到货运单据，为进出口双方提供了资金融通的便利。

信用证方式一般有六个当事人：

（1）开证申请人（Applicant），又称开证人（Opener），是指向银行申请开立信用证的进口人。

（2）开证银行（Opening Bank/Issuing Bank），是指接受开证申请人的委托，向出口人开立信用证并承担保证付款责任的银行。一般是进口人所在地银行。

（3）通知银行（Advising Bank/Notifying Bank），是指接受开证行的委托，将信用证转交出口人的银行。它只证明信用证的表面真实性，并不承担其他义务。通知行一般是出口人所在地银行。

（4）受益人（Beneficiary），是指信用证上指定的有权使用该信用证的人，即出口人或实际供货人。

（5）议付银行（Negotiating Bank），是指愿意买入受益人交来跟单汇票的银行。它可以是指定的银行，也可以是非指定的银行。

（6）付款银行（Paying Bank/Drawee Bank），是指信用证上指定的付款银行，它一般是开证行，也可以是它指定的另一家银行，由信用证规定条款来决定。

信用证当事人除以上所述之外，根据需要还可能涉及保兑行、偿付行、承兑行等。

（二）信用证支付货款的一般程序

采用信用证支付货款，从开证申请人向银行申请开立信用证一直到开证行付清货款而后又向进口人收回垫款，需要经过很多业务环节，并需办理各种手续。加上信用证的种类不同，信用证条款有着不同的规定，这些业务环节和手续也不尽相同，繁简不一。但是从信用证方式支付的一般程序来看，主要包括以下几个最基本的环节，如图 14-2 所示。

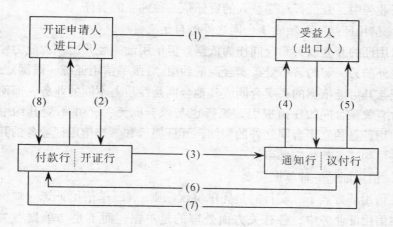

图 14-2　信用证支付方式的一般程序

说明：

（1）进出口人在贸易合同中，规定以信用证方式支付。

（2）进口人向当地银行提出申请，填写开证申请书，依照合同填写各项规定和要求，并交纳押金或提供其他保证，请银行（开证行）开证。

（3）开证行根据申请书内容，向出口人（受益人）开出信用证，并寄交出口人所在地分行或代理行（统称通知行）。

（4）通知行核对印鉴无误后，将信用证交给出口人。

（5）出口人审核信用证与合同相符后，按信用证规定装运货物，并备齐各项货运单据，开出汇票，在信用证有效期内，送请当地银行（议付行）议付。议付行按信用证条款审核单据无误后，按照汇票金额扣除利息，把货款垫付给出口人。

（6）议付行将汇票和货运单据寄开证行（或其指定的付款行）索偿。

（7）开证行（或其指定的付款行）核对单据无误后，付款给议付行。

（8）开证行通知进口人付款赎单。

（三）信用证的特点

1．信用证是一种银行信用

信用证支付方式是一种银行信用，由开证行以自己的信用做出付款的保证，这种付款保证是银行根据买方的请求，通过信用证上的条款向出口人提出的，这样，银行就不像托收那样，只是接受出口人的委托代收跟单汇票，对能否收到货款概不负责。在信用证付款的条件下，银行处于第一付款人地位，只要出口人提交的单据符合信用证条款规定，银行就不得无理拒付。在信用证业务中，开证行对受益人的责任是一种独立的责任。

2．信用证是一种独立于合同之外的自足文件

信用证的开立以买卖合同作为依据，但信用证一经开出，就成为独立于合同之外的另一契约，不受买卖合同的约束。《跟单信用证统一惯例》规定，信用证与其可能依据的买卖合同或其他合同是性质上不同的业务，即使信用证包含有关该合同的任何援引，银行也与该合同无关，并不受其约束。因此，信用证是独立于合同之外的契约，开证银行和参与信用证业务的其他银行只按信用证条款规定办事。

3．信用证是一种单据买卖

在信用证方式下，实行的是凭单付款原则。《跟单信用证统一惯例》规定，在信用证业务中，各有关方面处理的是单据，而不是与单据有关的货物、服务或（及）其他行为。所以，信用证业务是一种纯粹的单据业务。银行虽有义务"合理小心地审核一切单据"，但这种审核只是用以确定单据表面上是否符合信用证条款，开证行只"根据表面上符合信用证条款的单据付款"，"银行对任何单据的形式、完整性、准确性、真实性，以及伪造或法律效力，或单据上规定的或附加的一般和（或）特殊条件，概不负责"。因此，在信用证条件下，实行单据表面"严格符合原则"，即要求"单证一致"、"单单一致"。

（四）信用证的基本内容

信用证没有固定统一的格式，但其基本项目是相同的，主要包含以下几项：

（1）对信用证本身的说明。如信用证的种类、性质、有效期和到期地点、信用证的基本当事人、信用证金额等。

（2）对货物的要求。货物的名称、品质、数量、包装、价格等。

（3）对运输的要求。装运期、起运地和目的地、运输方式、是否分批装运和是否转船等。

（4）对单据的要求。单据主要可以分为三类：① 货物单据，包括发票、

装箱单、重量单、产地证、商检证书等；② 运输单据，包括提单以及提单内容填写要求；③ 保险单据。除此之外，还可能要求提供其他单据，如寄样证明、装船通知电报副本等。

（5）特殊条款。根据进口国政治、经济贸易情况的变化以及每一笔具体业务的需要，做出不同的规定。

（6）开证行对受益人以及汇票持有人保证付款的责任文句。

以上(2)～(5)项要求，都须在受益人所提供的单据中表示出来，并应做到与信用证条款要求完全一致。

（五）信用证的种类

信用证根据性质可分为不可撤销的信用证和可撤销的信用证。所谓不可撤销的信用证（Irrevocable L/C），是指信用证一经开出，在其有效期内，开证行未经受益人及有关当事人的同意，不得随意修改或撤销信用证的有关内容。只要受益人按照信用证条款的规定，提供有关单据和汇票，开证行或其指定的银行就必须付清货款。这种信用证对受益人较有保障。所谓可撤销的信用证（Revocable L/C），是指开证行对所开出的信用证不必征得受益人或有关当事人的同意，有权随时修改或撤销其内容的信用证。当然，这种修改或撤销发生效力的前提是受益人还未按该证条款规定得到议付、承兑或延期付款保证。尽管如此，可撤销的信用证对出口人仍极为不利。所以，在国际贸易中，普遍使用的是不可撤销的信用证。不可撤销的信用证又可分为以下几种：

1. 光票信用证与跟单信用证

光票信用证（Clean Credit）是指受益人根据信用证要求，在收取货款时，只需开具汇票，开证行仅凭不附单据的汇票付款的信用证。

跟单信用证（Documentary Credit）是指开证行凭跟单汇票或仅凭单据付款的信用证。国际贸易中所使用的信用证绝大部分是跟单信用证。

2. 即期信用证和远期信用证

根据信用证项下汇票的付款期限，信用证可分为即期信用证和远期信用证两种。

凡信用证规定受益人可凭即期汇票收取货款的信用证称为即期信用证（Sight Credit）。有时无须开立汇票，凭装运单据立即付款的信用证也属此类。

在即期信用证中，有时加列电汇索偿条款（T/T Reimbursement Clause）。它是指开证行将最后审单付款的权利交议付行，只要议付行审单无误后，即可以用电报或电传向开证行或其指定的付款行索偿。开证行或其指定的付款行接到通知后，有义务立即用电汇将货款拨交议付行。

远期信用证（Usance L/C）是指银行保证在受益人提交信用证的单据后的一定期限内付款的信用证。使用远期信用证时，若远期汇票贴现，其贴现费用和迟期付款的利息由受益人负担。

远期信用证可以分为以下几种：

（1）银行承兑远期信用证（Banker's Acceptance Credit），是指开证行作为远期汇票付款人的信用证。这种信用证项下的汇票在承兑前，银行对出口人的权利义务以信用证为准；承兑后，银行作为汇票的承兑人，应按票据法规定，对出票人、背书人、持票人承担到期付款的责任。

（2）无承兑远期信用证，是指开证行在信用证中规定，开证行在受益人交单后一定时期内付款，出口人不交汇票，开证行也不需承兑汇票。这种信用证不存在贴现问题，受益人无法利用汇票来融通资金。

（3）延期付款信用证（Deferred Payment Credit），是指在信用证上规定货物装船后若干天付款的信用证。这种信用证一般也不要求出口人出具汇票，或出具远期汇票也不准贴现。

（4）假远期信用证（Usance Credit Payable at Sight L/C），是指信用证规定受益人开具远期汇票，由付款行负责贴现，并规定贴现利息和贴现费用及承兑费由开证申请人负担。这种信用证又称"买方远期信用证"（Buyer's Usance L/C）。它对出口人来说，仍属即期信用证，但要承担汇票到期前被追索的风险；对进口人而言，则要待远期汇票到期时才付款给银行。

3. 保兑信用证和不保兑信用证

保兑信用证（Confirmed L/C）是指开证行开出的信用证，请另一银行保证对符合信用证条款的单据履行付款义务。对信用证承担保证兑付义务的银行称为保兑行（Confirming Bank）。保兑行承担开证行之外的独立的付款责任，两者都承担第一性的付款责任。这种有双重保证的信用证对出口人最为有利。不保兑信用证（Unconfirmed L/C）是指未经另一银行保证兑付的信用证。

4. 付款信用证、承兑信用证与议付信用证

按付款方式的不同，信用证可分为付款信用证、承兑信用证和议付信用证三种。

付款信用证（Payment Credit）是指信用证中指定某一银行付款的信用证。这种信用证一般不要求出口人出具汇票，而仅凭出口人提交的单据付款。

承兑信用证（Acceptance Credit）是指定某一银行承兑的信用证。这种信用证要求出口人必须开具远期汇票，先由开证行或指定的付款行承兑汇

票，待汇票到期时再行付款。

议付信用证（Negotiation Credit）是指信用证规定由某一银行议付或任何银行都可议付的信用证。前者称为"限制议付信用证"；后者称为"公开议付信用证"。议付是指由议付行对跟单汇票付出对价，仅审核单据而不支付对价不能构成议付。

5. 可转让信用证

受益人有权把议付本证的全部或部分金额权利转让给另一个或两个以上的人（第二受益人）使用的信用证，称为可转让信用证（Transferable Credit）。可转让信用证只能转让一次，同时只有开证行明确规定"可转让"的信用证才可转让。凡信用证中未注明"可转让"者，就是不可转让信用证，其受益人不能将信用证的权利转让给他人。

6. 循环信用证

循环信用证（Revolving Credit）是指信用证全部或部分使用后，其金额又恢复到原金额，可再次使用，直至达到规定的次数或规定的总金额为止。根据信用证的不同规定，循环信用证有不同的使用方法。循环信用证可分为：（1）自动循环，即信用证在规定时期内被使用后，不需等待开证行通知，即可自动恢复至原金额。（2）半自动循环，即开证行保留停止使用信用证的权利，如开证行未发出停止使用的通知，受益人可以循环使用信用证。（3）非自动循环，即每期用完一定金额后，必须等待开证行通知到达，信用证才可继续使用，否则不能使用。

7. 预支信用证

预支信用证（Anticipatory Credit）是指开证行允许受益人在未交装运单据以前，可凭汇票或其他证件支取信用证金额的全部或一部分的信用证。在实际业务中，通常使用部分预支的信用证。这种部分预支信用证，习称"红条款信用证"（Red Clause L/C）。但目前信用证的预支条款并非都用红色表示，但效力相同。

8. 对开信用证

对开信用证（Reciprocal L/C）是指在对等贸易中，两张信用证的开证申请人互以对方为受益人而开立的信用证。这种信用证多用于易货贸易、补偿贸易和加工装配贸易等业务。

9. 对背信用证

对背信用证（Back to Back L/C）是指受益人要求原证的通知行或其他银行以原证为基础，另开一张以实际供货人为受益人的内容相似的新信用证。这种信用证主要适用于中间商经营进出口业务的需要。

10. 备用信用证

备用信用证（Stand by L/C）又称商业票据信用证（Commercial Paper L/C），是指开证行根据开证申请人的请求对受益人开立的承诺承担某些义务的凭证。当开证申请人未能及时履行其应履行的义务时，受益人只要凭备用信用证的规定向开证行提交开证申请人未履行其义务的声明或证明文件，即可取得开证行的偿付。因此，备用信用证属于银行信用，开证行保证在开证人未履行其义务时，即由开证行付款。

尽管备用信用证与跟单信用证一样都受国际商会《跟单信用证统一惯例》（500号出版物）的约束，银行都承担第一性付款责任，但两者也有不同之处。主要表现在：第一，备用信用证的适用范围比跟单信用证广泛。跟单信用证一般只适用于货物的买卖；而备用信用证还可适用于货物买卖以外的诸如投保担保、履约担保、贷款担保、还款担保等多方面的交易。第二，备用信用证的付款行一般凭受益人出具的说明开证人未能履约的证明文件付款；跟单信用证的付款行凭受益人提交的货运单据付款。第三，备用信用证常常是备而不用的文件。在备用信用证下，受益人只有在开证人未履行其义务时，才能行使备用信用证规定的权利。在跟单信用证下，受益人只要履行了信用证所规定的条件，就可向开证行或其指定银行要求付款。

二、银行保函

（一）银行保函的含义

银行保函（Letter of Guarantee，简称L/G）又称银行保证书，它是银行或其他金融机构（保证人）根据委托人（申请人或被保证人）的申请，向受益人开立的，保证申请人如未对受益人履行某项义务时，由担保银行承担保证书中所规定的付款责任的书面保证文件。

保函也可以由非银行机构开立，但这种属于商业信用的商业保函因其本身的局限性而很少应用。目前在国际经贸实践中广泛应用的是银行保函形式。银行保函属于银行信用，是一种银行担保凭证。

（二）银行保函的主要内容

银行保函的内容根据交易的不同而有所不同，在形式和条款方面也无固定格式。就其基本的方面而言，银行保函通常包括以下各项内容：

（1）基本栏目。包括保证书的编号，开立日期，各当事人的名称、地址，有关交易或工程项目的名称，有关合同或标书的编号，订约和签发日期等。

（2）责任条款。即开立保函的银行或其他金融机构在保函中承诺的应承担的责任条款，这是构成银行保函的主体。银行承担的责任常常是以委托人是否履约或受益人是否履约为前提条件。

（3）保证金额。这是出具保证书的银行或其他金融机构所承担责任的最高金额，可以是一个具体金额，也可以是合同或有关文件金额的某个百分率。

（4）担保期限。担保期限是担保人承担赔偿责任的期限，也是向申请人计收担保费用的依据之一。银行保函一般都规定一个明确的有效期限，即何时生效，何时失效。如果保函内无此明确规定，根据国际商会《合同担保统一规则》，应按以下三种情况分别确定其最后有效期限：一是投标保函，自保函开立之日起六个月；二是履约保函，为合同中规定的交付完成期限或延展的期限后六个月（若合同中规定有保养期间，且保函中明确包括该保养期间，则为保养期满后一个月）；三是还款保函，应为合同规定的最后交付日期或完成日期后，或经延展的交付或完成日期后六个月。

保函中止有效时，受益人应立即将保函退还担保人。这一方面是例行手续；另一方面也表明自己在该保函项下不再提出索偿要求。由于有些国家法律禁止在契约保函里订立有效到期日，还有的规定若受益人没有退还保函，也没有特别解除担保人的义务，则无论到何时，保函一直有效。在这种情况下，明确规定失效保函的退回对担保人与申请人来说至关重要。

（5）索偿办法与索偿证明文件。索偿办法即索偿方式或索偿条件，是指受益人在何种情况下方可向保证人提出索赔。对此，国际上有两种不同的处理方法：一种是无条件的，或称"见索即偿"保函（First Demand Guarantee），即只要保函的受益人按保函规定提出付款请求或提交规定的单据，担保银行就必须立即付款；另一种是附有某些条件的保函（Accessory Guarantee），即保函的担保人只有在申请人不履行被担保义务的事实被证实后才承担付款责任。前者对受益人有利；后者对申请人有利。但事实上完全无条件的保函是没有的，只是条件的多少、严宽程度不同而已。如果按照商会《合同担保统一规则》，即使是见索即偿的保函，受益人在索偿时也要递交一份声明书，因此，银行保函通常均按不同的情况，规定有不同的索偿条件。

一般情况下，工程项目投标履约保函只需要一项索赔说明即保证付款，单据要求很简单，因此可以看做是无条件的。凡是属于贸易项下的保函，则一般都是有条件的，即规定必须凭单据或证明文件提出索赔。单据主要是指货运单据，包括提单、发票、保险单（CIF条件下）等。证明文件主要是指证明受益人索偿的理由成立，如法院判决书、公证机关证明、仲裁裁决书以及受益人的索偿书等，有时还必须有申请人对索赔及应支付金额的同意书等。

总之，拟订保函条款必须谨慎。条款力求文字简练、内容严谨、语句明确，切忌使用模棱两可、含糊其辞或笼统的语句。

（三）银行保函的种类

从不同的角度看，银行保函可分为多种类型。

1. 按投保人所承担的义务分

按担保人所承担义务的性质，银行保函一般可分为赔付性质保函与付款性质保函。

（1）赔付性质保函一般是担保人担保申请人按合同规定对受益人承担某项义务，如履约、承包工程、投标签约等。若届时申请人不履行该项义务，则由担保人负责赔偿损失。

（2）付款性质保函一般是担保人担保在受益人履行合同义务的前提下，申请人向受益人付款。若届时申请人无力或不进行付款，则由担保人负责偿付。

2. 按保函的用途或担保的内容分

按保函的用途或担保的内容，银行保函一般可分为投标保函、履约保函、还款保函、赔偿保函、反担保函与付款保函等。这是在国际贸易实践中最常用的银行保函分类方法。

（1）投标保函（Tender Guarantee）。投标保函主要用于国际投标与招标业务，通常是招标人要求投标人参加投标的条件之一。这是银行（担保人）应投标人（申请人）的申请，开立的以招标人为受益人的保函，保证投标人在开标之前不中途撤销投标或片面修改投标条件或中标后不拒绝签约、不拒绝交纳履约保证金，否则银行将保证支付给招标人一定的金额作为赔偿。其目的在于表明投标人的诚意与资格。

（2）履约保函（Performance Guarantee）。履约保函是银行（担保人）应交易合同中的一方当事人（申请人）的请求，开立的以另一方当事人为受益人的保函，在申请人未能履行合同中规定的义务时，银行将保证支付给受益人一定金额作为赔偿，或者由银行根据保函条款履行合同义务。

履约保函的应用范围较为广泛，除用于一般的货物进出口交易外，还可用于"三来一补"贸易、技术贸易、对外承包工程等业务。在实际应用时，履约保函也较为灵活，银行既可为出口商向进口商提供担保，也可为进口商向出口商提供担保。国际招标与投标项下的履约保函，通常是将投标保函进行修改或扩展新条款即成，当然也可以重新单独开具。

（3）还款保函（Repayment Guarantee）。还款保函也称为预付款保函（Advance Payment Guarantee）或出口保函（Export Guarantee），是指银行

（担保人）应交易合同中的一方当事人（申请人）的请求，开立的以另一方当事人为受益人的保函，在申请人没有履行合同中规定的义务时，银行将保证偿还受益人预付或已付给申请人的金额。国际贸易中开立的还款保函一般包括进出口贸易中的预付金保函、工程承包中的项目预付款保函、技术贸易等带有预付性质的分期付款支付方式业务中的保函（这一方式中通常有履约保函与还款保函各一份，引进方向输出方开立履约保函，输出方向引进方开立还款保函）以及国际融资项目中的保函。

（4）赔偿保函（Indemnity Guarantee）。赔偿保函是指银行（担保人）应进口商的请求，开给出口商的保函，要求进口商在未收到提单或遗失提单的情况下，可以及时提取货物，并在收到或找到提单后，能及时交回承运代理人。若由此给出口商带来损失，银行将担保赔偿出口商的损失。

（5）反担保函（Counter Indemnity or Counter Guarantee）。反担保函是指由申请人在银行出具担保前先出具给银行的保函。其作用是当银行保函项下发生赔偿时，银行（担保行）可凭反担保函及时从申请人处获得相应的补偿。有时在进出口合约中也规定进出口双方对开担保函，这也属于反担保函，是一种有条件的保函，目的在于约束双方必须履行各自的合同义务。

（6）付款保函（Payment Guarantee）。付款保函又称进口保函（Import Guarantee），是指银行或其他金融机构（担保人）应购买货物或劳务的一方（申请人）的请求，出具给货物或劳务提供方（受益人）的书面凭证，保证在提供方提供劳务或交付货物后，购买劳务或进口货物的一方一定按期付款，或保证到货检验与买卖合同相符后付款。如果进口人未能按约付款，由担保人向出口人偿付应得金额的款项。

（四）银行保函的当事人与业务程序

1. 银行保函的当事人

银行保函的当事人主要有以下三个：

（1）委托人或申请人（Applicant）。是指要求银行开立保证函的当事人，即为被保证人。一般是与受益人订立货物买卖、劳务合作、资金借贷或其他商务合同的执行人和债务人。例如，在投标保函业务项下的投标人，还款保函中的出口人、借款人，付款保函中的进口人。

（2）担保人或保证人（Guarantor）。即开立保函的银行或其他金融机构。担保人根据申请人的请求并由申请人提供一定担保的条件下向受益人开立保函，担保在保函规定的条件满足时承担向受益人赔付的义务。

（3）受益人（Beneficiary）。是指凭银行保函要求保证人承担经济赔偿责任的当事人。一般是与银行保函申请人之间订立合同的债权人，即当申请人未能履行合同时即可通过保函取得货款或还款的人。

除上述三个主要当事人外，有时根据保函的具体情况，还会产生以下几个当事人：

(1) 转递银行（Transmitting Bank）。也称通知银行，是指根据担保人的要求，将保函转递给受益人的银行。转递银行按规定收取手续费。一般情况下，转递银行是担保人的代理行，只负责鉴别保函的真伪与转递，不负其他经济责任。

(2) 保兑银行（Confirming Bank）。是指对保函加具保兑的银行，保证担保人按规定履行赔偿义务。只有在担保行不按保函规定履行偿付义务时，才向受益人偿付，使受益人得到双重担保。

(3) 转开行（Reissuing Bank）。是指按担保人的要求，在担保人保证的条件下，向受益人开具保函的银行。转开行开出保函后，由转开行直接对受益人负责，发生符合保函规定条件的事件时，受益人只能向转开行要求偿付。担保人对转开行负责，一旦发生赔偿，转开行有权向担保人索取赔偿款项。

(4) 反担保人（Counter-Guarantor）。是指为申请人向担保银行开出书面反担保（Counter-Guarantee）的人。通常为申请人的上级主管单位或其他银行/金融机构等。反担保人的责任是：保证申请人履行合同义务，同时，向担保人做出承诺，即当担保人在保函项下做出了付款以后，担保人可以从反担保人处得到及时、足额的补偿，并在申请人不能向担保人做出补偿时，负责向担保人赔偿损失。

2. 银行保函的基本业务程序

银行或其他金融机构办理担保业务时，通常需要对要求担保的项目或交易进行初步审查。如认为基本可行，再要求申请人递交担保申请书。担保人在收到申请书后，通常要进行可行性调查。在我国，担保人的调查内容主要有：是否已办好立项手续或列入国家计划或已经主管部门批准；申请人的资金和经营履约能力；是否有反担保单位；有否有资金（包括外汇资金）或实物抵押；可供抵押物的所有权、真实价值及其可转让性等。如可行性调查进展顺利，担保人即可与申请人和（或）受益人协商拟订保函的关键条款。

保函签署生效后，担保人通常需要对担保项目进行保后检查，既要及时了解项目进展情况，又要对项目进行过程中出现的问题尽可能地及时帮助解决，以促进项目的顺利进行。如果申请人未能按担保项目的合同履行规定的义务并具备保函规定的条件，则当受益人按保函规定向担保人提出索偿或索赔时，担保人应立即履行付款义务。

项目完成后，担保责任到期；或担保人履行付款义务时，受益人应将保函正式文本退回。

银行保函业务流程图如图 14-3 所示。

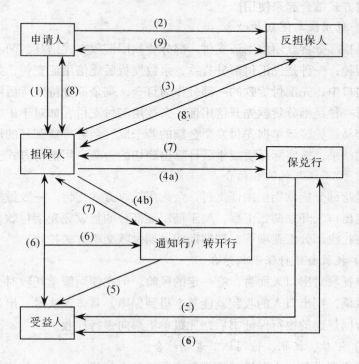

图 14-3　银行保函业务流程图

（1）申请人向担保人提出开立保函的申请；

（2）申请人寻找反担保人，提供银行可以接受的反担保；

（3）反担保人向担保人出具不可撤销的反担保；

（4a）担保人有时根据受益人的要求，请另一银行加具保兑；

（4b）担保人将其开立的保函寄给通知行/转开行，请其通知受益人或重新开立以受益人为抬头的保函；

（5）通知行/转开行/保兑行将保函通知/转开给受益人；

（6）受益人在发现保函申请人违约时，向担保人或转开行索偿，担保人/转开行赔付；若担保人不赔，受益人向保兑行索偿；

（7）保兑行/转开行赔付后，向担保人索偿，担保人赔付；

（8）担保人赔付后向反担保人索偿，反担保人赔付；

（9）反担保人赔付后向申请人索偿，申请人赔付。

三、各种支付方式的结合使用

在国际贸易中，一般一项交易只使用一种支付方式。但在特殊情况下，为了安全快速收汇，加速资金周转，促进贸易的成交，有时也可以将各种不同的支付方式结合起来使用。

（一）信用证与汇款相结合

这是指部分货款用信用证支付，部分货款用汇款方式结算。两者的结合方式有两种：一种是先汇付部分货款，余数发货后凭信用证支付，如成套设备的进出口中，先汇付货款的一部分作为订金，剩余部分待发货后用信用证支付；另一种是部分货款先开信用证，余数用汇付支付，如对于矿砂等初级产品的交易，凭装运单据先付发票金额的若干成，余数待货到目的地后，根据检验的结果，按实际品质或重量计算出确切的金额，用汇付方式支付。

（二）信用证与托收相结合

这是指部分货款用信用证支付，余数用托收方式支付。一般做法是：信用证规定出口人开立两张汇票，属于信用证部分的货款凭光票付款，而全套单据附在托收部分汇票项下，按即期或远期付款交单方式托收。

（三）托收与银行保函相结合

跟单托收对出口人而言，有一定的风险。但在使用跟单托收时，结合使用银行保函，则出口人的收款就能基本得到保障。具体做法是：出口人在收到符合合同规定的银行保证书后，凭跟单汇票向银行托收。

（四）汇款、托收、信用证三者相结合

一些成套设备、大型机械产品和交通工具，如船舶、飞机等货物，由于成交金额大，生产周期较长，有的买方根据制造、交货过程，按进度分期付款，即有分期付款和延期付款。

1. 分期付款（Pay by Instalments）

分期付款是指进口人根据购买货物的生产进度和交货程序分期付清货款，其具体分期次数和每次付款金额可根据交货时间的长短和对出口人的约束程度来确定。在分期付款条件下，最后一批货款一般是在交货或卖方承担的质量保证期终了时付清，货物所有权也在付清最后一笔货款时转移给买方。

2. 延期付款（Deferred Payment）

延期付款是在签订合同之后，进口人先付一小部分货款作为订金，并根据货物生产的进度和交货程序分期支付若干货款，但大部分货款则是在交货后若干周或若干年内分期付清。这种方式大多应用于一些成套设备和大宗商品的贸易。

延期付款与分期付款两种方式在签订合同之后初期，都需汇付一小部分货款（通常是5%~10%）作为订金，余下部分采用信用证、托收或银行保函方式分期付清。两种付款方式在做法上类似，但它们有一定的区别：第一，分期付款中，进口人按约定的方法分若干次付清，在出口人交货时，货款已付清或基本付清；延期付款中，大部分货款是在交货后一个较长的期限内分期摊付，所以是出口人给进口人的一种出口信贷，对进口人来说是赊购，但进口人要承担延期付款利息。第二，货物所有权转移时间不同。分期付款中，进口人在付清最后一期货款后，才取得货物所有权；而在采用延期付款时，货物所有权一般在交货时转移。

第四节 合同中的支付条款

支付条款关系到能否安全、及时收汇，因此合同中必须明确规定采用什么支付方式。不同的支付方式，合同中规定支付条款的内容也不相同。

一、汇款方式的规定方法

采用汇款方式时，应在合同中明确规定汇款的方式、汇款的时间、汇款的金额和汇款的途径等。如："买方应不迟于××年×月×日将50%的货款用信汇预付给卖方。"（The Buyers shall pay 50% of the sales proceeds in advance by M/T to reach the sellers not later than ××××.）

二、托收方式的规定方法

在买卖双方约定通过托收支付货款时，合同的支付条款应明确托收的种类、付款期限、交单方式和进口人承兑及（或）付款责任等。

1. 即期付款交单

采用即期付款交单方式时，合同中一般注明："买方应凭卖方开具的即期跟单汇票于见票时立即付款，付款后交单。"（Upon first presentation the Buyers shall pay against documentary draft drawn by the sellers at sight. The shipping documents are to be delivered against payment only.）

2. 远期付款交单

采用远期付款交单方式时，合同中一般注明："买方应凭卖方开具的跟单汇票，于汇票出票日后××天付款，付款后交单。"（The Buyers shall pay against documentary draft drawn by the sellers at ... days after date of draft.

The shipping documents are to be delivered against payment only.)

3. 承兑交单 (D/A) 条款

采用承兑交单方式时，合同中一般注明："买方对卖方开具的见票后××天付款的跟单汇票，于提示当时应即予承兑，并应于汇票到期日付款，承兑后交单。"（The Buyers shall duly accept the documentary draft drawn by the sellers at … days sight upon first presentation and make payment on it's maturity. The shipping documents are to be delivered against acceptance only.)

三、信用证方式的规定方法

在国际货物买卖合同中，如采用信用证支付方式，买卖双方应对信用证支付条款的一些主要内容做出明确规定，包括开证日期、信用证种类和金额、汇票的付款日期、信用证的有效期和到期地点等。如："买方应通过卖方所接受的银行于装运月份前××天开立并送达卖方的不可撤销即期信用证，有效期至装运后 15 天在中国议付。"（The Buyers shall open through a bank acceptable to the sellers an Irrevocable sight Letter of Credit to reach the sellers … days before the month of shipment. Valid for negotiation in China until 15th day after shipment.)

第五节　国际贸易中的外汇风险及其规避

自西方主要发达国家实行浮动汇率制度以后，汇率再无波动上下限的规定，汇率波动频繁，一种国际储备货币受各种因素的影响忽而急剧上升，忽而急剧下降，数月之内有时波动幅度达 20%～30%，两三年之内波幅有时高达 60%～70%，这大大加深了对外经贸企业的外汇风险。一个涉外企业如果在业务经营过程中，疏于采取必要的防止外汇风险措施，会给企业带来严重的后果。

一、国际贸易中外汇问题的基本概念

(一) 外汇

在对外贸易中，国际间的债权的收回或债务的偿还等，都要通过外汇来实现，任何国际间的经济交往都离不开外汇。外汇（Foreign Exchange），简言之，就是以外币表示的，用以进行国际间结算的一种支付手段，包括以外币表示的信用工具和有价证券，如银行存款、商业汇票、银行汇票等。外汇

的原意是"国际汇兑"（International Exchange），就是把一个国家的货币通过"汇"和"兑"转变为另一个国家的货币，并转移到他国形成购买力的一种金融活动。国际货币基金组织将外汇定义为："外汇是负责发行货币行政主管机关（央行、货币机关、外汇平准基金组织、财政部等），用银行存款形式，或国库券、长期或短期政府公债券等形式保有的，在国际结算时可以使用的债权。包括根据中央银行之间，和因政府协议而发生的非市场性（不流通的）债权，不论其用何种货币单位（债权国或债务国货币）表示。"

按照我国外汇管理暂行规定，外汇包括：（1）外国货币，如外国钞票、铸币；（2）外币有价证券，如政府公债、国库券、公司债券、股票、息票等；（3）外币支付凭证，如商业汇票、银行汇票、本票、支票、银行存款凭证、邮政储蓄凭证等；（4）其他外汇资金。

（二）汇价

所谓汇价（或汇率）（Rate of Exchange）就是两国货币之间的比价，也称外汇率或兑换率。

在资本主义国家，其货币大多订有含金量，以含金量为标准计算比价叫做金平价，也称法定汇率。例如，1971 年 12 月美元贬值前，美元的含金量为 0.888 671 克，英镑含金量为 2.132 81 克，因此，$2.132\,81 \div 0.888\,671 = 2.4$，这就是说，1 英镑约等于 2.4 美元，也可以说，这是英美的法定平价，也称英美两国货币的外汇官价。

外汇买卖是通过外汇银行进行的，因此汇价有两种：一种是银行买价（买入价，Buying Rate），另一种是银行卖价（卖出价，Selling Rate）。银行买价要低于法定平价，银行卖价要高于法定平价，差额为银行的兑换收益。

（三）直接标价和间接标价

汇价的标价方法有直接标价和间接标价两种。直接标价（Direct Quotations）用一单位或一百单位的外国货币为标准折合多少本国货币来表示。外国货币的多少总是不变的，表示外国货币价格的本国货币的数额则随着外国货币与本国货币之间的价格变动而变动。我国和西欧大陆国家都采用这种直接标价的方法。而用一单位或一百单位的本国货币为标准折合多少外国货币来表示的，称为间接标价。在间接标价方法下，本国货币的数额总是不变的，表示本国货币价格的外国货币的数量则随着本国货币与外国货币之间的价格变动而变动。英国始终采用这种标价法，美国除对英国采用直接标价法外，对其他国家也采用间接标价法。

在直接标价时，本国货币数额增大，表示外国货币行市上涨；反之相反。而在间接标价时，外国货币数量减少，表示本国货币行市上涨；外国货币数量增大，表示本国货币行市下跌。

（四）人民币外汇牌价

中国采用的是国际通用标价法——直接标价法，即以外币一个或一百个为单位，折合成若干人民币。我国人民币外汇牌价是由国务院授权国家外汇管理局，根据我国政策，以我国工农业产品的物价水平为基础统一制定、调整和对外公布的。

在外汇牌价表上，人民币对外币折算有三种牌价，较高的为银行卖价，次之为银行买入价，更低的为外币现钞银行买价。银行收人民币兑出外汇用卖价，收入外汇兑出人民币用买价。买低卖高，买卖之间的差额为银行的业务收入。银行对汇入的信汇、电汇和票汇采用汇买价，比现钞价为优。但对买入的汇票、旅行支票，银行不能立即入账。

二、国际贸易中外汇风险的规避方法

在国际贸易中，买卖双方签订合同达成交易后，从发运货物到收取货款总要间隔一段时间。在实现货款实际收付的这段时间内，汇价的不断变动必然会使买卖双方货款的实际收付额发生变化。这种进出口商的以外币计价的债权债务，因外汇汇率波动而引起其价值上涨或下降的可能称为外汇风险。进出口商所采取的任何可以完全或部分消除外汇风险的技术，称为保值措施（Cover the Risk），或称外汇风险的防止方法。无论出口商还是进口商，要消除外汇风险，必须从下列几方面采取一定的措施。

（一）慎重而灵活地选择计价货币

在进出口业务中，计价货币（Money of Account）是买卖双方在合同中规定用来计算价格的货币。对外贸易中选择使用何种计价货币，关系到买卖双方的切身利益。计价货币选择得当，就会减少和避免汇率变动的风险。否则，就会遭到损失。

按国际惯例，计价货币必须在签订贸易合同前就要定下来。因此，在贸易谈判时，必须首先认真、慎重对待。一般来说，在出口贸易中都选择汇价稳定且有上升趋势的货币，即硬币作为计价货币；在进口贸易中都选择有下降趋势的货币，即软币作为计价货币。这是因为出口方卖出货物要收入外汇，所收外汇的汇价如在货款实际收付时上升，意味着外汇的购买力有所提高，同等的外汇收入可在国际市场上购买较多的商品或兑换较多的本币，偿还用其他货币表示的债务所支出的外汇也较少。而进口方需要付出外汇，如果在实际付款到期时计价货币的汇价上升，则需用较多的本币兑换，会增加进口商品的成本；反之则会降低进口商品的成本。因此，在选择使用何种货币作为计价货币时，要根据该种货币的供求关系、该货币国的国际收支状况，外汇储备以及通货膨胀率等因素，正确预测和掌握国际金融市场汇价变化的发展趋势。通常说来，一国的国际收支经常保持顺差、外汇储备较充裕、通货膨胀率较低、对外债权大于对外债务、货币对内价值比较稳定，该国货币的国际需求就会增加，其汇率呈上升趋势；反之，汇率呈下跌趋势。

在实际业务中，这条原则的实施有相当大的难度。交易双方都想选择对自己有利的货币，从而将汇率风险转嫁给对方，在计价货币的选择上往往产生争论，甚至出现僵局。为打破僵局，促成交易，要在争取对自己有利的货币条件的同时，根据商品供求等情况，灵活选择计价货币。如果出口商品是某种滞销货，对方又不急于进口成交，则可考虑放宽货币条件，采取软币硬币搭配的方式，或以软币报价出口但适当提高价格，或采用其他保值措施，避免汇价风险。

（二）采用保值措施

采用保值措施消除外汇风险应遵循的一条基本原则是：要以同等金额、同一货币，在同一时间点上做反方向移动。企业或进出口商实现资金的反方向移动的原则如图 14-4 所示。

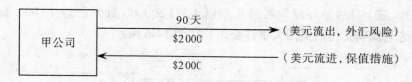

图 14-4　采用保值措施的原则

1. 即期合同法（Spot Contract）

所谓即期合同法，就是具有外汇债权或债务的公司与外汇银行签订购买或出卖外汇的即期合同来消除外汇风险。

例如，美国甲公司从英国乙公司买进一批货物，两天内要支付一笔金额为 £10 000 的货款给英国乙公司，甲公司可直接与其美洲银行签订即期外汇买卖合同，以美元按当时的汇率购进 £10 000。两天后，美洲银行交割给甲公司 £10 000，甲公司则可用这笔 £10 000 的款项来支付给英国乙公司。如图 14-5 所示。

结果，由于美国甲公司以 18 230.00 美元购进了 10 000 英镑，实现了资金的反向流动，因此消除了两天内美元对英镑汇率可能波动的风险，起到了保值的作用。

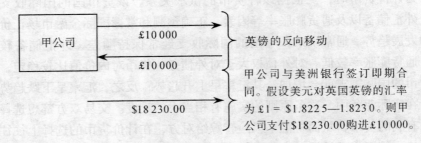

图 14-5　即期合同下的外汇保值

2. 远期合同法

外汇买卖双方依据外汇远期汇率，在一定时期内（多于两天，通常为三个月或六个月）买进或卖出一定数额的外汇合同，实现保值目的。

例如，日本环球贸易公司从美国的太平洋贸易公司购买价值 10 000 美元的货物，三个月后要支付给美国太平洋公司 10 000 美元的货款。该公司则可通过远期外汇市场与其银行（如富士通银行）签订为期三个月的以日元购进美元的远期合同（先以商定的汇价订立合约，到期进行收付）。假定签订该合同时，美元对日元的远期汇率为 $1 = J¥137.10—137.15（日本外汇市场）。三个月后，环球贸易公司则以 1 371 500.00 日元购进 10 000 美元，并将这笔款项支付给美国太平洋公司。如图 14-6 所示。

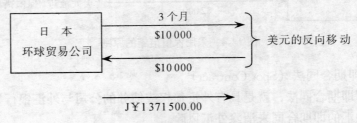

图 14-6　远期合同下的外汇保值

由于日本环球贸易公司利用远期合同实现了美元的反方向移动，从而消除了这笔交易中的外汇风险，达到了保值的目的。如果美元的远期汇率低于即期汇率，那么日本环球贸易公司就可从银行得到一定的贴水（Discount）利益；如果远期汇率高于即期汇率，环球公司就要向银行支付一定的升水（Premium）费用，此金额即为公司为避免外汇风险付出的成本。

如果日本某公司有美元远期收入，则可与日本富士通银行签订卖出美元的远期外汇合同，这样可以达到保值的目的，其道理与上例相同。

国际贸易合同条款篇

310

3. 借款法（Borrowing）

借款法是有远期外汇收入的企业通过向其银行借进一笔与其远期收入相同金额、相同期限、相同货币的贷款，以达到融通资金、防止外汇风险和改变外汇风险时间结构的一种方法。

例如，美国 A 公司半年后有一笔从英国收回的 £100 000 的出口外汇收入，为防止半年后英镑下跌的风险，该 A 公司可利用借款法向其银行借得相同数额（100 000），相同时间（半年）的英国英镑，并将这笔英镑作为现汇卖出，以补充其美元的流动资金。半年后，再利用其从英国收入的英镑偿还其从银行借得的外汇借款。这时即使英镑严重贬值，对 A 公司也没有任何经济影响，从而避免了外汇风险。当然，A 公司要支付借款利息，其净利息支出，即为防止外汇风险所花费的成本。如图 14-7 所示。

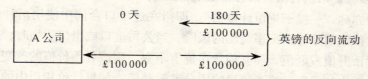

图 14-7　采用借款法规避外汇风险

实际上，采用借款法还可改变外汇风险的时间结构，缩短了外汇风险存在的时间，即将 A 公司长达半年的风险，缩短到从商品出口到从银行获得借款这一短暂时间的风险。时间结构的改变，减缓了风险的严重程度。

4. 投资法（Investing）

公司将一笔资金（一般为闲置资金）投放于某一市场，一定时期后连同利息（或利润）收回这笔资金的全过程称为投资。对该公司来说，投资意味着现时有一笔资金流出，而未来有一笔反方向的该笔资金外加利息的流入。在存在外汇风险的情况下，投资的作用像借款一样，主要都是为改变外汇风险的时间结构。

如 A 公司在 3 个月后有一笔 $50 000 的应付账款，该公司可将一笔同等金额的美元（期限为 3 个月）投入在货币市场上（暂不考虑利息因素），其结果是使未来的外汇风险转至现时。如图 14-8 所示。

5. 平衡法（Matching）

平衡法是指在同一时期内，创造一个与存在风险相同货币、相同金额、相同期限的资金反方向流动。例如 A 公司在 3 个月后有 10 000 欧元的应付货款，该公司应设法出口同等欧元金额的货物，使该公司 3 个月后有一笔同等数额的欧元应收货款，用以抵消 3 个月后的欧元应付货款，从而消除外汇

图 14-8 采用投资法规避外汇风险

风险。

但是，采用"平衡法"有很多困难，尤其是在当前买方市场的情况下，单边出口很困难。因此，通常情况下，公司很难做到应收应付货币的"完全平衡"（Perfect Matching）。公司采用平衡法有赖于公司领导下的采购部门、销售部门和财务部门的密切合作。

6．多种货币组合法（Portfolio Approach）

此法亦称"一揽子货币计价法"，即指在进出口合同中使用两种以上的货币来计价以消除外汇汇率波动的风险。当公司进口或出口货物时，假如其中一种货币升值或贬值，而其他货币价值不变，则该货币价值的改变不会给公司带来更大的风险，或者说风险因分散而减轻；如果计价货币中的几种货币升值，另外几种货币贬值，则升值货币所带来的收益可以抵消贬值货币所带来的损失，从而减轻了外汇风险或消除了外汇风险。

第十五章
货物检验及争议的预防和处理

在进出口业务中，虽然订有买卖合同，但并非每项合同都能顺利履行，它可能会由于一方当事人违约而发生争议。因此，除了就进出口货物的主要交易条件达成协议外，还应对货物的检验、索赔、不可抗力和仲裁达成协议，并在合同中做出具体规定，作为国际货物买卖合同的一个重要组成部分。

第一节　商品的检验检疫

一、进出口商品检验检疫的含义及意义

1. 进出口商品检验检疫的含义

进出口商品检验检疫是指在国际贸易活动中对买卖双方成交的商品由商品检验检疫机构对商品的质量、数量、重量、包装、安全、卫生以及装运条件等进行检验并对涉及人、动物、植物的传染病、病虫害、疫情等进行检验的工作，在国际贸易活动中简称为商检工作。

2. 进出口商品检验检疫的意义

商品检验检疫是国际贸易顺利进行的重要环节，许多国家的法律以及有关公约对商品检验都做出了明确规定。例如，我国《商检法》规定：商检机构和国家商检部门、商检机构指定的检验机构，依法对进出口商品实施检验。凡未经检验的进口商品，不准销售、使用；凡未经检验合格的出口商品，不准出口。英国《1893 年货物买卖法案》（1973 年修订）规定：当货物交付买方时，除另有协议外，买方有权要求有合理的机会检验货物，以便确定它们是否与合同的规定相符。同时还规定：凡是事先未经检验货物的买方，都不能认为是已接受了货物，因而他没有丧失拒收货物的权利，直至有

合理的机会检验货物为止。《1980 年联合国国际货物买卖合同公约》也有如下规定："买方必须在按情况实际可行的最短时间内检验货物或由他人检验货物";"如果合同涉及货物的运输,检验可推迟到货物到达目的地后进行";"如果货物在运输途中改运或买方须再发运货物,没有合理机会加以检验,而卖方在订立合同时已知道或理应知道这种改运或再发运的可能性,检验可推迟到货物到达新目的地后进行"。上述规定说明,无论是一个国家的法律还是有关国际公约,都承认和规定买方有权对自己所买的货物进行检验,双方另有协议者除外。这充分体现了商品检验在国际贸易中的重要性。

商品检验是国家对外贸易管制的手段之一。通过这种管制方式,能提高出口商品在国际市场上的信誉,确保进出口商品的质量,从而在出口商品生产、销售和进口商品按既定条件采购等方面发挥积极作用。

商品检验也是国家构筑技术贸易壁垒的手段之一。在世界各国不断削减关税壁垒及数量限制的今天,各种技术壁垒、环保壁垒等非关税壁垒日益盛行。各国制定严格的商品检验、动植物检疫等法律法规,通过苛刻的检验标准、繁琐的检验程序、高昂的检验费用等限制商品进口,从而达到保护国内市场的目的。

商品检验检疫可以划清商品争议中的责任归属,签发的检验证书是解决争议和办理索赔的重要凭证。

二、商品检验检疫机构

国际贸易中的商品检验检疫工作通常由专业的检验机构办理。在国外,商检机构一般称为公证行、公证鉴定人、宣誓衡量人或实验室等。从事国际贸易商品检验的机构大致有:官方机构,指由国家设立的检验机构,例如中国商检局;非官方机构,指由私人或同业公会、协会等开设的检验机构,如公证人、公证行等;生产制造商,指由生产者在产品出厂前进行质量检验并出具检验证明;用货单位或买方。

(一)我国的商检机构

1. 我国的政府出入境检验检疫机构

中华人民共和国国家出入境检验检疫局是我国政府主管出入境检验检疫工作的行政执法机关,其中文简称为中国检验检疫局,英文为 China Inspection and Quarantine,英文简称 CIQ。国家出入境检验检疫局的主要职责是:对重点进出口商品实施法定检验;对所有进出口商品的质量和检验工作实施监督管理;办理对外贸易公证鉴定业务。法定检验是指根据国家有关法律法规,对指定的重要进出口商品进行强制性的检验。法定检验的对象主要是列入《种类表》的商品。属于法定检验范围的进出口商品，必须经由商检部门进行检验，待检验发证放行后，方准输出或输入。监督管理是商检部门对进出口商品执行检验把关的另一项重要职责。监督管理主要通过行政管理手段，推动和组织出口商品生产，监督经营单位和进口商品的收用货单位对进口商品按规定进行检验，并由商检机构随时派员进行检查。通过监督管理，可以保证出口商品的质量，同时可以防止劣质产品和有毒、有害商品流入我国市场。公证鉴定是应对外贸易关系人及国外有关申请人的申请，或受国外检验机构的委托，办理进出口商品鉴定业务，并签发各种鉴定证书，作为买卖双方办理、结算、报关、纳税和处理争议索赔的有效凭证。公证鉴定与法定检验不一样，前者不具备强制性，只有合同中有规定，并经对外贸易关系人的申请才予以办理，不是必经程序。

2001 年 4 月，国家出入境检验检疫局与国家质量技术监督局合并成立国家质量监督检验检疫总局。该局是国务院主管全国质量、计量、出入境商品检验、出入境卫生检疫、出入境动植物检疫和认证认可、标准化等工作，并行使行政执法职能的直属机构。

我国的其他出入境检验检疫部门还有：卫生部指定的药品检验部门主要负责进出口药品的检验和监管，进口兽药则由农业部负责。此外，还有专门部门负责的其他检验机构，如：国家计量部门负责进出口计量器具的检定及进出口锅炉等压力容器的安全检验与监督；船舶检验机构负责办理进出口船舶、船用材料设备、集装箱船舶的规范检验；民航部门的专门机构负责办理进出口飞机及飞机发动机、机载设备等的适航检验等。

2. 中国进出口商品检验总公司

中国进出口商品检验总公司是经国务院批准于 1980 年成立的非政府的综合性进出口商品检验机构，英文全称为 China National Import and Export Commodities Inspection Corporation，简称 CCIC。商检公司是社会公益型独立法人，是独立承担民事责任的检验实体，以第三者的地位，独立、公正、科学地开展进出口商品的检验服务。商检公司以办理商业检验为主，接受对外贸易有关各方如进出口商、承运人、保险人等以及其他检验机构的委托，进行进出口商品的检验鉴定工作，出具检验、鉴定报告或证书，并向委托人收取检验费。商检公司也是国家出入境检验检疫局指定的检验机构，在指定范围内，承担进出口商品的法定检验任务，开展国际合作交流等。

商检公司的主要业务如下：

（1）各种进出口商品的检验；

（2）进出口贸易鉴定服务；

（3）其他检验鉴定服务；

（4）各国安全认证的技术咨询服务、代理申请服务、国外认证机构委托的工厂跟踪检验服务、客户委托的安全检测产品预验等；

（5）承接 ISO9000、ISO14000 等质量体系认证咨询服务。

（二）重要的国外检验检疫机构

商品检验机构根据委托人的要求，以自己的技术、信誉及对国际贸易的熟悉，为贸易当事人提供灵活、及时、公正的检验鉴定服务，受到对外贸易关系人的共同信任。目前在国际上比较有名望、比较权威的商品检验机构有：瑞士通用公证行（SGS）、英国英之杰检验集团（IITS）、劳氏船级社（LR）、日本海事检定协会（NKKK）、新日本检定协会（SK）、日本海外货物检查株式会社（OMIC）、美国食品和药物管理局（FDA）、美国保险人实验室（UL）、美国材料与试验学会（ASTM）、加拿大标准协会（CSA）、国际羊毛局（IWS）。

三、商品检验检疫的依据与内容

（一）商品检验检疫的依据

1. 依据法律法规规定的标准实施检验

法律法规规定有强制性标准或其他必须执行的检验标准的，按照法律法规规定的检验标准检验。这类规定涉及的商品大多关系到国家和社会公共利益，不符合法定标准的不准进口或出口。这些强制性检验标准与合同中有无此种规定无关，如进出口食品卫生检验、出口危险货物包装容器安全检验、药品检验、动植物检疫等都属于依据强制性标准检验的。

如果法律法规规定没有强制性标准或其他必须执行的检验标准的，则按国际贸易合同约定的检验标准检验；凭样品买卖的，应当按照样品检验。

2. 依据技术标准实施检验

在国际贸易中，技术标准既是表示商品质量的主要方式，也是商检机构用以检验商品的基本依据。

（1）我国标准的分级情况。我国标准分为国家标准、行业标准、地方标准和企业标准四级。国家标准代号 GB，是国家标准化主管机构批准、发布，在全国范围内统一执行的标准；行业标准是行业标准化组织批准发布，在某一行业范围内统一的标准，包括该行业内主要产品标准、试验和检验方法标准。我国商检机构根据商检工作需要，被授权可制定进出口行业检验标准，代号 SN。国家标准和行业标准分为强制性标准和推荐性标准，有关人身健康、财产安全的标准和规定是强制性标准，其他标准是推荐性标准。

(2) 国际标准。国际标准是国际标准化组织（ISO）和国际电工委员会（IEC）所制定的标准，以及国际标准化组织公布的国际组织和其他国际组织规定的某些标准。其中，ISO 标准是最重要的国际标准，该组织现有 160 多个专业技术委员会，640 多个分技术委员会，1 400 多个工作组，已发布近万项国家标准。IEC 标准主要是电子工程领域的标准，也是国际贸易中广泛使用的标准。

(3) 国外先进标准。这类标准一般比上述国家标准严格并且涉及产品、内容、覆盖面远大于国家标准，在国际贸易中经常被选做合同中的质量规定，以保证商品的高质量和准确的检验。国外先进标准有：美国 ANSI 国家标准及各类政府标准，还有一些声名卓著的团体、行业标准，如美国材料与试验协会标准（ASTM），其他如德国标准（DIN）、日本标准（JIS）、英国标准（B.S）、法国标准（NF）等。此外，一些著名的公司对产品有着严格的要求，如日本索尼（SONY）、德国拜尔（Bayer）、壳牌（Shell）等公司的产品标准常被应用到合同中作为相应商品的质量规格。

3. 依据表述商品品质的商业文件实施检验

合同中有关商品品质和检验的规定是第三方检验机构进行检验鉴定的基本依据。合同中表示商品品质的方法有明确的标准、凭样品表示品质、凭规格表示品质、凭商标牌号买卖等。表述商品品质的商业文件有合同、信用证、运输单证和其他货物单证，如商业发票、装箱单、重量单等。

(二) 商品检验检疫的内容

出入境检验检疫机构对于进出口商品检验鉴定的具体内容，根据商品的属性、法律法规的规定、合同规定或是技术标准的规定以及检验申请人的意愿不同而不同，主要包括以下各项：

(1) 进出口商品的质量检验；

(2) 数量和重量检验；

(3) 包装检验；

(4) 出口商品装运技术检验；

(5) 货载衡量鉴定；

(6) 出入境动植物检疫；

(7) 出入境卫生检疫；

(8) 进出口食品卫生检验检疫；

(9) 进出口商品残损鉴定；

(10) 外商投资财产鉴定；

(11) 产地证业务。

四、商品检验检疫的程序

进出口商品只有符合规定的程序，才能保证检验工作的质量和使检验证书具有合法性。我国的进出口商品检验工作程序主要有四个环节：报验、抽样、检验和签发证书。

1. 报验

报验是指对外贸易的关系人按国家的有关规定向商检机构报请检验。报验时需向商检机构申请并填写报验申请单，同时提交对外贸易合同。凡属于《商检机构实施检验的进出口商品种类表》内规定的进出口商品和有关法律及行政法规定必须由商检机构检验的进出口商品，以及合同规定或有关双边协定规定须由我方商检机构出具商检证书方准进出口的商品，商检机构一般都接受检验，但以下几种情况商检机构不接受报验申请：

(1) 应实施商品检验的出口商品，未经检验而擅自装运出口的；

(2) 超过合同规定的索赔期限或质量保证期，对外已失去索赔权的；

(3) 按有关规定和惯例允许的合理误差、损耗等免赔范围以内的；

(4) 缺少应附单据、检验资料，没有检验依据的；

(5) 按照与有关部门的分工规定，不属于商检工作范围的；

(6) 其他不符合商检机构检验规定的。

2. 抽样

商检机构接受报验之后，及时派员赴货物堆存地点进行现场检验、鉴定。抽样时，应按规定方法和一定比例，在整批货物中的不同部位随机抽取样品，以便抽取的样品能代表全批货物的品质，从而通过对样品的检验，得出关于整批货物的品质评定。抽样后须开具抽样单交报验人。

3. 检验

商检机构接受报验之后，根据申报的检验事项，以及合同（信用证）对货物的品质、数量、重量、规格、包装的规定，确定检验标准、方法，然后对代表性样品的有关特性进行检查、试验、测量或计量等。

4. 签发检验证书

进出口商品经检验机构检验、鉴定后出具的证明文件，称为检验证书。在交易中，经过买卖双方同意，也可由出口商品的生产单位或进口商品的使用单位出具证明，这类证明也起检验证书的作用。常见的检验证书有：

(1) 品质检验证书（Inspection Certificate of Quality），即运用各种检测手段，对进出口商品的质量、规格、等级进行检验后出具的书面证明。

(2) 重量检验证书（Inspection Certificate of Weight），即根据不同的计

重方式证明进出口商品的重量。

（3）数量检验证书（Inspection Certificate of Quantity），根据不同的计量单位，证明商品的数量。

（4）兽医检验证书（Veterinary Inspection Certificate），证明动物产品在出口前经过兽医检验，符合检疫要求。

（5）卫生检验证书（Sanitary Inspection Certificate），出口食用动物产品，如蛋品，经检验后使用此种证明书。

（6）消毒检验证书（Disinfection Inspection Certificate），证明出口动物产品经过消毒，使用此种证书。

（7）产地检验证书（Inspection Certificate of Origin），证明出口产品的产地时使用此种证书。

（8）价值检验证书（Inspection Certificate of Value），需要证明产品的价值时使用此种证书。

（9）验残检验证书（Inspection Certificate on Damaged Cargo）。证明进口商品残损情况，估定残损贬值程度，判断残损原因，供索赔时使用。

除此之外，还有许多其他种类的商检证书。申请商检证书的申请人应根据国际货物买卖合同和信用证的要求，申请适当的商检证书，以便合同的顺利履行。

五、装运前检验

装运前检验（Pre-Shipment Inspection，PSI）)是国际货物买卖中惯用的一种检验方式。它主要是指根据国际货物买卖合同的约定或进口国政府的强制规定，委托或授权独立的第三方检验机构，对合同下的货物在出口国装船启运之前实施强制性检验、价格比较以及海关税则分类等进口综合监管制度。GATT 乌拉圭回合达成的《装运前检验协议》对此有一权威定义："装运前的检验活动系指所有涉及用户成员方的产品的质量、数量、价格，包括汇率和金融条件，和（或）关税税则目录商品分类情况的检验。""受成员方协议委托或授权执行装运前检验任务的任何机构"都属于"装运前检验机构"。依据此一定义，装运前检验所涵盖的范围远较一般意义上的货物检验为广，即不仅包括货物品质、数量、价格之检验核对，还包括了与货物进口有关的汇率、金融条件和（或）关税税则目录商品分类情况等事项的检验工作。

20 世纪 60 年代以来，由于发展中国家在国际贸易中处于不利地位，要求装运前检验的呼声很高。1965 年 1 月 15 日，扎伊尔政府为确保其本国的贸易和经济利益，第一次颁布法令宣布实施"全面进口监管计划"，对进口商品强制实施装运前检验。这项法令不但扩充并发展了传统的装运前检验基本内容，而且还将实施方式由买卖双方自由选择约定转为政府强制执行。此后，"进口货物全面监管制度"（Comprehensive Import Supervision Scheme，简称 CISS）作为进口商品检验的一项重要业务在国际贸易中逐渐发展并通行起来。实行 CISS 的国家主要是亚非拉的一些经济不发达或发展中国家。

装运前检验作为一种国际贸易中经常使用的手段，实践中形成了两类主要方式：一种是强制性检验，发展中国家为确保外汇的合理使用和合理的关税收入常予以采用；另一种是非强制性检验，目的是避免进口贸易的商业风险。这类检验通常由买卖双方在合同中事先约定。装运前检验一方面对于核实进口商品的数量、质量或价格是必要的，特别是对发展中国家来说更是如此；另一方面若出口方在进行这种程序时进行不必要的拖延和不平等对待，或者检验公司遵循的程序缺乏透明度，搞暗箱操作，或者有损于贸易当事人的商业秘密，也会对国际贸易的正常运行造成障碍，形成新的非关税壁垒。为了建立一套用户成员方和出口成员方都同意的，能约束提供检验服务的公司和出口方成员的规则，减少和防止这方面的非关税壁垒，乌拉圭回合谈判将装运前检验问题列入了议程，并最终作为一揽子协议的一部分，由缔约方签署了这个在 GATT 时代并不存在的新的协议。

六、国际货物买卖合同中的商品检验条款

国际货物买卖合同中的商品检验条款主要包括以下内容：检验的时间及地点、检验机构及检验证书、检验依据及检验方法、商品的复验等。

国际货物买卖合同关于检验的时间和地点通常有以下几种不同规定：

1. 在出口国工厂检验

这种检验方法是由出口国工厂检验人员会同买方验收人员于货物在工厂发货时进行检验，卖方承担货物离厂前的责任，货物离厂在运输过程中出现的品质、数量、包装等方面问题均由买方负责。它通常与国际贸易术语工厂交货（……指定地点）（... Ex Works (... named place)）连在一起使用。出口国工厂检验方法适用于大型成套设备的进口，在出口国发货前先将设备进行安装运转测试，一旦出现质量问题，立即由厂家解决，这是国际贸易中普遍采用的习惯做法，也为我国的立法所采用。《商检法》规定：对重要的进口商品和大型成套设备，收货人应依据对外贸易合同约定在出口国装运前进行预检、监造或监装。

2. 离岸品质和离岸重量（数量）（Shipping Quality and Shipping Weight (Quantity)）

这种检验方法是货物在装运港装船前由卖方委托出口地的商检机构（通常是双方同意的机构）对货物的品质和重量（数量）进行检验和衡量，出具检验证书，并以该检验证书作为决定商品品质和数量的最后依据。所谓最后依据意味着货物到达目的港后，买方如果发现货物的品质、重量等与合同规定不符，买方也不得以此为由提出异议，这实际上排除了买方对货物的复验权。很显然，这种方法对卖方有利而对买方不利。

但是，离岸品质和离岸重量仅代表风险转移时货物的质量和重量，表示卖方履行了他的交货义务。如果在风险转移给买方后，货物在运输途中发生了货物的灭坏或损失，买方仍然有权依据保险合同或提单等向有关责任方索赔。

3. 到岸品质和到岸重量（Landed Quality and Landed Weight）

该检验方法是货物在到达目的港卸货后再对商品的品质和重量（数量）进行检验和衡量，以目的港商品检验机构签发的检验证书作为决定商品品质和重量的最后依据。采用这种方法，卖方须待买方出具了在目的港检验合格的商检证明后才算履行了合同义务。如检验证书证明货物与合同规定不符确属卖方责任，卖方应予赔偿。对于那些不便在目的港（地）卸货后即检验的货物，例如密封包装的货物，或规格复杂、精密度高、需要具备一定的检验条件和检验设备才能进行检验的货物，可将检验推迟至买方营业所在地或最终用户所在地进行。这种方法显然对买方有利而对卖方不利，它在国际货物买卖中不容易被卖方接受，我国的出口贸易应尽量不采用该类条款。

4. 装运港检验，目的港复验

按此方法，卖方委托装运港商检机构验货后，以装运港的检验证书作为议付货款的单据之一。货到目的港后，买方有权复验，如果复验结果与装运港初验的结果不一致，买方可根据复验证明向卖方提出异议，进而索赔。这种检验办法对买卖双方都较为公平、合理，在国际贸易中被普遍采用。例如，在出口合同中的检验条款可做如下具体规定：

The certificates of quality and weight (quantity) issued by the China Import and Export Commodity Inspection Bureau at the port of shipment shall be part of the documents to be presented for negotiation under the relevant letter of credit. Any claim by the Buyer regarding the goods shipped shall be filed within ×× days after the arrival of the goods at the port of destination, and supported by a survey report issued by a surveyor approved by the Seller. （以装运港中国

进出口商品检验局签发的品质和重量（数量）检验证书作为有关信用证下议付所提供单据的一部分，买方对于装运货物的任何索赔，须于货物到达目的港××天内提出，并须提供经卖方同意的公证机构出具的检验报告。）

5. 离岸重量和到岸品质（Shipping Weight and Landed Quality）

该检验方法是以在装运港进行检验的商检机构所出具的重量商检证明为计量的最后依据，以在目的港进行检验的商检机构所出具的品质检验证明为评价商品品质的最后依据。这种方法适用于大宗商品交易的检验，将品质和重量分别处理，以调和买卖双方之间在检验问题上存在的利益冲突。

第二节 索 赔

一、索赔纠纷的原因及违约的主要类型

买卖双方的任何一方在合同签订后，都应该在合同规定的履约期限内履行各自的义务，否则即构成违约，导致索赔纠纷。产生索赔纠纷的具体原因有：

（1）买方违约。这是指买方没有全部或全部没有履行合同义务。例如：在信用证方式达成交易的条件下，买方不按时开立信用证或根本不开证；在FOB条件下买方不能如期将装货船只派往装运港；卖方已按合同规定履行合同而买方拒收货物或拒付货款等。

（2）卖方违约。这是指卖方没有全部或全部没有履行合同义务。例如：卖方提交的货物与合同规定的品质、数量、包装等不相符合；卖方未能如期交货；卖方拒绝交货等。

（3）买卖双方均部分违约。有时合同本身的规定不明确，致使双方理解不一，具体执行合同义务时容易发生纠纷，进而造成索赔纠纷。或者合同双方均故意不完全履行合同。

如上所述，买方或卖方违约导致索赔。关于违约（Breach of Contract），不同国家的法律和有关国际公约对它的分类有不同的规定，在此我们着重介绍英国法律、美国法律和《联合国国际货物买卖合同公约》的有关规定。

英国法律将违约按照违反合同的表面条款进行划分，违约行为有违反要件和违反担保两种。违反要件（Breach of Conditions）是指违反合同的主要条款，受害方有权据此要求解除合同，同时要求损害赔偿。违反担保（Breach of Warranties）是指违反合同的次要条款，受害方有权据此要求损

害赔偿，但不能解除合同。至于合同中有哪些条款属于要件，哪些条款属于担保，英国法律没有明确规定，需要根据合同所做的解释来判断，不过一般认为与商品有关的品质、数量和交货日期等条件属于要件，其他条件为担保。还应指出的是，在英国法律中，当一方当事人违反要件时，受害方有权将它作为违反担保处理，即不解除合同，继续履行自己的合同义务，同时要求损害赔偿。

但是，英国法律对违反合同传统上采取的这种两分法的处理办法，不能完全适合各种类型的违约情况。因此，近年来英国法院通过判例发展了一种新的违约类型，称之为"违反中间性条款"（Breach of Intermediate Terms）或"无名条款"，有别于"要件"与"担保"的条款。当一方违反这类中间性的条款时，对方能否解除合同，须视这种违约的性质及其后果是否严重而定。如果违反这类条款的性质及后果严重，守约的一方有权解除合同并索赔；否则就不能解除合同，只能索赔。英国法律的这一新发展是符合客观实际需要的。

美国法律和英国法律同为普通法系，但美国法律已放弃"要件"与"担保"这两个概念。美国法律根据违约造成的后果将违约分为"重大违约"和"轻微违约"。所谓重大违约（Materially Breach），是指当事人一方违约，致使另一方无法从该合同的履行中取得他签订合同所谋求的主要利益；所谓轻微违约（Minor Breach），是指当事人一方虽然违约，但另一方能够从该合同的履行中获得主要利益。美国法律对违约行为所做的这种区分，从法律后果来看，同英国法律的违反要件与违反担保基本上是一致的，美国法律的重大违约相当于英国法律的违反要件，轻微违约相当于违反担保。

《联合国国际货物买卖合同公约》将违约分为"根本违约"（Fundamental Breach of Contract）和"非根本违约"（Non-fundamental Breach of Contract）。《公约》第25条对根本违约做了如下定义："一方当事人违反合同的结果，如使另一方当事人蒙受损害，以致于实际上剥夺了他根据合同有权期待得到的东西，即为根本性违反合同，除非违反合同的一方并不预知而且同样一个通情达理的人处于相同情况中也没有理由预知会发生这种结果。"根本违约以外的违约行为可视为非根本违约。

了解和熟悉主要资本主义国家法律和有关国际公约对违约行为的划分和解释非常重要，因为国际贸易主要是商品做跨越国界的移动，买卖双方就必须同相关国家的法律打交道，而不同国家的法律对违约的解释及违约后的处理办法有不同的规定，并且在违约的划分标准问题上具有不确定性。充分了解和掌握这些规定，有利于更好地维护自己的利益。

二、索赔责任的划分及索赔时应提供的文件

国际贸易的索赔责任通常来自三个方面，即卖方、装运公司和保险公司。有时即使买方在进口货物时发现货物受损、短缺等，进而向卖方索赔，但并不表明其索赔责任就应该全部由卖方负责。因此，我们必须划清上述三个方面的责任范围，依据不同情况，由索赔的一方分别进行贸易索赔、装运索赔和保险索赔。

（一）贸易索赔

责任在卖方时可进行贸易索赔。如果卖方提交的货物出现短装、漏装、品质与合同不符、包装不良而导致货物损坏等损失，买方就可以向卖方索赔。索赔时，买方应该认真核查他和卖方之间签订的货物买卖合同及因此而开立的信用证条款，以确定向卖方索赔的证据是否充分；同时提供进口公证报告和索赔账单等文件，以确定索赔金额的大小。

（二）装运索赔

责任在货物的承运方时可进行装运索赔。当进口货物发生短缺、误卸等事故时，买方有权向承运人请求补运或要求索赔。如果选择索赔方式，买方应提供进口公证报告、索赔账单、货物提货单、事故证明的文件、货物单价的证明、商业发票的副本及货物品质和数量等的证明文件。

（三）保险索赔

在索赔的一方向上述有关责任者请求赔偿而被以正当理由拒绝赔偿或赔付不足时，可以按照保单所规定的承保责任，向保险人请求赔偿。索赔时，必须向保险公司提供货物损失的名称、数量、单价及计算方式、进口公证报告、保单正本或副本、发票及出口公证报告等文件。

三、索赔条款的主要内容

国际贸易合同中通常包括索赔条款，索赔条款主要规定索赔依据、索赔期限、索赔范围、索赔的通知方法等内容。合同中的索赔条款有两种规定方式：一种是异议与索赔条款（Discrepancy and Claim Clause）；另一种是罚金条款（Penalty Clause）。

（一）异议与索赔条款

其内容除笼统规定如一方违约另一方有权提出索赔外，还包括索赔依据、索赔期限、赔偿办法和赔偿金额。索赔依据应包括法律依据和事实依据两方面，提出要求损害赔偿的一方应出示贸易合同和有关国家的法律规定及

违约方的违约事实及其书面证明。受害方除要求提供索赔依据外，其索赔还必须在索赔的有效期限内进行，逾期则索赔权丧失。索赔期限的长短，应根据商品的不同情况加以规定。因为违约情况较复杂，事先难以预料，合同对处理索赔的办法和赔偿金额通常不做具体规定。异议与索赔条款一般是针对卖方交货的品质、数量或包装不符合合同规定而订立的。

（二）违约金条款

其内容主要是规定，如一方完全未履行或未完全履行合同规定的义务，应向另一方支付一定数额的违约金，以补偿受害方的损失。违约金是双方在合同中预先约定的一个赔偿金额或一个赔偿比率，其大小视违约情况而定，并规定有最高限额。违约金条款一般是针对卖方延期交货、买方延期接货等情况订立的，违约方支付了违约金之后仍负有继续履行合同的义务。值得注意的是，某些国家例如英国法律规定，对于违约行为只能要求赔偿而不得惩罚，这些国家法律只承认合同中具有赔偿性的违约金条款，而一旦经审查认定合同中的违约金条款具有惩罚性，则这种"罚金"条款一律认定无效。同时，某些国家如英国的法律还规定，违约方只要有违约行为，即使未给对方造成实际损失，也要支付合同中规定的违约金数额。

四、索赔的解决途径及其方式

当索赔纠纷发生后，为了迅速有效地解决贸易争端，一般采取下列途径：

1. 买卖双方友好协商

即在索赔纠纷发生后，买卖双方根据纠纷原因，就索赔一方当事人要求的赔偿范围、赔偿金额大小等，在充分协商的基础上达成一致意见，协商解决纠纷。

2. 仲裁

在买卖双方意见不一致，协商没有结果的情况下，按照合同中的仲裁条款或事后达成的仲裁协议提交仲裁机构裁决。

3. 诉讼

在合同中没有仲裁条款及事后又没有达成仲裁协议时，受害的当事人一方可以向法院起诉，由法院依法判决。

至于索赔方式的选择，提出索赔的一方可以根据事故的性质及违约一方的偿付能力等，选择金钱索赔或实物索赔，索赔一方享有自由选择权。

第三节 不可抗力

一、不可抗力的含义

不可抗力（Force Majeure）是指在国际货物买卖合同签订以后，在合同的履行期内，不是由于双方任何一方的过失或疏忽，而是由于发生了当事人既不能预见，也无法预先并采取措施的意外事故，使合同不能履行或不能如期履行，遭受意外事故的一方可以免除履行合同的责任或延期履行合同。这是违约责任承担原则的除外情况。

不可抗力事件的原因通常可以分为自然原因和社会原因两大类。自然原因包括水灾、火灾、地震、飓风等；社会原因包括战争、政府禁令、罢工等。世界各国法律及有关国际公约一般都承认由于自然原因引起的不可抗力事件；而由于社会原因引起的某些不可抗力事件各国法律的规定则不一致。因此，当事人在签订合同时应对不可抗力事件予以明确规定。实践中，关于不可抗力事件的规定方法有三种：

1. 概括式

这种方法是指在合同中只对不可抗力下定义，并指明因不可抗力事件导致的不能履行合同或延期履行合同不承担违约责任。但具体哪些事件属于该范围，当事人不事先约定，而待日后发生纠纷时由法院或仲裁机构认定。这种方式过于笼统、含糊，很少在国际贸易实践中采用。

2. 列举式

指在合同中不规定不可抗力的定义，只详细列举不可抗力事件的范围，并说明一旦发生合同中具体载明的不可抗力事件，遭受该事件的当事人一方可以援用该条款，免除违约责任。这种方式具体明确，但过于死板，容易发生疏漏，一旦发生的某一事件未被列入不可抗力事件范围，但本可以归入不可抗力事件范围时，受害方即失去了免责的权利，在实践中不宜使用。

3. 综合式

指在合同中既对不可抗力下定义，又具体列举某些不可抗力事件。这种方式克服了上述两种方式的不足，它不但列明了不可抗力事件的具体范围，又为未列举的其他事件双方共同协商留有余地，值得在实践中广泛使用。

二、不可抗力事件的后果

根据不可抗力事件对当事人一方履行合同能力的影响大小，不可抗力事件的后果有：

（1）部分免责。不可抗力事件发生后，如果遭遇一方仍有部分履约能力或可以用其他方式代偿，同时不损害对方权益，对于能够履行部分负有继续履行的义务，对于受不可抗力影响而不能履行的部分义务予以免除，且不承担不履行合同的责任。

（2）解除合同。这是指在合同履行期间因不可抗力事件的发生致使一方遭受根本性的损害，履约已成为不可能，这时一方可通知对方解除合同关系，并免除其不能履行合同的违约责任。例如，标的物灭失、战争、政府禁令等事件。

（3）延期履行合同。如果在合同履行期间，当事人一方遭遇不可抗力事件，致使他无法在合同规定的期限内履行合同，这时可以允许其推迟履行合同义务，并免除延期履行合同的责任。

三、合同中的不可抗力条款及有关规定

不可抗力条款是国际货物买卖合同的一项必不可少的条款，因为它直接或间接规定了当事人在什么情况下不履行合同而不用承担违约责任，它关系到合同当事人的切身利益。在签订不可抗力条款时，应注意以下几个问题：

（1）要采用综合式的方法规定不可抗力事件，明确不可抗力事件的范围和后果，避免可能出现的纠纷。

（2）要明确规定遭受不可抗力事件影响的一方负有及时通知对方的义务，对方接到通知后，无论同意与否都应立即答复，而且通知与答复的做出都应在规定的期限内。

（3）要求遭受不可抗力事件的一方尽快提供一定机构出具的不可抗力事件的证明文件，关于出具证明的机构也应在合同中有明确规定。我国一般由中国国际贸易促进委员会（简称贸促会）及其各地分会出具书面证明，也可以由商会或合法的公证机构出具证明。

国际货物买卖合同中的不可抗力条款，在进口合同中可做如下表示：

"由于一般公认的人力不可抗拒原因而不能交货或装船延迟，卖方不负责任。但卖方必须在事故发生时立即电告买方并在事故发生后15天内航空邮寄给买方灾害发生地点的有关政府机关或商会所发给的证明证实灾害存在。除因不可抗力导致装船延迟或不能交货外，如卖方不能按合同在规定期

限内装船，则需要赔偿买方直接由于延期交货或不能按合同条件交货所遭受的一切损失及费用。人力不可抗拒事件如继续存在 60 天以上时，买方有权撤销合同或合同中未装运部分。"

(The Sellers shall not be held responsible for late delivery or non-delivery of the goods owing to generally recognized "Force Majeure" causes. However, in such case, the Sellers shall immediately notify the Buyers by cable within 15 days after the accident, a certificate of the accident issued by the competent government authorities or the chamber of commerce which is located at the place where the accident occurs as evidence there. With the exception of late delivery or non-delivery due to "Force Majeure" causes, in case the Sellers fail to make delivery within the time as stipulated in contract, the Sellers should indemnify the Buyers for all losses and expenses incurred to the latter directly attributable to late delivery of failure to make delivery of the goods in accordance with the terms of the contract. If the "Force Majeure" cause lasts over 60 days, the Buyers shall have the right to cancel the contracts or the undelivered part of the contract.)

不可抗力条款在出口合同中可做如下表示：

"由于人力不可抗拒事件，使卖方不能在合同规定期限内交货或者不能交货，卖方不负责任。但卖方必须立即以电报通知买方。如买方提出要求，卖方应以挂号函向买方提供由中国国际贸易促进委员会或有关机构出具的发生事故的证明文件。"

(In case of Force Majeure, the Seller shall not be held responsible for late delivery or non-delivery of the goods but shall notify the Buyer by cable. The Seller shall deliver to the Buyer by registered mail, if so requested by the Buyer, a certificate issued by the China Council for the Promotion of International Trade or any other competent authorities.)

第四节 仲   裁

一、仲裁的含义及其特点

仲裁（Arbitration）是指买卖双方在争议发生之前或发生之后，签订书面仲裁协议，自愿将争议提交双方所同意的第三者予以裁决的解决争议的一种方法。仲裁是依照法律规定的仲裁程序裁定争端，因此仲裁裁决结果对争议双方均有法律约束力，双方都必须遵守。

在国际贸易中，买卖双方一旦发生争议，解决的途径很多，如自行协商处理，由第三者调解、诉讼等。而当事人往往倾向于选择仲裁方式，因为仲裁和诉讼方式相比，具有以下显著特点：

（1）受理争议的仲裁机构通常是民间组织，不具有法定管辖权，对争议案件的受理，建立在合同当事人自愿协商选择的基础上；而诉讼的受理机构是法院，它具有法定管辖权，一方起诉不必征得对方同意。

（2）双方当事人可以在仲裁条款或仲裁协议中，选择仲裁机构和仲裁地点；而如果采用诉讼途径，当事人的这种权利就相对小些。

（3）在仲裁时，当事人有权指定仲裁员；而如果通过诉讼途径，当事人没有任意选择法官的自由。

（4）仲裁员熟悉国际贸易业务，处理问题能够更多地考虑国际贸易惯例，比较切合实际，裁决迅速，收费也较低，容易为当事人所接受。

（5）仲裁一般不公开进行，裁决书只送达当事人，不必公布，因此对双方当事人之间的贸易关系损害较小。

（6）仲裁裁决一般是终局性的，如果当事人一方不服，无权就裁决结果另行起诉，当事人必须执行裁决。

二、仲裁协议

仲裁机构受理当事人提交的争议，必须根据当事人自愿提交的仲裁协议。仲裁协议是双方当事人共同约定将可能发生或已经发生的争议提交仲裁机构解决的书面协议，仲裁协议一旦签订，当事人双方的争议就只能通过仲裁方式解决，排除了法院对该类案件的管辖权。

仲裁协议有三种：第一种是由双方当事人在争议发生之前订立的，表示同意把将来可能发生的争议提交仲裁解决的协议，这种协议通常订立在合同中，作为合同的一个组成部分，也有的采用其他方式专门订立一个仲裁协议。第二种是由双方当事人在争议发生之后订立的，表示同意将已经发生的争议交付仲裁的协议，这种协议称为提交仲裁的协议。第三种是其他有关书面文件中所包含的仲裁协议。这种书面文件通常是指双方当事人针对有关合同关系或其他没有签订合同的国际贸易关系而相互往来的信函、电传、电报以及其他书面材料。这类仲裁协议是指双方当事人在这些书面文件中共同约定将他们之间业已发生或将来可能发生的有关争议提交仲裁解决的意思表示。这种类型的仲裁协议与前面两种仲裁协议的形式差异在于它不是集中表现于某一合同的有关条款或某一单独的协议中，而是分散在有关当事人双方相互往来的函件中。由于国际贸易关系的跨国性，空间上的距离给双方当事人共同协商签署一项仲裁协议书带来交通方面的不便和经济方面的不利，所以在国际贸易仲裁实践中，这种类型的仲裁协议比仲裁协议书的形式更为多见。

仲裁条款如果在合同中，作为合同的一个组成部分，它处于一个特殊的法律地位，即仲裁条款不因合同的解除而失效，也就是说买卖合同如果因某种原因而解除或终止，仲裁条款仍然有效，当事人之间的争议仍提交仲裁机构解决。可以看出，仲裁条款在买卖合同中具有相对的独立性。

三、仲裁条款的主要内容

仲裁条款主要包括仲裁地点、仲裁机构、仲裁程序及仲裁裁决效力等方面的内容。

（一）仲裁地点

仲裁地点有三种可供当事人选择：（1）在申诉人所在国仲裁；（2）在被诉人所在国仲裁；（3）在买卖双方同意的第三国仲裁。

如何确定仲裁地点的问题，在商订仲裁条款时往往成为当事人双方争议的焦点。因为按照资本主义国家法律的解释，仲裁时所适用的程序法及裁定双方权利义务的实体法一般采用仲裁所在地国家的法律，除非仲裁协议另有规定。所以，仲裁地点的不同，适用的法律就可能不同，对买卖双方的权利、义务的解释也可能有很大的差别，因而裁决的结果就不同。自然地，买卖双方在商订仲裁条款时都会力争在本国进行仲裁，或是在其了解的第三国进行仲裁。我国在具体的国际贸易业务中，确定仲裁地点所遵循的原则，一般首先尽量争取在我国国内仲裁，如果不成，就规定在被诉人所在国进行仲裁，或双方同意的第三国进行仲裁。在选择后两个仲裁地点之一作为裁决合同争议的仲裁地点之前，我方当事人应持慎重的态度，最好事先了解两地的法律规定，以选择一个对我方较为有利的仲裁地点。

（二）仲裁机构

仲裁机构有常设机构和临时机构两种。当事人可以任意选择其中一种，但必须在合同中明确规定。世界上许多国家和国际组织都设有常设的仲裁机构，例如：中国国际经济贸易仲裁委员会和海事仲裁委员会、英国伦敦仲裁院、瑞典斯德哥尔摩商会仲裁院、日本国际商事仲裁协会、美国仲裁协会、瑞士苏黎士商会仲裁院等。国际组织的仲裁机构有设在巴黎的国际商会仲裁院。这类常设的仲裁机构既从事处理商事纠纷的工作，也进行有关仲裁的管理与组织工作。

临时仲裁机构是案件发生后由申请仲裁的双方指定的仲裁员临时组织起来的处理该案件的机构，这种机构在处理案件完毕之后即自动解散。当事人在签订合同时，若同意采取临时仲裁机构解决争议，必须就指定仲裁员的方法、仲裁员的人数、组成仲裁庭的成员等问题做出具体规定，以免发生争议后再为临时仲裁机构的组成发生分歧。

（三）仲裁程序

仲裁程序即仲裁的申请、仲裁员的指定、案件的审理、仲裁裁决的做出及效力、仲裁费用的支付等进行仲裁的具体手续和做法。国际货物买卖合同对仲裁程序做出规定，即为当事人和仲裁员提供了进行仲裁的准则。各国常设的仲裁机构一般都制定有自己的仲裁程序规则，确定了仲裁地点，相应地也就明确了仲裁程序，即仲裁程序规则与仲裁地的仲裁机构的仲裁规则相一致。但是，仲裁程序规则与仲裁地的仲裁机构的仲裁规则一致不是绝对的，只是按照国际仲裁的一般做法，原则上采用仲裁所在地的仲裁规则，法律上允许当事人双方在合同中的仲裁条款里选择仲裁地点以外的其他国家或国际组织的仲裁机构的仲裁规则，以供仲裁机构在仲裁时采用。

（四）仲裁裁决的效力

这是指仲裁庭做出的裁决对双方当事人是否具有法律约束力，当事人如不服裁决是否有权重新向法院起诉的问题。一般地，按照各国的仲裁立法和国际惯例，只要仲裁的程序符合法律规定，仲裁裁决就对仲裁双方具有约束力，双方必须依照裁决执行。裁决具有终局性，也就是说，裁决一次生效，当事人不得就裁决结果另行向法院起诉。当事人如要起诉，只能就仲裁程序是否合法方面起诉，法院受理案件后也只审查仲裁程序是否合法，而不审查仲裁裁决本身。只有法院审查出仲裁程序不合法，法院才有权宣布裁决无效。

尽管各国仲裁法和国际惯例规定的关于裁决的效力基本相同，但为了明确仲裁裁决效力，承认与执行裁决，在仲裁条款中仍应具体规定：仲裁裁决是终局的，对双方当事人都有约束力。

四、仲裁程序

仲裁程序主要包括以下几个步骤：

（1）仲裁申请和受理。仲裁的申请是指有关仲裁协议中所约定的争议事项发生以后，仲裁协议的一方当事人依据该项协议将有关争议提交给他们约定的仲裁机构，请求对争议进行仲裁审理。提出仲裁申请是仲裁程序的最初步骤。有关仲裁机构在收到申诉人提交的仲裁申请书以后，应立即进行初步审查，一旦确定其合法有效的仲裁管辖权，而申诉人又没有违反仲裁立法中的时效规定，即正式受理该案。

（2）仲裁庭的组成。仲裁庭是指具体负责对某项已交付仲裁的争议事项进行仲裁审理，并最终就争议事项做出实质性裁决的组织。仲裁庭由双方当事人合议选定或由有关仲裁机构基于当事人的授权或依职权指定的仲裁员组成。在目前的国际商事仲裁实践中，一般根据组成仲裁庭人数的不同，将仲裁庭分为独任仲裁庭和合议仲裁庭。独任仲裁庭由一名仲裁员组成；合议仲裁庭由两名或两名以上的仲裁员组成。合议庭的组成，不管采用哪种形式，完全取决于双方当事人的意见。

（3）仲裁审理。仲裁审理是指仲裁庭依法成立以后，以一定的方式和程序调取审核的证据，查询证人、鉴定人，并对整个争议事项的实质性问题进行全面审查的仲裁过程。它是裁决有关争议的基础，是整个仲裁程序中一个很重要的环节。

（4）仲裁裁决。仲裁裁决是指仲裁庭对仲裁当事人提交的争议事项进行审理以后做出的终局裁决，是整个仲裁程序的最后阶段。仲裁庭做出裁决以后，整个仲裁程序即宣告终结。

五、仲裁裁决的承认与执行

仲裁裁决的执行以当事人的自觉履行为原则，只有在有关当事人拒不履行有关裁决所确定的义务时，才由对方当事人依法向有关国家的法院提出申请，请求法院协助予以强制执行。由于各有关国家在社会、政治、经济利益方面的冲突以及法律制度方面的差异，一般都区分内国仲裁裁决和外国仲裁裁决并采取不同的态度，对于外国仲裁裁决的承认和执行规定有比内国仲裁裁决的承认和执行更为严格的条件。

（一）内国裁决的承认与执行

内国裁决的承认和执行问题涉及两个方面：一是内国裁决在内国境内的承认和执行；二是内国裁决在外国境内的承认和执行。

各国仲裁立法和仲裁规则及民事诉讼法都普遍承认已经发生法律效力的内国仲裁裁决在内国境内具有与内国法院做出的确定判决同等的法律效力，并且都明确规定，必要时，内国法院或其他有执行权的机构可以基于任何一方当事人的请求，按照与执行内国法院的确定判决同样或类似的方式和程序予以强制执行。

当内国仲裁裁决需要到国外执行时，根据各国有关立法的规定，一般都授权有管辖权的法院或允许有关当事人直接向与本国存在条约关系或互惠关系的国家的法院提出申请，要求予以强制执行的协助。

（二）外国裁决的承认与执行

外国裁决的承认与执行不仅涉及当事人及其利害关系人的切身利益，而且更为重要的是它关系到各国社会、政治、经济、文化、法律等各个方面，所以，世界各国都在授权内国法院或其他有权机构承认和执行外国仲裁裁决的同时，又为外国裁决的承认与执行规定了一定的条件和程序。

1. 承认与执行外国仲裁裁决的条件

根据各国仲裁立法和民事诉讼法规定，某一外国仲裁裁决要在一国境内得到承认与执行，一般必须具备以下条件：

（1）必须存在有效的仲裁协议；

（2）有关裁决是有关仲裁庭在管辖权范围内做出的裁决；

（3）做出有关裁决所依据的仲裁程序符合有关当事人之间订立的仲裁协议的规定，或在没有这种仲裁协议的规定时，不违反原裁决国的法律；

（4）有关的仲裁程序为被执行人提供了适当的辩护机会；

（5）请求承认与执行的仲裁裁决应是确定的裁决；

（6）有关国家之间存在互惠关系；

（7）有关外国仲裁裁决的承认和执行不与内国的公共政策相抵触。

2. 承认与执行外国仲裁裁决的程序。

根据国际商事仲裁实践中的通常做法，承认与执行外国仲裁裁决的程序是由有关当事人向执行地国家的法院或其他有执行权的机构提出书面申请，由该法院或机构进行审查，确认有关外国仲裁裁决符合内国法律所规定的条件以后，发给执行令。然后由该内国法院或有关主管机构按照执行内国仲裁裁决同样的方式和程序予以执行。

第四篇　国·······际·······贸·······易

国际贸易实际运作篇

国际贸易实际运作的基本知识具有相当的使用价值。对国际贸易经营的决策者和管理者而言，最为重要的是如何以高屋建瓴的视野和严密可行的思路去驾御这些知识，以便少犯错误和多获成功。

第十六章
商务谈判与合同的签订

商务谈判或交易磋商（Business Negotiation）是指买卖双方就买卖商品的有关条件进行协商，以期达成交易的过程。它是对外贸易工作的重要环节，是国际货物买卖过程中不可缺少的环节。没有交易磋商，就没有合同及合同的履行。

交易磋商完成后，有关交易的具体内容、合同条款，双方应承担的责任和应履行的义务，以及在执行合同过程中可能发生的纠纷和问题，双方经过友好协商，在平等互利的基础上签订协议或合同。所签订的合同是双方交易的基础和依据。

第一节　商务谈判的前期准备

准备充分是商务谈判成功的基础。进行周密的市场研究，树立明确的谈判原则和目标，并组织专业有效的谈判队伍，是商务谈判前期准备工作的主要内容。

一、市场研究

通过市场研究，搜集相关信息进行科学分析，有利于企业正确地判断国际市场环境和谈判对手的实力，判断市场发展的趋势。

1. 市场信息搜集

现在西方工商企业无不以营销（Marketing）观念作为指南。当今，世界已进入信息时代，要想做到这一点，没有信息是不行的。西方人把信息当做无形的财富，是社会进步的三大支柱之一。只有在信息灵通、耳聪目明的情况下，才能防止经营上的盲目性和决策上的失误。

国际市场调研所搜集的信息应具备三个条件，即符合调研目标需要、准确和及时。在包罗万象的国际市场信息中，要及时、目的明确并有的放矢地搜集符合调研目标需要的信息资料，认真查明资料的来源是否可靠，对搜集到的信息资料慎重处理，并将相关资料保留存档。

市场信息包括宏观和微观两方面。宏观信息指国别和产业信息；微观信息指具体企业和特定市场信息。表 16-1 给出了国际商务谈判者应知晓的最重要的信息。

表 16-1　　　　　　　　国际商务谈判中最重要的市场信息

宏 观 信 息	微 观 信 息
关税措施	当地市场法律和法规
非关税措施	目标市场规模
本国进口和出口数据	当地市场标准和规范
别国进口和出口数据	分销渠道
政府贸易政策	竞争企业状况

全面搜集市场信息是一项成本高昂的工作。大多数情况下，企业可以利用各种二手信息资源，如各种政府部门、国际组织、咨询机构、行业协会的数据库，公开出版的各类产品和企业目录，互联网在线数据资源，电子数据出版物，同行企业的信息交流，等等。企业在利用二手信息资源时，同样也要衡量研究成本。应注意识别信息来源的可靠性、信息的时效性以及与特定商务谈判的相关性。

在某些情况下，企业还需搜集特定的原始信息。例如：本公司产品在马来西亚市场的预计销售情况；一个典型的日本顾客在方便食品上的消费；产品新包装对顾客需求的影响；美国客户在工业产品的服务上有何惯例和期望，等等。原始信息的搜集也可外包给专业的服务机构或咨询公司完成。

原始信息的搜集方法主要包括：（1）访谈法，通过逐个走访专家获得信息；（2）专家小组讨论法，就特定议题召开专家小组会议，面对面互动交流和充分讨论，这可以避免个别访谈的局限性；（3）观察法；（4）问卷调查法；（5）网上调研法，包括在线调查和电子邮件调查。

2. 数据和信息分析

利用各种数据分析模型和工具进行预测和决策，是科学管理的必然要求，也是国际市场研究的重要组成部分。企业可利用市面上已开发的各种计算机软件包进行定量的数据分析工作，辅助预测和决策；也可根据已有信息对自身和对手的谈判实力进行定性分析，真正做到"知己知彼"。

在谈判准备阶段进行对手分析，应包括如下内容：

（1）对手的实力。包括公司历史、社会影响，资本与投资状况，技术装备水平，产品品种、质量、数量等。

（2）对手的需求与诚意。包括对方与我方合作的意图，合作的目的，合作愿望是否真诚，对合作的迫切程度如何，对合作伙伴选择的余地，与我国其他企业有无往来等。要尽可能了解对手的需要、信誉、能力与作风。

（3）对手的谈判人员情况。包括人员组成，各自的身份、地位、性格、爱好、谈判经验、特长和弱点等。

二、树立明确的谈判原则和目标

国际商务谈判是协商，协商的目标是要满足各方的利益需要。因此，与"你死我活"的战争或"成王败寇"的竞技比赛不同，成功的商务谈判要遵循"双赢"的谈判规则。

1．尽量扩大总体利益

谈判双方应共同努力，首先扩大双方的共同利益，然后再讨论与确定各自分享的比例，即"先把蛋糕做大，再来分蛋糕"。现实中，谈判双方的总体利益是客观存在的，但往往又是隐藏在矛盾背后的。发掘这些现实的潜在的共同利益，需要双方的诚意、合作以及高超的谈判技巧。

2．营造公开、公平、公正的竞争局面

同谈判对手进行的竞争应该是"公平竞争"，建立在平等互利的基础上。要避免"轮番压价式"的做法，要以公平竞争来获得合理价格。

3．明确目标

建立谈判目标就是对主要谈判内容确定期望值和期望水平。任何一种谈判都应以目标的实现为导向，而目标最终是体现在双方签署的合同中。值得注意的是，谈判目标一般应分为三个层次，包括：

（1）必须达成的目标，毫无讨价还价的余地，宁愿谈判破裂也不放弃；

（2）希望达成的目标，只有在迫不得已的情况下才考虑放弃；

（3）乐于达成的目标，在必要时可放弃。

例如，在企业引进生产线谈判时，需从企业现有的生产条件、目前国内外同类型设备的技术先进水平、国家有关政策以及自身资金状况等诸多因素综合考虑，在谈判前制定包括技术要求、考核与验收标准、技术培训要求、交货期以及价格水平等谈判目标，这样能在谈判时目标明确，做到货比三家，并且有针对性地与供货商谈判，从而保证引进先进实用、价格合理的技术与设备。

谈判目标要有弹性。双方要积极寻找隐藏于各自立场背后的共同利益，在具体问题上可以采取灵活的态度、变通的方法、折中的方案。否则，如果在谈判中缺乏回旋余地，那么稍遇分歧，就有可能使谈判流产。

三、组织专业有效的谈判队伍

国际商务谈判小组包括首席谈判代表、谈判小组其他成员、翻译等。一般而言，首席谈判代表应具有强烈的责任心和目标感，知识广博，精通业务，经验丰富，富有创造力、组织力和协调力。谈判小组其他成员要各有专长，并从思想和行动上紧密结合，确保内部协调一致。较为复杂的国际商务谈判，还可建立谈判分组。在这个谈判班子中，应当包括熟悉商务、技术、法律和财务等方面的人员。

例如在技术贸易谈判时，可成立由企业主管为首席代表，并由资产组、技术组、法律文件组、商标及专利事务组等职能小组组成的谈判班子。这些专门小组均由熟悉业务的各种专业人才组成，各自的知识结构具有互补性，因此解决各种专业问题就能驾轻就熟，有助于提高谈判效率，并在一定程度上减轻首席代表的压力。

谈判队伍一经形成，就要制定相应的工作规范，明确各成员的职责分工。必要时应对谈判小组成员进行专业知识、谈判技巧、商务礼仪等方面的培训，以适应国际商务谈判的需要。例如，在跨文化沟通方面，使谈判人员了解不同国家商人的谈判风格和商业文化（如表 16-2 所示），对确定谈判策略和技巧不无裨益。

表 16-2　　　　　　　　各国商人的谈判风格

国　别	谈　判　风　格
美国人	性格豪爽、非常自信、喜好竞争、注重实际
德国人	准备充分、注重权利、讲求效率、不易妥协
法国人	使用法语、顽强有度、不拘小节、注重友谊
英国人	讲究绅士风度、善于争辩、不易放弃
日本人	十分注重礼仪和身份、言辞委婉、内向、精明、重视问题的实质与细节、不易让步、讲求团队合作
阿拉伯人	具有很强的种族和宗教意识、重视血缘关系和信誉、精于讨价还价、尊重对手、珍惜友谊

四、制定商务谈判的方案

商务谈判的方案是指为了完成某种或某类商品的进出口任务而确定的经营意图、需要达到的最高或最低目标，以及为实现该目标所采取的策略、步骤和做法，它是对外洽谈人员遵循的依据。

不同的进出口商品所制定的经营方案是不同的，经营方案的内容及其繁简也不一样。出口商品经营方案的主要内容大致包括：国内货源供应状况、国外市场的需求状况及价格变动趋势、具体的经营意见和安排、推销的计划进度以及按推销计划采取的措施。对于大宗商品或重点推销商品通常逐个详细制定经营方案；对中小商品则制定内容较为简单的价格方案即可。进口商品经营方案内容主要包括：数量的掌握、采购市场的安排、价格及交易条件的掌握、贸易方式的运用以及交易对象的选择等。

第二节　商务谈判的基本形式和步骤

一、磋商方式

交易中的磋商可以通过多种渠道、多种方式进行。究竟采用何种方式进行磋商要视具体情况而定。一般来说，交易磋商的基本形式有两种：口头磋商和书面磋商。口头磋商是交易双方当面谈判交易，如参加各种交易会、洽谈会，以及贸易小组出访、邀请客户来访等，此外还包括双方通过国际长途电话进行的交易磋商。书面磋商包括由交易双方通过信函、电报电传、传真等往来磋商交易。这两种形式有时也可以结合使用。随着现代通信技术的发展，书面洽谈越来越简单易行，而且费用较口头磋商要低廉一些。目前，日常的交易仍然以书面磋商形式为主。无论采用哪一种方式，其法律效力是一样的，双方在交易条件方面达成协议后，即可制作正式书面合同。

二、磋商内容

在国际货物买卖中，交易磋商的内容涉及拟签订的买卖合同的各项条款，其中包括商品的名称及品质、规格、数量、包装、价格、交货时间、支付方式以及商品检验、异议与索赔、仲裁和不可抗力等。从理论上讲，只有就以上条款逐一达成一致意见，才能充分体现"契约自由"的原则。然而在实际业务中，并非每次洽商都需要把这些条款一一列出、逐条商讨。根据我国多年的交易实践，一次交易双方就主要交易条件进行磋商并达成一致意见时，交易即告成立。所谓主要交易条件一般指商品的名称及品质规格、数量、包装、价格、支付方式和交货时间。其他一般交易条件（General Terms and Conditions）印在合同中，只要双方没有异议，就不必逐条重新协商，这些条件也就成为双方进行交易的共同基础。这对于缩短洽商时间和节约费用开支，都是有益的。

三、双赢谈判的步骤

在商务谈判中，谈判双方虽然不是敌对关系，但一般会存在利益冲突和矛盾。如果谈判双方至少有一方在谈判中缺少诚意，或谈判双方都没有正确掌握谈判的原则和技巧，谈判者往往会陷入难以自拔的境地：要么谈判陷入僵局；要么双方在达成协议后总觉得双方的目标都没有达到；或者谈判一方总有失掉一场对局的感觉。因此，应该遵守一定的规程，提高谈判者的谈判技巧和能力，以使谈判的结果达到双赢，并使双方的利益实现最大化。

在谈判双方彼此存在长期合作诚意的前提条件下，谈判步骤应包括申明价值（Claiming Value）、创造价值（Creating Value）和克服障碍（Overcoming Barriers to Agreement）三个步骤。申明价值是谈判的初级阶段，谈判双方彼此应充分沟通各自的利益需要。此阶段的关键步骤是弄清对方的真正需求，因此，其主要技巧就是多向对方提问，探明对方的实际需要；与此同时，也要酌情申明自身的利益所在。故意迷惑或误导对方的所谓谈判技巧是不可取的。创造价值是谈判的中级阶段，谈判中谈判双方在申明价值的基础上，想方设法去寻求最佳的方案，找到双方的最大利益。创造价值的阶段往往是商务谈判最容易忽略的阶段。克服障碍是谈判的攻坚阶段。谈判的障碍一般来自于两个方面：一是谈判双方彼此利益存在冲突；二是谈判者自身在决策程序上存在障碍。前一种障碍需要双方按照公平合理的原则来协调利益；后者就需要谈判无障碍的一方主动去帮助另一方迅速做出适当决策。

第三节　商务谈判的实质程序

在充分做好交易前的各项准备工作之后，就可以考虑开始和对方进行交易磋商了。交易磋商是合同的根据，它直接影响到合同的签订与履行，关系到买卖双方的经济效益。商品交易磋商整个过程通常包括四个环节，即询盘、发盘、还盘、接受，其中发盘和接受是每笔交易必不可少的两个基本环节或法律步骤。

一、询盘

询盘又称询价（Inquiry），是指交易的一方为购买或销售某种商品，向对方询问买卖该商品的有关交易条件，以邀请对方发盘的表示。询盘内容可简可繁，可只询问价格或要求发价，也可询问其他交易条件，除此之外，有时还会表达与对方进行交易的愿望，希望对方接到询盘后即做出发盘，以便考虑接受与否。这种询盘实际上属于邀请发盘，它是当事人订立合同的准备行为。询盘不是每笔交易必经的程序：但往往是交易的起点，它对买卖双方没有约束力。在习惯上，收到询盘的一方应迅速做出答复。

在实际业务中，由买方主动发询盘的较多；但在某种情况下，也有由卖方向买方发出的询盘。以下为两则电报询盘的实例：

买方询盘：

PLS QUOTE LOWEST PRICE CFR SINGAPORE FOR 500 PCS FLYING PIGEON BRAND BICYCLES MAY SHIPMENT CABLE PROMPTLY （请报 500 辆飞鸽牌自行车 CFR 新加坡的最低价，五月装运，尽快电告）

卖方询盘：

CAN SUPPLY ALUMINIUM INGOT 99 PCT JULY SHIPMENT PLS CABLE IF INTERESTED （可供 99％的铝锭，七月份装运，如有兴趣请电告）

在国际贸易中，使用询盘要慎重，不要滥发询盘，特别是在进口贸易中，以免引起不良后果。假如乱发询盘，很可能引来大量发盘，而买方又不能全买，这样势必影响双方合作；同时也容易把自己的意图泄露出去，形成高价发盘。

二、发盘

发盘（Offer）是交易的一方——发盘人，向另一方——受盘人提出交易条件并愿意按这些条件达成交易的一种口头或书面的表示。《联合国国际货物销售合同公约》第 14 条规定："向一个或一个以上特定的人提出的订立合同的建议，如果十分确定并且表明发价人在得到接受时承受约束的意旨，即构成发价。一个建议如果写明货物并且明示或暗示地规定数量和价格或规定如何确定数量和价格，即为十分确定。"《中华人民共和国合同法》第 14 条规定："要约是希望和他人订立合同的意思表示，该意思表示应当符合下列规定：（一）内容具体确定；（二）表明经受要约人承诺，要约人即受该意思表示约束。"在国际贸易中，发盘通常是卖方在收到买方询盘之后向买方提出的，也可由卖方主动提出，我们称之为"卖方发盘"（Selling Offer）。卖方向买方发盘也可用送交报价单或形式发票（Proforma Invoice）。形式发票用于某些实行进口和外汇管制的国家。这些国家规定进口商必须凭国外出口商提供的形式发票才能申领进口许可证和外汇。发盘有时也由买方向卖方提出，习惯上称为"递盘"（Bid）或"买方发盘"（Buying Offer）。

（一）发盘的条件

发盘是有条件的，一个有效发盘即我国实际业务中所称的实盘（Firm Offer）一般要具备下列条件：

（1）发盘要有特定的受盘人。受盘人可以是一个，也可以是一个以上的自然人或法人，但必须特定化，而不是泛指。如一方在报纸杂志或电视广播中做商业广告，即使内容明确完整，由于没有特定的受盘人，也不能构成有效的发盘，而只能看做是邀请发盘。

（2）发盘的交易条件（内容）必须完整、明确、肯定。发盘的主要交易条件是否完整、明确、肯定，是决定这个发盘是否有效的根本因素。所谓明确、肯定，是指在发盘中没有任何含糊其辞、模棱两可、非肯定的词句，如参考价（Reference Price）、估计可供应（By estimate we can supply）等。所谓完整，是指发盘中各项主要条件齐全。《联合国国际货物销售合同公约》中规定，一项有效发盘只要写明货物，明示或暗示规定数量和价格，或只规定如何确定货物的数量和价格，即视为交易条件完整。但在我国外贸实践中，一般要求在发盘中列明货物的品名、品质、数量、包装、价格、交货、支付等主要交易条件。

（3）表明发盘人受其约束，无保留性条件。发盘人在发盘内容中要明确地表明，在得到有效接受时，将按照发盘条件承担与受盘人订立合同的法律责任，而没有诸如"以我方最后确认为准"等之类的在对方承诺后再需明确的条件。否则，若有这类保留性条件，即视为无效的发盘，即虚盘（Free Offer），虚盘对双方均无约束力。

（4）发盘一般都规定有效期，作为发盘人受约束的期限和受盘人接受的有效时限。在此期限内，发盘人不得任意撤销发盘，受盘人也必须在此期限内做出答复。在国际贸易中，凡是发盘一般都有有效期，只是规定有效期的方式有明确与不明确之分，但是规定有效期并非构成有效发盘的必要条件，如果发盘中没有明确规定有效期，受盘人应在合理时间内接受，否则无效。其合理时间的长短，国际上并无统一解释，通常主要取决于传达的方式、货物的特点以及市场情况。为了避免执行中的争执，发盘人在规定有效期时最好明确具体。

（5）发盘必须传达到受盘人才能生效。也就是说，发盘虽已发出，但在到达受盘人之前并不产生对发盘人的约束力。在国际货物买卖业务中，发盘的生效各国均采用送到主义原则。《联合国国际货物销售合同公约》第15条规定："发价于送达被发价人时生效。"《中华人民共和国合同法》第16条规定："要约到达要约人时生效。采用数据电文形式订立合同，收件人指定特定系统接受数据电文的，该数据电文进入收件人的任何系统的首次时间，视为到达时间。"除非当事人另有约定，口头发盘必须立即接受。发盘发出之后，在其到达受盘人之前，发盘人可以改变主意，对发盘予以取消，阻止原发盘的生效，但撤回通知要先于发盘或与发盘同时到达受盘人。《联合国国际货物销售合同公约》第15条（2）款规定："一项发价，即使是不可撤销的，得予撤回，如果撤回通知于发价到达被发价人之前或同时到达被发价人。"《中华人民共和国合同法》也有类似的规定。

一项发盘在以下几种情况下即构成失效：第一，受盘人做出更改发盘内容的表示。第二，发盘生效后，发盘人在受盘人接受发盘之前撤销该发盘，解除发盘的效力。但注有有效期以及受盘人主观上信赖该发盘是不可撤销的，并且已采取了与交易有关的行动，如寻找用户、组织货源等，这种发盘是不可撤销的。《联合国国际货物销售合同公约》第16条以及《中华人民共和国合同法》第18条对此做出了相关规定。第三，受盘人表示同意的通知在发盘人所规定的时间内，没有送达发盘人。第四，如发生政府发布有关禁令或限制措施，或发盘人死亡、丧失行为能力等特殊情况，则原发盘可视为失效。

（二）发盘的种类

在国际贸易中，发盘有多种形式，如根据对发盘人的约束和是否承担责任而分为实盘和虚盘，根据发盘来自买方或来自卖方分为买方发盘和卖方发盘。除此之外，还可根据在发盘中所享有的利益、限制条件等情况分为联合发盘、复合发盘、优先发盘、重复发盘、保护性发盘等。

1. 联合发盘（Combined Offer）

发盘人在对一个受盘人的发盘中，包括两个或两个以上的品种和规格的商品，或不同的数量、价格、包装、交货期，并声明受盘人必须同时全部接受方为有效，这种有两个或两个以上的发盘搭配在一起的发盘称为联合发盘。它一般为实盘，通常应用于等级较多的初级产品的发盘中。

2. 复合发盘（Compound Cffer）

复合发盘是指发盘人对一个受盘人同时发出包括有两个或两个以上的各

自独立的发盘。这种复合发盘和上述的联合发盘不同，可接受其中一个，拒绝其他。它一般也是实盘性质。

3. 重新发盘（Renew Offer）

重新发盘也称更新发盘，是指原发盘人对已失效的发盘重申有效的意思。它一般是在原发盘有效期过后，但买卖双方对交易仍有兴趣，在一方要求下，原发盘人重复原发盘内容而提出新的有效期，其实质是原发盘有效期的延长。

4. 重复发盘（Repeated Offer）

重复发盘是指发盘人继上笔交易达成后，按上次所达成的交易条件再发盘给同一受盘人洽谈第二笔交易。如其内容有变化，在发盘中只需说明不同的条件。这种发盘旨在节省电文，别无他意。

5. 优先发盘（Priority Offer）

优先发盘是指买方在市场上进行购买或销售某种商品，享有优先（第一手）权利，即发盘人只能给指定的受盘人发出按一定条件出售商品的实盘；同时只有在该受盘人拒绝按照所建议的条件接受时，发盘人才能向其他买方提出同样条件的发盘。如果其他买方也拒绝按此条件接受，则发盘人更改条件的新发盘仍必须以"优先发盘"发给与其已有协定的受盘人。优先发盘是根据双方协定而进行的。

6. 保护性发盘（Protective Offer）

保护性发盘不以出售货物为目的，而是用来在垄断联合企业的成员之间对市场进行非公开的瓜分。其具体做法是，跨国公司的某个成员接到来自该集团的另一成员业务活动地区的买方询盘要求时，它就向该买方故意抬高报价或提出过长的交货期，以使该买方转向为该市场服务的成员公司购买。

三、还盘

还盘（Counter Offer）是指受盘人对发盘人在发盘中提出的条件不同意或不完全同意，而以口头的或书面的形式提出更改的表示。在交易磋商中，不论原来发盘的有效期是否到期，只要受盘人对原发盘有任何一点的改变或任何条件的增减，就构成对原发盘的拒绝，原发盘即失去效力，发盘人不再受其约束。一项还盘等于是受盘人以发盘人身份向原发盘人所做的一项新的发盘，还盘做出后，还盘人与原发盘人的地位发生了变化，还盘人由原来的受盘人变成新发盘的发盘人，而原发盘的发盘人则变成了新发盘的受盘人。如果原发盘人对修改条件表示接受，交易便可达成；如果原发盘人对还盘内容和条件又做了新的修改，这就是对还盘的还盘，称为再还盘（Counter-

Counter-Offer），这时的再还盘，又构成一项新的发盘。在通常的贸易谈判中，虽然从法律上讲，还盘并非交易磋商的基本环节，交易的达成可以不经过还盘这一环节，然而，在实际业务中，一笔交易的达成，有时要经过多次还盘、再还盘。

还盘与再还盘不仅可以就商品价格的高低提出修改，也可以就交易的其他条件提出修改意见。例如，某受盘人根据发盘做出如下答复：

YOUR CABLE 10TH COUNTER OFFER USD 70 PER DOZEN CIF NEW YORK（你 10 日电收悉，还盘每打 70 美元 CIF 纽约）

YOUR CABLE 10TH MAY SHIPMENT D/P 30 DAYS（你 10 日电收悉，装运期 5 月 D/P 远期 30 天）

四、接受

接受（Acceptance）是指受盘人在发盘有效期内无条件地完全同意发盘内容的肯定表示。发盘和接受是磋商成功的两个不可缺少的环节，法律上称之为承诺。实盘一经有效接受，交易即告达成，合同亦即成立，买卖双方都应受其约束，分别履行其所应承担的义务。

作为一项法律上有效的接受，必须具备下列条件：

（1）接受必须是由特定的受盘人做出，不能是第三者。发盘是向特定的人发出，表示发盘人愿按发盘中的条件与对方订立合同，但并不表示发盘人愿以该条件与任何其他人订立合同。因此，接受只能由特定的受盘人做出才具有效力；否则，受盘人之外的第三方做出的所谓"接受"只是一种"发盘"性质，在具备某些条件（如有交易条件内容）时，这种"接受"构成发盘。

（2）接受时必须无条件地完全同意发盘的全部内容。从原则上讲，接受的内容应该与发盘中提出的条件完全一致，才表明交易双方就有关的交易条件达成了一致意见，这样的接受才构成有效。那么是不是受盘人在接受时，不能对发盘内容做丝毫的变更呢？根据《联合国国际货物销售合同公约》的精神，其关键问题是看这种变更是否属于实质性的。如果受盘人对发盘的变更或修改属于实质性的，即对货物价格、付款、数量、质量、交货地点和时间，以及一方当事人对另一方当事人的赔偿责任范围或解决争端等的添加或不同条件，即使受盘人在做出答复时使用了"接受"字眼，也不构成有效接受，而视为还盘；如果是非实质性变更或修改，则此项接受是否构成有效接受，要取决于发盘人的意见。假使发盘人同意修改，没有异议，则合同条件包含了发盘的内容和接受通知中所做的变更。

（3）接受必须在发盘有效期内做出。发盘中一般都规定了有效期，受盘人只有在有效期内做出接受，才具有法律效力，如果受盘人表示接受的通知在规定的有效期之后送达发盘人，则视为"迟到的接受"（Late Acceptance）。这种接受对发盘人没有约束力，也没有法律效力。接受通知一经在有效期内到达发盘人，接受立即生效，并且不能撤销，但是在接受通知未送达发盘人之前，受盘人可以随时撤回接受，只要撤回通知先于接受或与接受通知同时到达发盘人。

（4）"接受"的传递（或通知）方式必须符合发盘的要求。如发盘中未对传递方式做具体规定，则受盘人应以与发盘相同或更快的方式做出接受。

（5）接受必须由受盘人发出声明或做出某种行为来表示。声明包括口头的或书面的。受盘人也可以用某种行为表示接受，如与发运货物或支付货款有关的行为。在这种情况下，受盘人不需要向发盘人发出通知，就可以认为接受成立。当受盘人做出表示同意的行为时，接受开始生效，但此行为必须在发盘人所规定的发出表示同意通知的时间内做出。

第四节　国际贸易合同及其签订

国际贸易合同是国际贸易实务中的重要内容，国际贸易能否顺利进行，很大程度上取决于国际贸易合同的签订状况。合同是当事人相互约定的各自的行为标准，合同内容的严密性对于争议的防范和处理具有重要意义。国际贸易合同种类很多，其中又以国际货物买卖合同最为普遍和重要。

一、国际货物买卖合同及其有效成立条件

（一）国际货物买卖合同的含义

国际货物买卖合同也称为国际货物销售合同，它是指营业地处于两个或两个以上不同国家的当事人之间达成的关于一方交付货物、收取货款，另一方接受货物并支付货款的协议。通常我们对合同的表述为：合同是当事人意思表示一致达成的协议，或者是一种合意的结果。就一国而言，国际货物买卖合同是该国当事人与境外当事人订立的货物进口或出口合同。

国际货物买卖合同作为一种合同或买卖合同，它具备合同或买卖合同的一般特点，如它是有偿的双务合同，是诺成合同。与一般的合同相比，国际货物买卖合同具有如下特点：

（1）合同当事人的营业地分别处于不同的国家或地区。国际货物买卖合

国际贸易实际运作篇

同具有国际性。其判断标准在国际上曾引起过许多争论：当事人的营业地处于不同的国家或地区，或者当事人具有不同的国籍，或者订约行为完成于不同国家，或者货物跨越国境进行运输，等等。按照《1980 年联合国国际货物买卖合同公约》（以下简称《公约》）的规定，国际货物买卖合同是指营业地处于不同国家的当事人所订立的货物买卖合同。《公约》在这里所采用的是以营业地点是否分别处于不同国家作为衡量国际货物买卖合同的标准，只要双方当事人的营业地点处于不同国家，即使他们的国籍相同，他们所订立的货物买卖合同仍认为是国际货物买卖合同，属于《公约》的适用范围；相反，如果双方当事人的营业地点设在同一国家内，即使他们拥有不同的国籍，他们之间所订立的合同也应视为国内货物买卖合同。

（2）国际货物买卖合同的标的物是货物。国际货物买卖合同的标的物是货物。对于货物的定义，各国是不同的。《公约》采用排除法将六项标的物排除在公约的适用范围之外：供私人、家人或者家庭使用而进行的买卖；经由拍卖进行的买卖；根据法律执行令状或其他令状进行的买卖；公债、股票、投资证券或者流通货币的买卖；船舶、飞机的买卖；电力的买卖。

（3）调整国际货物买卖合同关系的法律是可选择的。一般国内合同只能使用国内法，而国际货物买卖合同当事人可以选择处理合同争议所适用的法律。我国的《民法通则》与《合同法》对此都做出了规定：涉外合同的当事人可以选择处理合同争议所适用的法律，但法律另有规定的除外。当事人可以约定合同适用《公约》，或者是某个国际惯例，或者是当事人一方所在国家的法律。在解决争议所适用的法律方面也同样如此。

（二）国际货物买卖合同有效成立条件

国际货物买卖合同是合同的一种。尽管各国在合同的概念上存在着一定分歧，但实际上都把双方当事人的意思表示一致作为合同成立的要素。同时，各国法律对于合同有效成立的条件的规定尽管不完全相同，但综合起来看，合同有效成立的条件主要有：

（1）当事人之间必须达成协议。合同是当事人之间的意思表示一致的结果。各国合同法都认为，意思表示一致必须由双方当事人就同一标的交换各自的意思，从而达成一致的协议。意思表示可以是明示的，也可以是默示的，即从当事人的行动来推定他们的意思。法律上把订立合同的意思表示分别称为要约和承诺。如果一方当事人向对方提出一项要约，而对方对该要约表示承诺，对当事人双方都成立的一项具有法律约束力的合同即达成。

（2）当事人之间意思表示必须真实。如上所述，合同是双方当事人意思表示一致的结果，如果当事人之间的合同是在受诈欺（Fraud）或胁迫

(Duress）的情况下订立的，或者当事人的意思表示内容有错误（Mistake），或者意思与表示不一致，虽然当事人之间达成了协议，但这不是出于当事人的真实意思表示，对于这种合同，受欺诈、胁迫的当事人一方或做出错误意思表示的一方事后可以此为理由主张合同无效或要求撤销合同。

（3）双方当事人必须具有订立合同的行为能力。国际货物买卖合同的订约人是合同的主体，包括自然人和法人两大类。具有订立合同的自然人是指除法律另有规定外的成年人。各国法律基本上都规定未成年人和精神病患者不具有订约能力或者其订约能力受到一定的限制，这些人订立的合同，根据不同的情况，有的是无效的，有的是可以撤销的。而对于酗酒者是否具有订约能力，各国法律态度则不太一致。法人是国际货物买卖合同的另一大类民事主体，所谓法人是指拥有独立的财产，能够以自己的名义享受民事权利和承担民事义务并依照法定程序设立的组织。法人是一个组织，它是由自然人组成的，其活动必须通过自然人来进行，法定代表人是公司的合法全权代表，他当然具有订约能力。如果是法定代表人以外的其他代理人订立合同，该代理人必须经过授权，并在其代理权限范围内进行活动才有效。代理人越权或代理期限已过再以被代理人的名义订立的合同都是无效合同。

过去，我国法律曾规定，在中国，所有个人都无权签订国际货物买卖合同，只有经政府有关部门批准获得外贸经营权的企业或公司才能从事对外贸易活动，才能就其公司章程规定范围内的商品对外达成有效的货物买卖合同，没有取得外贸经营权的其他企业或公司签订的国际货物买卖合同一律无效。随着经济贸易的深化发展，我国根据入世承诺，在加入世贸组织后3年内要取消外贸权的审批，放开货物贸易和技术贸易的外贸经营权及其范围，同时考虑到在技术贸易和国际服务贸易、边贸活动中，自然人从事外贸经营活动已大量存在，外贸法作为外贸领域的基本法，应当允许自然人从事外贸经营活动。因此，新修订的外贸法将外贸经营者的范围扩大到依法从事外贸经营活动的个人，同时，取消了对货物和技术进出口经营权的审批，只要求外贸经营者进行备案登记即可。

（4）合同必须有对价（Consideration）或合法的约因（Cause）。有些国家的法律要求，有效的合同，除了要求当事人之间意思表示一致以外，还要求具备另一个要素，那就是"对价"，或称"约因"。所谓对价，是指合同当事人之间所提供的相互给付，即双方互为有偿。对价是使简式合同（包括口头合同和除签字蜡封合同以外的一般书面合同）有效的必不可少的要素。至于约因，是法国法规定的合同有效成立的条件之一。所谓约因，是指当事人签订合同所追求的最接近和直接的目的。按照法国民法典规定："凡属于无约因的债，基于错误约因或不法约因之债，都不产生任何效力。"这里的"债"包括债权和债务，而买卖合同是能够产生债权债务关系的一种。由此可以看出，英美法的对价和法国法的约因是合同有效成立的重要条件之一。没有对价或约因的合同，是无效合同，对当事人任何一方均无约束力。

（5）合同的标的和内容必须合法。订立合同是一种私法行为，资本主义国家的法律都规定"契约自由"、"意思自治"是合同法的基本原则，我国法律也有类似的规定。尽管如此，但是几乎所有国家的法律都要求当事人所订立的合同必须合法，并规定，凡是违反法律、违反善良风俗与公共秩序的合同一律无效。合同必须合法，包括合同的标的和内容都必须合法。所谓合同标的合法，是指当事人交易的标的物是法律允许进行交易的物品，例如各国法律都规定，毒品和其他违禁品等都是禁止流通的标的物。若当事人交易的标的是上述其中任何一种，则该合同无效。所谓内容合法，是指合同内容必须是法律所允许的，凡违反法律或者社会公共政策的合同是无效合同。例如，法律规定，禁止赌博，禁止与敌对国从事贸易等，一旦合同涉及这些内容，则合同的内容不合法，亦属无效合同。

（6）合同的形式必须符合法律规定。对于合同应该采取什么形式，合同才有效，各国法律规定不太一致。大多数国家对货物买卖合同采用"不要式原则"，即不规定任何特定形式要求。当事人不论是采用口头或书面形式，还是其他形式，都是合法有效的。《公约》也规定国际货物买卖合同无须以书面形式订立或以书面形式证明，在形式方面不受任何其他条件限制，买卖合同可以用包括人证在内的任何方式来证明。可见《公约》关于合同形式的规定，原则上也是不加限制的，无论采用口头形式还是书面形式，均不影响合同效力。我国现行的《合同法》改变了过去国际货物买卖合同只能采用书面形式的强制规定，其中有关合同形式的规定与《公约》规定基本相同，这样，我国在合同形式方面已经与国际通行做法保持了一致。根据我国《合同法》规定，合同可以采用书面形式、口头形式或其他形式，同时还规定：中华人民共和国法律、行政法规规定应当由国家批准的合同，获得批准时合同方能成立。该处所指的合同是包括国际货物买卖合同在内的所有涉外合同，书面形式包括电报、电传、传真及电子邮件和电子数据交换在内。

二、有关货物买卖合同的法律规则

有关货物买卖合同的法律规则包括有关的国际公约条约、国际惯例及各国有关的国内法规定。

（一）有关的国际公约条约

在众多的国际公约条约中，影响最广、最为重要的是《联合国国际货物销售合同公约》。《公约》于1980年3月在维也纳召开的联合国外交会议上通过，并于1988年1月1日生效。我国参加了维也纳会议，并于1986年12月核准加入该公约。但是，我国在核准《公约》时，根据我国的具体情况提出了两点保留：一是关于合同形式的保留，我国提出国际货物买卖合同必须采用书面形式，这一做法与当时实施的《涉外经济合同法》的相关规定是一致的。1999年施行的新《合同法》对合同形式不做强制规定，这样我国做出这一保留的大前提已经不复存在，但我国迄今尚未提出向《公约》取消该项保留。二是对根据国际私法规则导致《公约》的扩大适用提出的保留。《公约》规定，若当事人的营业地所在国是《公约》的非缔约国，但根据国际私法规则导致适用某一缔约国的法律，则《公约》对该合同也适用。对此，我国认为《公约》仅适用于营业地处于不同的缔约国的当事人所订立的合同，当事人在合同中对此问题另有约定的除外。需要指出的是，《公约》不具有强制性，当事人可约定排除其约束或改变其效力。

除《公约》外，国际上还有诸多关于国际海运、结算、知识产权等方面的公约，在处理国际货物买卖合同纠纷中经常予以引用。

（二）有关货物买卖的国际惯例

国际惯例是在国际经贸中逐渐形成的一些较为明确、固定的贸易习惯和一般做法，这其中有成文的和不成文的原则、准则和规则。它们通常由某些国际组织或商业团体所制定。这些规则惯例往往只对国际贸易的某一方面内容做出规定。国际贸易惯例不具有绝对的法律约束力，当事人可约定合同适用某惯例，也可在合同中采用或改变惯例的做法，这时，该国际贸易惯例就因合同而产生了法律约束力。

常用的有关货物买卖的国际贸易惯例有：《2000年国际贸易术语解释通则》，2004年《国际商事合同通则》等。《国际商事合同通则》是国际统一私法协会于1994年编撰的，2004年做了大的修订。它是一部具有现代性、广泛代表性、权威性与实用性的商事合同统一法。它可为各国立法参考，为司法、仲裁所适用，是起草合同、谈判的工具。2004年版的《国际商事合同通则》有十章，内容包括：总则、合同的订立与代理的权限、合同的效力、合同的解释、合同的内容与第三方权利、履行、不履行、抵消、权利的转让、债务的转让、合同的转让、时效期间等共185项条文及相关注释。从统一法分类角度宽泛地看，《国际商事合同通则》既可以被称为示范法、统一规则，也可以被称为国际惯例。从实用的角度看，一国在制定或修订合同法时可以把它作为示范法，参考、借鉴其条文；合同当事人可以选择它作为合同的准据法（适用法），作为解释合同、补充合同、处理合同纠纷的法律依据。由于它不带国籍、法系特色，内容又翔实具体，易于为各当事人接受作为合同的适用法律。此外，当合同的适用法律不足以解决合同纠纷所涉及的问题时，法院或仲裁庭可以把它的相关条文视为法律的一般原则或商人习惯法，作为解决问题的依据，起到对当事人的意思以及适用法律的补充作用。

（三）各国有关货物买卖的国内法律

对于货物买卖法，有的国家把此类法律编入民法典，有的编入商法典，还有很多国家用单行法的方式予以规定。不同国家的法律规定往往存在较大差异，因此各国对国际货物买卖合同的法律适用一般只做原则规定。我国的买卖合同法见于《合同法》（1999），现行合同法本着与国际接轨的精神，内容基本与国际通行做法保持一致。

三、书面合同的意义

按照合同成立的法律步骤，一方发出要约，另一方对要约内容表示完全有效的接受，则合同成立。但由于国际货物买卖具有环节多、过程复杂的特点，如果没有一份包括各项交易条件的书面合同对买卖双方各自的权利和义务做出全面、清楚、具体的说明，会给合同的履行带来诸多不便，一旦交易各方出现争议，也会在证明当事人之间存在合同关系方面出现困难。因此，在国际贸易实践中，买卖双方在达成交易后，一般都签订一份正式书面合同，将交易的主要条件，如标的物的品质、规格、数量、价格、交货时间及地点、支付等用书面方式加以明确。签订书面合同具有以下意义：

1. 书面合同是合同成立的证据

根据各国法律规定，对于合同是否成立发生争议，当事人一方提交仲裁或诉讼，主张合同成立的当事人一方必须提供证据，该证据包括人证和物证。若以信件、电报、电传等方式磋商，则提供证据较为容易。但如果当事人双方是以口头方式达成的交易，一旦发生争执，诉诸法律，负有举证义务的一方当事人就较难提供有力的证据，其权益就很难得到法律的保护。因此，尽管许多资本主义国家法律承认口头合同的效力，但在国际贸易中，一般都要求签订书面合同，以作为合同成立的证据。

2. 书面合同是履行合同的依据

不管是采用口头方式还是书面方式达成的交易，如果签订一份包括交易条件的正式书面合同，就能避免在合同履行过程中可能出现的不便。所以，在国际贸易实践中，交易双方通常都要求将各方的权利义务用文字加以明确，以作为当事人今后正确履行合同的依据。

3. 书面合同有时是合同生效的条件

许多国家的法律规定，在交易磋商的过程中，只要接受生效，合同即告成立。可以看出，合同的生效是以接受的生效为条件的。但有的国家法律规定，签订书面合同有时也成为合同生效的条件。例如，我国《合同法》第33条规定："当事人采用信件、数据电文等形式订立合同的，可以在合同成立之前要求签订确认书。签订确认书时合同成立。"这时，签订确认书就成为合同生效的条件。此外，按规定必须经一方或双方政府机构审核批准才能成立的合同，也必须是具有一定格式的书面合同。

四、国际货物买卖书面合同的形式及基本内容

(一) 书面合同的形式

对于国际货物买卖合同的书面形式，国际社会没有特定的限制，买卖双方可采用正式的合同（Contract），也可采用确认书（Confirmation）、协议（Agreement），还可采用订单（Order）、委托订购单（Indent）等。在我国的进出口业务中，主要采用正式合同和确认书两种形式。

1. 合同（Contract）

在大宗、复杂、贵重或成交额较大的商品交易中通常采用这种形式。合同又可分为进口合同（Import Contract）和出口合同（Export Contract）两种，或称为购货合同（Purchase Contract）和销售合同（Sales Contract）两种。合同的格式是：约首、正文、约尾三部分。约首部分包括合同名称、编号、订约日期、订约地点、当事人的全称、地址及必要的序言等。正文部分是合同的中心部分，包括双方通过协商达成一致意见的各项交易条件，如商品名称、规格、品质、数量、价格、包装、交货时间与地点、运输与保险条件、支付方式以及检验、索赔、不可抗力和仲裁条款等，它是关于当事人双方权利义务的规定。约尾部分包括合同正副本份数、使用的文字及其效力、附件名称与效力及双方当事人签字等。

2. 确认书（Confirmation）

确认书是合同的简化形式，适用于小批量业务或金额不大但批次较多的业务，或是有长期贸易协议的交易。确认书有卖方出具的销售确认书（Sales Confirmation）和买方出具的购货确认书（Purchase Confirmation）两种。确认书与合同相比具有较为简单的特点，但同样包括主要的交易条件，经双方当事人签字后，具有与正式合同同等的法律效力，对当事人双方具有法律约

束力。

3. 协议（Agreement）

"协议"或"协议书"在法律上与"合同"同义，因为法律对合同的定义即是"当事人之间设立、变更、终止民事关系的协议"。书面合同如冠以"协议"或"协议书"的名称，只要它包括了交易的主要条件，买卖双方的权利义务明确、具体，则与合同一样具有同等的法律效力。若买卖双方所洽谈的交易较为复杂，经过谈判后，商定了一部分条件，其他条件有待进一步商洽，这时，双方可先签订一个"初步协议"（Preliminary Agreement）或"原则性协议"（Agreement in General），把双方已商定的交易条件确定下来，其余条件留待日后另行洽谈。但当事人必须在初步协议中明确该类协议具有初步性质，不是正式有效的合同。

4. 订单和委托订购单（Order）

订单是指由进出口商或实际买主拟制的货物订购单。委托订购单是指由代理商拟制的代客户购买货物的订购单。在买卖双方达成交易后，国外客户通常将他们拟制的订单或委托订购单寄来一份，以便我方据此履行交货和交单等合同义务；有的还寄来正本一式两份，要求我方签署后返回一份。这种经磋商成交后寄来的订单或委托订购单，实际上是国外客户的购货合同或购货确认书。有时，国外客户事先未与我方磋商，径自寄来订单或委托订购单，我方应根据订单或订购单具体的内容区分它是发盘还是发盘邀请，然后分析其内容，再决定是否与之进行买卖，并及时给对方以答复。如果国外客户是在订约后寄来的订单或订购单，我方更应加以仔细审阅，如发现其中某些条款与双方磋商达成的协议不一致而我方又不能接受，必须及时向对方提出异议，不能置之不理，否则对方会认为我方默认其订单或委托订购单中经过修改或添加的条款。

（二）国际货物买卖合同的基本内容

合同具体地规定了买卖双方各自的权利与义务，其内容又可划分为主要条款和一般条款。通常，国际货物买卖合同应包括以下五个方面的基本内容：

（1）合同的标的。合同的标的是合同中最基本的内容之一，因为当事人双方签订合同，其中卖方的直接目的是出售货物、收取货款，买方的直接目的是取得货物、支付货款。合同的标的具体又包括货物的名称、品质、规格、数量、包装等。

（2）货物买卖的价格。价格是合同中的核心条款，它直接关系到当事人的经济利益。当事人在买卖合同中设定价格条款时，通常包括货物的单价和总价，或如何确定价格的办法，其中单价还涉及计量单位、价格金额、计价货币、贸易术语等内容。

（3）卖方的义务。这项规定主要包括交付货物、移交与货物有关的单据和将货物的所有权移交给买方等。其交付货物又包括卖方的交货地点和交货时间。

（4）买方的义务。该项规定主要包括支付货款和收取货物等内容。

（5）争议的预防与处理。这是对检验、索赔、不可抗力、仲裁等条款以及其他有关的规定，这些也是合同中必不可少的内容。

值得一提的是，合同中关于货物的运输和保险的规定，到底是由买方还是由卖方负责，取决于合同的价格条款，采用的价格术语不同，承担运输和保险费用的义务方会因此而不同。

第十七章
进出口合同的履行

　　买卖双方经过交易磋商达成协议后，即签订书面合同，作为确定双方权利和义务的依据。在国际贸易中，买卖合同依法有效成立后，有关当事人必须履行合同规定的义务。在实际业务中，虽然每份合同规定的当事人的权利义务随着品种、贸易条件、所选用的惯例等不同而各不相同，但卖方必须按合同规定，交付货物，移交一切与货物有关的单据和转移货物所有权；买方必须按合同规定，交付货款和收取货物。

　　"重合同，守信用"是我国对外贸易的重要原则。按时、按质、按量履行合同的规定，不仅关系到买卖双方行使和取得各自的权利和义务，而且关系到国家的对外信誉。因此，买卖双方必须严格履行合同。

第一节　出口合同的履行

　　我国的出口合同多属 CIF 或 CFR 贸易条件和即期信用证支付方式的合同。此类合同的履行一般包括催证、审证和改证、备货和报验、租船订舱、报关、投保、制单结汇及索赔和理赔等环节，其中以货（备货）、证（催证、审证和改证）、船（租船订舱）、款（制单结汇）四个环节最为重要。在履行中要密切联系配合各个环节的工作，防止"有货无证"、"有证无货"、"有货无船"、"有船无货"和"单证不符"等情况发生，力求做到证、货、船三方面的衔接和平衡。

　　（一）催证、审证和改证

　　在信用证支付方式条件下，买方按时开证是出口方履行合约的前提。但在实际业务中，由于市场变化等原因，买方未能按合同规定开来信用证，或由于货源或运输情况卖方可以提前装运时，出口方就应催促对方迅速开出信用证，以便履约交货。

收到信用证后，应立即对开证行及信用证内容进行认真审查和核对。如发现与合同条款不符或对我方不利的额外条款，应及时洽请进口方改证，并力争一次性改妥，以免产生不良的政治影响，导致经济损失。

（二）备货和报验

备货是指出口方根据出口合同的规定，参照信用证的要求，按时、按质、按量准备好应交的货物，以便及时装运。其主要内容包括向有关生产部门、供货部门或各企业的仓储部门下达联系单（有些公司称其为加工通知单或信用证分析单），安排和催交货物，核实应交货物的品质、规格、数量，进行必要的加工整理，办理刷制运输标志等工作。对备货时间的掌握，除要考虑合同的交货期外，还要和船期紧密衔接；备货时间一定要早于信用证规定的船期，以免脱节。

备货过程中，还要根据贸易惯例、进出口国的规定及合同条款的需要，对必须进行商品检验的货物，报请有关检验机构对出口商品实施检验，取得商检证书，这样才完成了备货这一环节的工作。关于商检证书的有效期，一般货物是从发证之日起两个月有效，鲜果、鲜蛋类为 2～3 个星期，植物检疫为 3 个星期，出口货物务必在有效期内出运。如果因船期不准而超期，应向商检局申请展期，经过其复验后才能出口。同时，商检证书必须与信用证保持一致，如果信用证偶有某些修改而使货物规格做了变动，应及时填制"更改申请单"，由商检局重新出证。

（三）租船订舱装运

按 CIF 或 CFR 贸易条件成交的出口合同，租船、订船是卖方的责任之一，这项工作应与备货同时进行。租船是对需要整船运输的大宗货物，由出口方委托租船公司在租船市场上洽租整条船舶；对数量不适整船装运的货物或零散货物，由出口方向班轮公司洽订班轮舱位或租订部分舱位。除非大的外贸公司，我国许多进出口企业将出口货物租船、订舱和装船工作，全部委托货运代理（如中国外运公司）办理。订舱及装船的简单程序为：进出口公司（托运人或发货人）在收到外运公司按月编印的内含航线、船名、抵港日期、预计装船日期和挂靠港口名称等的出口船期表，根据国外来证和合同内有关运输条款，以及货物的性质、数量等向有关船公司（承运人在装运港的代理人）填报托运单（订舱委托书：Booking Note, B/N），船公司根据托运单内容和船只载货的配载原则，结合船期、货物性质、货运数量、目的港等具体安排船只的舱位，签发装货单（俗称下货纸：Shipping Order, S/O），交出口商作为收货装载的凭证，出口商也可凭装货单按照有关规定向海关办理出口申报手续。

出口货物在装船前，必须向海关申报。申报时所需缴验的单证有：出口商填写的出口货物报关单、主管部门批准的出口许可证（免证商品除外）、商业发票、装箱单或重量单、商检证书（属法定检验的商品），必要时还须提供合同及信用证副本。海关对货物和单证核查无误后在装货单上盖"放行"章，至此完成了出口货物通关手续。而后出口商和负责运输的机构就凭此装船出口。装船完毕后，由船长或大副签发收货单（或称大副收据：Mate's Receipt），载明收到货物的详细情况，出口公司（托运人）凭此向船公司交付运费并换取提单。出口公司收到提单后，便向进口商发出装船通知，以便使买方做好接货准备或办理投保手续。

凡属按 CIF 价格成交的出口合同，卖方在装船前还必须及时向保险公司逐笔办理投保手续，取得保险公司签发的保险单或保险凭证。若是按 FOB 价格成交的出口合同，卖方在出口货物装上买方指定的船只以前，应及时向买方发出装船通知，便于买方及时办理投保手续。

（四）制单结汇

出口货物装出之后，出口公司应按信用证和合同的规定，及时、正确缮制各种所需单据，如提单、商业发票、保险单、汇票、装箱单、商检证书、海关发票、产地证明书等，并在信用证规定的交单有效期内，持单、证向有关银行办理议付结汇手续。

制单结汇是一项技术性和责任性很强的工作，要求严格、细致，结汇还涉及一系列银行业务和有关国家的外汇管理法令。制单时要求做到单据正确、完整、及时、简明和整洁，并且应使单据内容与信用证一致，各单据之间内容一致，以保证安全及时收汇。

货物出口后，出口单位要按有关规定，向外汇管理局及主管出口退税的税务机关办理出口收汇核销和出口退税。

（五）索赔与理赔

在出口合同的履行中，可能由于一方的违约行为或者由于双方对含糊的合同条款理解不一等原因而引起争议，由进口方向出口方提出索赔，或者由出口方向进口方提出索赔，其中因卖方交货与合同规定不符而引起买方索赔的情况居多。对索赔的处理，一般都要根据买卖合同的规定，特别是要根据合同中异议和索赔条款的规定来处理。卖方在处理索赔时，应注意以下几点：

（1）要认真细致地严格审核国外买方提出的单证的真实性和出证机构的合法性。国外买方进行索赔时，须提供各种有效的证据，如装运单、提货单、发票、装箱单、货损与货差的检验书、索赔清单等，对此卖方要审查买方所提供的证据是否齐全，出证机构是否符合规定，对其检验的标准和方法也都要一一核对，以防买方串通检验机构弄虚作假或国外检验机构检验有误。如证据不全、理由不足、事实不清楚，或出证机构不符合规定，可以拒绝赔偿。

（2）要认真做好调查研究，弄清事实，分清责任。货损如属船公司或保险公司责任范围，应由受损方向该单位要求处理；如属出口方的责任，在合理确定对方损失后，应本着实事求是的精神予以赔偿。对于不该赔的，必须根据可靠的资料，以理拒绝。

（3）要合理确定损失程度、金额和赔付方法，防止索赔时宁多勿少，理赔时宁少勿多。其一般原则是一方当事人因违反合同而需承担的赔偿额应与另一方当事人所遭受的损失额（包括预期利润、利息等在内）相等。

出口交易的基本程序如图 17-1 所示。

第二节　进口合同的履行

进口合同的履行是指按照合同规定，买方办理付款、接货以及处理履约过程中的其他有关事宜。商品进口交易和出口交易是对外贸易中相互依赖、相互制约的两个组成部分。一个国家的对外贸易总有进口和出口两个方面，在积极扩大出口的同时，根据需要，积极、稳妥、有重点、有限度地增加进口是必要的。出口的扩大是进口增加的前提条件；同时，由于进口关键设备，引进先进技术，加强国内基础设施的发展，有利于企业的产业改造和升级，有利于出口的扩大，进口增加又反过来促进出口的扩大。进口和出口是一个问题的两个方面，它们之间相互渗透、相互制约，是辩证的统一。但是进口与出口在对象、业务时间长短等方面有所不同，进出口双方当事人所处的地位不同，因此，在合同的履行上也有所区别。

目前，进口业务大多采用 FOB 价格条件成交、即期信用证付款，这类合同的履行程序一般包括开立信用证、租船订舱、装运、投保、审单付款、报关接货、检验、拨交及索赔等。这些环节的工作，是由进出口公司、运输部门、商检部门、银行、保险公司以及用货单位等各有关方面通力合作、协调管理、分工负责而共同完成的。在履行过程中，既要及时履行合同所规定的买方义务，也要随时督促出口方按合同规定履行义务，防止对方拖延履约或借故毁约，便于进口任务的圆满完成。

360

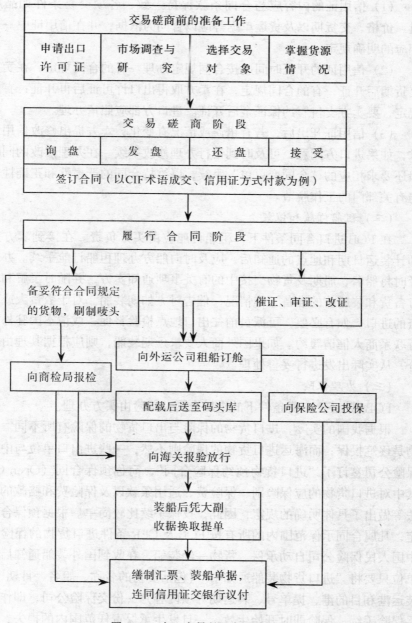

图 17-1 出口交易的一般程序

（一）开立信用证

进口合同签订以后，进口方应按合同规定填写开证申请书，及时向银行办理开证手续。开立信用证时应注意：

（1）信用证的内容应与合同条款保持一致，各项交易条件如品质、数量、价格、交货期以及货运单据等应以合同为依据，并在信用证中一一做出相应的明确规定。

（2）信用证的开证时间应按合同规定办理。有的合同规定，在卖方确定交货期后开证；有的合同规定，在卖方取得出口许可证后再开证；有的合同规定，要卖方支付履约保证金后开证。进口方都应照章办理。

（3）信用证开出后，若有错误或情况有变化，卖方提出修改信用证的要求，如果进口方同意，可及时到银行办理修改手续。在办理修改的同时，一般还要求相应的"合同变更单"手续，以维持合同的严肃性和正确性，避免与有关部门的工作脱节。

（二）租船订舱和催装

在 FOB 进口合同条件下，租船订舱应由买方负责。在接到卖方交货前预计装运日期和地点的通知后，应及时向船方办理租船订舱手续。办妥后要及时将船名、船期及货物交接中的有关事项通知卖方，并随时了解和掌握卖方备货和装船前的准备工作情况，催告对方如期装船。对于数量大或重要物资的进口，如有必要，可派员前往出口地点检验督促，或请本国驻外机构就近联系商人催请履约。如果国外商人要求延期装船，则应根据其理由是否充分，从实际出发进行妥善处理。

（三）办理保险

FOB 或 CFR 交货条件下的进口合同，保险由买方办理。

根据我国的实际，进口货物的保险与出口货物的保险有所不同。出口货物是逐笔投保；而海运进口货物的保险则不然，一些进出口单位与中国人民保险公司签订了"进口货物预约保险合同"，简称预保合同（Open Cover），其中对进口货物的应保险别、保险费、适用条款以及保险费和赔款的支付方法等做出了具体明确的规定，因此，投保手续比较简单。根据预保合同的规定，凡属合同承保范围内的所有按 FOB 及 CFR 条件进口货物的保险，都由中国人民保险公司自动承保。货物一经装船，在收到国外装船通知后，进口单位只要将"进口货物装船通知书"（包括货物的名称、船名、日期、金额、装运港和目的港、提单号、装运期等项内容）一份交保险公司，即作为已办妥保险手续，保险即时开始生效。一旦发生承保责任范围内的损失，由保险公司负责赔偿。

如果进出口公司与保险公司事先未订立预约保险合同的，则按规定的程序向保险公司投保。特殊情况下，如客户要求在国外办理保险时，则按保险公司所在国的有关规定和有关国际贸易惯例办理。

（四）审单付汇

开证行收到国外寄来的汇票及货运单据后，按照信用证条款的规定，根据"单证一致"、"单单一致"的原则审核单据，在表面严格符合的情况下对国外付款。同时，进出口公司审单相符后，用人民币按国家规定的有关折算的牌价向银行买汇赎单。如审单时发现单证不符或单单不符，应立即做出适当处理。其处理办法很多，或货到检验合格后再付款；或凭卖方或议付行出具担保付款；或要求国外银行改正；或停止付款等。

审单工作是履行进口合同的重要环节，既关系到能否按时、按质、按量做好进口工作，也关系到外汇的安全和合理使用，所以审单必须认真负责。

（五）报关、验收和拨交货物

进口货物运抵目的港后，由进出口公司（买方）或委托外贸运输公司根据进口单据如发票、提单、保险单或检验证书等填写"进口货物报关单"，向海关申报验放（即报关：Declaring to Customs）。海关凭进口许可证或进口货物报关单，对货、证进行查验无误后放行。

进口货物在目的港卸货时，港务局要进行卸货核对。如发现短缺，应及时填制"短卸报告"，交由船方签认，并根据短缺情况向船方提出保留索赔权的书面声明。如发现残损货物，应将其存放在海关指定的仓库中，由保险公司、商检局检验，以便向有关责任方索赔。

用货部门对进口货物要及时检验，未经检验不得安装、投产、销售、使用。在检验中如发现有残损短缺，应凭商检部门出具的证明，按合同规定的索赔期限对外索赔。

进口货物一般由进口单位委托运输公司提取并拨交用货部门，进口关税及运往内地的费用由运输公司向进出口公司结算，进出口公司再向用货部门结算。

（六）进口索赔

进口索赔（Clain for the Imports）是进口交易程序中非常重要的一环。进口货物常因品质、数量、包装、运输、保险等原因造成纠纷，而需要根据造成损失原因不同分别向卖方、船公司、保险公司提出索赔。

进口索赔是一项技术性、政策性极强的工作，办理进口索赔时一般应注意以下几个方面：

1. 索赔证件齐全、确凿无误

进口索赔需提供商检证书、发票、装箱单、提单副本、索赔清单等，并根据索赔对象的不同，另加附其他证件。如系 FOB 或 CFR 合同，在向卖方索赔时，还须提供一份保险单；向船公司索赔时，须另附船长及港口理货员签证的理货报告及船长签证的短卸或残缺证明；向保险公司索赔时，须另附保险公司与买方的联合检验报告等。

2. 严格把握索赔期限

进口索赔必须在合同规定的索赔有效期内提出，否则无效。如果因为某些原因无法提出者，应要求对方延长索赔期限或向对方声明保留索赔权。

3. 合理计算索赔金额

索赔金额除受损货物的价值外，应根据具体情况，将有关费用（如商检费、利润、利息等）包括在内。

4. 防止卖方借故推卸责任

进口货物发生损失，除属于轮船公司或保险公司的赔偿责任外，如属卖方必须直接承担的责任，应实事求是地直接向卖方要求赔偿。当然，有时也可给卖方留下补救措施，但并不影响向卖方提出损害赔偿的要求。应采取各种合理合法的措施防止卖方借故不赔。

进口交易的一般程序如图17-2所示。

第三节 主要进出口单据及其制作

单据是贸易过程中的一系列证明文件，它是指国际贸易和国际结算中直接反映或说明货物有关情况的商业凭证，通常由出口商制作或取得后通过银行转交给进口商。交单是出口商履约的重要环节。在进出口贸易中，出口商的交单代替了货物的交接，交易商品的各方面情况分别用不同的单据加以体现。

一、单据的作用

（一）单据是出口商履约的证明

从法律上讲，单据是一种书面证据，出口商只有在履行了合同规定的各项义务后，才能取得相应的单据。如出口商只有在货交承运人之后才能取得运输单据；办理了保险手续才能取得保险单，等等。因此，单据是出口商提供的履约证明。

（二）单据代表货物

进口商通过单据可以对货物进行全面了解，以判断货物是否符合合同要求，进而决定是否付款，即"见单如见货"；出口商收取货款的权利也通过单据来体现；同时，单据中往往有凭以提货的物权凭证，这些单据的转让和

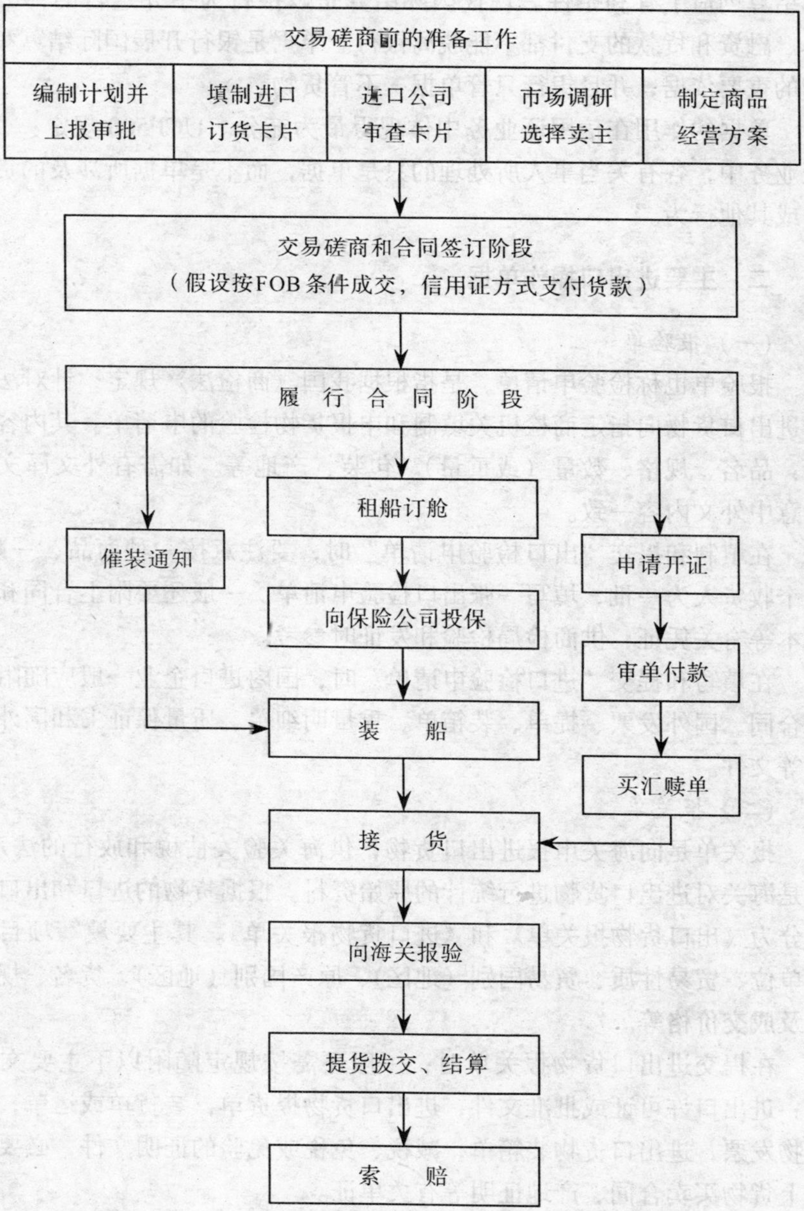

交易磋商前的准备工作				
编制计划并上报审批	填制进口订货卡片	进口公司审查卡片	市场调研选择卖主	制定商品经营方案

交易磋商和合同签订阶段
（假设按FOB条件成交，信用证方式支付货款）

履 行 合 同 阶 段

租船订舱

催装通知

申请开证

向保险公司投保

审单付款

装　船

买汇赎单

接　货

向海关报验

提货拨交、结算

索　赔

图 17-2　进口交易的一般程序

流通代表了货物的转让，控制了这类单据就意味着取得了货物。

（三）单据是银行办理国际结算的前提和依据

货物单据化、履约证书化，使贸易和结算得以分离，从而为银行办理国际结算创造了有利条件。现代国际结算是以银行为中介进行的，出口商交单、融资和货款的支付都不能脱离银行。单据是银行开展国际结算和贸易融资的重要依据，并且银行只管单据，不管货物。

单据的作用在信用证业务中体现得最为充分。UCP500规定："在信用证业务中，各有关当事人所处理的只是单据，而不是单据所涉及的货物、服务或其他行为。"

二、主要进出口操作单据

（一）报验单

报验单也称检验申请单，是指根据我国《商检法》规定，针对法定检验的进出口货物向指定商检机关填制和申报货物检验的申请单。其内容一般包括：品名、规格、数量（或重量）、包装、产地等。如需有外文译文时，应注意中外文内容一致。

在填制和提交"出口检验申请单"时，要注意按一种商品、一次出运、一个收货人为一批，填写一张出口检验申请单。一般还要附上合同和信用证副本等有关凭证，供商检局检验和发证时参考。

在填写和提交"进口检验申请单"时，国内进口企业一般应随附货物买卖合同、国外发票、提单、装箱单、重量明细单、质量保证书和国外检验证书等文件。

（二）报关单

报关单是向海关申报进出口货物，供海关验关估税和放行的法定单据，也是海关对进出口货物进行统计的原始资料。根据货物的进口和出口，报关单分为《出口货物报关单》和《进口货物报关单》。其主要填写项目有：经营单位、贸易性质、贸易国别（地区）、原产国别（地区）、货名、规格、数量及成交价格等。

在提交进出口货物报关单时，一般还需按规定随附以下主要文件或单证：进出口许可证或批准文件，进出口货物提货单，装货单或运单，进出口货物发票，进出口货物装箱单，减税、免税或免验的证明文件，必要时还须附上货物买卖合同、产地证明等有关单证。

（三）投保单

投保单是进出口企业向保险公司对运输货物进行投保的申请书，也是保险公司据以出立保险单的凭证，保险公司在收到投保单后即缮制保险单。

投保单一般是在逐笔投保方式下采用的做法。进出口企业在投保单中要填制的内容主要有：货物名称、运输标志、包装与数量、保险金额、保险险别、运输工具、提单号、开航日期等。

（四）托运单

货物在办理运输过程中需要出制托运单据，不同运输方式或运输工具使用的托运单的格式不同。

1. 海运托运单

托运单（Booking Note，B/N）是指托运人（发货人）根据买卖合同或信用证条款内容填写的向承运人（货运服务机构、船公司或装运港的船方代理人）办理货物托运的单证。出口企业填写托运单，作为订舱的依据。

承运人根据托运单内容，并结合船舶的航线、船期和舱位等条件考虑，决定是否接受这一托运申请。如果接受托运请求，则在托运单上签章，留存一份，交还托运人一份。至此，订舱手续完成，运输合同成立。

货运服务机构、船公司或装运港的船方代理人在接受托运人的托运单据后，即发给托运人装货单（Shipping Order，S/O，俗称下货单）。装货单的作用主要是：第一，通知托运人货物已配妥××航线××船及装货日期，让其备货装船；第二，便于托运人向海关办理出口报关手续，海关凭以验放货物；第三，作为命令船长接受该批货物装船的通知。

根据散货运输和集装箱运输这两种运输方式，海运托运单可分为以下两种：

（1）散货运输托运单。它是在装货单和大副收据基础上发展而成的一种多功能单据，一套十二联。其内容主要包括目的港、运输标志、包装和件数、货名、运费到付或运费预付、重量、尺码、是否转船、是否分批、装运期和有效期等。

（2）集装箱货物托运单。它是集装箱运输专用出口单据。标准格式一套共十二联，性质与散装运输托运单相同。这套单据的核心是装货单和场站收据（Dock Receipt），其内容与散装运输托运单基本相同。

2. 陆运托运单

陆运托运单是指办理陆上火车运输，主要分为沪港联运和国际联运的单证。沪港联运和国际联运都纳入货运代理人（如外运公司）的货运代理业务范围。为简化工作，各出口单位一般以发票代托运单，但发票上必须加注必要的项目，如编号、装运期、有效期、可否分批等，并随附出口报关单、出口收汇核销单、出仓（提货）单等报运的有关单证。

3. 空运托运单

中国民用航空局制定有统一的国际货物托运书（Shipper's Letter of Instruction），其内容与海运托运单大同小异，与陆运托运单也类似。

（五）大副收据

大副收据（Mate's Receipt）也称收货单，是海洋运输中货物装船以后，船长或大副签发给托运人的表明货物已装船的临时收据。托运人凭收货单向外轮代理公司交付运费并换取正式提单。收货单上的大副批注将转注在提单上。

（六）出口收汇核销单

1991年1月1日起，我国实施出口收汇核销制度，即对出口货物实行"跟踪结汇"。出口收汇核销单是"跟踪结汇"的管理手段。进出口企业在货物出口前应事先向当地外汇管理局申请领取出口收汇核销单。出口企业应如实填写有关货物出口的情况，货物报关验放后，海关在核销单上盖章，并与报关单上盖有"放行"图章的一联一起退还出口企业，由出口企业附发票等文件送当地外汇管理部门备案。等到收汇后，在结汇水单或收账通知单上填写核销单号码，向外汇管理部门销案。

（七）出口货物退税单

出口货物退税单即出口货物报关单中的退税专用联，格式与出口货物报关单完全相同，但纸张为黄色，通关时由海关盖章表示货物已出口。出口单位可以此联作为证明，在规定时间内向主管退税的税务机关申请退还该批出口货物所交纳过的产品税或增值税。

三、主要进出口结汇单据及其制作

这里只对出口履约中涉及的几种主要结汇单据及其制作进行简要介绍。

（一）汇票（Bill of Exchange 或 Draft）

汇票一般是各种结汇方式中都使用的主要单据之一。其填制方法和内容是否正确无误，对出口商安全收汇十分重要。出口商开具汇票时要明确下列几点：

（1）付款人。采用 L/C 支付时，汇票的付款人应按 L/C 的规定填写，如果 L/C 上没有具体规定付款人名称，一般可理解为付款人为开证行。如果采用托收方式，一般汇票的付款人为进口商。

（2）收款人。除另有规定外，无论是 L/C 方式，还是其他支付方式，汇票的收款人一般做成凭指示抬头，由收款银行将该货款打入出口公司的银行账号。

（3）出票根据（Drawn Under）。作为出票条款的内容，出票根据一般指的是开具汇票的具体原因。如果是属于 L/C 方式付款的凭证之一，应该按照来证的规定文句填写；如果属于托收方式付款的凭证之一，则在汇票上注明有关合同号码等。

（4）汇票的份数。汇票在没有特殊规定时，一般都开具一式两份，两份具有同等的效力，其中一份生效时，另一份自动失效。

（二）发票（Invoice）

除商业发票外，根据用途的不同，发票还包括海关发票、领事发票、厂商发票和形式发票等。

1. 商业发票（Commercial Invoice）

商业发票是出口交易中最重要的单据之一。它是卖方开立的载有名称、数量、价格等内容的清单。作为买卖双方交接货物和货款结算的主要单证，它也是进出口报关完税必不可少的单证之一。

目前，各进出口公司的商业发票无统一格式，但主要项目内容基本相同，主要包括发票编号、开票日期、数量、包装、单价和总值、支付方式等内容。制作商业发票时要注意以下问题：

（1）对货物的名称、规格、数量、包装、价格等内容的填制，如果属于信用证支付方式，必须与来证所列各项要求完全相符，不能有任何遗漏或改动；如果来证没有具体规定，必要时可按合同加注说明，但不能与信用证的内容相抵触。

（2）发票抬头人（To ...）。除少数信用证另有规定外，一般均填信用证的开证申请人或进口人，而不应将提单上收货人一栏的内容填在此栏中。

（3）在信用证方式付款条件下，发票的总值不得超过信用证规定的最高金额。按照银行惯例的解释，银行可以拒绝接受超过信用证所许可金额的商业发票。

（4）特殊条款（Special Terms）。在相当多的 L/C 中，都出现要求在发票中证明某些事项的条款。在发票中要求证明的内容一般都与发票的某项内容有关，如商品的产地、生产商、品质、包装、各种费用等。此外，有些国家允许在发票上加注某些条款，作为取得享有普遍优惠制的凭据，如澳大利亚要求受惠国在发票上加注"发展中国家申明"。

2. 海关发票（Customs Invoice）

海关发票、估价和原产地联合证明书（C.C.V.O. 即 Combined Certificate of Value and Origin）与根据×××国海关法令的证实发票（Certified Invoice in Accordance with ××× Customs Regulations），在习惯上统称为海关发票，它是进口国海关当局规定的进口报关必须提供的特定格式的发票。各国海关发票并不相同，但其有两个共同点：一是证明申请进口货物价格构成，以供进口国按该国特殊规定来计算税额，同时还可以核定有无倾销倾向。海关发票又可作为海关统计进口情况之用。由于海关发票被看做自由贸易的一种障碍,现在使用海关发票的国家已经不多,主要是英联邦的一些成员国。

填制海关发票时,一般应注意以下问题:

(1) 各国使用的海关发票都有其固定的格式,不能混用。

(2) "出口国国内市场价格"一栏中的价格是进口国海关作为是否征收反倾销税的重要依据,填写时应根据有关规定慎重处理。

(3) 与商业发票共有的内容,必须与商业发票保持一致,不能相互矛盾。

(4) 如成交价格为 CIF 价,应分别列明 FOB 价、运费、保险费,这三者之和应与 CIF 值相等。

3. 领事发票(Consular Invoice)

领事发票又称领事签证发票(Consular Legalized Invoice),是由进口国驻出口国领事认证或出具的发票。在要求领事发票的贸易中,领事发票可代替进口许可证,是出口商必须提供的文件。另外,领事发票可代替产地证书,以核定产品的原产地,并据以对不同来源地的商品实行差别关税待遇。而且,通过领事签证,既可查核该商品出口价格,防止倾销,又可增加进口国领事馆的签证费收入。由于获得领事发票对出口商来说不仅费时,而且增加费用,领事发票也被看做自由贸易的障碍,目前已不多见。目前,向一些拉丁美洲国家、菲律宾等国出口的货物需提供领事发票。

4. 形式发票(Proforma Invoice)

形式发票是在货物出运前就开立的发票,在形式上与商业发票的差别在于有"形式"(Proforma)字样。它是卖方向可能的买方发盘的一种形式,希望买方接受并发出确定的订单。同时,形式发票可供买方向当局申请外汇及进口许可证。形式发票不是正式的发票,一旦买方接受了形式发票中所列的贸易条款和价格,就不再只是"形式",而是肯定的合约,但是另开正式的商业发票,并将已接受的形式发票的详细内容照录于正式的商业发票内。形式发票一般在预付、寄售、投标等贸易中使用。

5. 厂商发票(Manufacturer's Invoice)

厂商发票又称制造商发票,是根据进口方要求,由出口商品的制造厂商开给出口商的售货发票,以出口商为发票的抬头人,以出口国的货币标价,详述出口商品的具体情况。进口商要求提供厂商发票的目的在于了解所进口的货物在生产国国内的销售情况,以核查有无倾销倾向。因此,按通常情况,出口商向制造商的购货价格应低于出口商向外销售的 FOB 价格。厂商发票应注明发票商品的制造商。

（三）海运提单（Marine Bill of Lading，B/L）

制作提单应注意下列主要问题：

（1）提单抬头即收货人（Consignee）。在 L/C 或托收支付方式下，一般都做成"凭指示"（To Order）抬头或"凭发货人指示"（To Order of Shipper）抬头。这种提单必须经发货人背书，才可流通转让。

（2）提单的货物名称。提单上有关货物名称可以用概括性的商品统称，不必列出详细规格，但应注意不能与信用证所规定的货物特征相抵触。

（3）运费条款。如 CIF 或 CFR 条件，在提单上应注明"运费已付"（Freight Prepaid）；如成交价格为 FOB 价，在提单上应注明"运费到付"（Freight to Collect）。除非信用证另有规定，提单上不必列出运费的具体金额。

（四）保险单（Insurance Policy）

保险单正面除了印定的说明保险人和被保险人的保险合同关系的文句外，需要填写的项目有保险人与被保险人的名称、发票及保险单的号码、货物运输标志、货物的项目、包装及数量、保险金额、总保险金额、赔付地点、出单公司地址、出单日期及保险人签章等。

填制保险单时应注意的主要事项包括：

（1）保险单的被保险人应是信用证上的受益人，并加空白背书，便于办理保险单转让；

（2）保险险别和保险金额应与信用证规定一致；

（3）保险单的签发日期应当合理，根据 UCP500 规定，银行将拒绝接受出单日期迟于装船时间或发运时间的保险单。

（五）产地证（Certificate of Origin）

产地证是原产地证明书的简称，是证明交易货物的生产地或制造地，作为进口国给予出口国配额或差别关税待遇的凭证。在交易双方商定以产地作为商品品质标准时，又是交货品质的证明。有的国家为了限制某个国家或地区的进口货物，需要以产地证来证明货物的来源，以控制进口额度。

签发产地证的机构视信用证具体要求来定；如无规定，银行可接受任何机构签发的产地证，甚至包括出口商自行签发的产地证。

产地证有以下几种：

（1）出口商产地证。这种产地证手续最为简单，由出口单位自行签发，便于更改或更换，不需支付费用。

（2）贸促会产地证（China Council for the Promotion of International

Trade Certificate of Origin，C.C.P.I.T.）。根据商业习惯，商会（Chamber of Commerce）具有公证资格，是有权签发产地证的机构。在我国，目前是由中国国际贸易促进委员会（贸促会）代商会出证。贸促会产地证由贸促会总会统一印刷、编号，交各地贸促会分会管理。各贸促会分会盖章、签字后售给使用单位，由使用单位自行制作。一旦文字需要更改，须经贸促会分会加盖校对章。每套产地证的副本（一份）在定期内集中交回贸促会分会存档。打错作废的产地证应全套归还贸促会分会，由分会销号、退款。出口公司不能自行销毁。

（3）普惠制产地证。普惠制（Generalized System of Preferences，G.S.P.）是发达国家给予发展中国家贸易上的优惠待遇，主要是减免关税。取得普惠制待遇后必须向给惠国提供受惠国政府有关部门签署的 G.S.P. 产地证，即（G.S.P. Certificate of Origin "Form A"）。各国根据联合国贸易与发展会议的规定制度统一格式。在我国，由商检局负责具体的签证、发证和管理工作，统一格式向各地的商检局购买，需要用时由出口公司缮打，连同一份申请书和商业发票送交商检局，经商检局核对盖章后即成为有效单据。正本 Form A 是可以议付的单据。

填写 Form A 时特别要注意以下几点：

（1）在 "Goods Consigned to" 一栏中，一般应填写给惠国最终收货人名称和地址。如果最终收货人不明确，则填写发票抬头人的名称和地址。本栏目填写内容的最后一个单词必须是国家名称。

（2）"Means of Transport and Route（as far as known）" 一栏应填写三项内容，即提单或其他运输单据签发的日期、运输方式以及起运地、目的地和转运地。

（3）"For Official Use" 一栏由签证当局填写，正常情况下，此栏空白。

（4）"Item Number" 一栏应根据品名的个数顺序写出。

（5）"Origin Criterion（see notes overlead）" 一栏填写货物原料的成分比例，使用字母 P、W、F 等。如果完全自产，无进口成分，使用 "P"；如果含有进口成分，使用 "W" 等。

4. 欧盟纺织品专用产地证。对欧盟出口配额品种，需提供出口许可证和欧盟纺织品产地证两种证书。它是针对品种的配额和类别而设计的。在我国，出口欧洲的纺织品产地证由对外经济贸易部签发。

5. 对美国出口的原产地声明书（Declaration of Country of Origin）。这种声明书有三种格式。格式 A：单一国家声明（Single Country Declaration），声明商品的原产地只有一个国家。格式 B：多国家产地声明（Multiple Coun-

try Declaration)，声明商品的原材料是由几个国家生产的。格式 C：否定式声明书（Negative Declaration），凡对美输出纺织品其主要价值或主要重量属于麻或丝的原料，或其中所含羊毛量不超过 17% 的，可用此格式。我国出口纺织品除来料加工、进料加工有时需要使用格式 B 外，一般产品都是本国原料、本国生产、加工或制造的，故大量使用格式 A。

（六）装箱单和重量单（Packing List，Weight List）

装箱单又称包装单，是说明货物包装内在详细情况的单据。在国际贸易中，除散装货物外，一般都要求提供装箱单。装箱单的作用在于：补充商业发票内容的不足，通过表内的包装件数、规格、唛头等项目的填制，明确阐明货物的包装情况，便于买方对进口商品了解和掌握包装及数量情况，也便于进口地海关检查和核对货物。

装箱单也可称为花色码单，一般用于花色品种较多的商品，其内容因货物不同而各异，但一般包括合同号码、发票号码、装箱单号码及出单日期、唛头、商品名称、商品及包装规格、每件包装的毛重或净重及商品数量、总计包装件数及重量或数量、进口商或收货人名称及地址、载货船名、目的地等。包装单有时还被称为"规格明细单"（Specification List）或"详细包装单"（Detailed Packing List）等，其内容除了说明每件大包装的内容外，还得说明其中每件小包装内的商品详情。

装箱单在缮制中应注意，装箱单的内容应与货物实际包装相符，并与其他单据内容一致。

当整批货物都是统一规格，而仅仅是各件包装的重量不等时，则以重量单代替包装单来说明货物的重量等情况。其内容侧重于每件商品的重量方面，如毛重、净重和皮重，其作用与装箱单基本相同。

重量单在缮制中应注意，重量单的内容应与货物实际重量等内容相符，并与其他单据内容一致。

在实际业务中，一般根据来证的要求及商品的性质提供这两种单据，或只提供其中一种。

（七）商检证书（Inspection Certificate）

为了保证出口商品符合合同所规定的等级、品质、卫生、疫情等标准和商品的数量、重量规定，一般应由第三者或国家公证机构进行检验和鉴定。对检验鉴定的结果，以书面形式予以的证明就是商品检验证明书。出口国为了维护本国的对外信誉和出口商品的国际竞争力，需要对出口商品实行检验；进口商为了维护自己的利益，保证进口商品的品质和数量符合贸易合同的规定，同时防止进口商品带进病菌、病毒或其他有害于环境保护，有害于人、畜、禽以及作物的物质，往往对进口商品提出检验要求。因此，商品检验证明书是国际结算中的重要单据之一，可用于证明出口方履约或作为进口方提出索赔的依据；同时，也是进口国海关当局清关、放行的证件。

商检证书种类繁多。各种检验证书的申请人、货名、件数、标记、检验结果等内容应符合信用证规定，并与发票和其他单据一致，出证日期不得迟于提单日期。

四、制作并审核结汇单据的基本原则

在信用证方式支付条件下，开证行只有在审核单据与信用证表面完全相符后，才承担付款责任。因此，结汇单据的缮制是否正确完备与安全迅速收汇的关系十分密切。对于结汇单据，要本着"正确、完整、及时、简明、整洁"的原则来制作和审核。所谓"正确"，就是"单证一致、单单一致、单货一致"；"完整"就是提交的单据，无论份数还是种类，都必须符合信用证的规定，不能缺少或缺项；"及时"就是必须在信用证的有效期内提交单据；"简明"就是单据的内容应按信用证要求和国际惯例填写，力求简明，切勿加列不必要的内容；"整洁"就是指单据的布局要美观、大方，缮写或打印的字迹要清楚，单据表面要清洁。

随着现代信息技术的发展，电脑及其网络的普及，人们对科学管理、现代化和标准化工作认识的加深，国际贸易实务运作将进一步规范化和标准化，国际贸易将快速稳步地发展。

第四节　进出口货物报关实务

一、报关的含义

报关是指按国家规定对货物、物品、运输工具等的进出境要由其所有人或者其代理人向海关申报，并交验规定的单证，请求办理进出境通关手续。报关旨在核实该项货物、物品及运输工具是否依法进出关境。

向海关办理报关手续的人叫报关人。报关人包括报关单位和报关员。

报关人必须经过国家的考试合格，发给《报关员证》，在海关办理注册登记手续。根据《中华人民共和国海关对报关单位和报关员的管理规定》第3条规定："进出口货物，除另有规定外，由海关批准注册登记的报关企业或有权经营进出口业务的企业办理报关纳税手续。没有办理注册登记的企业

进出口货物,需委托报关企业办理报关纳税手续。海关鼓励报关服务专业化、社会化。"

申请和接受货物、物品及运输工具办理进出境手续的整个过程,通常称为报关或通关。

所有进出口货物都必须办理通关手续。一切对外贸易活动,不论进口还是出口,不论享受的关税待遇如何,通关是共同的责任。在国内市场上采购的出口货物,在通关地点未向海关申报前虽然可以自由流动,但最终必须办理通关手续。进口货物则相反,货物一旦进入关境,直到办理通关手续之前的整个期间,都处在海关监管之下,属于海关监管货物。从船舶、飞机或火车、汽车等卸下的货物,在进口人未向海关投单报验及纳税前,为未税货物。为确保这类货物的控制权,必须将货物置于海关监管之下,海关监管未税货物的主要做法是:规定凡载有进口货物的进境运输工具进入该国通商口岸后,必须经海关批准,才能卸货。且其货物,除性质特殊的,如危险品、易腐品、活牲畜,以及大宗货物,可以先缴纳关税及国内税,或提交担保放行的以外,必须卸入海关核准的海关监管仓库或集装箱集散站。进出口货物经向海关申报、查验、估价征税、放行等手续,始可凭海关关员签章放行的提货单或运单提货,或装货单装货。

报关的全过程是:申报,接受申报,查验,征税,放行,后续管理,结关。

(1)申报。一切进出境货物、物品和运输工具都必须由收、发货人(或其代理人)在进出境时,持海关规定的单证向海关申报。《海关法》第25条规定:"办理进出口货物的海关申报手续,应当采用纸质报关单和电子数据报关单的形式。"

(2)接受申报。海关接受申报并审核递交的单证是否齐全、准确、有效、清楚。

(3)查验。进出境货物、物品、运输工具,除经海关总署特准免验的以外,由海关根据情况进行查验确定实际进出口与单证申报的是否相符,检查有无瞒报、伪报和申报不实等走私违规现象。

(4)征税。进出境货物、物品、运输工具经海关查验以后,除海关特准免税的以外,进出口货物、物品必须缴纳税款或提供担保,委托银行代缴。

(5)放行。海关在放行前,要全面审核手续是否办完、办妥。然后分情况做出不同的处理。一切手续完备,情况正常,海关即在单证上签印放行。

(6)后续管理。海关对国内货物包括保税货物、特定减免税货物、暂时进出境货物、转关运输货物等自放行之日起3年内进行后续管理,包括查账、稽查、核销、查处补税等。

(7) 结关。当进出境运输工具、货物、物品的所有海关手续（包括登记备案、审核报关单据、查验、征税、销案、结案等）全部履行后，方准办理结关手续，解除海关监管。

二、一般进出口货物的报关

(一) 进出口申报

一切进口货物的收货人、出口货物的发货人，或者他们委托的代理人（以下统称为"报关人"）都必须在货物进出口时填写进出口货物报关单（纸质报关单或电子数据报关单），向海关申报。出口货物的报关一般应在装货的 24 小时前由发货人向出境地海关申报；进口货物的申报时限为自运输工具申报进境之日起 14 天内，超过 14 天期限未向海关申报的，由海关按日征收进口货物 CIF（或 CIP）价格的 0.5‰的滞报金。超过 3 个月未向海关申报的，由海关提取变卖，所得价款在扣除运输、装卸、储存等费用和税款后，尚有余款的，自货物变卖之日起 1 年内，经收货人申请予以发还。同时提供批准货物进出口的证件和有关的货运、商业单据以及商检部门发给的进出境货物通关单，以便海关依据这些单据、证件审查货物的进出口是否合法，确定关税的征、减、免事项并编制海关统计。

一般进出口货物应向海关递交进口报关单一式四份，出口货物报关单一式五份，但转口、转关输出的货物应填写六份出口货物报关单。根据特别规定需要由海关核销的货物，如来料加工、进料加工等进口的货物，需填写报关单一式五份，出口填写专用报关单一式六份。

进出口货物报关单是进出口企业在提货前或装运前向海关申报进出口手续的重要单据。在填写进出口货物报关单时必须按海关要求逐项如实填写，不得虚报、瞒报、拒报、迟报，更不得伪造、篡改。其中"经营单位"除要填写全称外，还要用红笔注明其统计代号（该代号是由海关总署、商务部、国家统计局联合制定的）。"贸易性质（方式）"也要按海关分类规定名称填写并加填编码。"贸易国别（地区）"和"消费国别（地区）"在填写国别（地区）名称之后，也要加注海关规定的编码。国外"收货单位"，在非信用证支付方式条件下，填写合同买方的名称地址；在信用证支付方式条件下，填写信用证申请人的名称地址；要使用签订合同或信用证所用的文字填写。"海关统计商品编号"要根据《中华人民共和国海关统计商品目录》中的商品编号填写。

应随同报关单向海关递交的单证有：(1) 进出口货物许可证和国家规定

的其他批准文件。（2）提单、装货单或货运单（海关核查单证和查验实物后，在货运单据上加盖放行章，发还给报关人凭以提取或装运货物）。（3）发票一份。如果是实行集中纳税的进口货物，除在口岸报关时递交一份外，还要由负责对外订购的承付货款的公司向办理集中纳税业务的北京海关递交一份。（4）装箱单一份（散装货物或单一品种且包装内容一致的件装货物可免交）。（5）减税、免税或免检的证明文件。（6）对应实施商品检验、文物鉴定或受其他管制的进出口货物，还应交验有关主管部门签发的证件（如商检证、卫生检验证、原产地证、品质证、配额证书等）。（7）收汇核销单。海关认为必要时，还可调阅贸易合同、产地证明和其他有关单证或账册等。

根据《中华人民共和国进出口商品检验法》第 11 条和第 15 条的规定，从 2000 年 1 月 1 日起，出入境货物采用"先报验，后通关"的新的通关模式，对按规定必须经商检机构检验的进出口商品，进出口商品的收发货人或其代理人应当先在报关地或商检机构规定的地点和期限内向商检机构报验。海关凭商检机构签发的通关证明，即入境货物通关单或出境货物通关单验放。

出口货物在发运时，如果发票还未做出，报关时随附发票确有困难的，海关可以先接受申报。报关人员应认真填制出口货物报关单，海关发现问题或有疑点时，报关人员应提供填报的依据。海关认为必要时，还可以责成限期补交发票。

对于委托国外销售，结算方式是待货物销售后按实销金额向出口单位结汇，而无法在货物出口时提供发票的，可准予免交。

报关单递交海关后，报关人员发现填报错误或因其他情况需要变更填报内容时，应主动、及时地向海关递交更改单；出口报关后发生退关情况的，应当在三天内向海关办理更改手续。

填写进出口货物报关单或电子数据报关单，是向海关办理报关手续的一项法律行为。报关单填写的质量如何，直接关系到报关效率、企业的经济利益和海关的征、减、免、验、放等工作环节。因此，报关员应按海关规定和进出口货物、运输工具的实际情况，如实、认真地填写报关单向海关申报。

为统一填报要求，保证报关单数据质量，提高海关通关过程的标准化程度，在深入调查、反复研究的基础上制定了《报关单填制规范》（简称《规范》）。《规范》是对报关单填制的统一标准和基本要求，是对标准格式的进出口报关单单项内容进行的逐项说明，其中包括栏目定义、填报范围及要求、输入打印要求、例外情况说明、对程序未予控制的逻辑关系的说明等。

在《规范》中，各条目名称与实际使用的格式、报关单栏目名称完全一致，但不少栏目的内容做了一些调整。

（二）进出口货物查验

海关以进出口报关单为依据，一般在海关监管区域内的场所，如仓库、货物装卸现场等，对进出口货物的名称、品质规格、包装、数量、重量、标记唛头等进行查验。在特定情况下，海关可以派人到收、发货人仓库查验。

（三）征税

根据海关税则规定的税率，海关将对进出口货物征收进出口税。按照《中华人民共和国海关进口税则》的规定，海关对进口货物征收进口关税的同时，将代征进口环节税，其税种主要包括产品税、增值税、工商统一税（地方附加税）及进口调节税等。

1. 进口关税

进口关税的计算以 CIF 价为基数。如果是 FOB 价进口，还要加上国外正常的运费和保险费。其公式为

$$进口关税税额 = CIF 价格 \times 关税税率$$

2. 产品税、增值税、工商统一税（地方附加税）

产品税、增值税、工商统一税（地方附加税）都是货物进口环节由海关代征的税种。按单位不同或进口货物的种类不同适用这三种税中的一种，而不是同时征两种或三种。如果是三资企业的进口货物，征收工商统一税，并按工商统一税税额征收 1% 的地方附加税。如果是属于初级产品的货物，则征收产品税。进口经加工或多次加工的产品，征收增值税。这三种税的征收基数是完税价格，其公式为

$$应纳税额 = 完税价格 \times 税率$$

$$完税价格 = \frac{CIF 价格 + 关税}{1 - 税率}$$

3. 进口调节税

进口调节税是国家对限制进口的商品或其他原因加征的税种。其计算公式为

$$进口调节税 = CIF 价格 \times 进口调节税税率$$

（四）出口放行和进口结关

进出口货物向海关申报，经海关查验，缴纳关税后，海关在装货单和货运单据上签字或盖章，凭以放行和结关。出口货物交货主签收；进口货物由收货人或其代理人凭此货运单据提货。

我国海关把通关分为四个步骤：收单审单，估价征税，查验货物，签章

放行。为了简单说明货物的通关程序，现将进口货物的通关程序列于表17-1中。

表 17-1 　　　　　　　　　　进口货物通关程序表

通关程序	收单审核	估价征税	查验货物	签章放行
报关人应办理及应注意事项	(1) 填进口货物报关单一式两份（一般贸易）。 (2) 检验装箱单、发票、进口许可证等单证向海关报关。	(1) 随时答复或提供海关分类估价人员所提出的问题或所需文件。 (2) 凭海关开出的银行缴款书到银行缴纳税款。	(1) 派员到场会同验货关员查验货物。 (2) 查验时负责搬移、开箱，验毕封好。 (3) 应验货关员要求随时提供必要的单证。	(1) 领取放行提单，发票正本及其他应发还的单证。 (2) 到海关监管仓库或场所提货。
海关办理事项	(1) 对报关单进行编号登记，并批注接受申报日期。 (2) 查阅报关单证是否齐全、正确、有效。 (3) 审核报关单内容。 (4) 复审和总复审。	(1) 审价。 (2) 分类估价、核算到岸价格，依率计征，依法减免。 (3) 开出银行缴款书。	(1) 海关凭报关人递交的银行缴款书的回执去验货。 (2) 到监管区外验货，收取规费。 (3) 验货（一般查验或重点查验）。 注：如系船边直接提货物应是先验后税，即"监卸放行，后再补税"。	(1) 审核关税及规费已否缴讫。 (2) 审核应附单证已否核销。 (3) 审核各项通关程序已否完成，有无缺漏。 (4) 经办人在报关单及提单加盖放行章。

第十八章
国际贸易交易方式

国际贸易交易方式是在长期的贸易实践中，买卖双方根据各自的实际需要和客观条件，逐步形成的国际贸易具体做法。除了传统的逐笔售定的贸易方式外，在实践中还形成了各种灵活多样的贸易方式。

第一节　单纯商品买卖贸易方式

一、代理

（一）代理的含义及基本特点

代理指代理人按照委托人的授权，代表委托人同第三者订立合同或做出其他法律行为，由此产生的权利义务直接对委托人发生效力。因此，代理方式具有下列基本特点：

（1）代理人与委托人之间属委托代理关系。代理人在代理业务中，只是代表委托人行动。例如招揽生意、签订合同、处理货物、收取货款等。

（2）代理人通常运用委托人的资金进行业务活动。

（3）代理人一般不以自己的名义与第三者签订合同。

（4）代理人的报酬一般是根据其出售货物的金额大小收取佣金。

（二）代理的种类

1．总代理

总代理是在指定地区的委托人的全权代表，是权力最大的一种代理人。总代理的权限包括：代表委托人签订买卖合同、处理货物；指派分代理，并可分享分代理的佣金；参与一些非商业性活动。

2．独家代理

独家代理是委托人与代理人签订独家代理协议，委托该代理人在指定区域和时间内，代表委托人推销某种或某类商品，并对该种或该类商品享有"专营权"。委托人按销售额的比例付给独家代理人佣金。即使委托人在指定区域内与其他客户直接成交，也要向代理人支付佣金。

3. 佣金代理

佣金代理又称一般代理，不享有专营权。佣金代理根据推销商品的实际金额或依据协议的规定向委托人计收佣金。委托人也可与该地区的实际买主成交而无须向佣金代理支付佣金。

4. 信用担保代理

信用担保代理不是一种独立的代理，它通常是在一般商业代理基础上附的信用担保。当买主无支付能力，或由于资信原因赖账的，信用担保代理负责赔偿委托人由此而遭受的损失。对于信用担保代理人，委托人除支付商业佣金外，一般还须支付额外佣金。

（三）代理协议的主要内容

（1）协议双方。协议中要明确每一方的全称、地址、法律地位、业务种类以及注册日期和地点，明确双方的法律关系、授权范围和代理人的职权范围。

（2）代理商品。明确说明代理商品的品种规格等。

（3）指定的代理地区。

（4）代理的权限。代理的权限取决于代理人的性质和双方的需要。除了总代理外，其他类型的代理都要明确规定不能从事非商业性活动。即使是总代理，对其非商业性活动也要限定。

（5）协议有效期及中止条款。

（6）佣金条款。佣金条款是代理协议的重要条款之一，包括：代理人有权索取佣金的时间，佣金率，计佣基础，支付方式。

（7）非竞争性条款。非竞争性条款指代理人在协议有效期内无权经营与委托人的商品相竞争的商品，也无权为该种商品组织广告。代理人也无权代理协议地区内其他相竞争的公司。

二、包销

（一）包销的含义及类型

包销又称独家经销，指出口人通过协议，把一种或某一类出口商品的经营权力在规定的期限和区域内，单独给予某个客户（包销人）的贸易方式。当事人双方除了签订买卖合同外，还须签订包销协议。

包销通常有两种形式。一种是国内出口商与国外进口商签订包销协议，给予该进口商在特定地区独家经销指定产品的权力。进口商承诺以出口商作为惟一供货来源。出口商对该地区销售产品时，也只能卖给包销人。另一种是国内出口商与生产厂家签订包销协议，又称出口经销协议。一般是生产厂家给予出口商在国外任何地区或指定市场独家经销其产品的权力。包销人以自己的名义购进货物，并承担付款责任。

（二）包销与独家代理的区别

1. 双方关系不同

包销人与出口人是货主对货主的特殊买卖关系；独家代理人与出口人之间是委托代理关系。

2. 责任和利益不同

包销人以自己的名义购进货物，拥有货物所有权，自负盈亏，自主销售；独家代理只代表委托人从事商业活动，如洽谈生意、推销产品等，一般不负担合同履约责任和货物盈亏，也没有商品所有权，其利益只是收取佣金。

（三）包销协议的主要内容

1. 商品定义条款

一般可按照类别、品种或型号定义包销商品范围。协议中最好附有按卖方商品目录号标明的货单。另外，对于出口商停止生产的产品或同类新产品是否适用协议，应予以明确。

2. 区域定义条款

通常以国家或城市的范围确定包销区域。对于包销地区能否扩大，一般应在协议中明确。当包销人在指定地区的销售额在一定时期内达到规定数量时，包销人有时有权要求扩大包销区域。

3. 专营权条款

专营权包括专买权和专卖权，这是包销协议的重要内容。专买权是包销人承担只向出口人购买该项商品而不得向第三方购买的义务；专卖权是出口人将指定的商品在规定的区域和期限内给予包销人独家经销的权力。由于专买权可能触犯包销区域内有关国家的法律，因此，包销协议不需同时规定专买权和专卖权，单独规定一种即可。

4. 包销数量或金额

数量或金额的规定是包销协议中必不可少的内容之一，对协议双方具有同等约束力。它既是经销商在一定时间内应承购的数量，也是供货商应保证供应的数量。包销数量或金额一般采用最低承购额的做法，规定一定时间内经销商应承购的数量下限。

5. 作价办法

包销商品可以在规定的期限内一次作价，结算时以协议规定的固定价格为准，也可在规定的包销期限内分批作价，或者双方定期地根据市场情况进行商定。

6. 广告、市场报道、专利权和商标保护

出口商往往要求包销人为其商品刊登广告，宣传其商标，费用支付由双方协商确定。出口商往往还要求包销人对其商品的专利给予保护，有时规定包销人不得制造、模仿或复制其产品。

7. 仲裁条款

一旦发生争议，双方应本着长久合作的原则友好协商解决，但仲裁条款必须订立；同时，对仲裁适用的法律也要明确规定，一般适用出口国所在地法律。

8. 协议终止条款

我国一般规定包销期限为一年。协议期满后，如双方未能续订新约，协议便自动取消。有时协议中还规定，若包销人在规定期限内达不到最低销售额，出口方有权终止协议。协议中若没有制定终止条款，则任何一方都有权在合理时间内向对方发出通知终止协议。对于包销协议，许多国家法律都不推定它是长期的。

三、招标投标

招标投标是国际工程承包业务中采用的普遍方式，在货物买卖方面，多用于国家或团体、企业采购大宗商品。

(一)招标投标的含义和类型

招标是指招标人在规定的时间、地点，发出招标公告或招标单，提出准备买进商品的品种、数量和买卖条件，邀请卖方投标的行为。投标是指投标人应招标人的邀请，根据招标公告或招标单的规定条件，在规定投标的时间内向招标人递盘的行为。招标和投标是一种贸易方式的两个方面，它具有以下几种主要形式：

(1)竞争性招标。竞争性招标指招标人邀请多名投标人参加投标，通过多名投标人的竞争，选择其中对招标人最有利者与其达成交易。竞争性招标又有两种做法：一种是公开招标，招标人在国内外主要报刊上刊登招标公告，凡对该项招标内容感兴趣者均有机会购买招标资料进行投标；另一种是选择性招标，又称邀请招标，招标人根据自己的业务关系和情报资料对客商

进行邀请，进行资格预审后，再由他们进行投标。

（2）谈判招标。谈判招标又称议标，是非公开、非竞争性的招标。这种招标由招标人物色几家客商直接进行合同谈判，达成交易。

（3）两段招标。这是无限竞争招标和有限竞争招标的综合方式。采用此类方式时，先公开招标，再采用选择性招标，分两段进行。

（二）招标投标的基本程序

1. 招标前期准备工作

招标的前期准备工作主要包括招标人刊登招标公告，说明需要采购的商品或拟兴建的项目的各种要求和条件、招标截止期等，并进行资格预审和编制招标文件（标书）。

2. 投标

首先是投标人的投标前期准备工作，包括编制投标资格审查表，分析招标文件，寻找投标担保单位等。其次，编制投标文件和提供保证函。一旦决定参与投标，投标人就要根据招标文件要求编制和填报投标文件。为了防止投标人在中标后不与招标人签约，招标人通常要求投标人提供投标保证金或保证函。保证金可用现金缴纳，也可通过银行出具银行保函或备用信用证。最后，递送投标文件。投标文件须在投标截止日期前送达招标人，逾期失效。

3. 开标、评标、决标

开标指在规定的时间和地点将全部收到的投标书中所列标价予以公开唱标，使全体投标人了解最高标价及最低标价。开标时间和地点通常在招标文件中予以规定。开标有公开开标和不公开开标两种方式。公开开标要当众拆开所有密封投标单，宣读内容。投标人可派代表监督开标。开标后，投标人不得更改投标内容。国际招标大多采用公开开标形式。不公开开标则由招标人自行选定中标人，招标人不能派代表参加开标。

开标后有的可以当场决定中标人，有的还须招标人组织人员进行评标后决标。

4. 中标签约

中标人必须与招标人签约，否则保证金予以没收。为确保中标人签约后履约，招标人可以要求中标人交纳履约保证金或保证函。按照国际惯例，招标人在评标过程中，认为不能选定中标人，可以宣布招标失败，拒绝全部投标。可能拒绝全部投标的情况包括：最低标价大大超过国际市场的价格水平；投标书内容与招标要求不符；国际竞争招标时，投标人太少。

第二节　非单纯商品买卖贸易方式

伴随着科技进步及跨国公司的发展，国际贸易方式除单纯商品买卖的传统贸易方式外，还包括辅之以资金融通、技术转让、设备维修、原材料和零部件的提供等为内容的非单纯商品买卖的新型贸易方式。

一、加工贸易

（一）加工贸易的概念及其作用

"加工贸易"一词尽管在新闻媒体中广泛使用，已为公众所熟悉，但在学术界尚未形成统一和权威的解释。一般而言，加工贸易是指由外商（委托方）提供一定的原材料、零部件、元器件，由加工贸易另一方（承接方）按对方的要求进行加工装配，成品再交给对方，加工方获取一定的加工费。目前，我国海关统计中使用的加工贸易概念包括来料加工和进料加工两种方式。

与一般贸易方式相比，加工贸易的特点主要有：

（1）进口方和出口方是同一个客户，进出口属于同一笔交易。

（2）承接方除一些辅料和燃料外，不需自备物料。

（3）承接方对委托方提供的原材料只有使用权，没有所有权。

（4）承接方对制成品的质量、款式、技术指标等，只能按照委托方的设计和工艺要求执行，不能擅自做主，随意更改。

（5）要持续较长一段时期，通过多次原材料进口和多次成品出口，才能完成一笔交易。

加工贸易对于委托方和承接方都具有积极的作用。对于承接方而言，加工贸易可以克服本国生产能力有余而原材料不足的矛盾；可以开放劳动力资源，增加就业机会并繁荣地方经济；有利于引进国外先进的技术和管理经验，促进外向型和开放型经济的发展。对于委托方而言，加工贸易可以降低产品成本，增强其产品在国际市场上的竞争力；同时有利于委托方所在国的产业结构调整，如一些工业发达国家，可以通过委托加工贸易方式，将一些劳动密集型产品的生产转移到发展中国家。

（二）来料加工、来件装配

来料加工、来件装配指国外厂商提供全部或部分原料、辅料及配件，由我国内加工方按其要求的规格、质量标准和技术条件加工成成品，并按事先约定的加工收费标准、条件、加工比例、交货期限交给对方。

签订来料加工、来件装配合同主要应考虑下列因素：

（1）加工费标准。最低加工费标准＝工时工资×所需工时×所需工人＋管理费＋原料仓储费＋机器折旧费＋水电费＋运费＋港杂费＋保险费。

（2）技术条款。要求对方派技术人员现场指导，对加工方技术人员进行培训。试生产加工样品由对方确认。技术条款中的各项费用支付也应在合同中明确规定。

（3）加工比例、损耗率及废次品率。加工比例指加工一单位成品所需原料的比例；加工损耗率指原料加工成成品所损耗原料的百分比；废次品率指加工成成品后所允许的质量误差范围。

（4）支付条款。包括两种方法：一种是原料和成品都不计价，待成品出口后，外商开立信用证支付加工费；另一种是原料和成品分别计价，对开信用证支付，加工费从原料和成品的差价中扣除。

（5）对开信用证（合同）应订立保证回购条款。如加工方开立远期信用证时，载明"Draft will be accepted upon receipt of the covering L/C reaching here"。

（三）来样加工

来样加工指加工方（出口商）根据国外供方（进口商）提供的图纸或样品进行分析测试，然后按照图纸规格、技术标准和原料要求自备原料加工成成品后出口给对方。

与来料加工、来件装配相比，来样加工的不同之处在于：

（1）原材料来源不同。来样加工的原材料属加工方所有。

（2）产品所有权不同。来样加工的成品属加工方所有。

（3）交易双方关系不同。来样加工中，交易双方是买卖关系；而来料加工、来件装配的交易双方是委托代理关系。

（4）加工方收益不同。来样加工的收益是原材料与成品的差价，而来料加工、来件装配的收益是加工费。

签订来样加工合同，要注意如下因素：（1）出口商品盈亏率；（2）出口换汇成本；（3）工厂能力及技术标准；（4）复样确认和交货期；（5）保证回购条款。

（四）进料加工贸易

进料加工是在国内某种原料不足或经过比较国外原料与成品的差价，确认加工后有利润可赚的情况下，企业直接或间接进口所需原料，然后利用加工方的工厂、设备、技术和工人进行加工后出口，使原有的外汇增值，从中获取利润。

与来料加工、来件装配相比，进料加工贸易的不同之处在于：（1）原料的来源方式不同；（2）产品所有权不同；（3）利润不同；（4）交易双方关系不同；（5）产品技术和质量要求的责任人不同。

签订进料加工贸易合同，要注意以下几方面：

（1）国内外原料差价。

（2）外汇增值率。当外汇增值额不足以补偿国内加工费、管理费和运费，或经核算外汇没有增值时，进料加工是不合算的。

（3）产品销路。在加工过程中，一旦国际市场行情变化，产品出口销售不畅时，应及时考虑内销和补税问题。

（4）外汇周转。要保证进料的连续性，保证原料进口与成品出口的衔接。

二、补偿贸易

（一）补偿贸易的含义及特点

补偿贸易是指买方在信贷基础上先期从国外进口机器设备、技术、物资或劳务，然后按照双方约定的协议，在一定期限内用商品或劳务偿还。

补偿贸易应建立在信贷基础上。采用补偿贸易的目的就是为了逾越买方外汇支付能力薄弱的限制而使用供方给予的中长期贷款（包括买方信贷和卖方信贷），若供方不提供信贷，就不构成补偿贸易。

补偿贸易必须先进后出，即利用信贷先期引进设备，然后偿还设备款项。

补偿贸易须使用供方的出口信贷。有的企业从中国银行贷款引进设备，然后用出口产品所得外汇偿还贷款，而该笔贷款与供方毫无关系。这样不能构成补偿贸易。

补偿贸易中，供方必须承担购买产品的法律责任。在补偿贸易协议下，设备提供方负有购买产品的法律责任，如果委托第三方购买，则第三方同样负有该责任。

（二）补偿贸易的类型

1. 按补偿产品可分为直接补偿和间接补偿

买方从供方先期引进机器设备进行生产，然后将生产的产品返销给供方。这种方式称为直接补偿，又称为回购（Buy Back）。如果供方提供的设备不直接生产成品或该成品并非甲方需要，双方经协商改用一种双方均能接受的产品或劳务偿还，就是间接补偿，这种方式又称互购（Counter Purchase）。

2. 按补偿金额可分为全额补偿和部分补偿

先期引进机器设备的全部货款分期、分批用商品或劳务偿还，称为全额补偿。如果这些货款部分用现金支付，其余分期、分批用商品或劳务偿还，就是部分补偿。

（三）补偿贸易合同的签订和内容

（1）准备阶段。准备阶段包括国内外市场调研和预测，选择进口设备的种类和规模，确定返销的产品和办理补偿贸易项目报批。

（2）谈判阶段。谈判内容包括技术性条款和商业性条款。技术性条款主要包括引进机器设备性能、规格、型号、生产能力、安装测试以及产品的质量标准等。商业性条款包括引进设备的交货期、价格、信贷，返销产品的价格、数量、交货期、偿还期及商检等。

（3）签约阶段。补偿贸易往往需订立补偿贸易协议书、技术设备进口合同和返销产品出口合同。

协议一般应包括如下内容：引进设备的技术性条款，返销产品的选择与作价，支付方式的确定，银行担保，引进设备的安装测试和检验，索赔，不可抗力，仲裁等。

设备进口合同与正常进口合同相仿，应与协议条款相符。返销产品的出口合同与正常出口合同相仿，所不同的是合同金额要根据设备进口合同金额来确定，其中包括各种贷款利息和附加费用。

三、租赁贸易

（一）租赁贸易的含义与特点

租赁贸易是出租人根据与承租人订立的租赁契约，以收取一定数量的租金为代价，把商品交付承租人并给其在一定期限内专用的一种贸易方式。现代经济活动中的租赁业务，主要是指企业之间较长期间的动产租赁，通常称之为设备租赁。典型的租赁贸易具有以下特点：

（1）承租人用运营设备所获收入购买设备使用权，代替了通常自行筹资购买设备所有权的做法。

（2）在基本租期内，设备所有权归出租人，使用权归承租人。

（3）租期一般为3～5年，也可长达5年以上，租金在租期内平均分期支付，也可递减支付，租赁费率固定。

（二）租赁贸易的种类

1. 根据租赁目的不同可分为融资租赁与经营租赁

融资租赁是设备租赁的基本形式。典型的融资租赁合同有如下特点：不可撤销，即在基本租期内，双方均无权撤销合同；完全付清，承租人付清全部租金后，设备所有权即转移于承租人；租期较长，基本租期相当于设备的绝大部分有效寿命；承租人负责设备的选择、保险、保养和维修等；出租人仅负责垫付货款，购进承租人所需设备，按期出租。

经营租赁合同有如下特点：可撤销，租赁合同可随时撤销与终止，也可退还设备，改租更为先进的设备；不完全付清，出租人要经过多次出租，才能收回设备投资及费用；租期较短。每次出租期限短于设备的有效寿命；出租人要提供各种技术服务。

2. 根据征税角度的不同可分为正式租赁和租购式租赁

正式租赁是符合国家税法，能真正享受租赁税收优惠待遇的租赁交易。正式租赁的出租人可享有加速折旧、投资减税等税收优惠；承租人支付的租金可作为费用，从应纳税的利润中扣除，而且能分享出租人获得的一部分减税好处，故租金较低。

租购式租赁则指承租人在租期届满时，可以名义价留购设备并获得所有权的租赁交易。许多国家将其视为一项延期付款交易，租金较高。

3. 根据交易程序的不同可分为直接租赁、杠杆租赁、回租与转租赁

直接租赁是指一项由出租人独自承担购买出租设备全部资金的租赁交易。

杠杆租赁又称"借贷式租赁"，具体做法是出租人自筹 20%～40% 的资金，其余资金向金融机构借款，然后购买设备出租给承租人。借款时以出租的设备、租约和收取租金的受款权为抵押。

回租是设备的货主将设备卖给出租人，同时又长期租用此项设备的租赁交易。其优点是货主不仅可以继续使用设备，还可以用出售设备所得的现款扩大营业，进行再投资。

转租赁是甲国的租赁专业公司向本国的出租人承租设备，再转租给乙国承租人使用，原租约与转租约同时并存。

（三）租赁业务的基本程序

租赁业务的基本程序如下：

（1）承租人向出租人预约租赁。

（2）出租人为承租人选定的设备向生产厂家联系定货。

（3）承租人将所需设备的形式、规格告知生产工厂并洽谈价格。

（4）承租人与出租人签订具体租赁合同。

（5）出租人向设备生产工厂签订购货合同。

（6）设备生产厂家按出租人通知交货给承租人，并负责安装，经承租人

试运转后验收，完成交货手续。

（7）出租人在承租人验收后，付清货款。

（8）租赁期从验收完毕之日起计算。承租人按约定期限向出租人均衡支付由本息和有关费用构成的租金，也可递增或递减支付。

（9）售后服务。此项要求既可由承租人直接与工厂订约，也可包含在租赁合同内。

四、商品期货交易

期货交易是在一定时间里，在特定的商品交易所内，按交易所预先制定的"标准期货合同"进行期货买卖。成交后买卖双方并不移交商品所有权，人们又将它称为"纸面交易"或"纸合同交易"。

（一）期货交易的特点

期货交易具有以下特点：

（1）期货交易不规定双方提供或接受实际货物。

（2）交易的结果不是货物的实际转移，而是支付或取得合同的签订与履行之日的价格差额。

（3）期货合同是由交易所制定的标准期货合同，并且只能按照交易所规定的商品标准和种类进行交易。

（4）期货交易的交货期是按交易所规定的交货期确定的，不同商品的交货期不同。

（5）期货合同必须在每个交易所设立的清算所进行登记及结算。

（二）期货交易的种类

期货交易根据交易者的目的，可分为两种：一种是通过对期货价格的预测，买进卖出，从价格涨落的差额中追逐利润的单纯性投机活动，在商业上称为"买空卖空"；另一种是从事实物交易的人做套期保值。

买空又称"做多"，是指投机者估计价格要涨，先买进期货，待期货涨价后再卖出，从中赚取差价。卖空又称"做空"，是投机者估计价格要跌，先卖出期货，待期货跌价后再买进，从中赚取差价。

套期保值是交易者在买进（或卖出）某一实际商品的同时，在交易所卖出（或买进）同等同类商品数量的期货。由于实际商品和期货价格变动趋势在多数情况下趋于一致，所以这种等量对立的买和卖可避免或减少价格发生不利变动的损失，实际货物买卖的亏损可从期货买卖的盈利中得到弥补。

（三）期货交易人应注意的几个问题

期货交易人应注意以下问题：

（1）防止风险。入市交易人不仅要具有资金上的实力，更要有充分的思想准备去承担期货交易的风险。

（2）控制贪婪心理。从事期货交易的人必须控制贪婪心理。巨大的风险和巨大的利润可能使人不由自主沉迷其中，因此商人必须能约束自己，克服错误，以免遭受巨大损失。

（3）谨慎介入。期货市场错综复杂，必须做认真细致的调查研究，仔细钻研业务，谨慎介入。若在交易中稍有成就便飘飘然，犯经验主义的错误，过高估计自己的聪明才智，往往会导致最终的失败。

第三节　国际贸易中的电子商务

20 世纪末，随着信息技术的发展，电子商务迅速兴起，并正在改变着社会经济生活的各个方面。国际贸易是最早应用电子商务的领域之一，从早期企业间局部的、基于专用数据网的电子数据交换（EDI），到如今开放的、基于 Internet 的电子化交易过程，国际贸易的各个运行环节都融入了电子商务。

一、电子商务发展历程

（一）基于 EDI 的电子商务

EDI（Electronic Data Interchange）是以计算机和数据通信网络技术为基础发展起来的现代信息处理和信息通信技术。在国际贸易中应用时，被称为"无纸贸易"（即贸易电子化），是在两个或两个以上的贸易伙伴之间，采用计算机通信网络，将一定结构的标准经济信息进行传递，以实现商业交往的一种方式。

企业利用 EDI 方式从事的电子商务活动是在封闭的网络系统中进行的。与现代电子商务相比，EDI 仅仅是新的电子传输技术在商务活动中的早期应用，即用标准化、电子化的数据传输代替了以往纸面文件的传输。EDI 使商务活动效率大大提高，但并未给商务活动带来根本的变革，市场的运作方式、产品结构、消费者和生产者的地位等都没有发生实质性的变化。

（二）基于 Internet 的电子商务

20 世纪 90 年代，Internet 和计算机网络在全球范围内的普及应用，为电子商务发展提供了先进的技术基础,电子商务处于蓬勃发展阶段。

较之 EDI 电子商务系统,Internet 电子商务系统具有明显的特点和优势。随着 Internet 商用软件功能的不断完善,信息提供者和接受者可不受复杂的操作性标准的局限,采用多种方便快捷的方式提供和收集信息。用户对信息网络传输和浏览操作更加简便,他们根本不需要知道文件的名称、格式和信息资源存放地点,只需通过相关软件或 Internet 搜索引擎就能达到目标。这样,用户可以避免计算机系统的复杂性操作,加上网络的使用费降低,使得电子商务具有了更加广泛的市场。

二、电子商务的概念与分类

(一)电子商务的概念

根据联合国国际贸易法委员会的定义,电子商务指在 Internet 上进行的商务活动。电子商务是纸上信息交流和储存方式的一种替换形式。主要功能包括网上的广告、订货、付款、客户服务和货物递交等销售、售前和售后服务,以及市场调查分析、财务核计及生产安排等多项利用 Internet 开发的商业活动。电子商务的一个重要技术特征是利用 Web 技术来传输和处理商业信息。

所谓电子商务,就是通过电子信息技术、网络互联技术和现代通信技术,使得交易涉及的各方当事人借助电子方式联系,而无须依靠纸面文件、单据的传输,实现整个交易过程的电子化。从狭义上理解,电子商务即电子贸易(E-Commerce),指的是通过 Internet 进行的在线产品和劳务的交易活动,交易的对象既包括有形产品,也包括无形产品及服务,如新闻、音像产品、数据库、软件、在线医疗咨询、远程教学等。从广义上理解,电子商务(E-Business)泛指一切与数字化处理有关的商务活动,包括企业通过计算机网络与供应商、消费者、结算机构、政府机构建立业务联系的一系列活动。它是整个商务活动和企业结构基于 Internet、Intranet、局域网或广域网的重组和创新。

(二)电子商务的分类

根据对电子商务的广义理解和服务对象划分,电子商务可分为企业对企业的电子商务,企业对消费者的电子商务,企业对行政机构的电子商务,消费者对行政机构的电子商务。

1. 企业对企业的电子商务(Business-to-Business,B2B)

企业对企业的电子商务指企业之间进行的电子商务活功。这类电子商务活动主要在各工商企业贸易伙伴之间进行，如利用网络进行贸易洽谈，传递商务合同、订单、发票等各种单证，进行付款等。这类电子商务已经存在多年，国际贸易中的 EDI 就属于这类形式。

2. 企业对消费者的电子商务（Business-to-Consumer，B2C）

企业对消费者的电子商务指企业与消费者之间进行的电子商务活动，这类电子商务主要是借助于 Internet 开展的在线式销售活动。

随着 Internet 的发展，网上销售也越来越普及。从技术角度看，企业对消费者的电子商务不要求双方使用统一标准的单据传输。在线式的零售和支付行为通常只涉及信用卡或其他电子货币。另外，Internet 所提供的搜索浏览功能和多媒体界面使消费者更容易查找适合自己需要的产品，并能够对产品有更深入的了解。因此，开展 B2C 电子商务，障碍最少，应用潜力巨大。

3. 企业对行政机构的电子商务（Business-to-Administrations，B2A）

企业对行政机构的电子商务指的是企业与政府机构之间进行的电子商务活动。例如，政府采购通过网上竞价方式进行招标，企业通过电子方式进行投标。

政府还可通过这类方式对企业进行行政事务管理，如用电子方式发放营业许可证、进出口许可证、开展电子报关和统计工作，企业在网上办理交税和退税等。

4. 消费者对行政机构的电子商务（Consumer-to-Administration，C2A）

消费者对行政机构的电子商务指的是政府对个人的电子商务活动，如社会福利金的支付、征收个人所得税等。

三、电子商务在国际贸易中的应用

电子商务应用于国际贸易，主要体现为以网络为载体，采用电子化、数字化方式进行商务数据交换和开展国际贸易活动。

（一）交易前的准备

在交易前准备阶段运用电子商务，主用表现为交易双方在 Internet 上广泛寻找交易机会和交易伙伴，进行成交条件的比较；了解不同国家和地区的贸易政策、政治和文化背景等。

网络环境中，卖方利用 Internet 以及各种电子商务平台发布网上广告，介绍企业和商品，寻找交易机会和交易伙伴，扩大贸易范围。买方则可随时上网查询所需商品信息，通过网络联系，交易双方可完成供需信息的交流。这种信息查询和匹配过程的电子化是国际贸易中电子商务应用得最多也是最成功的领域，如图 18-1 所示，依靠交易前支持系统来实现。

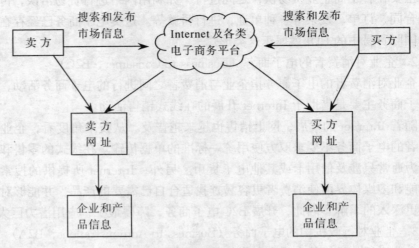

图 18-1　电子商务在交易前准备阶段的应用

目前，大多数国家的政府部门在 Internet 上设有网站，提供各国最新经济动态与政策信息。交易双方可以利用 Internet 广泛寻找贸易机会和市场信息，并借助电子手段发布供求信息。一些专业的电子商务平台还可提供供求信息的自动撮合功能。用多媒体技术制成信息在 Internet 上发布，是传统的纸面宣传方式所无法比拟的。由于 Internet 上各种搜索引擎的存在，客户在查找企业和产品时就如同查电话簿或看地图一样方便。通过网络进行信息交流，给从事国际贸易的企业增加了许多交易机会。

（二）交易磋商和签约

以电子商务为基础的交易磋商可以在网上完成。传统的贸易磋商中的函电、单证往来过程在电子商务中变成了电子文件的传输过程。交易双方可以利用 Internet 或专用数据交换网，对合同条款进行磋商，达成交易。网络服务的提供者可以通过网上实时谈判室等现代网络通信技术手段，为寻求贸易机会的双方在网上洽谈提供便利条件。双方可以利用 EDI 进行签约，也可以通过数字签名的方式签订合同。

从技术的角度看，交易磋商和签约的电子化依靠交易中的支持系统来实现。与交易前支持系统相比，这种系统往往在运作机制上较为复杂，通常要求交易各方事先在网络认证中心进行有效性和合法性的注册。只有已注册的用户才能从事网上交易，并且在交易过程中系统将会提供动态联机认证和保密措施。网络协议和系统还必须保证所有贸易磋商文件的确定性和安全可靠性。

（三）履约

买卖双方在履约的过程中，要与多个机构打交道，如银行、海关、商检、保险、税务、运输机构等。电子商务使繁琐的履约环节大为简化。

以货款结算环节为例，银行间国际结算的电子化早已实施，而利用现代的网络通信技术和先进的计算机处理系统，更可以保障资金运营的高效率。电子商务还可延伸应用于运输、保险、海关、商检、外汇管理机构等各相关部门。例如，商品装运后，可以利用电子系统跟踪货物的运输情况；保险单和商检证的申领也可在网上进行；通过电子报关，可使货物的通关过程更加安全快捷；而各类机构与企业间网络的互联不仅能便利履约，而且更有利于国家对外贸进行宏观管理。此外，企业可以通过专门的政府网站进行出口退税、进出口许可证申领、出口收汇和进口付汇核销等手续的办理。

（四）电子商务在我国外经贸领域的应用——"金关"工程

1993 年，我国政府先后启动了"金关"、"金桥"、"金卡"、"金税"等金字系列工程。"金关"工程主要的建设目的是在我国尽快建立起以外贸为龙头的国际电子商务体系。金关工程的近期目标——"实现进出口统计系统、进出口许可证管理系统、出口退税系统、外汇核销系统的联网"已经基本实现，通过金关工程的主干网——中国国际电子商务网，将对外经贸管理、税务、外汇管理、海关、统计、商检、银行等政府部门和外经贸企业联系起来。由于外经贸业务涉及国内各行各业，遍布全球绝大多数国家和地区，所以在外经贸领域率先推动和发展我国的电子商务有其必要性和紧迫性。为此，我国 1996 年专门成立了中国国际电子商务中心，实施中国国际电子商务工程，其目标是做好政府贸易管理电子化，提高政府的贸易管理水平，增强政府的宏观驾驭能力，实现贸易动态管理，把握、引导、推行好企业级电子商务，以从容应对网络时代的挑战，推动中国电子商务的发展。

第十九章

国际技术贸易

　　随着社会生产力水平的快速提高，无形贸易在国际贸易中所占的比重不断增加。特别是第二次世界大战结束后，国际技术贸易发展非常迅速。商品的竞争力与其技术含量密切相关，而技术贸易能够促进国际贸易商品结构和一国对外贸易商品结构的优化。

第一节　国际技术贸易的客体与程序

一、国际技术贸易的内涵

（一）技术

　　根据联合国《国际技术转让行动守则草案》，技术是指人们在生产活动中制造某种产品、应用某种生产方法或提供某种服务的系统知识。一般而言，技术具有潜在性、传授性、服务性、增值性、不经再生产而多次出售性（使用价值的共享性）、无形耗损性等特点。

　　技术既可以以有形形态存在，如文字、语言、图表、数据、配方等，也可以以无形形态存在，如头脑中的观念、专门技能、实际生产经验等。按表现形态，技术可以分为：（1）软件技术：以书面记述的形式存在；（2）硬件技术：反映在新机器、仪器或者设备中的技术；（3）专家技术：技术专家大脑中存储的特殊的有关制造、操作或管理的技能、诀窍。《国际技术转让行动守则草案》中规定，技术贸易若有硬件技术，则必有软件技术或专家技术。

　　按法律状态，技术可以分为：（1）工业产权技术（专利技术和商标权）；（2）非工业产权技术（专有技术等）。

（二）国际技术贸易

国际技术贸易是指不同国家的企业、经济组织或个人之间，按一般商业条件，出售或购买技术的使用权的一种贸易行为，即有偿的国际技术转让。一般而言，国际技术贸易是标的使用权的有偿使用，交易双方存在较长时间的合作竞争关系，整个交易过程相对进出口商品贸易更为复杂，涉及法律多，政府干预大。

通过国际技术贸易，技术供方往往达到获取额外的技术使用费收入，进行市场渗透，带动商品贸易发展等目的；技术受方可以获取先进技术，节省巨额科研费用和风险，加快企业技术现代化，提高产品的竞争能力。

通过丝绸之路，我国古代的养蚕、织绸技术传到中亚、西亚及欧洲等地；我国古代的四大发明（造纸术、火药、指南针和活字印刷术）传到欧洲等地。同样，古代的埃及、巴比伦、希腊、罗马也有许多技术传到世界各地。但现代技术贸易是自第二次世界大战后，随着国际贸易和科学技术的发展而发展起来的。据联合国资料，1965 年国际技术贸易额为 30 亿美元，1975 年激增为 110 亿美元，1985 年达到 400 多亿美元，1996 年达到 4 000亿美元，占世界贸易总额的 7.5%。

二、国际技术贸易的客体

国际技术贸易客体（标的）的基本内容包括专利使用权、商标使用权、专有技术使用权等。

（一）专利使用权

专利是一国政府机构根据发明创造人的申请，认为其发明创造符合国家有关法律规定的条件，而在一定期限和地域内确认其对发明创造具有的一种独占财产权利，并予以特定的保护。

《中华人民共和国专利法》将专利分为发明专利、实用新型专利和外观设计专利三种类型。授予专利权的发明和实用新型，应当具备新颖性、创造性和实用性等条件；授予专利权的外观设计，应当同申请日以前在国内外出版物上公开发表过或者国内公开使用过的外观设计不相同或不相近似，并不得与他人在先取得的合法权利相冲突。

一国的专利文献通常包括专利请求书、专利说明书、专利公报、专利分类索引表等，这是技术受方事先了解拟引进技术内容的可靠资料和途径之一，也是技术供方宣传自己技术的一个途径。

（二）商标使用权

商标权是主管部门所核准授予的商标使用权、禁止权、转让权、许可使用权。

《中华人民共和国商标法》规定，任何能够将自然人、法人或者其他组织的商品与他人的商品区别开的可视性标志，包括文字、图形、字母、数字、三维标志和颜色组合，以及上述要素的组合，均可以作为商标申请注册。经商标局核准注册的商标为注册商标，包括商品商标、服务商标、集体商标和证明商标；商标注册人享有商标专用权，受法律保护。转让注册商标时，转让人和受让人应当签订转让协议，并共同向商标局提出申请；受让人应当保证使用该注册商标的商品质量；转让注册商标经核准后，予以公告；受让人自公告之日起享有商标专用权。

商标注册人可以通过签订商标使用许可合同，许可他人使用其注册商标；许可人应当监督被许可人使用其注册商标的商品质量；被许可人应当保证使用该注册商标的商品质量；经许可使用他人注册商标的，必须在使用该注册商标的商品上标明被许可人的名称和商品产地；商标使用许可合同应当报商标局备案。

（三）专有技术使用权

专有技术是指为制造某一特定产品或使用某一特定的工艺所需要的一切知识、经验和技能，包括各种工艺流程加工工艺、产品设计图纸、技术资料、配方、技术规范等秘密的技术知识，在有的情况下，还包括有关管理、商业、财务等方面的内容。

在我国，一般的看法是，商业秘密是指企事业单位拥有的具有自己特色、具有商业价值，并由其采取措施加以保密的各种有形或无形的事物，诸如技术配方、工艺诀窍、经营管理的战略、方法、经验、经营计划以及影响竞争的各种信息、情报资料等。可见，专有技术也应属商业秘密的范畴。但也有观点认为，商业秘密主要是在经营活动中使用的，能使其所有人在同行业竞争中取得优势地位的知识和经验；专有技术则侧重在生产活动领域，特别是针对产品设计、制造、工艺、质量控制等方面。

三、国际技术贸易的基本方式

国际技术贸易的基本方式包括许可贸易、顾问咨询、技术服务与协助、国际技术投资、技术转让、工程承包、设备与技术结合（成套设备、关键设备）等。

2002年1月1日起施行的《中华人民共和国技术进出口管理条例》规定，技术进出口是指从中华人民共和国境外向中华人民共和国境内，或者从中华人民共和国境内向中华人民共和国境外，通过贸易、投资或者经济技术合作的方式转移技术的行为。这些行为包括专利权转让、专利申请权转让、专利实施许可、技术秘密转让、技术服务和其他方式的技术转移。

四、国际技术贸易的基本程序

以技术引进为例，其基本程序包括技术引进的前期准备，技术引进交易磋商、签订技术贸易合同，技术贸易合同的审批与登记，履行技术贸易合同，技术引进后的消化、吸收和创新。

(一) 技术引进的前期准备

技术引进的前期准备包括项目选择、初步可行性研究、可行性研究和项目评价决策几个阶段。

项目选择也称机会研究，是指企业根据国家发展规划和本行业的技术发展方向，结合本企业的现状，为实现本企业的技术进步，增加企业的经济效益，提出拟引进的技术内容。项目选择比较粗略，一般历时 1～3 个月，研究误差可达到 ±30%，研究费用占投资总费用的 1% 以下。

初步可行性研究是在概略地调查分析可能引进的项目基础上，对更接近于拟达到目标的具体项目，寻求和选择引进方案，以证实在什么范围内，用哪种引进方式最经济、最合理，并能取得最大的经济效益。初步可行性研究时间一般为 3～5 个月，研究误差应在 ±20% 以内，研究费用可达项目投资总费用的 1.5%。项目建议书是初步可行性研究的书面总结，也是有关主管部门进行预审的依据。

可行性研究也称详细可行性研究，是对引进项目的技术、经济、财物、销售等关键因素进行充分的分析与核算，提出最佳的选择方案。其目的在于进行方案规划、技术论证、经济核算和分析比较，为项目的决策提供可靠的依据和建议，从而减少投资风险，使项目能够取得最佳效益。详细可行性研究的时间较长，大中型项目一般在一年以上，研究误差应在 ±10% 以内，研究费用可达项目投资总费用的 3%，最终形成可行性研究报告。有关部门依据可行性研究报告，结合各方面因素，理性地做出战略决策。

(二) 技术引进交易磋商

技术贸易具体成交方式包括谈判方式和招标方式。

就谈判方式而言，商品贸易通常以价格、装运期为核心，多以书面形式，时间较短；而技术贸易通常以技术为核心（技术内容、技术范围、传授方式、考核与验收等），谈判过程一般较长，受干扰的因素较多。

技术引进交易磋商分为技术谈判和商务谈判两部分。技术谈判具体落实拟引进技术的范围，提供技术的方式和途径，技术的质量，考核技术的时间、次数和标准，技术有效性的保证，资料提供的质量、份数、交付方式和时间，对技术使用的领域，即使用权、制造权和销售权等。商务谈判是在技术谈判确定的技术基础上，进一步洽谈项目的商务条款，明确供、受双方就技术贸易分别享有的合同权利和承担的合同义务。

（三）签订技术贸易合同

以许可贸易为例，国际技术贸易合同的内容通常包括：（1）合同名称；（2）合同编号；（3）序文，即签约时间、签约地点、供受双方的法定名称和法定地址、鉴于条款等；（4）对关键名词的定义；（5）技术的内容和范围；（6）技术改进和发展的交换；（7）技术文件的交付；（8）价格与支付；（9）技术考核与验收；（10）保证与索赔；（11）税费的负担和双重征税的避免；（12）不可抗力；（13）仲裁与法律适用；（14）合同的生效、期限、续展和终止；（15）合同文字及签字；（16）合同附件。

双方当事人为共同实现专利权、商标权或专有技术使用权许可的特定目标，还可以规定一些具有针对性的特殊条款。若技术与设备（成套设备、关键设备）相结合，设备部分可以单列条款，类同有形商品进出口的合同条款。

（四）技术贸易合同的许可或者登记

自2002年1月1日起施行的《中华人民共和国技术进出口管理条例》规定，国家准许技术的自由进出口；但是，法律、行政法规另有规定的除外。国务院外经贸主管部门会同国务院有关部门，制定、调整并公布禁止或者限制进口的技术目录。属于禁止进口的技术，不得进口。属于限制进口的技术，实行许可证管理；未经许可，不得进口。进口属于限制进口的技术，应当向国务院外经贸主管部门提出技术进口申请并附有关文件。国务院外经贸主管部门收到技术进口申请后，应当会同国务院有关部门对申请进行审查，并自收到申请之日起30个工作日内做出批准或者不批准的决定。技术进口申请经批准的，由国务院外经贸主管部门发给技术进口许可意向书。进口经营者取得技术进口许可意向书后，可以对外签订技术进口合同。进口经营者签订技术进口合同后，应当向国务院外经贸主管部门提交技术进口合同副本及有关文件，申请技术进口许可证。国务院外经贸主管部门对技术进口合同的真实性进行审查，并自收到按规定提交的文件之日起10个工作日内，对技术进口做出许可或者不许可的决定。技术进口合同自技术进口许可证颁发之日起生效。

对属于自由进口的技术，实行合同登记管理。进口属于自由进口的技术，合同自依法成立时生效，不以登记为合同生效的条件。

经许可或者登记的技术进口合同，合同的主要内容发生变更的，应当重新办理许可或者登记手续。经许可或者登记的技术进口合同终止的，应当及时向国务院外经贸主管部门备案。

《中华人民共和国技术进出口管理条例》明确规定，技术进口合同中不得含有下列限制性条款：（1）要求受让人接受并非技术进口必不可少的附带条件，包括购买非必需的技术、原材料、产品、设备或者服务；（2）要求受让人为专利权有效期限届满或者专利权被宣布无效的技术支付使用费或者承担相关义务；（3）限制受让人改进让与人提供的技术或者限制受让人使用所改进的技术；（4）限制受让人从其他来源获得与让与人提供的技术类似的技术或者与其竞争的技术；（5）不合理地限制受让人购买原材料、零部件、产品或设备的渠道或者来源；（6）不合理地限制受让人产品的生产数量、品种或者销售价格；（7）不合理地限制受让人利用进口的技术生产产品的出口渠道。

（五）履行技术合同

技术贸易合同履行主要有以下特点：（1）延续时间长；（2）需要供受双方的密切合作，这种技术合作不仅关系到受方的利益，也往往直接关系到供方的利益；（3）履行合同的许多工作在受方所在地进行。

以技术许可贸易为例，合同履行主要有如下程序：（1）技术资料的验收与转化；（2）技术培训和技术服务；（3）引进设备的检验与安装；（4）产品的考核验收；（5）支付使用费。有时还会涉及技术或设备的索赔工作。

（六）引进技术的消化、吸收和创新

据日本官方统计，自1950年至1975年，日本从40多个国家和地区共引进外国技术（不包括成套设备）26 000项，用了约58亿美元；20多年时间掌握了几乎全世界半个世纪中发明的全部先进技术，而自主开发估计得花费1 800～2 000亿美元。引进技术后，注意消化、吸收和创新，广泛加以应用推广，并逐步转向技术出口。1952年的技术输出额仅为300美元，而1992年技术贸易顺差达868亿美元。

我国特别需要强化引进技术的消化、吸收和创新工作。应该建立验收、检查制度，杜绝"项目有人批，效果无人问"的现象；政府可以通过提供科研资金以及税收优惠等措施支持企业进行引进技术的消化、吸收和创新。

第二节　国际技术贸易的价格与支付

一、技术价格及其影响因素

技术价格是技术受方为取得技术使用权所愿支付的、供方可以接受的使用费的货币表现。

技术价格的确定通常会受到以下因素的影响：（1）直接费用，即需要技术供方事先垫付的交易准备工作费用、谈判人员费用、资料费用、接待技术考察费用等；（2）技术供方的期得利润；（3）技术受方的可能经济收益；（4）技术生命周期和技术所处的周期阶段；（5）供方所提供的技术协助量；（6）技术使用的目的和范围；（7）使用权的独占性程度；（8）供方的担保责任和受方的吸收能力；（9）竞争状况；（10）受方所在国的政治环境和对产权保护状况；（11）约束性条款；（12）计价方法和支付货币；（13）税费；（14）合同期限长短。

二、技术的计价方法

专利使用权、商标使用权和专有技术使用权的许可，可以有总付、提成费支付、入门费与提成费结合三种计价方法。对于技术专家的服务或技术协助，通常按每人时支付固定的金额。

（一）总付

总付又称一次总算，是指技术供方与技术受方谈妥一笔固定的金额，由技术受方一次或分期付清。

总付方式对于技术供方可能有的利弊是：（1）收入稳定，能确保获得一定数量的技术使用费收益；（2）可以避免大量的查账、计算等繁琐工作；（3）不能分享技术受方生产或销售量增加的额外利益。

总付方式对于技术受方可能有的利弊是：（1）可以较快地摆脱对技术供方的依赖；（2）在实际生产前就要付出大笔资金；（3）如果实际产量或销售量低于估计数字，总付数额可能会高于入门费加合同期间实际应付提成费之和；（4）技术和市场风险全部落在技术受方身上；（5）技术供方提供技术改进的积极性不高。

因此，总付方式通常适用于以下情况：（1）技术可以立即全部转移，而且技术受方能够立即全部予以吸收。（2）用在较不尖端的技术或专有技术的

国际贸易实际运作篇

转让方面，不需要供方不断提供技术服务与协助。(3) 技术受方有较充足的资金，并打算尽快摆脱对技术供方的依赖。

有些国家通过法律规定或审查技术贸易合同等形式对总付方式加以限制。

(二) 提成费支付

提成费支付又称提成计价，是指以技术的实际使用经济效果（产量、销售额、利润）为基础按一定比例提成来确定使用费。

以产品数量作为提成基础，技术供方的收益只与产品数量有关，积极性高，但防止受方不生产。以利润作为提成基础，理论上是合理的，但实践中存在困难。通常采用以销售额作为提成基础，技术供方和技术受方需要明确销售额的构成和各种需要扣除的项目。有时可以采用公平市场价格法、最低提成费法、最高提成费法、递减提成法、滑动提成法等辅助方式。

提成比例也是技术供方和技术受方非常关心的因素。实践中，考虑到双方的利益，有时采取一些灵活变通的做法，如合同初期取低提成率，后期取高提成率。

(三) 入门费与提成费结合

入门费与提成费结合是指合同生效后，先支付一笔约定的金额，再以技术的实际使用经济效果为基础按一定比例提成来确定使用费。

技术供方往往基于以下方面收取入门费：(1) 直接费用；(2) 特殊设计费；(3) "披露费"、"技术公开费"；(4) 技术受方消化吸收技术的能力较差，以保证供方最低限度的收益。

理论上讲，各种计价方法使用费的净现值应该是相等的，但实际取决于多个方面因素的影响，如折现系数和计算期，有无不合理支出项目，估计值本身的误差，双方合作关系等。

相当长一段时间里，我国技术引进中采用一次总算方式的比重相当大。出现这种现象的原因是：(1) 外国许可方在向我国转让技术时，希望由我方独自承担技术引进后生产和销售的风险，从而最大限度地保持自己的收益，因此往往坚持采用一次总算的支付方式。(2) 我方部分从事引进工作的人员长期习惯于国内的商业环境，对国际技术贸易中支付方式的国际惯例不甚了解，从而给外商以可乘之机。(3) 长期以来，我国的外汇体制要求企业支付外汇要层层审批，手续繁琐，因此引进单位认为，与其分年提成分年申请外汇，不如一次申请，一次付清，可减少许多麻烦。(4) 采用提成支付，要允许许可方检查与技术提成费有关的账目，这对一些企业来说是不可接受的。随着我国对外联系的增加和经济体制的改革，大多数引进技术的企业转而改为采用提成支付，或者入门费与提成费结合的方式；但普遍存在支付入门费偏高现象，而目前国际上已出现不要或少要入门费的趋势。

三、技术使用费的估定

（一）利润分成

利润分成通常以 LSLP 表示，LSLP 是 Licensor's Share on Licensee's Profit 的缩写，即技术供方对技术受方利润的分成，计算公式如下：

$$LSLP = \frac{使用费}{受方利润} \times 100\%$$

若

$$提成率 = \frac{使用费}{产品的净销售额} \times 100\%$$

所以又有

$$LSLP = \frac{提成率}{受方利润率} \times 100\%$$

例如：以净销售额作为提成基础，提成率 6%，每年净销售额预计 50 000 美元，受方利润预计为 15 000 美元，则每年使用费为 3 000 美元，LSLP 为 20%。

由于技术受方承担了投资和经营上的巨大风险，所以应在实施引进技术带来的额外收益的分配中占较大的部分，通常是技术供方占利润的 1/4～1/3，技术受方占利润的 2/3～3/4。联合国工发组织（UNIDO）的调查表明，利润分成率一般为 16%～27%，超过 30% 就过高了；但也得分具体情况而定，并与受方利润率大小有关。在提成率不变的情况下，技术受方的利润率越高，LSLP 就越低。

（二）使用费估定方法

1. 利润水平法（产业规范法）

不同产业部门或不同产品的国际技术贸易有一定的规范，主要表现在提成率上。根据联合国贸易组织的调查，技术贸易提成率为产品净销售额的 0.5%～10%，且绝大部分处于 2%～6% 之间。比如：制药工业的提成率是 2.5%～4%；数据处理 3%～5%，日用消费品 1%～2.5%，造纸和木材业 4%～6%，而石油化学工业 0.5%～2%，汽车业 4.5%～6%，化学工业 2%～3.5%，机械制造工业 2%～3%，光学和电子产品 7%～10%，等等。

2. 分项估算法

分项估算法即具体核算技术使用费的各项构成因素。通常包括：（1）技术文件费；（2）特别设计费；（3）技术服务与技术培训费用；（4）直接费用；（5）估计供方所期望得到的利润；（6）设备分项价格等。将各项构成因素的价格加总，得出总的使用费水平。

3. 因素差价法

技术贸易谈判中，通过改变交易条件，可以获得不同的价格水平，经比较计算，以此来校正和获得某项技术的使用费合理水平。具体包括：（1）独占与非独占许可差价；（2）市场覆盖率差价；（3）计价方法差价；（4）支付货币差价；（5）专家条件差价；（6）罚金条件差价；（7）竞争性差价，即不同技术供方使用费的现值和主要技术经济指标等的对比；（8）约束性条款差价。

一般而言，通过利润水平法、分项估算法和因素差价法的结合使用，就可以比较准确地估计出某项技术使用费的大致合理水平。

四、技术使用费的清算

国际技术贸易中，通常不是采用货币，而是采用票据作为支付工具对技术使用费进行清算，且通常使用即期汇票作为支付工具，通过银行托收进行清算。汇付，即技术受方主动通过银行支付给技术供方款项的一种方式，也在国际技术贸易实践中采用。

在国际技术贸易中，供方开始履行合同之前，受方有时需先行支付入门费或预付金，受方为减少支付这部分款项的风险，需要供方通过银行出具银行保函作担保。同样，供方也担心按合同规定履行所承担的义务后，收不到受方应支付的合同金额，也需受方通过银行开立银行保函作为支付保证。

技术的计价方法是分期支付、提成费支付或者入门费与提成费结合的情况下，支付时间是非常重要的条款，通常将支付使用费的时间与技术供方履行义务的环节或阶段对应，使支付使用费与技术供方履行义务的效果相适应。提成费支付方式下需要明确提成的周期和付款的截止日。

在按提成费支付的情况下，技术受方支付提成费是与产量、销售额或利润相联系的。一般来说，技术受方应本着诚信的原则如实将产量、销售额或利润告诉技术供方，并据以计算提成费。但是技术供方对技术受方所申报的情况并不完全信任，故要求建立必要的账目，并保留检查该项账目的权利，以便核对技术受方计算提成费是否有误。如果允许技术供方检查有关账目，那就必须进一步明确会计师或审计师人选、应受检查的账目、查账的时间和地点、查账费用的分摊等。

附录　进出口单证

示样1 信开信用证

中国农业银行湖南省分行

THE AGRICULTURAL BANK
HUNAN PROVINCIAL BRANCH
Telex:982042ABCHN CN
Phone:0731-432523

Irrevocable Documentary Credit

L/C No.180CSO30210

Date and Place of issue: MARCH 26, 1993 Changsha, China	Date and place of expiry MAY 30, 1993 In country of beneficiary
Applicant CHINA NATIONAL ELECTRONICS IMP. & EXP. CORP. HUNAN COMPANY, INT'L ELECTRONICS BLDG, CHANGSHA, P. R. CHINA TEL:441670	Beneficiary PHILIPS HONGKONG LIMITED CS/BUSINESS COMMUNICATION SYSTEM 26/F., HOPEWELL CENTRE, 17 KENNEDY RD., HONG KONG TEL:8215888
Advising Bank BANKERS TRUST HONG KONG	Amount USD77, 495.79 SAY U.S. DOLLARS SEVENTY SEVEN THOUSAND FOUR HUNDRED NINETY FIVE AND CENTS SEVENTY NINE ONLY

Partial shipments [X] Allowed [ ] Not allowed	Transshipment [X] Allowed [ ] Not allowed	Credit available with ANY BANK

Shipment from AMSTERDAM
For transportation to BEIJING,CHINA
Latest MAY 15, 1993

By [X]Negotiation [ ]Acceptance [ ]Payment against presentation of the documents detailed herein and of your drafts at ... sight for FULL invoice value drawn on US.

[X] Signed commercial invoice in FIVE copies indicating: L/C No. And contract No.
[ ] Full set of clean on board marine bills of lading made out to order. endorsed in blank and marked FREIGHT PREPAID/TO COLLECT and to notify.
[ ] Insurance policy or certificate in duplicate blank endorsed, for pct of the CIF value showing claims payable at destination in the same currency as the draft and covering Institute Cargo Clauses( ). Institute War Clauses and Institute S.R.C.C. Clauses.
[X] Packing list/Weight memo in FOUR copies.
[X] Certificate of quality in FOUR copies issued by THE MANUFACTURERS.
[X] Certificate of origin in THERR copies issued by THE CHAMBER OF COMMERCE IN THE COUNTRY OF ORIGIN.
[X] BENEFICIARY'S CERTIFIED COPY OF CABLE TO THE ACCOUNTEES ADVISING SHIPT. IMMEDIATELY AFTER SHIPMENT EFFECTED.
[X] CLEAN AIR WAYBILL CONSIGNED TO ORDER OF ISSUING BANK MARKED FREIGHT COLLECT SHOWING THE L/C NO. AND NOTIFY THE APPLICANT WITH FULL ADDRESS.

Covering shipment of:
COMPONENTS FOR SOPHO-S
451482-155200
QTY: ONE LOT
FCA AMSTERDAM

SHIPPING MARKS= 93EMHKHNCT02002
BEIJING CHINA

OTHER TERMS AND CONDITIONS:
All banking charges outside Changsha. China is for beneficiary's account.
Documents must be presented within 15 days after the date of issuance of the shipping document (s) but within the validity of the credit.

We hereby issue this Documentary Credit in your favour. It is subject to the Uniform Customs and Practice for Documentary Credits I. C. C. prevailing revision and engages us in accordance with the terms thereof. The number and the date of the credit and the name of our bank must be quoted on all drafts required For THE AGRICULTURAL BANK OF CHINA HUNAN PROVINCIAL BRANCH _____ Authorize Signature (s)	INSTRUCTIONS TO NEGOTATING BANK: 1. Each presentation must be noted on the reverse of this advice. 2. All documents are to be dispatched in ONE lot by registered airmail to us at: THE AGRICULTURAL BANK OF CHINA PUFAN PROVINCIAL BRANCH International Department. 5/F., GINGKO BLDG, WUYI CENTRAL RD. CHANGSHA, CHINA 3. In reimbursement—We shall reimburse you in accordance with your instructions upon receipt of documents in compliance with credit terms.

示样 2　详电信用证

OCT. 06 1995

FROM：THE INDUSTRIAL BANK OF JAPEN. LTD. , TOKYO　　　[1]

NAGOYA BRANCH 56

TO：CHUNGKUO GUANGZHOU　　　[2]

TEST 2209（RPT 2209）TESTED USDLS 44 625.00 WITH H. O. TOKYO

ATT：L/C SECTION

RE：OPENING OF L/C（OUR REF. ILC1403545）

PLEASE ADVISE THE FOLLOWING CREDIT

TO THE BENEFICIARY WITHOUT ADDING CONFIRMATION.　　　[3]

IRREVOCABLE DOCUMENTARY CREDIT

DATE OF ISSUE：OCT. 6，1995

CREDIT NO. ILC1403545

THIS CABLE IS THE OPERATIVE CREDIT INSTRUMENT　　　[4]

BENEFICIARY：CHINA NATIONAL IMP. AND EXP. CORP. , GUANG-DONG BRANCH, D. D LU, GUANGZHOU　　　[5]

APPLICANT：DAIDO KOGYO CO. LTD. NAGOYA　　　[6]

EXPIRY DATE：NOV. 30，1995　　　[7]

PRESENTATION OF DOCUMENTS FOR PAYMENT, NEGOTIATION OR ACCEPTANCE　　　[8]

AS THE CASE MAY BE. MUST BE MADE WITHIN 15 DAYS AFTER THE DATE OF THE BILLS OF LADING AND NOT LATER THAN EXPIRY DATE.　　　[9]

AMOUNT：USDLS 44 625.00（RPT. USDLS 44 625.00）WE HEREBY ISSUE IN YOUR FAVOUR THIS DOCUMENTARY CREDIT WHICH IS AVAILA-BLE BY YOUR DRAFT(S) DRAWN AT SIGHT ON US FOR FULL　　　[10]

INVOICE COST ACCOMPANIDE BY THE FOLLOWING DOCUMENTS：

SIGNED COMMERCIAL INVOICE IN 5 COPIES INDICATING SALES CON-TRACT　　　[11]

NO. NMTJ—86—011

FULL SET OF CLEAN ON BOARD OCEAN BILLS OF LADING MADE OUT TO ORDER OF SHIPPER AND BLANK ENDORSED. MARKED FREIGHT PREPAID　　　[12]

NOTIFY：DAIDO KOGYO CO. LTD. NAGOYA　　　[13]

国

际

贸

易

OTHER DOCUMENTS:
1. WEIGHT CERTIFICATE IN 3 COPIES. [14]
2. QUALITY CERTIFICATE IN 3 COPIES. [15]
3. CERTIFICATE OF CHEMICAL ANALYSIS IN 3 COPIES. [16]
INSURANCE IS TO BE EFFECTED BY BUYER, COVERING SHIPMENT OF 500 METRIC TONS (5 PCT. MORE OR LESS ALLOWED) OF FOUORSPAR IN BULK. UNIT PRICE USDLS 81. 00 /MT CFR NAGOYA [17]
SHIPMENT FROM CHINESE PORT(S) TO NAGOYA [18]
PARTIAL SHIPMENTS ARE NOT PERMITTED. [19]
TRANSHIPMENT IS NOT PERMITTED. [20]
BILLS OF LADING MUST BE DATED NOT LATER THAN NOV. 15, 1995
[21]

SPECIAL INSTRUCTIONS:
1. THIS CREDIT IS TRANSFERABLE. [22]
SPECIAL INSTRUCTIONS TO THE NEGOTIATING BANK AND/OR DRAAWEE BANK ALL DOCUMENTS INCLUDING BENEFICIARY'S DRAFT(S) MUST BE AIRMAILED DIRECTLY TO OUR HEAD OFFICE, MARUNOU-CHI, CHIYOOA—KU. TOKYO. JAPAN IN TWO CONSECUTIVE LOTS.
[23]

UPON RECEIPT OF THE DOCUMENTS. WE WILL MAKE PAYMENT BY CABLE FOR YOU IN ACCORDANCE WITH YOUR INSTRUCTION. [24]
WE ENGAGE WITH DRAWERS, ENDORSERS AND BONA FIDE HOLDERS OF DRAFT(S) DRAWN UNDER AND IN COMPLIANCE WITH THE TERMS OF THIS CREDIT THAT SUCH DRAFTS WILL BE DULY HONOURED ON DUE PRESENTATION.
AND ON DELIVERY OF DOCUMENTS AS SPECIFIED.
EXCEPT SO FAR AS OTHERWISE STATED, THIS DOCUMENTARY CREDIT IS SUBJECT TO "UNIFORM CUSTOMS AND PRACTICE FOR DOC-UMENTARY CREDITS (1993 REVISION), INTERNATIONAL CHAMBER OF COMMERCE, PUBLICATION NO 500. " [25]
44373 BKCA CM
871006 1501

BILL OF LADING

1)SHIPPER	10)B/L NO.

C O S C O

中国远洋运输（集团）总公司

CHINA OCEAN SHIPPING (GROUP) CO.

2)CONSIGNEE	

3)NOTIFY PARTY	

4)PLACE OF RECEIPT	5)OCEAN VESSEL
6)VOYAGE NO.	7)PORT OF LOADING
8)PORT OF DISCHARGE	9)PLACE OF DELIVERY

ORIGINAL

Combined Transport BILL OF LADING

11)MARKS	12) NOS. & KINDS OF PKGS	13)DESCRIPTION OF GOODS	14) G.W.(kg)	15) MEAS(m3)

16)TOTAL NUMBER OF CONTAINERS OR PACKAGES(IN WORDS)

FREIGHT & CHARGES	REVENUE TONS	RATE	PER	PREPAID	COLLECT

PREPAID AT	PAYABLE AT	17)PLACE AND DATE OF ISSUE
TOTAL PREPAID	18)NUMBER OF ORIGINAL B(S)L	21)

LOADING ON BOARD THE VESSEL

19)DATE	20)BY

示样4 保险单

中 国 人 民 保 险 公 司
THE PEOPLE'S INSURANCE COMPANY OF CHINA
总公司设于北京　　　　　一九四九年创立
Head office: BEIJING　　Established in 1949

保 险 单　　　　　　　保险单号次
INSURANCE POLICY　　　　POLICY NO.

中 国 人 民 保 险 公 司 （以 下 简 称 本 公 司）
THIS POLICY OF INSURANCE WITNESSES THAT THE PEOPLE'S INSURANCE COMPANY OF CHINA (HEREINAFTER CALLED "THE COMPANY")
根　　　据
AT THE REQUEST OF
（以 下 简 称 被 保 险 人）的 要 求，由 被 保 险 人 向 本 公 司 缴 付 约
(HEREINAFTER CALLED "THE INSURED") AND IN CONSIDERATION OF THE AGREED PREMIUM PAID TO THE COMPANY BY THE
定 的 保 险，按 照 本 保 险 单 承 保 险 别 和 背 面 所 载 条 款 下 列
INSURED UNDERTAKES TO INSURE THE UNDERMENTIONED GOODS IN TRANSPORTATION SUBJECT TO THE CONDITIONS OF THIS POLICY
特 款 承 保 下 述 货 物 运 输 保 险，特 立 本 保 险 单 。
AS PER THE CLAUSES PRINTED OVERLEAF AND OTHER SPECIAL CLAUSES ATTACHED HEREON.

标　记 MARKS & NOS	包 装 及 数 量 QUANTITY	保 险 货 物 项 目 DESCRIPTION OF GOODS	保 险 金 额 AMOUNT INSURED

总 保 险 金 额：
TOTAL AMOUNT INSURED:

保　费 PREMIUM AS ARRANGED	费率 RATE AS ARRANGED	装 载 运 输 工 具 PER CONVEYANCE SS.

开 航 日 期　　　　　　　　　　　　自　　　　　　　　　　　　　至
SLG. ON OR ABT. AS PER BILL OF LADING　FROM　　　　　　　　　　TO
承 保 险 别：
CONDITIONS

所 保 货 物，如 遇 出 险，本 公 司 凭 本 保 险 单 及 其 他 有 关 证 件 给 付 赔 款。
CLAIMS, IF ANY, PAYABLE ON SURRENDER OF THIS POLICY TOGETHER WITH OTHER RELEVANT DOCUMENTS
所 保 货 物，如 发 生 本 保 险 单 项 下 负 责 赔 偿 的 损 失 或 事 故，
IN THE EVENT OF ACCIDENT WHEREBY LOSS OR DAMAGE MAY RESULT IN A CLAIM UNDER THIS POLICY IMMEDIATE NOTICE
应 立 即 通 知 本 公 司 下 述 代 理 人 查 期。
APPLYING FOR SURVEY MUST BE GIVEN TO THE COMPANY'S AGENT AS MENTIONED HEREUNDER:

赔 款 偿 付 地 点　　　　　　　　　　　　　中国人民保险公司上海分公司
CLAIM PAYABLE AT/IN　　　　　　　　　　THE PEOPLE'S INSURANCE CO. OF CHINA
日　期　　　　　　　　　　上海　　　　　　　　SHANGHAI BRANCH
DATE　　　　　　　　　SHANGHAI

地址:中国上海中山东一路23号 TEL:3234305 3217466-44 Telex:33128 PICCS CN.
Address: 23 Zhongshan Dong Yi Lu Shanghai, China. Cable: 42001 Shanghai

Genel Manager

示样 5　商业发票

COMMERCIAL INVOICE

1) SELLER	3) INVOICE NO.	4) INVOICE DATE
	5) L/C NO.	6) DATE
	7) ISSUED BY	
2) BUYER	8) CONTRACT NO.	9) DATE
	10) FROM	11) TO
	12) SHIPPED BY	13)PRICE TERM

14)MARKS	15)DESCRIPTION OF GOODS	16 QTY.	17)UNIT PRICE	18)AMOUNT

19) ISSUED BY

20) SIGNATURE

示样 6　装箱单

PACKING LIST

1) SELLER	3) INVOICE NO.	4) INVOICE DATE
	5) FROM	6) TO
	7) TOTAL FACKAGES(IN WORDS)	
2) BUYER	8) MARKS & NOS.	

9) C/NOS.	10) NOS. & KINDS OF PKGS.	11) ITEM	12)QTY.(pcs.)	13) G.W.(kg)	14) N.W.(kg)	15) MEAS(m3)

16) ISSUED BY

17) SIGNATURE

示样 7　贸促会产地证

ORIGINAL

1. Exporter (full name and address)	Certificate No.
2. Consignee (full name, address, country)	**CERTIFICATE OF ORIGIN** **OF** **THE PEOPLE'S REPUBLIC OF CHINA**
3. Means of transport and route	5. For certifying authority use only
4. Destination port	

6. Marks and Numbers of packages	7. Description of goods: number and kind of packages	8. H.S. Code	9. Quantity or weight	10. Number and date of invoices

11. Declaration by the exporter	12. Certification
The undersigned hereby declares that the above details and statements are correct ; that all the goods were produced in China and that they comply with the Rules of Origin of the People's Republic of China.	It is hereby certified that the declaration by the exporter is correct. 中国国际贸易促进委员会上海分会 CHINA COUNCIL FOR THE PROMOTION OF INTERNATIONAL TREDE (SHANGHAI)
Place and date. signature and stamp of certifying authority	Place and date. signature and stamp of certifying authority

China Council for the Promotion of International trade is China Chamber of International Commerce.

国

际

贸

易

414

示样 8 普惠制产地证 （FORM A）

ORIGINAL

1. Goods consigned from (Exporter's business name, address, country)	Reference No.
	GENERALIZED SYSTEM OF PREFERENCES **CERTIFICATE OF ORIGIN** (Combinced declaration and certificate) **FORM A** Issued in ___THE PEOPLE'S REPUBLIC OF CHINA___ **(country)** See Notes overleaf
2. Goods consigned to (Consignee's name, address, country)	
3. Means of transport and route (as far as known)	4. For official use

5. Item number	6. Marks and numbers of packages	7. Number and Kind of packages; description of goods	8. Origin criterion (see Notes overleaf)	9. Gross weight or other quantity	10. Number and date of invoices

11. Certification It is hereby certified, on the basis of control carried out, that the declaration by the exporter is correct.	12. Declaration by the exporter The undersigned hereby declares that the above details and statements are correct; that all the goods were produced in _____(country) and that they comply with the origin requirements specified for those goods in the Generalized System of Preferences for goods exported to _____(importing country)
Place and date. signature and stamp of certifying authority	Place and date. signature and stamp of certifying authority

示样 9　检验证书

中华人民共和国上海进出口商品检验局

SHANGHAI IMPORT & EXPORT COMMODITY INSPECTION BUREAU
OF THE PEOPLE'S REPUBLIC OF CHINA　　　　正　本
ORIGINAL

No. V0524797-3104535

地址: 上海市中山东一路13 号
Address: 13. Zhongshan Road
　　(E.I.), Shanghai
电　报:　上海　2914
Cable: 2914, SHANGHAI

电话Tel:　63211285

检　验　证　书
INSPECTION CERTIFICATE

日 期Date:

QUALITY

发货人:
Consignor ....

受货人:
Consignee ....

品　名:
Commodity ....

标记及号码:
Marks & No.　　———————

报验数量/重量:
Quantity/Weight
Declare ....

检 验 结 果:
RESULTS OF INSPECTION:

主任检验员
Chief Inspector:

示样 10　报检单

中华人民共和国出入境检验检疫

出境货物报检单

报检单位 (加盖公章):					*编　号		
报检单位登记号:		联系人:		电话:	报检日期:　年　月　日		

发货人	（中文）	
	（外文）	
收货人	（中文）	
	（外文）	

货物名称(中/外文)	H.S.编码	产地	数/重量	货物总值	包装种类及数量

运输工具名称号码		贸易方式		货物存放地点	
合同号		信用证号		用途	
发货日期		输往国家(地区)		许可证 / 审批号	
启运地		到达口岸		生产单位注册号	

集装箱规格、数量及号码

合同、信用证订立的检验检疫条款或特殊要求	标记及号码	随附单据（画"✔"或补填）	
		□合同	□包装性能结果单
		□信用证	□许可/审批文件
		□发票	□
		□换证凭单	□
		□装箱单	□
		□厂检单	□

需要证单名称（画"✔"或补填）			*检验检疫费	
□品质证书 　　正　副	□植物检疫证书 　　正　副		总金额（人民币元）	
□重量证书 　　正　副	□熏蒸/消毒证书 　　正　副			
□数量证书 　　正　副	□出境货物换证凭单 　　正　副			
□兽医卫生证书 　　正　副	□		计费人	
□健康证书 　　正　副	□			
□卫生证书 　　正　副	□		收费人	
□动物卫生证书 　　正　副	□			

报检人郑重声明： 　1. 本人被授权报检。 　2. 上列填写内容正确属实，货物无伪造或冒用他人的厂名、标志、认证标志，并承担货物质量责任。 　　　　　　　　　签名：	领 取 证 单	
	日期	
	签名	

注：有"*"号栏出入境检验检疫机关填写　　　　　　　　◆国家出入境检验检疫局制

[1-2 (2000.1.1)]

示样 11   出口报关单

中华人民共和国海关出口货物报关单

预录入编号：   海关编号：

出口口岸		备案号			出口日期		申报日期
经营单位		运输方式	运输工具名称			提运单号	
发货单位		贸易方式		征免性质		结汇方式	
许可证号		运抵国（地区）		指运港		境内货源地	
批准文号		成交方式	运费		保费		杂费
合同协议号		件数		包装种类	毛重（公斤）		净重（公斤）
集装箱号		随附单据				生产厂家	
标记麦码及备注							

项号	商品编号	商品名称、规格型号	数量及单位	最终目的国（地区）	单价总价	币制	征免

税费征收情况

录入员 录入单位	兹声明以上申报无讹并承担法律责任	海关审单批注及放行日期（签章）
报关员		审单 审价
	申报单位（盖章）	征税 统计
单位地址		查验 放行
邮编 电话 填制日期		

国际贸易

示样12 进口报关单

中华人民共和国海关进口货物报关单

预录入编号： 海关编号：

进口口岸		备案号		进口日期		申报日期	
经营单位		运输方式		运输工具名称		提运单号	
收货单位		贸易方式		征免性质		征税比例	
许可证号		起运国(地区)		装货港		境内目的地	
批准文号		成交方式		运费		保费	杂费
合同协议号		件数		包装种类	毛重(公斤)		净重(公斤)
集装箱号		随附单据				用途	
标记麦码及备注							

项号	商品编号	商品名称、规格型号	数量及单位	原产地(地区)	单价	总价	币制	征免

税费征收情况

录入员 录入单位	兹声明以上申报无讹并承担法律责任	海关审单批注及放行日期（签章）	
报关员		审单	审价
	申报单位（盖章）	征税	统计
单位地址			
邮编 电话 填制日期		查验	放行

参 考 文 献

[1]   王国顺，冯正强. 国际贸易理论与实务. 长沙：中南工业大学出版
       社，1998

[2]   薛荣久. 国际贸易（新编本）. 北京：对外经济贸易大学出版社，
       2003

[3]   黎孝先. 国际贸易实务. 北京：对外经济贸易大学出版社，2000

[4]   石广生. 中国加入世界贸易组织法律文件导读. 北京：人民出版社，
       2002

[5]   陈晓红. 世界贸易组织基本知识读本. 海南：海南出版社，2002

[6]   Paul R. Krugman, Maurice Obstfeld. 国际经济学：理论与政策
       （第5版）. 北京：清华大学出版社，2001

[7]   迈克尔·波特. 国家竞争优势. 北京：华夏出版社，2002

[8]   迈克尔·波特. 竞争论. 上海：中信出版社，2003

[9]   国际商会中国国家委员会. 2000年国际贸易术语解释通则. 上海：
       中信出版社，2000

[10]   Robert Feenstra. Advanced International Trade：Theory and Evi-
       dence. Princeton University Press，2004

[11]   林康. 跨国公司与跨国公司经营. 北京：对外经济贸易大学出版社，
       2000

[12]   万成林，佟家栋，张元萍. 国际技术贸易理论与实务. 天津：天津
       大学出版社，1997

[13]   冯正强. 国际结算. 长沙：湖南人民出版社，2001

[14]   P. 克鲁格曼. 战略性贸易政策与新国际经济学. 北京：中国人民
       大学出版社，2000

[15]   海闻，P. 林得特，王新奎. 国际贸易. 上海：上海人民出版社，
       2003

[16]   彼得·罗布森. 国际一体化经济学. 上海：上海译文出版社，2001

[17]   贾金斯，姚东旭，朗丽华. 国际贸易——理论、政策、实务. 北京：

对外经济贸易大学出版社，2005

[18] 张祥. 国际商务谈判——原则、方法、艺术. 上海：上海三联书店，1995

[19] 包晓闻，张海棠. 电子商务. 北京：经济科学出版社，1999

[20] 廖力平，廖庆薪. 进出口业务与报关. 广州：中山大学出版社，2003

[21] Michael R. Czinkota, Ilkka A. Ronkainen, Michael H. Moffett. International Business (7th Edition). South-Western of Thomson Corporation. Mason, Ohio, USA, 2005

[22] 小岛清. 对外贸易论. 天津：南开大学出版社，1987

[23] 宫占奎. 区域经济组织研究. 北京：经济科学出版社，2000

[24] 伍贻康. 区域性国际经济一体化的比较. 北京：经济科学出版社，1994

[25] 刘力，宋少华. 发展中国家经济一体化新论. 北京：中国财政经济出版社，2002

[26] 逯宇铎，侯铁珊. 国际贸易实务. 大连：大连理工大学出版社，2003

[27] 赵伟. 国际贸易——理论政策与现实问题. 大连：东北财经大学出版社，2004

[28] 刘海云. 跨国公司经营优势变迁. 北京：中国发展出版社，2001

[29] 叶京生. 国际技术转让教程. 上海：立信会计出版社，2001

[30] 陈晶莹，邓旭. 《2000年国际贸易术语解释通则》释解与应用. 北京：对外经济贸易大学出版社，2000

[31] WTO. International Trade Statistics 2001. WTO, 2001

[32] WTO. International Trade Statistics 2002. WTO, 2002

[33] 陈宪. 国际贸易——原理、政策、实务. 上海：立信会计出版社，2002

[34] 张德意，赵大群. 灵活贸易实务. 北京：华文出版社，1991

[35] 张伯伟. APEC贸易自由化及其影响. 北京：经济科学出版社，2000

[36] 王晓德. 挑战与机遇：美洲贸易自由化研究. 北京：中国社会科学出版社，2001

[37] 康荣平. 大型跨国公司战略新趋势. 北京：经济科学出版社，2001

[38] 刘力. 南北型自由贸易区：发展中国家区域经济一体化的方向. 世

界经济研究，1999（2）

[39]   朱刚体．交易费用、市场效率与公司内国际贸易理论．国际贸易问题，1997（11）

[40]   陈晓燕．对外商务谈判中的沟通障碍与技巧．对外经贸实务，2004（9）

[41]   陈剑．中国—东盟自由贸易区透视．世界经济，2003（1）

[42]   卢荣忠，杜浩祥．跨国公司内部贸易的几个问题．厦门大学学报（哲社版），1997（2）

[43]   陈荣辉．跨国经营企业的内部贸易研究．中国社会科学，1999（1）

[44]   谢凯英．国际商务谈判的前期准备工作．商业经济文萃，1999（4）

[45]   冯正强，柳莺．外贸企业国际贸易结算的风险及防范．外贸经济·国际贸易，2001（9）

[46]   冯正强．当代国际贸易中非关税壁垒的新体系及其作用机理．中南大学学报（社科版），2004（4）

[47]   廖蔚雯．反倾销中确定正常价值需注意的若干问题．对外经贸实务，2003（7）

[48]   柳剑平，雷萍．跨国公司内部贸易问题研究．经济学研究，2001（2）

[49]   Trade & NAFTA Office of Embassy of Mexico in US：NAFTA Today and Tomorrow，2001（12）

[50]   Economic Commission for Latin American and the Caribbean：Preliminary Overview of the Economic of Latin America and the Caribbean 2000，December，2000